Zwischenbilanz der Wiedervereinigung

Reihe „Sozialstrukturanalyse“
Herausgegeben von Stefan Hradil

Band 8

Martin Diewald/Karl Ulrich Mayer (Hrsg.)

Zwischenbilanz der Wiedervereinigung

Strukturwandel und Mobilität im Transformationsprozeß

Leske + Budrich, Opladen 1996

ISBN 978-3-8100-1446-7 ISBN 978-3-322-95728-3 (eBook)
DOI 10.1007/978-3-322-95728-3

Inhaltsverzeichnis

Vorwort

Der Transformationsprozeß in Ostdeutschland gehört gewiß nicht zu den Forschungsfeldern, in denen wenig Aktivität herrscht. Allerdings gibt es einen Mangel an genuinen Längsschnittstudien, die am ehesten dem *Prozeßcharakter* der Transformation gerecht werden können. Solche Studien sind umso notwendiger, als es sich bei der ostdeutschen Transformation ja keineswegs um einen bereits abgeschlossenen Vorgang, sondern um einen noch andauernden Veränderungsprozeß handelt.

Die Gemeinsamkeit der in diesem Band versammelten Beiträge liegt darin, daß es sich um empirische Längsschnittanalysen sozialer Ungleichheiten unter verschiedenen Aspekten handelt oder um eher theoretische Auseinandersetzungen mit dem Transformations*verlauf*. Angesprochen werden dabei vor allem Erwerbschancen und Berufsverläufe (Teil 1), aber auch Veränderungen der Einkommen (Teil 2), Einstellungen und Persönlichkeitsmerkmale (Teil 3) sowie institutionelle Veränderungen als Rahmenbedingungen der beschriebenen individuellen Verläufe. Im letzten Teil dieses Sammelbandes sind Beiträge versammelt, die sich das Ziel gesetzt haben, die verschiedenen Entwicklungsstränge zu resümieren.

Die Beiträge gehen zum größten Teil auf die Tagung "Mobilität im Transformationsprozeß" zurück, die die Herausgeber am 30. September/1. Oktober 1994 als Tagung der Sektion "Soziale Ungleichheit und Sozialstrukturanalyse" der Deutschen Gesellschaft für Soziologie in Berlin veranstaltet haben. Fast alle der dort vorgetragenen Referate konnten wir für diese Publikation gewinnen. Zusätzlich haben wir zwei bisher unveröffentlichte Beiträge von Wolfgang Zapf sowie von Joachim Singelmann und Dieter Urban aufgenommen, die thematisch in unsere Fragestellung passen und in diesem Sinne eine hervorragende Ergänzung und Abrundung der Tagungsbeiträge darstellen.

Als Herausgeber möchten wir an dieser Stelle allen Beitragenden für die Bereitstellung ihrer Texte danken. Unser besonderer Dank gilt Barbara Schinn für ihre umfangreiche und umsichtige Arbeit bei der formalen Gestaltung des Bandes.

Berlin, im Oktober 1995

Martin Diewald *Karl Ulrich Mayer*

Erwerbsverläufe und berufliche Mobilität

Berufsverläufe im Transformationsprozeß

Reinhold Sackmann und Matthias Wingens

1. Einleitung

In der neueren Ungleichheitsforschung hat sich zur Bezeichnung des Phänomens, daß viele Ungleichheitslagen nicht zeitkonstant dieselben Personen betreffen, also einen dynamischen Charakter im Sinne mehr oder weniger bedeutsamer Übergangsepisoden aufweisen, der Begriff der *"Verzeitlichung sozialer Ungleichheit"* eingebürgert. Dieser Begriff verknüpft neuere Lebenslauftheorien und Ungleichheitstheorien miteinander. In der Theorie des Lebenslaufs (*Kohli* 1985, 1986) wurde festgestellt, daß der individuelle Lebenslauf als Abfolge institutionell definierter Lebensphasen selbst den Charakter einer Institution angenommen hat, indem Verläufe planbar und erwartbar gestaltet werden. Hierbei wurde die zeitliche Strukturierung individueller Verläufe thematisiert. In der Ungleichheitstheorie (*Berger* 1990; *Osterland* 1990) wurde betont, daß die zunehmende Dynamik makrosozialer Veränderungen seit den 70er Jahren zu "irreguläreren" beruflichen Verläufen führt, deren zeitlichem Moment in Form von befristeten Stellen und Ungleichheitsphasen ein bedeutendes Gewicht bei der Bestimmung der Sozialstruktur der Gegenwartsgesellschaft zukommt. In dieser Forschungsrichtung wurde stärker die zeitliche Bedeutung von makrosozialen Veränderungen in den Vordergrund gerückt. Der neue dynamische Ansatz, soziale Ungleichheit unter beiden Aspekten: dem individueller Lebenslaufveränderungen und makrosozialer Veränderungen in Längsschnittstudien zu untersuchen, wurde in Deutschland durch die Studien des Max-Planck-Instituts bekannt (*Mayer* 1990).

In diesem Rahmen wurde u.a. festgestellt, daß es im Lebenslauf entscheidende Statuspassagen gibt, die den folgenden Verlauf weitgehend determinieren (*Blossfeld* 1989, 1990). Dem Übergang vom Bildungs- in das Berufssystem, dem sogenannten "entry-job", kommt dabei eine verlaufsprägende Stellung zu. Gleichzeitig bewirkt der gesellschaftsgeschichtliche Zeitpunkt des Berufseintritts als Kodeterminante einen kohortenspezifischen Prägungseffekt. Ist die Arbeitsmarktsituation zum Zeitpunkt des Berufseintritts schlecht, kommt es zu langwirkenden Beeinträchtigungen des Berufsverlaufs dieser Kohorten, einem sogenannten "scarring" (OECD 1986). Bei Kohorten, deren Berufseintritt in Zeiten "günstiger" Arbeitsmarktlagen fällt, treten dagegen langfristig wirkende Startvorteile auf. Die "entry job"-These enthält sowohl eine makro- als auch eine mikrosoziologische Komponente, die in der arbeitsmarktorientierten Lebenslaufforschung häufig nicht klar unterschieden werden. In ihrer mikrosoziologischen Komponente besagt die "entry job"-These, daß der Statuspassage vom Bildungs- in das

Beschäftigungssystem eine Weichenstellungsfunktion für den weiteren Berufsverlauf zukommt, behauptet also eine verlaufsprägende Bedeutung der beruflichen Erstplazierung. So konnte z.B. empirisch gezeigt werden, daß die intragenerationelle Mobilität nach dem 30. Lebensjahr, also nach der Berufseintrittsphase, gering ist. In ihrer makrosoziologischen Komponente besagt die "entry job"-These, daß neueintretende Kohorten als Trägergruppen sozialen Wandels fungieren. So konnte z.B. empirisch gezeigt werden, daß Prozesse der Tertiarisierung, des Qualifikationszuwachses und des berufsstrukturellen Wandels überwiegend durch neueintretende Kohorten prozediert werden (vgl. *Blossfeld* 1990; *Müller* 1986).

International vergleichende Studien (*Allmendinger* 1989; *Kappelhoff/ Teckenberg* 1987) verweisen darauf, daß die Verzahnung von mikro- und makrosoziologischer Komponente der "entry job"-These in ihrer Deutlichkeit nur bei einer strukturell engen Verkopplung von Bildungs- und Beschäftigungssystem auftritt. Dies ist in Deutschland der Fall, wo insbesondere das duale System der beruflichen Bildung und der Einfluß von (Aus-) Bildungszertifikaten eine phasengeordnete Kopplung von Bildungs- und Beschäftigungssystem bewirken.[1] Selbst für Gesellschaften mit strukturell enger Kopplung von Bildungs- und Beschäftigungssystem (wie die Bundesrepublik und die ehemalige DDR) ist jedoch ungeklärt, inwieweit die Geltung der "entry job"-These von stabilen, kontinuierlichen sozialstrukturellen Bedingungen abhängt. Berufseintritt und -verlauf derjenigen Kohorten, anhand derer die Geltung der "entry job"-These für die Bundesrepublik empirisch belegt wurde, sind historisch eingebettet in eine Periode relativ stetigen Wirtschaftswachstums und ruhig verlaufenden sozialstrukturellen Wandels. Fraglich ist also, ob die verlaufsprägende Funktion der beruflichen Erstplazierung, d.h. die Weichenstellungsfunktion der Statuspassage vom Bildungs- ins Beschäftigungssystem auch unter *"diskontinuierlichen" gesellschaftsstrukturellen Bedingungen* (*Berger* 1991), wie sie nach dem Zusammenbruch des DDR-Systems in den neuen Bundesländern gegeben sind, erhalten bleibt.

Diese Frage haben wir in einer Pilotstudie[2] zu einer großangelegten Retrospektiverhebung ostdeutscher Berufsverläufe zum Zusammenhang von Berufsverlauf und sozialem Wandel untersucht. In dieser Pilotstudie[3] wurde der Berufsverlauf zweier Kohorten von Hochschulabsolventen (1985 und 1990) analysiert, deren Berufseintritt unter stark differierenden Arbeitsmarktlagen erfolgte. Der Berufseintritt der 85er-Kohorte fand unter den Bedingungen des alten DDR-Regimes, d.h. als staatlich garantierte und risikolose Statuspassage statt. Der Berufseintritt der 90er-Kohorte fiel dagegen in die turbulente "Wende-Zeit", die einen besonders risikoreichen Berufseintritt wahrscheinlich machte. Der "entry job"-These zufolge wäre in dieser Situation mit langanhaltenden Schwierigkeiten der Absolventenkohorte 1990 zu rechnen, während die Absolventenkohorte 1985 nach ihrem bereits gelungenen Berufseinstieg mit geringeren Problemen auf dem Transformations-Arbeitsmarkt konfrontiert sein müßte. Die empirische Basis der Untersuchung stellen vierzig berufsbiographische Interviews mit Absolventen der Universitäten Rostock und Leipzig dar, die sich je hälftig auf die genannten Kohorten sowie die Fächer Agrarwissenschaft und Chemie verteilen. Der Erhebungszeitraum umfaßt die Berufsverläufe dieser Hochschulabsolventen von ihrem jeweiligen Studienabschluß bis Juli 1992, also zwei Jahre nach der "Wende".[4]

2. Hochschulabsolventen im DDR-Arbeitsmarkt

2.1 Berufseinstieg und berufliche Mobilität

Eine Studie, die sich mit Berufsverläufen im Transformationsprozeß beschäftigt, muß Kenntnis darüber haben, welche *berufsstrukturellen wie auch -biographischen Grundlagen* dafür in der DDR-Planwirtschaft gelegt wurden und wie der DDR-Arbeitsmarkt funktionierte. Die DDR-Planwirtschaft wollte durch politische Vorgabe spezifischer Angebots- und Nachfragemengen ein "Marktgleichgewicht" erzeugen. Auf der Nachfrageseite wurde den Betrieben in 5-Jahres-Plänen ein bestimmtes Arbeitskräftepotential zugewiesen; auf der Angebotsseite wurden schon durch eine der eigentlichen Arbeitskräftelenkung vorgelagerte limitationale bildungsökonomische Planung die Kontingente für berufliche Ausbildungswege festgelegt und insofern das fachspezifische Arbeitskraftangebot reguliert (*Schrimpff* 1983). Zugespitzt ist diese verbreitete Vorstellung der planwirtschaftlichen Arbeitskräfteallokation, in der im Rahmen eines hierarchisch abgestuften Weisungsprozesses die Arbeitskraftanbieter außengesteuert an Arbeitsplätze "gelenkt" werden, im Begriff der "Kommandowirtschaft" mit seiner Akzentuierung direkter Herrschaft. In diesem (auch DDR-offiziellen) Bild planwirtschaftlicher Allokationen mit seiner umfassenden zentralen Regulierung des Arbeitsmarktes erfüllen die Arbeitsmarktakteure, also Arbeitskraftanbieter und -nachfrager, lediglich eine passive Funktion. Zu erwarten wäre insofern, daß die Mentalität der unter diesem kommandowirtschaftlichen System sozialisierten Akteure eine Tendenz zu Passivität, zum "entscheidungsentwöhnten und außengelenkten Sozialcharakter" aufweist (*Mayntz* 1992).

Hinsichtlich des Übergangs von der Hochschule in den Beruf gab es - als quasi idealtypisches Beispiel einer Kommandowirtschaft - für das plankonforme "matching" von Arbeitskräften und Arbeitsplätzen die Institution der "Absolventenvermittlung", auch "Absolventenlenkung" genannt. Die Absolventenvermittlung, lokal an den Hochschulen angesiedelt, wurde zentral geführt und unterstand den Planvorgaben; sie verfügte über Listen "offener Stellen" in planlegitim Fachpersonal nachfragenden Betrieben. Ihre

Aufgabe war, Studenten der letzten Semester schon vor Studienende einen Arbeitsplatz zuzuweisen (ZfH 1989). Was hier wie ein klassischer Fall von Dirigismus und Einübung in Passivität klingt, stellte sich in den Interviews als planwirtschaftliche Fassade dar, hinter der sich eine andere Arbeitsmarktrealität verbarg. Faktisch erfolgten nahezu zwei Drittel aller Stellenallokationen auf informellem Weg, insbesondere über direkte Bewerbungen der Anbieter beim Beschäftiger. Demgegenüber wurde nur bei einem Viertel der Allokationsprozesse das formelle Verfahren der "Absolventenlenkung" eingehalten.[5] Selbst in diesen Fällen einer Inanspruchnahme der "Absolventenvermittlung" bestanden für die Befragten freie Auswahlmöglichkeiten zwischen verschiedenen Stellen, kann also von einer strikten planwirtschaftlichen Lenkung keine Rede sein. In keinem einzigen Fall wurde ein Hochschulabsolvent gegen seinen Willen auf eine bestimmte Stelle vermittelt;[6] schon das nur selten vorkommende Ansinnen einer solchen Lenkung wurde von den Befragten als Zumutung empfunden. Die Absolventenvermittlung fungierte nicht zuletzt als bloß ex post legitimierendes Verfahren für bereits erfolgte Allokationsprozesse. Die Absolventenlenkung entpuppte sich als kontrafaktisches (gleichwohl wirksames!)[7] Deutungsmuster.

Entgegen den Annahmen des kommandowirtschaftlichen Modells kann dieses Arbeitsmarktverhalten der Anbieter - fast alle Befragten hatten eigene Suchaktivitäten entwickelt - nicht als passiv, außengesteuert und entscheidungsentwöhnt bezeichnet werden. Besonders deutlich zeigt sich dies, wenn man über den Ersteinstieg hinaus auch den weiteren beruflichen Verlauf betrachtet. Stellen- und Betriebswechsel waren, folgt man der offiziellen Norm, im DDR-Arbeitsmarkt nicht vorgesehen, sondern vielmehr als kostenträchtige Fluktuationen verpönt und wurden durch Vertragskonstruktionen und sozialen Konformitätsdruck erschwert (in DDR-Argumentation: *Stollberg* 1988).[8] Der Erwartung lebenslanger Berufs- und Betriebskonstanz korrespondierte das Fehlen formeller Medien für einen entsprechenden "Wechselmarkt". Obwohl also zwischenbetriebliche Stellenwechsel in der DDR offiziell unerwünscht waren und als volkswirtschaftlich schädlich galten und - noch wichtiger - obwohl kein "Markt" bzw. keine Medien für derartige Mobilitätsprozesse zur Verfügung standen, Stellenwechsel also in völliger Eigenregie stattfinden mußten, wechselte die Hälfte der befragten 85er-Kohorte auf dem DDR-Arbeitsmarkt ihre Stelle (wobei in keinem dieser Fälle zwischenbetrieblicher Mobilität von staatlichen Sanktionen berichtet wurde).

2.2 Berufsbiographische und -strukturelle Grundlagen des Transformationsprozesses

Zunächst einmal ist festzuhalten, daß das Modell der Kommandowirtschaft die DDR-Arbeitsmarktrealität nicht angemessen beschreibt, ja geradezu irreführend ist. Der Arbeitsmarkt der DDR wäre vielmehr als "Anbietermarkt" (*Schrimpff* 1983) zu charakterisieren. Dieses - in der öffentlichen Diskussion vernachlässigte - Erklärungsmodell geht davon aus, daß planwirtschaftliche Steuerung infolge des Fehlens eines marktregulierenden Preismechanismus Informationsdefizite in Allokationsprozessen aufweist (*Ganßmann* 1993). Daraus resultiert eine systemische Tendenz zur Erzeugung von Nachfrageüberhängen, die zur Entstehung von Anbietermärkten führt. Aus diesem Modell wären für Allokationsprozesse im DDR-Arbeitsmarkt erhebliche Handlungsspielräume der Anbieterseite abzuleiten. Die skizzierten Ergebnisse stehen damit in Einklang; so erklärt der Nachfrageüberhang etwa die leichte Realisierbarkeit zwischenbetrieblicher Stellenwechsel trotz offizieller Unerwünschtheit und Fehlens entsprechender Medien. Bestätigt wird das Modell des Anbietermarktes auch durch den Sachverhalt, daß Selektionsprozesse nur in einer Richtung feststellbar waren: während die befragten Anbieter nach ihren Präferenzen Beschäftiger selegierten, wurde umgekehrt kaum von Auswahlverfahren durch nachfragende Betriebe und nur einmal von einer Zurückweisung des Anbieters vom kontaktierten Betrieb berichtet.

Was die *berufsbiographischen Grundlagen* angeht, scheinen im Hinblick auf die Bewältigung der Transformation also nicht mangelnde Kompetenzen das Problem zu sein. Die Befragten waren keineswegs passiv, entscheidungsentwöhnt und fremdgesteuert, so daß der These einer an marktwirtschaftlichen Anforderungen gemessenen planwirtschaftlichen Fehlsozialisation der Arbeitskraftanbieter in dieser Form widersprochen werden muß. Im Hinblick auf die in der DDR gelegten berufsbiographischen Grundlagen liegt das Problem nicht auf der Ebene mangelnder Kompetenzen, sondern vielmehr unterschiedlicher berufsbiographischer Präferenzen: bei Stellensuchprozessen und Stellenwechseln fungierte als fast ausschließliches Kriterium die räumliche Nähe zum Partner bzw. zum Heimatort. Die individuelle Dynamik beruflicher Verläufe folgte also nicht dem wirtschaftlichen Kriterium ökonomischen Anreizes oder Zwangs, sondern "privaten" Präferenzen, wobei - und das ist eine spezifische Differenz zu westlichen Marktwirtschaften - diese nur privaten Präferenzen durch ökonomische Constraints der Betriebe so gut wie überhaupt nicht beschnitten wurden.

Diese planwirtschaftliche Besonderheit leitet über zu einer kurzen resümierenden Diskussion der *berufsstrukturellen Grundlagen* des DDR-Arbeitsmarktes. Begreift man den Berufsverlauf nicht nur - wie die Lebenslaufforschung - als formales Konzept einer auf Erwerbstätigkeit gerichteten Episodenabfolge, sondern als gesellschaftlich konstituierten

Sinnzusammenhang, als Trajekt[9], so stellt der Berufsverlauf eine institutionell gefaßte Struktur dar, die sowohl im Bildungs- wie im Beschäftigungssystem durch Formalisierung und Zertifizierung verankert ist (z.B. Fachabschlüsse; Berufsbilder). Umgekehrt folgt daraus, daß Berufe auf Mobilitäts- und Flexibilitätsprozesse im Erwerbsleben strukturierend wirken. Ob die berufliche Strukturierung nun solche Mobilitätsprozesse erleichtert oder erschwert, ist in der Literatur umstritten. *Beck/Bolte/Brater* (1978) etwa sehen in Berufen das Flexibilitätshindernis im Arbeitsmarkt schlechthin. Die vielfältigen individuellen Kompetenzen der Anbieter würden durch Berufe auf ein starres Muster reduziert; für die Nachfrageseite wären Berufe starke Constraints, weil Arbeitsplätze nur berufskonform organisiert werden könnten. Arbeitsmarktinflexibilität sei deshalb nicht Folge einer bestimmten Berufsausbildung, sondern der beruflichen Organisation von Bildung und Beschäftigung. Demgegenüber behauptet z.B. *Sengenberger* (1987), daß eine berufliche Standardisierung und Formalisierung gerade Voraussetzung individueller Flexibilität und hoher Anpassungsfähigkeit an sich wandelnde Strukturbedingungen sei. Im Unterschied zu nur betriebsbezogenen Ausbildungssystemen erleichterten berufliche Ausbildungssysteme dem Anbieter betriebliche Wechsel; für die Nachfrageseite reduzierten berufliche Ausbildungssysteme Unsicherheitsmomente und Transaktionskosten (*Biehler* u.a. 1981). Für beide Positionen gilt aber, daß gesellschaftlicher Strukturwandel auch durch beruflichen Strukturwandel bewältigt werden muß.

Die DDR war eine ausgeprägte Berufsgesellschaft. In dynamischer Perspektive erfolgte die Prozedierung berufsstrukturellen (und sozialen) Wandels aufgrund ihrer Leitgrößen der Bildungs- und Arbeitsmarktplanung wie der Berufs- und Betriebskonstanz über primäre Berufssozialisation und Kohortenaustausch. Ein wichtiges Spezifikum der DDR-Berufsgesellschaft im Hinblick auf berufsstrukturellen Wandel bestand in der offiziell geforderten Berufs- und Betriebskonstanz, d.h. darin, daß Berufswechsel und zwischenbetriebliche[10] Mobilität der Arbeitskräfte institutionell nicht vorgesehen waren. Zwar gab es in der DDR diesbezüglich eine entproblematisierende Diskussion; diese blieb aber insofern folgenlos, als keine der Absolventenvermittlung für den Berufseinstieg vergleichbaren legitimen und kontinuierlich genutzten formellen Vermittlungsinstitutionen für zwischenbetriebliche Mobilitätsprozesse geschaffen wurden.[11] Konträr zu dieser offiziell erwünschten Berufs- und Betriebskonstanz konnten in unserer Untersuchung durchaus umfangreiche zwischenbetriebliche Mobilitätsprozesse festgestellt werden, wobei sich weder Anbieter noch die Nachfrageseite an starren Qualifikationsmustern und eng definierten Tätigkeitsprofilen orientierten. Daß Mobilität zwischen Betrieben und Berufen in der DDR üblich war, ja DDR-Berufsverläufe durch eine besonders ausgeprägte Mobilität gekennzeichnet sind, wird auch von anderen Studien bestätigt (*Huinink/Solga* 1994). Insofern war das Arbeitsmarktverhalten von Anbietern und Nachfragern in der DDR nicht generell inflexibel. Fraglich ist jedoch, ob die praktizierte Art der Arbeitsmarktflexibilität den Anforderungen eines ökonomisch effizienten beruflichen Strukturwandels entsprach.

So deutet etwa *Schrimpff* (1983:84ff) die feststellbaren selbstgesteuerten Handlungen der Arbeitsmarktakteure jenseits des Plans als "empirische Marktphänomene" und beschreibt sie als Anwachsen marktwirtschaftlicher Elemente in der Planwirtschaft. Und *Huinink/Mayer* (1993:155) gehen davon aus, daß "in beträchtlichen Teilen der DDR-Realität ... (quasi-) marktmäßig organisierte soziale und ökonomische Strukturen eine wichtige Rolle (spielten)". Dem wäre zuzustimmen, wenn die die Planvorgaben umgehenden Eigenaktivitäten der Arbeitsmarktakteure zu ökonomisch effizienteren Allokationsprozessen als den planwirtschaftlichen geführt hätten. Dies war aber nicht der Fall. So wurde etwa der Nachfrageüberhang nicht marktwirtschaftlich aufgelöst, indem z.B. bestimmte Nachfrager ein höheres Lohnangebot ("Preis"), das durch eine entsprechend höhere Produktivität gedeckt gewesen wäre, gemacht hätten, während "unproduktive" Betriebe keine Arbeitskräfte gefunden hätten und deshalb entweder geschrumpft oder zu höherer Produktivität gezwungen worden wären. Dies hätte zu gesamtwirtschaftlich effizienteren Allokationen geführt. Demgegenüber folgten die Entscheidungskriterien der Anbieter, die den weitaus größten Teil der feststellbaren Eigeninitiativen bildeten, nicht diesem Muster: die dominierende Entscheidungspräferenz des "Partner-" und "Remigrationsmotivs" ist in seinen gesamtwirtschaftlichen Auswirkungen vielmehr zufällig, da ein der Arbeitsstelle des Partners oder dem Heimatort benachbarter Betrieb nicht notwendigerweise effizienter ist als entferntere Betriebe. Die selbstinitiierten Allokationsprozesse führten, weil sie ökonomisch willkürlich und nicht preisgeleitet abliefen, nicht zu gesamtwirtschaftlich effizienteren Allokationen. Eine solche Unterhöhlung der Plansteuerung kann - gerade konträr - sogar dazu führen, daß ökonomisch noch "irrationalere" Lösungen des Allokationsproblems gefunden werden. Nicht jede Schattenwirtschaft ist schon ein "rationaler" Markt. Zusammenfassend läßt sich hinsichtlich der berufsstrukturellen Grundlagen festhalten, daß der Wandel der Berufsstruktur in der DDR ökonomisch irrational erfolgte, weil die Entscheidungen der Arbeitsmarktakteure infolge des Fehlens von Preisinformationen nicht marktförmig determiniert waren. Die so in der DDR gewachsene Berufsstruktur und Verteilung der Arbeitskräfte auf die Berufe war deshalb auch nicht kompatibel mit der bundesrepublikanischen Marktgesellschaft.

3. "Wende", Berufsverläufe und berufsstruktureller Wandel

Daß die planwirtschaftliche Arbeitsmarktregulierung der DDR volkswirtschaftlich entwicklungshemmend und ineffizient war, ist offenkundig. Für die Anbieter war damit allerdings eine im Vergleich zu marktwirtschaftlichen Systemen nahezu umfassende berufsbiographische Sicherheit und langfristige

Planungsperspektive garantiert. In der DDR gab es keine (nachfragerproduzierte) Arbeitslosigkeit, und Entwertungen von Bildungsqualifikationen waren äußerst selten. Mit der "Wende"[12] wurden Berufsverläufe kontingent, risikobehaftet, allenfalls kurzfristig planbar. Berufsbiographisch stellt diese Kontingenzerfahrung, die außerhalb des biographischen Relevanzrahmens der Individuen lag, ein qualitativ völlig neuartiges Phänomen dar. Hier soll jedoch nicht die berufsbiographische Bewältigung der Transformationsprobleme untersucht werden; vielmehr geht es in makrosoziologischer Perspektive um den berufsstrukturellen Wandel in den neuen Bundesländern.

Mit Einführung der Wirtschafts- und Währungsunion am 1.7.1990 wurden die Regeln und Strukturen der bundesrepublikanischen Marktwirtschaft auf die neuen Bundesländer übertragen. Von diesem Moment an dienten Weltmarktpreise als entscheidende ökonomische Informationsgröße. Für die damit einsetzende Transformation des DDR-Arbeitsmarktes lassen sich analytisch zwei Dimensionen unterscheiden: zum einen der Schrumpfungsprozeß der ostdeutschen Wirtschaft, der zu einem historisch beispiellosen Beschäftigungsabbau führte (*Blaschke* u.a. 1992); zum anderen der Strukturwandel der ostdeutschen Wirtschaft, also eine tiefgreifende Veränderung der Berufs- und Branchenstruktur (*Best/Stoll* 1992). Mit diesem Strukturwandel einher geht eine massenweise Entwertung von Ausbildungsqualifikationen und beruflichen Kompetenzen, d.h. die Arbeitsmarkttransformation impliziert eine weitgehende Umstrukturierung der nachgefragten fachlichen Qualifikationen.

Allgemein kann man von einer *Kohorten- und Geschlechtsspezifik* in diesem Schrumpfungsprozeß und Strukturwandel sprechen; die Lasten des wirtschaftlichen Umbaus werden vor allem von älteren Erwerbstätigen und den Frauen (*Nickel* 1992) getragen. In bezug auf die Kohortenspezifik des Transformationsprozesses ist ein deutlicher Schub an intragenerationeller beruflicher Mobilität (*Adler* 1991; *Schupp/Wagner* 1990) zu erwarten. Die "Kette verlorener Generationen" (*Huinink/Mayer* 1993) wird wohl erst mit den jüngeren und neueintretenden Kohorten - zu denen auch unsere Befragten gehören - durchbrochen, denen insofern eine wichtige Indikatorfunktion für die Gestalt des sozialen Wandels zukommt. Für *Akademiker* gilt allgemein, daß diese Personengruppe auf dem Transformations-Arbeitsmarkt unterdurchschnittliche Schwierigkeiten hat (wobei auch hier das kohorten- und geschlechtsspezifische Ungleichheitsmuster greift).[13]

Im folgenden wird zunächst untersucht, welche Bedeutung der berufliche Ersteinstieg für die die Berufsverläufe der Hochschulabsolventen nach der "Wende" hatte (3.1). Anschließend wird die Geschlechtsspezifik der Chancenstruktur des Transformations-Arbeitsmarkts analysiert (3.2). Der abschließende Teil fragt nach den Constraints und Strukturierungen, die sich aus der ausgeprägt beruflichen Verfaßtheit der DDR-Gesellschaft bei der Bewältigung des ökonomischen Systemwandels ergeben (3.3).

3.1 Kohortenübergreifende Destabilisierung beruflicher Verläufe - zur eingeschränkten Gültigkeit der "entry job"-These

Die entry job-These besagt, daß die Bedingungen beim Berufseintritt den weiteren Berufsverlauf entscheidend prägen. Die Berufseinmündung der Hochschulabsolventen verlief für die 85er-Kohorte problemlos. Alle Absolventen nahmen eine der Ausbildung fachlich entsprechende Tätigkeit auf; Fälle ausbildungsfremder Beschäftigung fanden sich überhaupt erst zwei Jahre nach Berufseintritt und traten bis zur "Wende" in kaum nennenswertem Umfang auf. Für die 90er-Kohorte hingegen, deren beruflicher Ersteinstieg in die Phase der "Wende" fiel, stellte sich die Berufseinmündung problematischer dar: über ein Fünftel dieser Absolventengruppe war direkt im Anschluß an das Studium arbeitslos. Welchen Einfluß hat nun die "Wende" auf die Berufsverläufe der beiden Kohorten? Der "entry job"-These zufolge müßten die beruflichen Verläufe der Berufseinsteiger der 90er-Kohorte stärkeren Verwerfungen ausgesetzt sein als die der berufserfahrenen 85er-Kohorte. Abb. 1 zeigt, daß diese These nicht bestätigt werden kann.

Die anfänglich hohe Arbeitslosenrate der 90er-Kohorte ging auf 5,3% im Juli 1992 zurück; demgegenüber stieg die mit 4,8% im Januar 1991 anfänglich niedrige Arbeitslosenquote der 85er-Kohorte bis Juli 1992 auf 14,3% an. Als weiterer Indikator für Verwerfungen in Berufsverläufen kann der Verbleib in einem der fachlichen Ausbildung entsprechenden Tätigkeitsfeld dienen. Auch dabei zeigten sich für die 85er-Kohorte mindestens gleichwertige, eher sogar stärkere berufliche Diskontinuitäten als bei der 90er-Kohorte. Ging bei dieser die Beschäftigung auf einer fachlich adäquaten Stelle von 73,7% (im September 1990) auf 52,6% im Juli 1992 zurück, so halbierte sich die fachadäquate Beschäftigung für die 85er-Kohorte im gleichen Zeitraum nahezu (von 76,2% auf 38,1%).

Die "entry job"-These wird von unseren Ergebnissen nicht bestätigt; der Systemumbruch hat vielmehr zu einer kohortenübergreifenden Destabilisierung beruflicher Verläufe geführt. Der empirische Befund, "daß die Erstplazierung eine außerordentlich prägende Wirkung auf den Berufsverlauf hat" (*Blossfeld* 1989:33), ist als These theoretisch durch Zusatzannahmen einzuschränken. Unsere Ergebnisse deuten darauf hin, daß die "entry job"-These nur gilt, wenn die krisenpuffernde Funktion interner Arbeitsmärkte (*Doeringer/Piore* 1971; *Biehler* u.a. 1981) nicht weitgehend eingeschränkt ist. Nur bei einem Mindestmaß an betrieblicher Kontinuität sind "Schutzeffekte" für erfahrene Arbeitskräfte gewährleistet. Unter den Bedingungen eines abrupten, diskontinuierlichen Strukturwandels, wie ihn die "Wende" darstellt, ist jedoch durch die Bestandsüberprüfung aller Betriebe der verlaufsstabilisierende Effekt interner Arbeitsmärkte außer Kraft gesetzt.

3.2 Geschlechtsspezifische Chancenstrukturen im Transformations-Arbeitsmarkt

Erwerbstätigkeit war für Frauen in der DDR eine Selbstverständlichkeit. Ein Jahr vor der "Wende" lag der Anteil der erwerbstätigen Frauen bei den 25-60jährigen bei 92% und damit um etwa 30% höher als in der Bundesrepublik. Das Schicksal der Frauen auf dem Transformations-Arbeitsmarkt erwies sich in der öffentlichen Diskussion denn auch als ein prominentes Thema, und dies nicht zu Unrecht: die mit der "Wende" einsetzenden Prozesse sozialer Differenzierung[14] und die deutliche Zunahme sozialer Ungleichheit (*Geissler* 1992) wiesen eine ausgeprägte Geschlechtsspezifik auf (*Bielenski* u.a. 1990ff; *Nickel* 1992; *Bach* u.a. 1993).

Auch bei den von uns befragten Hochschulabsolventen zeigte sich ein deutlich ausgeprägtes geschlechtsspezifisches Ungleichheitsmuster. Bei den Männern erreichte die Arbeitslosenquote im September 1990 ihren Höhepunkt (22%), nahm im weiteren Verlauf aber kontinuierlich ab; am Ende des Erhebungszeitraums war kein männlicher Hochschulabsolvent mehr arbeitslos. Bei den Frauen war das Verlaufsmuster genau umgekehrt: hier war ein stetiger Anstieg zu verzeichnen, der im Juli 1992 mit fast 20% seinen (vorläufigen) Höhepunkt erreichte. Deutliche Geschlechterdifferenzen existierten auch in bezug auf den Verbleib in ausbildungsadäquater Beschäftigung. Während der Anteil der fachlich adäquat beschäftigten Männer nahezu konstant blieb und im Juli 1992 bei 56% lag, war bei den Frauen ein deutlicher Rückgang von 50% auf 36% zu verzeichnen.

Zwei Gründe können für dieses geschlechtsspezifische Ungleichheitsmuster genannt werden. Zum einen - und dies erklärt die Massivität der geschlechtsspezifischen Differenzierung - verstärkt sich im Transformationsprozeß die statistische Diskriminierung (*Phelps* 1972) von Frauen seitens der Beschäftiger. Mutterschaft, faktische wie potentielle, gilt als Negativkriterium bei Einstellungen. Eine genaue Analyse des dynamischen Verlaufs und seiner Entscheidungsstrukturen verwies darüber hinaus aber - zweitens - auch auf einen verlaufsinternen Grund der geschlechtsspezifischen Differenzierung im Arbeitsmarkt. Trotz weitreichender inner- und außerbetrieblicher Maßnahmen zur Vereinbarkeit von Erwerbstätigkeit und Mutterschaft in der DDR hatten Kinder einen deutlichen Einfluß auf den weiblichen Berufsverlauf (während bei Männern keinerlei Auswirkungen von Kindern auf den Erwerbsverlauf feststellbar waren). Frauen nahmen häufig noch im oder nach dem "Babyjahr" (inner- oder auch zwischenbetriebliche) Stellenwechsel vor, die in der Regel zu für den Betrieb randständigeren Positionen führten. Bei einem Fortbestehen der DDR hätten diese Wechsel -wenn überhaupt - nur die betrieblichen Aufstiegschancen der entsprechenden Frauen beeinträchtigt. Nach dem Zusammenbruch der DDR jedoch waren gerade diese Stellen besonders rationalisierungsgefährdet und führten zu Arbeitslosigkeit und/oder stärkerem betrieblichem Abstieg. Die Benachteiligung von Frauen auf dem

Transformations-Arbeitsmarkt war insofern aufgrund der ungleichen Verteilung von Familienpflichten schon durch eine geschlechtsspezifische Arbeitsteilung auf dem DDR-Arbeitsmarkt latent vorhanden.

3.3 Qualifikationsentwertung, berufliche Umorientierung und berufsstruktureller Wandel

Nach der "Wende" setzte in den neuen Bundesländern ein rapider und tiefgreifender Strukturwandel der Wirtschaft ein. Die Nicht-Kompatibilität der in der DDR gewachsenen Branchen- und Berufsstruktur mit der bundesrepublikanischen Marktgesellschaft führte zu einer massenhaften Entwertung bzw. Neubewertung beruflicher Qualifikationen. In unserer Studie wurden zwei Absolventen zweier Fächer untersucht, für die eine deutlich unterschiedliche Nachfrage im Arbeitsmarkt zu erwarten war: zum einen Chemiker (insb. synthetische Chemie), zum anderen Agraringenieure. Welche Berufschancen und Risiken eröffneten nun diese beiden Fachqualifikationen im "Nach-Wende-Arbeitsmarkt"? Wie Abb. 2 zeigt, gab es besonders eklatante Unterschiede in bezug auf den Zwang zu beruflicher Umorientierung: Während sich zwischen September 1990 und Juli 1992 die Zahl der im Fachgebiet beschäftigten Chemiker nur um 10% verringerte, sank diese Zahl bei den Agraringenieuren um 40%. Zwei Jahre nach der "Wende" waren noch 75% der Chemiker gegenüber nur 20% der Agraringenieure im jeweiligen Fachgebiet beschäftigt; 55% der Agraringenieure, aber nur 15% der Chemiker, hatten bereits eine fachfremde Beschäftigung angenommen.

Der Grad der Entwertung berufsfachlicher Qualifikationen war vor allem von der Kompatibilität des bisherigen Berufs mit dem neuen Wirtschaftssystem abhängig. Zwar wurde auch die Chemieindustrie in den neuen Bundesländern drastisch reduziert; es wuchsen jedoch, insbesondere im Bereich der Umweltanalytik, neue Arbeitsplätze für Chemiker nach. Außerdem war der entsprechende akademische Fachabschluß auch auf dem Arbeitsmarkt der alten Bundesländer verwertbar.[15] Insgesamt blieb - obwohl die Spezialisierung auf Synthesechemie obsolet wurde - der Grundbestand der beruflichen Qualifikation für Chemiker durch die "Arbeitsmarkt-Wende" unangetastet. Für die Agraringenieure dagegen, die in der DDR für Führungstätigkeiten in den LPGs ausgebildet wurden, war die "Wende" mit einer strukturellen Arbeitsmarktkrise verbunden, die zu einer gravierenden Entwertung ihrer Fachqualifikation führte und eine innerberufliche Reorientierung wie bei den Synthesechemikern wenig aussichtsreich machte. Zum einen gab es aufgrund der unterschiedlichen Organisationsform der Landwirtschaft (LPG vs. bäuerlicher Familienbetrieb mit verschwindend geringem Bedarf an angestellten Professionsangehörigen) keinen Arbeitsmarkt für Agraringenieure im Westen. Zum zweiten wies der Landwirtschaftssektor in der DDR anteilig doppelt so viel Beschäftigte auf wie in den alten Bundesländern; infolgedessen kam es zu einer - dann auch sehr schnell erfolgenden - strukturellen Schrumpfung des Agrarbereichs.[16] Insgesamt führte dies dazu, daß die Qualifikation "Tierproduzent" sehr viel mehr entwertet wurde als die Qualifikation "Chemiker".

Der für die Agraringenieure festgestellte Zwang zur beruflichen Umorientierung[17] ist kein fachspezifischer Sonderfall. Eine repräsentative HIS-Studie (*Minks/Bathke* 1992) zeigt, daß auch akademische Qualifikationen massenhaft entwertet wurden und Hochschulabsolventen in großem Umfang berufliche Umorientierungen vornehmen mußten. Diese massenhaft auftretende berufliche Diskontinuität muß nicht nur den bloßen Abbruch des bisher verfolgten Berufsweges bedeuten, sondern kann auch einen beruflichen Neuanfang signalisieren. Berufsbiographisch ließen sich zwei unterschiedliche Einstellungen gegenüber dem aus dem wirtschaftlichen Strukturwandel resultierenden Zwang zur Umorientierung feststellen: während einige Befragte diesen - unvermeidlichen - Adaptionsprozeß als ausgesprochene berufsbiographische Deformation empfanden, begriff der weitaus größere Teil die Notwendigkeit beruflicher Umorientierung jedoch als berufsbiographische Chance. Ob es zu einer Verarbeitung des Berufswechsels als "Verlusterfahrung", verbunden mit einem Rückkehrwunsch zum alten Beruf, oder aber als "Gewinnerfahrung", mit der biographischen Fundierung einer neuen Berufslinie, kam, war vor allem von zwei Faktoren abhängig: der Tätigkeitsdauer im vorherigen (Ausbildungs-)Beruf und der Richtung der vertikalen Mobilität. Dementsprechend war die biographische Verarbeitung eines Berufswechsels für 1985er-Absolventen und/oder Absteiger schwieriger als für 1990er-Absolventen und/oder Aufsteiger. Um die soziale Bedeutung beruflicher Wechsel zu erfassen, wurde eine qualitative Analyse des Sinngehalts[18] von Beschäftigungswechseln (Übergänge im Erwerbsleben) nach der "Wende" durchgeführt.

Die Zahl der Stellenwechsel hat nach der "Wende" stark zugenommen: 13 Wechselepisoden vor der "Wende" folgten danach 31 Stellenwechsel. Stellenwechsel wurden vor allem von den Risikogruppen der Frauen bzw. Agraringenieur/inn/en durchgeführt (jeweils doppelt so häufig wie von Männern bzw. Chemiker/inne/n). Im Unterschied zu dem in DDR-Zeiten dominanten Stellenwechselmotiv der Heimat- und/oder Partnernähe gab es nach der "Wende" fast ausschließlich das Motiv der Anpassung an den Arbeitsmarkt. In über 80% aller Fälle war der Auslöser für einen Stellenwechsel drohende oder bereits erfolgte Arbeitslosigkeit. Die überwiegende Mehrzahl der Stellenwechsel kann deshalb als "unfreiwillig" charakterisiert werden.[19] Nur in sechs Fällen erfolgte der Wechsel "freiwillig". Im Unterschied zu den unfreiwilligen Wechseln handelte es sich bei der Hälfte dieser freiwilligen Wechsel um Aufstiegswechsel, die nach marktwirtschaftlichen Anbietermotiven erfolgten. So wechselte z.B. eine Agraringenieurin nach Kündigung und anschließender Arbeitslosigkeit unfreiwillig auf eine ABM-Stelle im Sozialamt; ihr anschließender Wechsel auf die Stelle einer Pressereferentin des Bürgermeisters erfolgte freiwillig und markierte einen beruflichen Aufstieg, mit dem sich auch neue Berufsperspektiven verbanden. Gerade solch freiwillige Aufstiegswechsel sind theoretisch interessant, weil sie darauf hindeuten, daß die dem Aufstiegswechsel vorausgehenden unfreiwilligen Berufswechsel von den Betroffenen "positiv akzeptiert", d.h. berufliche Diskontinuität produktiv im Sinn eines Neuanfangs verarbeitet, eine neue Berufslinie aktiv verfolgt und zum Ausgangspunkt einer Restabilisierung der Berufsbiographie wurde.[20]

Die Zunahme unfreiwilliger Stellenwechsel nach der "Wende" impliziert eine Zunahme berufswechselnder Trajekte. Stellenwechsel sind - wie schon gesagt - nicht nur singuläre Ereignisse, sondern auch Elemente eines gesellschaftlichen "Sinnzusammenhangs" (Trajekt) und lassen sich insofern daraufhin analysieren, in welchem Maß sie den mit der absolvierten Berufsausbildung zunächst gesetzten Sinnzusammenhang reproduzieren oder transformieren. Nur ein einziger Stellenwechsel nach der "Wende" kann als ausbildungsadäquates Trajekt bezeichnet werden. Bei zwölf Wechseln handelte es sich um Trajekte im Berufsfeld, d.h.: die ursprüngliche Fachqualifikation war, wie vermittelt auch immer, nützlich für die neue Stelle, die zwar im Berufsfeld der alten Stelle lag, sich in ihren inhaltlichen Tätigkeitsmerkmalen jedoch deutlich von dieser unterscheidet. Trajekte im Berufsfeld kamen auch vor der "Wende" in vergleichbarer Häufigkeit vor. Beim überwiegenden Teil der Stellenwechsel nach der "Wende" handelt es sich aber um berufswechselnde Trajekte, mit denen das durch die Ausbildung vorgegebene Berufsfeld verlassen wurde; die neue Stelle wies in diesen Fällen keine arbeitsinhaltlich-fachspezifischen Tätigkeitsmerkmale des Ursprungsberufs auf. Von den Wechseln vor der "Wende" kann dagegen nur ein einziger als berufswechselndes Trajekt bezeichnet werden. Insgesamt hat also der Anteil der Berufswechsel an den Stellenwechseln enorm zugenommen.

Die große Anzahl von Stellenwechseln nach der "Wende" verweist zum einen auf die Turbulenzen im Arbeitsmarkt direkt nach der "Wende": Stellen- bzw. Berufswechsel sind in dieser Situation ein Mittel der Reorientierung in einem sich wandelnden Arbeitsmarkt. Die große Anzahl von Stellenwechseln, insbesondere in berufsfremde Tätigkeiten, ist insofern auch ein Indikator für Flexibilität. Dieses Kapitel abschließend werden deshalb die festgestellten Wechselprozesse im Hinblick auf zwei Flexibilitätsindikatoren analysiert: berufliche "Quereinstiege" und berufliche Abstiege. Dazu werden die durch Wechsel erreichten Stellen in Arbeitsplätze des Jedermanns- und des Facharbeitsmarktes unterteilt: während für Stellenbesetzungen im Jedermannsarbeitsmarkt in der Regel kein beruflicher Abschluß notwendig ist, ist ein solcher für Positionen des Facharbeitsmarktes in der Regel erforderlich. 13 Wechsel können in diesem Sinn als Abstieg vom Fach- in den Jedermannsarbeitsmarkt bezeichnet werden; zu dieser Abstiegsgruppe zählen vor allem wieder die "Risikogruppen" der Frauen bzw. Agraringenieure. In einigen Fällen wurde die Abstiegsposition wieder nach "oben" verlassen, handelte es sich also nur um eine kurzfristige Abstiegsepisode. Manchmal traten dagegen ganze Ketten von Abstiegswechseln auf, wobei die jeweils neue Stelle an einen unbeständigen Arbeitsmarkt gebunden blieb: eine Agraringenieurin in einer LPG etwa rutschte ab auf einen Praktikumsplatz bei einer Müllfirma, wurde arbeitslos, arbeitete dann als Bürohilfe beim Arbeitsamt, wurde erneut arbeitslos, fing bei einem Partnerschaftsvermittlungsbüro an, wurde wieder arbeitslos. Solche Ketten von Abstiegswechseln verweisen auf tiefgreifende Destabilisierungen der Berufsbiographie.

Der wirtschaftliche Strukturwandel in den neuen Bundesländern führte nicht nur zu Qualifikationsentwertungen, sondern auch zur Nachfrage "neuer", d.h. bei den Anbietern nur unzureichend vorhandener Fachqualifikationen. Diese Situation ermöglichte "Quereinstiege", also durch Fachqualifikationen nicht abgesicherte Einstiege in neue Berufsfelder. Bei den meisten der befragten Hochschulabsolventen verlief die berufliche Umorientierung in dieser Form des "Quereinstiegs". Auch die bereits erwähnte HIS-Studie belegt, daß Hochschulabsolventen nach der "Wende" in großem Umfang in fachfremde Beschäftigungsverhältnisse wechselten (*Minks/Bathke* 1992).

4. Berufliche Reorientierung zwischen Entkopplung und Schließung

In der öffentlichen Diskussion der Transformationsprobleme für den ostdeutschen Arbeitsmarkt dominierte bis heute das Thema "Arbeitslosigkeit". Demgegenüber behaupten wir, daß der Prozeß der beruflichen Umstrukturierung für die Gestalt des Arbeitsmarktes in den neuen Bundesländern von zentraler Bedeutung ist. Bereits für den Zweijahres-Zeitraum unserer Studie zeigte sich, daß die Chancendifferenzierung in bezug auf "beschäftigt/arbeitslos" weniger aussagekräftig ist als die Differenzierung in "berufskonstant/berufswechselnd". Mit Hilfe des Kaplan-Meier-Schätzers wurde für die Befragten die Wahrscheinlichkeit des Übergangs von einer Beschäftigung im Fachgebiet in fachfremde Beschäftigung sowie - konkurrierend - in Arbeitslosigkeit geschätzt. Dabei zeigte sich, daß das Risiko arbeitslos zu werden, geringer war als das Wechselrisiko in eine fachfremde Beschäftigung; je länger die Verweildauer in der Beschäftigung im Fachgebiet war, desto stärker unterschieden sich diese konkurrierenden Übergangsrisiken. Langfristig ist nicht die Arbeitslosigkeitsproblematik, sondern die Frage der *Verarbeitung berufsstruktureller Wandels* für die Analyse beruflicher Verläufe auf Transformationsarbeitsmärkten entscheidend. Arbeitskraftanbieter erleiden eine Krise nicht nur, sie reorientieren sich auch an neuen Bedingungen. Berufswechsel nehmen dabei eine herausragende Bedeutung ein: sie sind das entscheidende Mittel der Reorientierung in einem sich wandelnden Arbeitsmarkt. Bei den meisten der Befragten verlief die berufliche Umorientierung als "Quereinstieg" in neue

Berufsfelder, d.h. ohne vorherigen Erwerb eines entsprechenden (Aus-) Bildungs- oder Qualifikationszertifikats. Dies ist insofern ungewöhnlich, als gerade das deutsche (Fach-)Arbeitsmarktsystem weitgehend durch Schließungsprozesse aufgrund von (Aus-)Bildungszertifikaten gekennzeichnet ist (*Kreckel* 1983; *Hohn/Windolf* 1984).[21] Infolge dieser Struktureigentümlichkeit erfolgt der "normale" Weg beruflicher Umorientierung über Umschulungs- oder sonstige Weiterbildungsmaßnahmen, d.h. durch Erwerb eines das neue, bislang "fremde" Arbeitsgebiet abdeckenden Zertifikats.

Möglich wird das festgestellte Unterlaufen von Zertifikaten als zentralem Kriterium für Schließungsprozesse im (Fach-)Arbeitsmarkt aufgrund des momentanen Mangels an qualifizierten Arbeitskräften (z.B. in neuen Bereichen des Dienstleistungssektors oder in neuen Verwaltungsberufen). Das große Ausmaß beruflicher "Quereinstiege" verweist also darauf, daß der wirtschaftliche Strukturwandel in Ostdeutschland zu einer tendenziellen Entkopplung von (Aus-)Bildungszertifikat und ausgeübter Berufstätigkeit geführt hat. Es ist jedoch eine offene Frage, ob solche "Quereinstiege" ohne Zertifikatsabsicherung als Weg beruflicher Umorientierung langfristig erfolgreich sind und Aufstiegsperspektiven eröffnen oder ob dafür nicht doch ein - vorgelagerter oder nachholender - Zertifikatserwerb unerläßlich ist. Vermutlich wird die tendenzielle Öffnung von Zugangskriterien nicht längerfristig bestehen bleiben, d.h. in absehbarer Zeit die "normale" strukturell enge Kopplung von Bildungs- und Beschäftigungssystem wieder greifen.

Eine historische Parallele hat die für die ersten Jahre nach der "Wende" festgestellte Entkopplung von Zertifikat und faktisch ausgeübter Tätigkeit in den ersten beiden Nachkriegsjahrzehnten West- und Ostdeutschlands. Auch in diesem Zeitraum begünstigte der schnelle Strukturwandel der Wirtschafts- und Sozialstruktur eine umfangreiche laterale und vertikale intragenerationale Mobilität (*Blossfeld* 1989; *Niethammer* u.a. 1991; *Huinink/Solga* 1994). Die für die unmittelbare "Nach-Wende-Zeit" festgestellten geringen Berufsverbleibsraten sowie die Häufigkeit beruflicher Umorientierungen und "Quereinstiege" weisen hierzu strukturell Parallelen auf. Insofern ist gerade für diesen Zeitraum das Konzept der "Verzeitlichung" sozialer Ungleichheit fruchtbar (*Berger* 1991). Allerdings bleibt hervorzuheben, daß im Unterschied zur Nachkriegszeit die Kopplung zwischen Bildungsniveau und der Stellung im Beruf enger geworden ist; aufgrund des in den vergangenen Jahrzehnten deutlich gestiegenen Bildungsniveaus (*Wagner/Schupp* 1991) dürften jene Mobilitätsprozesse heute kaum zwischen "Jedermanns"- und Facharbeitsmarkt, sondern vielmehr zwischen verschiedenen Facharbeitsmärkten stattfinden. Insofern könnte sich hinter der Zunahme lateraler Berufsmobilität in der "Nach-Wende-Zeit" eine gestiegene Konstanz der Abgeschlossenheit der (Bildungs-)Schichten verbergen. Für diese These würde auch die generelle Schrumpfung des Arbeitsmarktes sprechen, die ebenfalls tendenziell eine Verfestigung von Schichtgrenzen begünstigt.[22]

Anmerkungen

1. Damit werden spätere Berufswechsel erschwert und insofern Geltungseinschränkungen der entry-job-These unwahrscheinlich. Bei einer gesellschaftsstrukturell anders organisierten Verzahnung von Bildungs- und Beschäftigungssystem (wie z.B. in den USA) ist die mikrosoziologische Komponente der entry job-These wesentlich schwächer.
2. Das Projekt ist Teil des Sonderforschungsbereichs 186 "Statuspassagen und Risikolagen im Lebensverlauf" an der Universität Bremen. Das Projekt wird geleitet von *Prof. Dr. A. Weymann* und *Dr. M. Wingens*.
3. Ein ausführlicher Ergebnisbericht ist in Form zweier Arbeitspapiere des Sonderforschungsbereichs 186 erschienen (*Sackmann/Wingens* 1994a, 1994b) und kann dort bestellt werden.
4. Da das Beobachtungsfenster nur die beiden ersten Jahre nach der "Wende" einschließt, sind Aussagen über längerfristige Entwicklungen vorsichtig zu behandeln. *Zapf* (1991) hat zu Recht betont, daß sich die sozialstrukturelle Transformation der DDR-Gesellschaft über ein Jahrzehnt erstrecken dürfte.
5. Rechnet man das ebenfalls formelle Verfahren einer Vermittlung durch den "Rat des Kreises" mit, erfolgte insgesamt ein Drittel der Allokationen über formelle Verfahren.
6. Dieses Ergebnis - von Experten als für die Spätphase der DDR übliche Situation bestätigt - ist insofern zu relativieren als "Verschickungen" gegen den Willen des Betroffenen in "staatssicherheitsrelevanten" Bereichen häufiger vorkamen. Darüber hinaus gilt, daß vorgelagerte Lenkungen im Bildungsbereich (z.B. Studienfachwahl) häufig auftraten.
7. Der Widerspruch zwischen offizieller Norm und faktischem Handeln und der daraus resultierende double-talk zeigte sich bei den Befragten darin, daß jeder sich als Ausnahme von der Regel sah: in ihrem Handeln die Absolventenvermittlung faktisch unterlaufend, hielten die Befragten kognitiv an der Gültigkeit der offiziellen Vermittlungsideologie fest. Dieser double-talk reichte bis in das Politbüro hinein, daß trotz besseren Wissens an der Vorstellung "einer von oben dirigierten Ex-ante-Festlegung von Handlungen" (*Ganßmann* 1993: 175) festhielt.
8. Solche Wechsel galten als "nicht antizipierbare Individualaktivitäten als Störfaktor" (*Schrimpff* 1983: 283); die Folgeschäden eines Arbeitsplatzwechsels für den Betrieb wurden bei "Hochschulabsolventen auf bis zu 30.000,- DM beziffert" (ebd.: 290). Eine Sanktionierung wurde allerdings Ende der sechziger Jahre aufgehoben.
9. "Transitions are always embedded in trajectories that give them distinctive form and meaning" (*Elder* 1985: 31); vgl. auch *Bourdieu* (1990) Begriff des "trajectoire".
10. Es geht im folgenden also nicht um innerbetriebliche Stellenwechsel, weil diese Mobilitätsprozesse keiner formellen Struktur bedürfen.
11. Typisch dazu der double-talk bei *Stollberg* (1988): realistische Akzeptanz der "Fluktuation" bei ideologisch-moralischer Ablehnung.
12. Die "Wende" ist ein sich über mehrere Jahre erstreckender Prozeß der Gesellschaftstransformation, der schon vor der offiziellen staatlichen Vereinigung begann und in verschiedenen Bereichen unterschiedlich lange dauerte (und noch andauert). Für den Arbeitsmarkt ist vor allem der schnelle Übergang von der Plan- zur Marktwirtschaft relevant. Formell traten wichtige Elemente der neuen Wirtschaftsordnung am 1.7.1990 mit der Wirtschafts-, Währungs- und Sozialunion in Kraft. Dieser Stichtag wurde aus heuristischen Gründen als Zeitpunkt der "Wende" gewählt, weil er für einen Vergleich von Erwerbsverläufen den wirtschaftsstrukturell bedeutsamsten Punkt mit gesamtgesellschaftlicher Relevanz innerhalb des Transformationsprozesses darstellt.
13. So wurde z.B. für den Absolventenjahrgang 1987 in einer repräsentativen HIS-Studie die deutlich unterschiedliche Arbeitslosenquote von 7% ermittelt (*Minks/Bathke* 1992).

14. Um kein Mißverständnis aufkommen zu lassen: Die DDR war entgegen offizieller Behauptungen kein egalitäres Land. Allerdings waren Differenzen in bezug auf ökonomische Ungleichheiten geringer als in der Bundesrepublik und anderen westlichen Ländern. Diese Nivellierung wurde durch die "Wende" aufgebrochen.
15. Konjunkturell bedingt stagnierte allerdings der Professionsarbeitsmarkt für Chemiker nach einer Zunahme in den 80er Jahren in Westdeutschland ab 1990. Sowohl west- als auch ostdeutsche Chemiker hatten deshalb verstärkt Schwierigkeiten, einen Arbeitsplatz zu finden.
16. Bereits im Mai 1992 hatte sich der Anteil des primären Sektors an der Gesamtbeschäftigung von 10,5% im Jahr 1989 auf 5% reduziert (*Bach* u.a. 1992: 478). Hinzu kam noch, daß die unter dem Einfluß der westdeutschen Bauernverbände stehende Förderpolitik der Bundesregierung in Ostdeutschland die Entstehung nichtbäuerlich organisierter Landwirtschaftsbetriebe, in denen die Fachqualifikation "Agraringenieur" Verwendung hätte finden können, behinderte; solche Landwirtschaftsbetriebe agierten in einem strukturpolitischen Vakuum und wurden von der Agrarpolitik benachteiligt (zu dieser strukturpolitischen Entscheidung und ihrer ökonomischen und politischen Rationalität: *Jarothe* (1992).
17. Zu den unterschiedlichen Wegen, auf denen derartige Umorientierungen vorgenommen wurden, ausführlich *Sackmann/Wingens* 1995.
18. Unter Sinn wird *Luhmann* (1987: 97) folgend "temporalisierte Komplexität und Zwang zur laufenden Aktualitätsverlagerung" verstanden, also die Gestaltung von aktuellem Handeln unter Rückbezug auf Vergangenes und Zukünftiges, sowie die Selektion unter laufend produzierten Redundanzen, "in Form eines Überschusses von Verweisungen" (ebd.: 93). Da gerade Übergänge Anschlußhandeln strukturieren, erscheint es sinnvoll, dies unter Rückgriff auf die temporale Natur des Handelns zu untersuchen.
19. Die Klassifikationsdichotonomie bezieht sich nur auf den Auslöser eines Wechsels: "freiwillig" ist ein allein vom Anbieter initiierter Wechsel; "unfreiwillig" ist dagegen ein vom Beschäftigten (mit-)initiierter Wechsel (z.B. Entlassung oder die Ankündigung von Entlassungen im Betrieb). Diese Klassifikation beschreibt also nicht den Grad an Aktivität bzw. Passivität eines Stellenwechslers, d.h. den Grad der Anbietersteuerung eines Stellensuchprozesses.
20. Aufgrund des relativ kurzen Beobachtungsfensters lassen sich noch keine Aussagen über auch langfristig gelungene biographische Restabilisierungen treffen; was beobachtbar ist, sind die erfolgsversprechenden Anfänge solcher Restabilisierungsprozesse.
21. Das Ausmaß an "Schließung" fungiert als genereller Steuerungsmechanismus für Umschichtungsprozesse im Arbeitsmarkt (*Fevre* 1992).
22. Um u.a. diese These genauer untersuchen zu können, werden in der z.Zt. laufenden großangelegten (n = 8000) quantitativen Retrospektiverhebung neben Akademikern auch Absolventen einer beruflichen Lehre befragt. Erst der Vergleich dieser Bildungsschichten kann zeigen, welche Constraints die Gelegenheitsstruktur individueller Entscheidungen im Berufsverlauf präformieren.

Abb. 1: Berufsverläufe der Absolventenkohorten 1985 und 1990 nach der „Wende"

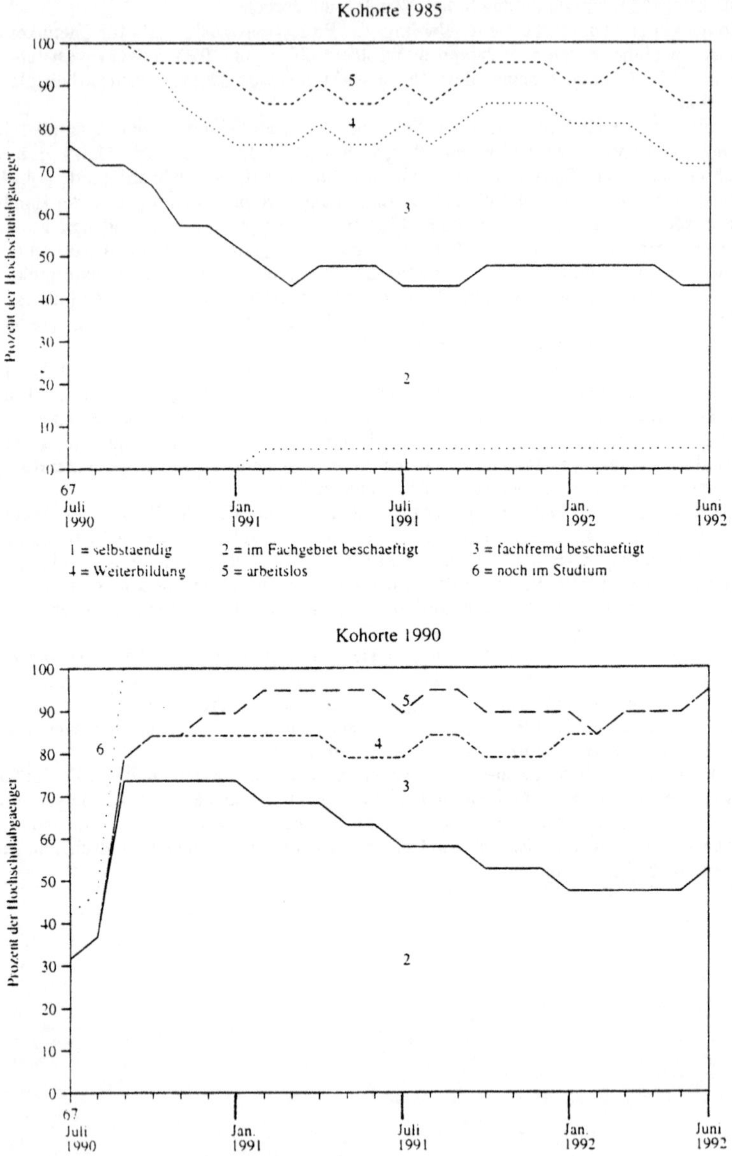

Abb. 2: Fachspezifische Berufsverläufe nach der „Wende"

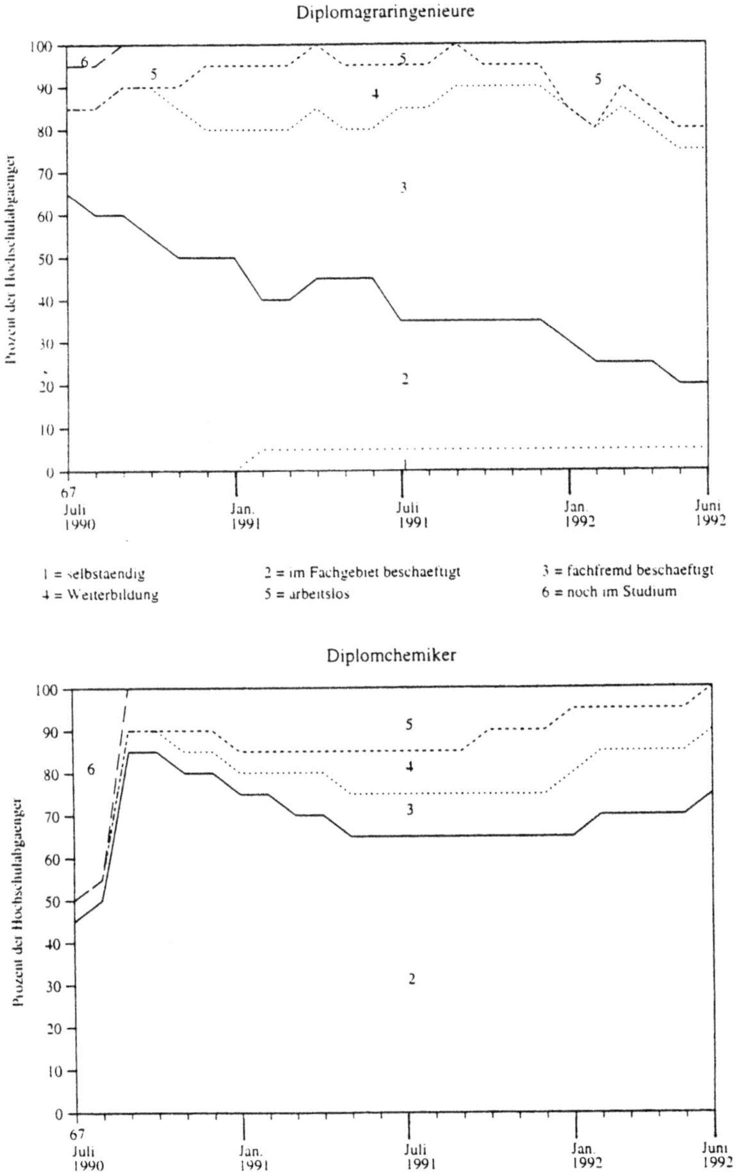

Literatur

Adler, F. (1991): Einige Grundzüge der Sozialstruktur der DDR. In: Projektgruppe "Das Sozio-ökonomische Panel" (Hrsg.), Lebenslagen im Wandel. Frankfurt: Campus, S. 152-177.

Allmendinger, J. (1989): Educational Systems and Labor Market Outcomes. In: European Sociological Review 5, 231-250.

Bach, H. u.a. (1993): Der Arbeitsmarkt 1992 und 1993 in der Bundesrepublik Deutschland. In: MittAB 25, 457-482.

Beck, U./Bolte, K./Brater, M. (1978): Qualitative Veränderungen der Berufstruktur als Voraussetzung expansiver Bildungspolitik. In: Mertens, D./Kaiser, M. (Hrsg.), Berufliche Flexibilitätsforschung in der Diskussion. Nürnberg: IAB. BeitrAB 30, 21-52.

Berger, P. (1990): Ungleichheitsphasen. In: Berger, P./Hradil, S. (Hrsg.), Lebenslagen, Lebensläufe, Lebensstile. Soziale Welt, Sonderband 7. Göttingen: Schwartz, S. 319-350.

Berger, P. (1991): Von Bewegungen in zur Beweglichkeit von Strukturen. In: Soziale Welt 42, S.68-92.

Best, N./Stoll, R. (1992): Strukturwandel in Ostdeutschland. Arbeitsmarkt, Beruf, Qualifikation und Beschäftigung. Nürnberg: IAB.

Biehler, H. u.a. (1981): Arbeitsmarktstrukturen und Prozesse. Tübingen: Mohr.

Bielenski, H. u.a. (1990ff.): Arbeitsmarkt-Monitor für die neuen Bundesländer. Nürnberg: IAB. BeitrAB 148, 1ff.

Blaschke, D. u.a. (1992): Der Arbeitsmarkt in den neuen Ländern. In: MittAB 24, 119-135.

Blossfeld, H.-P. (1985): Bildungsexpansion und Berufschancen. Frankfurt: Campus.

Blossfeld, H.-P. (1989): Kohortendifferenzierung und Karriereprozeß. Frankfurt: Campus.

Blossfeld, H.-P. (1990): Berufsverläufe und Arbeitsmarktprozesse. In: Mayer, K.U. (Hrsg), Lebensverläufe und sozialer Wandel. Kölner Zeitschrift für Soziologie und Sozialpsychologie, Sonderheft 31. Opladen: Westdeutscher Verlag, S.118-145.

Bourdieu, P. (1990): Die biographische Illusion. In: BIOS 3, 75-81.

Doeringer, P./Piore, M. (1971): Internal Labor Markets and Manpower Analysis. Lexington: Heath Lexington.

Elder, G. (1985): Perspectives on the Life Course. In: Elder, G. (Hrsg.), Life Course Dynamics. Ithaca: Cornell University, S. 23-49.

Fevre, R. (1992): The Sociology of Labour Markets. New York: Harvester Wheatsheaf.

Ganßmann, H. (1993): Die nichtbeabsichtigten Folgen einer Wirtschaftsplanung. In: Joas, H./Kohli, M. (Hrsg.), Der Zusammenbruch der DDR. Frankfurt: Suhrkamp, S. 177-194.

Geißler, R. (1992): Die Sozialstruktur Deutschlands. Opladen: Westdeutscher Verlag.

Hohn, H./Windolf, P. (1984): Prozesse sozialer Schließung im Arbeitsmarkt. In: Knepel, H./Hujer, R. (Hrsg.), Mobilitätsprozesse auf dem Arbeitsmarkt. Frankfurt: Campus, S. 305-329.

Huinink, J./Mayer, K.U. (1993): Lebensverläufe im Wandel der DDR-Gesellschaft. In: Joas, H./Kohli, M. (Hrsg.), Der Zusammenbruch der DDR. Frankfurt: Suhrkamp, S. 151-171.

Huinink, J./Solga, H. (1994): From Mobility in Status and Occupation to Simple Job Shifts? Max-Planck-Institut für Bildungsforschung (Arbeitsbericht 7).

Jarothe, S. (1992): Konfliktfeld deutsch-deutsche Landwirtschaft. In: Politische Studien 43, 96-106.

Kappelhoff, P./Teckenberg, W. (1987): Intergenerationen- und Karrieremobilität in der Bundesrepublik Deutschland und in den Vereinigten Staaten. In: Kölner Zeitschrift für Soziologie und Sozialpsychologie 39, 302-329.

Kohli, M. (1985): Die Institutionalisierung des Lebenslaufs. In: Kölner Zeitschrift für Soziologie und Sozialpsychologie 37, 1-29.

Kohli, M. (1986): Gesellschaftszeit und Lebenszeit. In: Berger, J. (Hrsg.), Die Moderne. Soziale Welt, Sonderband 4. Göttingen: Schwartz, S. 183-208.

Kreckel, R. (Hrsg.) (1983): Soziale Ungleichheiten. Soziale Welt, Sonderband 2, Göttingen: Schwartz.

Luhmann, N. (1987): Soziale Systeme. Frankfurt: Suhrkamp.
Mayer, K.U. (1990): Lebensverläufe und sozialer Wandel. Kölner Zeitschrift für Soziologie und Sozialpsychologie, Sonderheft 31, Opladen: Westdeutscher Verlag.
Mayntz, R. (1992): Modernisierung und die Logik von intraorganisatorischen Netzwerken. In: Journal für Sozialforschung 32, 19-32.
Minks, K./Bathke, G. (1992): Berufliche Integration und Weiterbildung von jungen Akademikern aus den neuen Ländern, Hannover (HIS).
Müller, W. (1986): Soziale Mobilität. Die Bundesrepublik im internationalen Vergleich. In: Kaase, M. (Hrsg.), Politische Wissenschaft und politische Ordnung. Opladen, S. 339-354
Nickel, H. (1992): Frauenarbeit in den neuen Bundesländern. In: Berliner Journal für Soziologie 2, 39-48.
Niethammer, L. u.a. (1991): Die volkseigene Erfahrung. Berlin: Rowohlt.
OECD (1986): The Youth Labour Market Problem. Age or Generational Crowding. In: OECD Employment Outlook. Paris, S.106-127.
Osterland, M. (1990): "Normalbiographie" und "Normalarbeitsverhältnis". In: Berger, P./Hradil, S. (Hrsg.), Lebenslagen, Lebensläufe, Lebensstile. Soziale Welt, Sonderband 7. Göttingen: Schwartz, S. 351-362.
Phelps, E. (1972): The Statistical Theory of Racism and Sexism. In: The American Economic Review 62, 659-661.
Sackmann, R./Wingens, M. (1994a): Berufsverläufe ostdeutscher Hochschulabsolventen (I). Sfb 186 (Arbeitspapier 27).
Sackmann, R./ Wingens, M. (1994b): Berufsverläufe ostdeutscher Hochschulabsolventen (II). Sfb 186 (Arbeitspapier 28).
Sackmann, R./Wingens, M. (1995): Individuelle und gesellschaftliche Strukturierung beruflicher Diskontinuität. In: Hoerning, E./Corsten, M. (Hrsg.), Institution und Biographie. Pfaffenweiler: Centaurus, S. 113-130.
Schmidt, G. (1982): Hochschulen in der DDR. Eine Untersuchung zum Verhältnis von Bildungs- und Beschäftigungssystem. Köln: Böhlen.
Schrimpff, W. (1983): Heterogene Koordinationsinstrumente im Beschäftigungssystem der DDR. Münster: Institut für Genossenschaftswesen.
Schupp, J./Wagner, G. (1990): Basisdaten für die Beschreibung und Analyse des sozioökonomischen Wandels der DDR. In: Kölner Zeitschrift für Soziologie und Sozialpsychologie 43, 322-333.
Sengenberger, W. (1987): Struktur und Funktionsweise von Arbeitsmärkten. Frankfurt: Campus.
Stollberg, R. (1988): Soziologie der Arbeit. Berlin-Ost: Die Wirtschaft.
Wagner, G./Schupp, J. (1991): Die Sozial- und Arbeitsmarktstruktur in der DDR und in Ostdeutschland. In: Projektgruppe "Das Sozio-ökonomische Panel" (Hrsg.), Lebenslagen im Wandel. Frankfurt: Campus, S. 178-197.
Zapf, W. (1991): Der Untergang der DDR und die soziologische Theorie der Modernisierung. In: Giesen, B./Leggewie, C. (Hrsg.), Experiment Vereinigung. Berlin: Rotbuch, S. 38-51.
Zentralinstitut für Hochschulbildung (Hrsg.) (1989): Vermittlung und Einsatz von Hochschulabsolventen in der DDR. Ergebnisse und Probleme. Berlin-Ost.

Erwerbsverläufe in Ostdeutschland und ihre Auswirkungen auf das Wohlbefinden

Horst Berger, Thomas Bulmahn und Wilhelm Hinrichs

1. Einführung

In Ostdeutschland vollzog sich 1989 bis 1991 der Wechsel von einem zentral geplanten, subventionierten System der Vollbeschäftigung zu einem marktwirtschaftlich verfaßten Beschäftigungssystem. Einerseits markiert diese Phase den Zusammenbruch eines ineffizienten Wirtschaftssystems, parallel dazu die Herausbildung einer neuen Wirtschaftsordnung. Es war zu erwarten, daß Einflußfaktoren, die das Risiko des Verlustes des Arbeitsplatzes bzw. die Chance eines Wiedereinstiegs bestimmen, während des Umbruchs der Wirtschaftsordnung eine besondere Stärke entfalten. Deshalb wählen wir diese Jahre als Analysezeitraum für die Untersuchung von Erwerbsverläufen. Zudem gestattet die Analyse des Wirkungsgefüges in dieser Etappe die Prüfung, ob sich die Einflußfaktoren im Zeitverlauf als stabil erweisen oder mit fortschreitender Transformation verändern.

Unter den Bedingungen der DDR-Planwirtschaft und der Vollbeschäftigung war Erwerbsarbeit für nahezu alle erwerbsfähigen Frauen und Männer die Haupteinkommensquelle (85% der Personen im erwerbsfähigen Alter waren in der DDR 1989 in Beschäftigung), die entscheidend die soziale Lage der Haushalte bestimmte. Darüber hinaus war Erwerbsarbeit der wichtigste Lebensbereich mit vielfältigen sozialen Implikationen und Beziehungen.

Die Einführung eines marktwirtschaftlichen Erwerbssystems war auf eine schnelle strukturelle Anpassung an das bestehende Wirtschaftssystem der alten Bundesrepublik orientiert. Damit verbunden war ein gravierender Arbeitsplatzabbau und die Verknappung bezahlter Arbeit. Die Beteiligung oder Nicht-Beteiligung an der Erwerbsarbeit wurde zum dominanten Merkmal sozialer Differenzierung und zum zentralen Faktor der personellen Einkommensverteilung (*Frick et al.* 1993). Damit entstanden - verstärkt durch die Neuartigkeit des Phänomens - strukturelle Unsicherheiten und psycho-soziale Belastungen für nahezu alle Erwerbspersonen Ostdeutschlands (*Berger/Schultz* 1994). Gleichwohl waren die verschiedenen sozialen und demographischen Gruppen in unterschiedlichem Maße davon betroffen, wie sich bei der Analyse der Erwerbsverläufe zeigen wird.

Für uns waren drei Fragen von besonderem Forschungsinteresse:

1. Welchen Einfluß hatte die Umwälzung des Erwerbssystems in Ostdeutschland auf die Erwerbsverläufe, und welche Personengruppen waren

in besonderer Weise davon betroffen?
2. Wurden die Erwerbsverläufe während dieser ersten Phase der Transformation stärker durch personale oder eher durch strukturelle Merkmale beeinflußt, und welche dieser Merkmale erwiesen sich als wesentlich?
3. Wie wirkte der Verlust der Vollbeschäftigung auf die subjektiven Befindlichkeiten?

Bei der Erklärung von Beschäftigungsstabilität, Arbeitslosigkeit und Wiedereinstiegschancen wird häufig auf verschiedene individualistische und strukturalistische Ansätze der Arbeitsmarkttheorie verwiesen (*Klein* 1990). Zu fragen ist, was diese Theorien im Hinblick auf die spezifischen Erwerbsverläufe in Ostdeutschland unter den Bedingungen des wirtschaftlichen und politischen Systemwechsels und Zusammenbruchs des DDR-Wirtschaftssystems sowie des damit verbundenen Beschäftigungseinbruchs zu leisten vermögen, zumal sie für Bedingungen eines funktionierenden Arbeitsmarktes entwickelt worden sind (*Szydlik* 1993).

Es zeigt sich, daß vom Arbeitsplatzverlust, der in allen Wirtschaftsbereichen beobachtet werden konnte, die sozialen und demographischen Gruppen in unterschiedlichem Ausmaß betroffen waren. Die Wirkungen des Arbeitsplatzverlustes wurden durch arbeitsmarktpolitische Maßnahmen gemildert, indem Übergangsmärkte installiert wurden (Kurzarbeit, Arbeitsbeschaffungsmaßnahmen, Fortbildung und Umschulung). Für flexible ostdeutsche Erwerbspersonen bestand zudem die Möglichkeit, in den funktionierenden westdeutschen Arbeitsmarkt einzudringen (Migranten, Pendler). Außerdem wurden sozialpolitische Programme implementiert, die ein vorzeitiges bzw. endgültiges Ausscheiden aus dem Arbeitsmarkt ermöglichten (*Brinkmann/Völkel* 1993).

Beim Wiedereinstieg in das Erwerbsleben spielen nach dem Postulat der individualistischen Arbeitsmarkttheorien, insbesondere der Humankapitaltheorie, personale Merkmale eine wichtige Rolle, weil die Erfolgsaussichten dann steigen, wenn die Erwerbspersonen über arbeitsmarktadäquate Merkmale (arbeitsplatzgerechte Qualifikation, individuelles Leistungsvermögen u.a.) verfügen bzw. diese effizient angeeignet werden können (*Müller* 1985). In Zeiten wirtschaftlichen Niedergangs und einer äußersten Verknappung von Arbeitsplätzen sind aber einer Verwertung individueller Ressourcen wie Leistungsvermögen und Qualifikation enge Grenzen gezogen.

Nach dem Postulat strukturalistischer Arbeitsmarkttheorien werden die Berufschancen durch eine vorgegebene Struktur der Arbeitsplätze und deren Ausstattung bestimmt (*Klein* 1990). Zu fragen ist in diesem Fall, inwieweit dadurch Wiedereinstiegschancen erklärt werden können, zumal die erforderlichen Qualifikationen in der Regel erst bestimmt werden können, wenn neue Arbeitsplätze entstanden oder zumindest geplant sind. Da Bildungsträger und Unternehmen gewöhnlich nicht indentisch sind, kam es auch in Ostdeutschland zu großen Diskrepanzen zwischen Fortbildungs- und Umschulungsinhalten und der Struktur und Ausstattung zukünftiger Arbeitsplätze. Damit war ein möglicher Einsatz nach Bildungsmaßnahmen in hohem Maße zweifelhaft (*Buttler* 1993). Deshalb waren Fortbildung und Umschulung während dieser Jahre oft nur eine Form der Arbeitslosigkeit im weiteren Sinne und kaum eine gezielte Maßnahme zur unmittelbaren Stimulierung des Wiedereinstiegs in das Erwerbsleben.

Unsere Analyse vollzieht sich in vier Schritten:

Erstens zeigen wir die Beteiligung an der Vollerwerbstätigkeit im gesamten Analysezeitraum von 1989 bis 1991 und in drei aufeinanderfolgenden Perioden innerhalb dieses Zeitraums. Dadurch werden bereits der Umfang und gruppenspezifische Proportionen des Verlustes der Vollerwerbstätigkeit deutlich.

Zweitens erkunden und analysieren wir verschiedene Erwerbs-Verlaufsmuster.

Drittens ermitteln wir die wesentlichen personalen und strukturellen Kovariablen, die das Risiko, die Vollerwerbstätigkeit zu verlieren bzw. die Chance, wieder eine Vollbeschäftigung zu finden, beeinflussen, und bestimmen das Gewicht der einzelnen Kovariablen.

Viertens zeigen wir den Einfluß des Verlustes der Vollerwerbstätigkeit und der Dauer der Nicht-Vollerwerbstätigkeit auf das Wohlbefinden.

2. Methodik und Datenbasis

Die Nachzeichnung der Erwerbsverläufe erfolgt auf der Grundlage der im SOEP-Ost retrospektiv erfaßten Kalendarien.[1] Die Kalendarien liefern auf Monatsbasis beruhende Verlaufsangaben über den jeweiligen Erwerbsstatus für die letzten zwölf Monate und die monatlichen Ströme in und aus Vollerwerbstätigkeit. Sie eignen sich daher besonders für die Analyse der Erwerbsverläufe in den entscheidenden Jahren des Umbruchs (*Schupp/Wagner* 1990). Dabei wurden als Untersuchungspopulation entsprechend unserer Themenstellung alle Personen definiert, die sich während des gesamten Beobachtungszeitraums im erwerbsfähigen Alter befanden (N = 3.122 Personen).

Erwerbsverläufe stellen sich als eine Sequenz von Zustandswechseln dar, die jeweils den Anfang bzw. das Ende von Episoden der Erwerbsbiographie darstellen. Als angemessene Methode zur Deskription der Erwerbs-Episoden verwenden wir die Survival-Analyse. Allerdings sind die Verlaufsanalysen für die Phase des Systemwechsels zunächst auf zwei Zustände, "vollerwerbstätig" bzw. "nicht-vollerwerbstätig"[2] begrenzt. In dieser Frühphase des Umbruchs dominierten solche Ereignisse wie Abwicklung, Kurzarbeit, Vorruhestand und ähnliche Formen, die eher auf einen endgültigen Ausstieg aus dem Erwerbsleben und damit auf den Zustand "nicht-vollerwerbstätig" hinausliefen. Es versteht sich von selbst, daß mit fortschreitender Veränderung der strukturellen Bedingungen die Analyse einer Ergänzung und Fortführung in Richtung der Einbeziehung weiterer Zustände (ABM, Fortbildung und Umschulung u.a.) bedarf.

Als Merkmale, die die Erwerbsverläufe wesentlich beeinflussen, wurden solche strukturellen und personalen Merkmale ausgewählt, die sich auch auf Grund empirischer Arbeitsmarktanalysen als wichtige Einflußfaktoren für Beschäftigungsstabilität erwiesen haben (*Brinkmann/Völkel* 1993).

Dies sind bei den *personalen Merkmalen*

- Geschlecht
- Alter
- Schulabschluß
- Ausbildungsabschluß
- erforderliche Ausbildung
- berufliche Stellung.

Bei den *strukturellen Merkmalen* handelt es sich um:

- Bundesland
- Gemeindegrößenklasse
- Branche
- Unternehmensgröße.

Zur Ermittlung des Gewichts dieser Merkmale, die ganz wesentlich den Verbleib in den Zuständen "vollerwerbstätig" bzw. "nicht-vollerwerbstätig" bewirken, dient die Cox-Regression. Zur Anwendung der Survival-Analyse bzw. der Cox-Regression erfolgen einige detailliertere Hinweise in Abschnitt 3.2.

Der letzte Abschnitt schließlich - Auswirkungen des Verlustes der Vollerwerbstätigkeit auf das Wohlbefinden - fußt ebenfalls auf Daten des SOEP-Ost. Die Ermittlung des subjektiven Wohlbefindens, das nach der Dauer der Nicht-Vollerwerbstätigkeit differenziert wird, erfolgt anhand der Indikatoren "Sorgen", "Zukunftszuversicht", "allgemeine Lebenszufriedenheit" und anhand der Zufriedenheit in einigen ausgewählten Lebensbereichen.

3. Erwerbsverläufe

3.1 Erwerbsbeteiligung und Erwerbs-Verlaufsmuster

Mit Hilfe der Kalendarien des SOEP-Ost können wir die Beteiligung an der Vollerwerbstätigkeit bereits ab Juli 1989 detailliert verfolgen. Das Ausmaß, in dem die Erwerbspersonen im untersuchten Zeitraum an der Vollerwerbstätigkeit teilnahmen, wird für den gesamten Untersuchungszeitraum sowie für drei ausgewählte Perioden ausgewiesen (Tabelle 1).

In Spalte 2 der Tabelle 1 spiegelt sich die erwähnte hohe Vollerwerbstätigkeit in der DDR wider: Die Untersuchungspersonen waren 77% der gesamten Arbeitszeit innerhalb der ersten Periode vollerwerbstätig. In der dritten Periode betrug dieser Anteil nur noch 63%. Besonders stark war der Rückgang der Vollerwerbstätigkeit zwischen der ersten und zweiten Periode, der Phase des strukturellen Umbruchs der Wirtschaft. Zwischen der zweiten und dritten Periode fiel der Rückgang dann weniger gravierend aus. Auffallend ist, daß der Rückgang von der ersten zur zweiten Periode alle sozialen und demographischen Gruppen betraf, wenngleich in unterschiedlichem Ausmaß. In diesem Zeitraum fiel der Rückgang bei den Männern von 89% auf 74% noch drastischer aus als bei den Frauen, deren Beteiligungsgrad sich von 64% auf 54% reduzierte. Dabei muß allerdings beachtet werden, daß die Erwerbsbeteiligung der Frauen von Beginn an deutlich niedriger war als die der Männer.

Zwischen der zweiten und der dritten Periode hingegen zeigt sich ein differenzierteres Bild. Bei einigen Gruppen setzt sich der Rückgang fort, bei anderen stagniert der Verlust der Vollerwerbstätigkeit, und wieder andere Gruppen können sogar einen leichten Anstieg der Erwerbsbeteiligung verzeichnen.

Nicht nur zwischen den Perioden sind Differenzierungen auszumachen, auch zwischen den Erwerbspersonen gibt es nennenswerte Unterschiede. Einige seien hervorgehoben:

Die ohnehin geringere Ausgangsbeteiligung der Frauen ging noch weiter zurück. Der Rückgang war bei den über 55jährigen besonders stark, aber auch die unter 25jährigen waren stärker davon betroffen als die mittlere Altersgruppe.

Das Alter wirkte auch als stark differenzierendes Merkmal für die Vollerwerbstätigkeit bei den Männern: Der Rückgang war am radikalsten bei den Älteren. Im Unterschied zu den Frauen konnte die männliche Gruppe der unter 25jährigen in der dritten Periode wieder einen leichten Anstieg verzeichnen. Die mittlere Altersgruppe ist sowohl bei den Frauen als auch bei den Männern in einer günstigeren Situation.

Abhängigkeiten bestehen auch zwischen Erwerbsbeteiligung und abgestufter Schul- bzw. Berufsbildung. In der zweiten Periode waren alle diesbezüglichen Gruppen von zurückgehender Erwerbsbeteiligung betroffen, besonders jene mit dem Abschluß der 8. Klasse, aber auch die Facharbeiter. In der dritten Periode stabilisierte sich die Erwerbsbeteiligung bei fast allen Gruppen, jedoch nicht bei den Erwerbspersonen mit Abschluß 8. Klasse und auch nicht bei den Meistern.

Betrachten wir die Herkunftsbranchen, so ist auch hier bei allen Gruppen ein Rückgang von der ersten zur zweiten Periode festzustellen, besonders aber bei den Erwerbspersonen, die im Verarbeitenden Gewerbe und in der Land- und Forstwirtschaft tätig waren. Dieser Rückgang setzte sich auch von der zweiten zur dritten Periode fort, mit Ausnahme der Branchen Baugewerbe, Bergbau/Energie sowie Land- und Forstwirtschaft. Die ansteigende Tendenz im Baugewerbe ergibt sich aus der relativ günstigen wirtschaftlichen Entwicklung des Baugewerbes bereits in diesem Zeitraum. Die ansteigende Erwerbsbeteiligung der Erwerbspersonen aus der Branche Bergbau/Energie ist wohl darauf zurückzuführen, daß es sich vorwiegend um Männer mittleren Alters mit solider Qualifikation handelt.

Wir erweitern nunmehr unser Analysemodell und bilden 7 mögliche Verlaufsmuster (Tabelle 2). Danach waren 36% der Erwerbspersonen durchgehend vollerwerbstätig (davon 44% der Männer und 29% der Frauen) und 12% durchgehend nicht-vollerwerbstätig (davon 5% der Männer und 19% der Frauen). 16% der Personen mußten ihre Vollerwerbstätigkeit aufgeben und schafften nicht den Wiedereinstieg; 6% nahmen erstmals eine Vollerwerbstätigkeit auf, 18% schafften nach einer Unterbrechung den Wiedereinstieg, 3% mußten nach zwischenzeitlicher Vollerwerbstätigkeit erneut ausscheiden, und 9% hatten mehr als drei Erwerbsepisoden.

Die Verlaufsmuster sind wiederum mitgeprägt von strukturellen Merkmalen. Der Anteil der Erwerbspersonen, die durchgehend in Vollerwerbstätigkeit verbleiben konnten, ist im Öffentlichen Dienst (Staat) sowie in den Branchen Bergbau/Energie, Dienstleistungen und Handel und Verkehr am höchsten, dagegen in der Land- und Forstwirtschaft sowie im Verarbeitenden Gewerbe am niedrigsten. Erstaunlicherweise ist der Anteil jener, die durchgehend nicht in Vollerwerbstätigkeit waren, im Dienstleistungsbereich am höchsten. Bei Verlust der Vollerwerbstätigkeit erwiesen sich die Wiedereinstiegschancen beim Verarbeitenden Gewerbe und in der Land- und Forstwirtschaft am schlechtesten. Einstiegs- bzw. Wiedereinstiegschancen eröffneten sich am ehesten im Baugewerbe und bei den Dienstleistungen. Zwischenzeitliche Vollerwerbstätigkeit war in allen Branchen schwach ausgeprägt. Mehr als drei Episoden wies ein relativ großer Anteil der Erwerbspersonen aus den Branchen Land- und Forstwirtschaft, Bergbau/-Energie und Verarbeitendes Gewerbe auf.

Nach Ähnlichkeiten verschiedener Verläufe zusammengefaßt, lassen sich anhand der Tabelle vier Hauptverlaufsmuster erkennen:

	Verlaufsmuster	Anteil Erwerbs-personen insges.	Gruppenprägende Merkmale
Muster 1	Durchgehend in Vollerwerbstätigkeit	36%	Männer, mittleres Alter, eine über den Facharbeiter hinausgehende Qualifikation
Muster 2	Durchgehend nicht vollerwerbstätig bzw. Verlust ohne Wiedereinstieg	28%	Höheres Alter - Frauen, geringe Bildung, höheres Alter - Männer
Muster 3	Aufnahme einer Vollerwerbstätigkeit bzw. nur kurzzeitige Unterbrechung	24%	Männer, mittleres Alter, jüngeres Alter, Facharbeiter- und Akademikerqualifikation
Muster 4	Kurzzeitige, instabile Erwerbsverhältnisse, höchste Zahl von Erwerbsepisoden	12%	Jüngeres Alter - Frauen, jüngeres Alter - Männer bis 25 Jahre

Für ganz wesentlich im Hinblick auf den Zusammenhang von strukturellen und personalen Merkmalen und Beschäftigungsstabilität halten wir die Tatsache, daß in unserem relativ kurzen Untersuchungszeitraum nur insgeamt 36% der Erwerbspersonen durchgängig in Vollerwerbstätigkeit verblieben. Hingegen waren 28% der Erwerbspersonen entweder durchgängig nicht-vollerwerbstätig oder ihnen gelang nach Verlust des Arbeitsplatzes nicht der Wiedereinstieg.

Gute Arbeitsmarktchancen in der Zeit von 1989-1991 hatten jene 24%, die zu Beginn nicht in Vollerwerbstätigkeit waren, jedoch zwischenzeitlich eine Vollerwerbstätigkeit aufnehmen konnten bzw. deren Verlust der Vollerwerbstätigkeit nur von kurzer Dauer war. Da es sich vor allem um Männer mittleren Alters mit guter Qualifikation handelte, wird angenommen, daß sich hierin bereits die personalen Anforderungen des sich neu herausbildenden Arbeitsmarktes ausdrückten.

Bereits in den ersten Jahren des wirtschaftlichen Umbaus zeigten sich die komplizierten Erwerbsverlaufsmuster junger Leute. 12% der Erwerbsverläufe waren durch kurzzeitige, instabile Verhältnisse mit zum Teil großer Anzahl von Erwerbsepisoden gekennzeichnet. Diese Verläufe traten fast ausschließlich bei jungen Frauen und Männern bis 25 Jahre auf. Sie dürften einen schwierigen Einstieg und die Kompliziertheit einer festen Positionierung auf dem Arbeitsmarkt für Jugendliche signalisieren.

3.2 Strukturelle und personale Kovariablen für Erwerbsverläufe

Wir wollen nunmehr die Dauer des Verbleibens in Vollerwerbstätigkeit und die Dauer der ersten Unterbrechung, d.h. des Wiedereinstiegs in die Vollerwerbstätigkeit, einer eingehenderen Analyse unterziehen. Dabei verfolgen wird zwei Fragestellungen:

Erstens: Gibt es gleiche oder unterschiedliche Merkmale, die einerseits das Risiko bestimmen, aus der Vollerwerbstätigkeit herauszufallen, bzw. andererseits die Chance, bei Unterbrechung wiedereinsteigen zu können?

Zweitens: Unterscheiden sich diese Merkmale bezüglich ihres Wirkungseinflusses für das Risiko, herauszufallen bzw. für die Chance des Wiedereinstiegs?

Zur Beantwortung der ersten Frage bedienen wir uns der Survival-Analyse (*Blossfeldt/Hamerle/Mayer* 1986). Mit Hilfe der Survival-Analyse kann die Länge von Episoden und die Wahrscheinlichkeit des Eintreffens von Ereignissen untersucht werden. Die Survival-Funktion S (a_j) (Wahrscheinlichkeitsverteilung der Verweildauer in einem Zustand) informiert in unserem Falle über die Wahrscheinlichkeit des Verbleibens einer Person in Vollerwerbstätigkeit. Im Rahmen dieses Konzepts ist insbesondere die Sterbetafelmethode als ein nicht-parametrisches Verfahren zur Schätzung der Survival-Funktion S (t) = P (T>=t) von Bedeutung. Zentraler Ausdruck der life-table-Methode ist die Formel $\Pi_j = \pi_1 * \pi_2 *...*\pi_j$. Die geschätzte Wahrscheinlichkeit des Überlebens jenseits des Zeitpunktes a_j (Cumulative Proportion Surviving at End) ergibt sich als Produkt der geschätzten bedingten Überlebenswahrscheinlichkeit π_j dieses Intervalls und aller bisherigen Intervalle.

Im folgenden stellen wir die Survival-Funktion S (a_j) graphisch dar, weil sie eine sehr anschauliche Beurteilung der Erwerbsverläufe gestattet. Hierbei wird auch ein Vergleich der Survival-Funktionen verschiedener Subgruppen (Frauen - Männer; Alte - Junge u.a.) möglich, der erste Hinweise auf eventuelle Kovariablen liefert.

In die Analyse der Zustandswechsel wurden alle Personen im erwerbsfähigen Alter einbezogen, die im Juli 1989 (Beginn des Untersuchungszeitraums) vollerwerbstätig waren. Einige Personen der Gesamtpopulation waren zu diesem Zeitpunkt bereits nicht mehr vollerwerbstätig, so daß die Population N = 2.446 Personen betrug.

Zur Analyse des Risikos bzw. der Chance bildeten wir, ausgehend von unserer Fragestellung nach dem Einfluß struktureller und personaler Merkmale bzw. Bedingungen, vier Teilgruppen:

1. Teilgruppe, gekennzeichnet durch die *demographischen Merkmale* (Geschlecht und Alter).

2. Teilgruppe, charakterisiert durch *Bildungsmerkmale* (Schulbildung, höchster Ausbildungsabschluß, erforderliche Ausbildung).
3. Teilgruppe, beschrieben durch *Merkmale des Arbeitsbereichs* (berufliche Stellung, Unternehmensgröße, Branche).
4. Gruppe, erfaßt durch *regionale Merkmale* (Bundesland, Gemeindegrößenklasse).

Analysieren wir zunächst die Erwerbsverläufe der ersten Teilgruppe, die durch die demographischen Merkmale Alter und Geschlecht geprägt ist. Sowohl des Alter als auch das Geschlecht wirken differenzierend auf das Risiko, aus der Vollerwerbstätigkeit herauszufallen, sowie auf die Wiedereinstiegschancen.

Männern war es länger möglich, in Vollerwerbstätigkeit zu verbleiben als Frauen. Der Geschlechterunterschied wird bei den Wiedereinstiegsprozessen noch deutlicher. Das seit dem Umbruch der Erwerbsverhältnisse in Ostdeutschland beobachtete Auseinanderdriften der Erwerbsverläufe von Frauen und Männern ergibt sich offenbar aus der Kumulation von hohen Arbeitslosigkeitsrisiken und geringen Wiedereinstiegschancen für Frauen.

Das Alter differenziert noch stärker als das Geschlecht. Ältere haben ein sehr hohes Risiko, aus der Vollerwerbstätigkeit herauszufallen, und eine sehr geringe Chance wiedereinsteigen zu können. Jüngere hingegen haben zwar ein ähnlich hohes Risiko, die Vollerwerbstätigkeit zu verlieren, für sie sind aber die Wiedereinstiegschancen sehr viel höher.

Kombinieren wir die Merkmale Geschlecht und Alter, so verstärken sich diese Effekte noch, wie aus den Schaubildern in Abbildung 1 hervorgeht.

Auf der linken Seite der Abbildung ist der Verbleib in Vollerwerbstätigkeit dargestellt, auf der rechten Bildhälfte die Dauer in Nicht-Vollerwerbstätigkeit. Die x-Achse bezeichnet jeweils die Zeit in Monaten, die y-Achse bezeichnet die alters- und geschlechtsspezifische Wahrscheinlichkeit für Personen, zu einem bestimmten Zeitpunkt noch im Zustand "vollerwerbstätig" (links) bzw. "nicht-vollerwerbstätig" (rechts) zu verweilen.

Die älteren weiblichen Erwerbspersonen verlieren am ehesten ihre Vollerwerbstätigkeit, und ihre Wiedereinstiegschancen sind minimal. Die Situation bei den älteren männlichen Erwerbspersonen ist nur wenig besser. Aber auch die jüngere weibliche Gruppe hat relativ geringe Wiedereinstiegschancen. Deutlich besser ist die Situation bei der mittleren und jüngeren männlichen Altersgruppe, sie haben die größten Wiedereinstiegschancen.

Zur zweiten Teilgruppe, die durch Bildungs- und Ausbildungsmerkmale gekennzeichnet ist.

Auch Bildungs- und Ausbildungsmerkmale beeinflussen Risiken und Chancen des Erwerbsverlaufs ganz erheblich.

Im Hinblick auf das Merkmal "Bildung" wirkt vor allem die berufliche Ausbildung (Qualifikation) differenzierend auf den Verbleib in Vollerwerbstätigkeit bzw. auf die Dauer der Unterbrechung (Abbildung 2).

Es kommt beim höchsten Ausbildungsabschluß beispielsweise zum Ausdruck, daß die Verweildauer in Vollerwerbstätigkeit bei Erwerbspersonen mit Hochschul-, Fachschul- und Meisterabschluß etwa gleich ist. Personen ohne Ausbildungsabschluß waren in besonderem Maße Opfer des Arbeitsplatzabbaus. Beim Wiedereinstieg sind die Differenzierungen noch deutlicher. Erwerbspersonen ohne beruflichen Abschluß bzw. solche mit "Sonstigen Abschlüssen" haben deutlich geringere Wiedereinstiegschancen als Erwerbspersonen, die über Ausbildungsabschlüsse verfügen. Dabei erscheint uns besonders interessant, daß Erwerbspersonen mit einer Meisterqualifikation bzw. solche, die spezielle Lehrgänge und Kurse besuchten, die höchsten Wiedereinstiegschancen hatten. Offenbar waren auf dem Arbeitsmarkt besonders anwendungsorientierte Kenntnisse und Fähigkeiten gefragt. Eine Ursache könnte auch darin bestehen, daß Potentiale für höhere berufliche Positionen nicht unbedingt in Ostdeutschland gesucht wurden.

In den Abbildungen 3 und 4 sind die Erwerbsverläufe der dritten Teilgruppe, die durch strukturelle Merkmale, insbesondere Arbeitsplatzmerkmale, geprägt ist, dargestellt.

Die Verweildauer in Vollerwerbstätigkeit unterscheidet sich besonders nach den Merkmalen "Berufliche Stellung" und "Herkunftsbranche". Nach der beruflichen Stellung stellt sich die Situation am günstigsten für Selbständige und Angestellte dar. Arbeiter und Bauern hingegen verloren bereits zu einem relativ frühen Zeitpunkt ihre Vollerwerbstätigkeit.

Die Unternehmensgröße hat einen eher geringen Einfluß auf die unterschiedliche Verweildauer und die Wiedereinstiegschancen der Personen. Die Arbeitsplatzmerkmale haben zwar auf die Wiedereinstiegschancen nicht einen so starken Einfluß wie beim Verlust der Vollerwerbstätigkeit, dennoch gibt es einige bemerkenswerte Befunde. So gelang es, nach der beruflichen Stellung gruppiert, vor allem Selbständigen und Arbeitern am ehesten, wieder eine Vollerwerbstätigkeit zu bekommen. Nach Branchen gruppiert, sind die Chancen des Wiedereinstiegs bei Erwerbspersonen aus den Herkunftsbranchen Baugewerbe und Bergbau/Energie am größten.

Zur vierten Teilgruppe, die durch regionale Merkmale gekennzeichnet ist.

Die Verweildauer der Erwerbspersonen in Vollbeschäftigung nach Bundesländern unterscheidet sich kaum, wenn man von der etwas günstigeren Situation in Berlin-Ost absieht. Beim Wiedereinstieg ist die Situation hier aussichtsreicher, wohl vor allem bedingt durch den offenen Arbeitsmarkt Berlin-West. Ungünstiger dagegen ist die Situation in Mecklenburg-Vorpommern. Nach Gemeindegrößen betrachtet, ist ein Verweilen in der

Vollerwerbstätigkeit bzw. die Möglichkeit des Wiedereinstiegs in den Großstädten mit den größeren Chancen verbunden.

Interessant war für uns nun die Frage, welchen Erwerbsstatus die Erwerbspersonen während der Zeit der Unterbrechung ihrer Vollerwerbstätigkeit einnahmen. Aus Abbildung 5 ist ersichtlich, daß es diesbezüglich zwischen dem ersten und letzten Monat der Unterbrechung deutliche Unterschiede gibt.

Im ersten wie im letzten Monat der Unterbrechung dominieren Kurzarbeit, Fortbildung und Umschulung sowie Arbeitslosigkeit. Vor allem bei Arbeitslosen, aber auch bei Erwerbspersonen, die eine Kurzarbeit aufnehmen mußten, dauerte die Unterbrechung der Vollerwerbstätigkeit länger als bei anderen Erwerbspersonen. Überraschend ist der relativ hohe Anteil von Erwerbspersonen, die nach einer Ausbildung ungünstige Wiedereinstiegschancen hatten. Für jene Erwerbspersonen, die den Wehrdienst absolviert, eine Freistellung in Anspruch genommen oder ein Studium absolviert hatten, gab es relativ günstige Wiedereinstiegschancen. Zugleich deutet das gleichbleibend hohe Niveau der Arbeitslosigkeit auf beginnende Dauerarbeitslosigkeit hin, während Fortbildung/Umschulung und auch Kurzarbeit eine sinkende Tendenz aufwiesen. Zwischen den Erwartungen bezüglich künftiger Entlassungen im Betrieb und dem tatsächlichen Verlauf des Ausscheidens aus der Vollerwerbstätigkeit gibt es offenbar einen engen Zusammenhang. Bei jenen, die Entlassungen nicht erwarteten bzw. eher als unwahrscheinlich annahmen, ist der tatsächliche Verlauf wesentlich günstiger als bei jenen, die dies als ganz sicher annahmen bzw. als wahrscheinlich voraussahen. Ähnlich ist die Situation bezüglich des Verlusts des eigenen Arbeitsplatzes. Die Erwerbspersonen schätzten also ihre Arbeitsmarktchancen sehr realistisch ein (Abbildung 6).

Im folgenden haben wir nun mit Hilfe der Cox-Regression geprüft, ob sich der Einfluß der einbezogenen Kovariablen so bestätigt, wie er sich in der grafischen Darstellung der Survival-Funktionen bereits andeutete. Das Modell der Cox-Regression läßt sich schreiben als

$$h(t) = [h_o(t)]\, e^{(\beta x)} \text{ mit } \beta x = \beta_1 x_1 + \beta_2 x_2 + ... + \beta_p x_p \quad .$$

Die Hazardrate (Sterberisiko pro Zeiteinheit in einer Periode) des Modells der Cox-Regression setzt sich aus zwei Faktoren zusammen: einer nicht näher spezifizierten Basishazardrate $[h_o(t)]$ (base-line hazard), die nur von der Zeit abhängig ist, und einem Faktor $e^{(\beta x)}$, der nur von den Regressionskoeffizienten β und den Werten der Kovariaten x bestimmt wird. Die Cox-Regression modelliert den Einfluß der Kovariaten also multiplikativ und loglinear. Das Verhältnis zweier individualspezifischer 'hazards' ist somit zeitunabhängig, d.h. sie sind zueinander proportional.

Die Ergebnisse der Cox-Regressionsanalysen, d.h. die Multiplikatoren der Übergangsraten, werden in der Tabelle 3 wiedergegeben. Sie bringen das spezifische Gewicht zum Ausdruck, das den Kovariablen für das Risiko, die Vollerwerbstätigkeit zu verlieren, bzw. für die Chance, wieder eine Vollerwerbstätigkeit zu finden, zukommt (Tabelle 3).

Hauptvariablen, die das Risiko beeinflussen, die Vollerwerbstätigkeit zu verlieren, waren mit großem Abstand die strukturellen Faktoren "Branche" und "Stellung im Beruf". Sie wogen weit stärker beim Verlust der Beschäftigung als alle personalen Faktoren. Gleichwohl stellte sich auch die Kumulation nachteiliger personaler Faktoren als hohes Risiko heraus: Die älteren und ganz jungen weiblichen Vollerwerbstätigen mit geringem Schul- und Ausbildungsniveau bilden die exponierteste Risiko-Gruppe für den Verlust der Vollerwerbstätigkeit.

Hinsichtlich der Wiedereinstiegschancen läßt sich keine derartige Dominanz struktureller oder personaler Faktoren erkennen. Als Variablen, die die Chancen des Wiedereinstiegs in Vollerwerbstätigkeit besonders beeinflußten, erwiesen sich die personalen Merkmale "Alter" und "Geschlecht"; danach waren die Chancen für einen Wiedereinstieg bei Männern im mittleren Alter am günstigsten. Aber auch das Mermal "Ausbildung" spielt eine Rolle. So haben Erwerbspersonen ohne Berufsausbildung geringe Wiedereinstiegschancen. Die Wirkung struktureller Faktoren auf die Wiedereinstiegschancen zeigte sich im Baugewerbe und im Bereich Bergbau/Energie in positiver Hinsicht sowie in negativer Hinsicht im Verarbeitenden Gewerbe. Für die Branchen Land- und Forstwirtschaft, Handel und Verkehr, Dienstleistungen und Staat sowie die Unternehmensgröße und die letzte berufliche Stellung ergeben sich keine signifikanten Zusammenhänge zu den Wiederbeschäftigungschancen.

4. Auswirkungen des Verlustes der Vollbeschäftigung auf das Wohlbefinden

In diesem Teil der Analyse befassen wir uns mit den subjektiven Folgen des Verlustes der Vollerwerbstätigkeit im Zeitraum zwischen April 1990 und April 1991. Die subjektiven Befindlichkeiten wurden ermittelt anhand

- der Sorgensymptome,
- der Zufriedenheit mit dem Haushaltseinkommen und dem Lebensstandard sowie
- der allgemeinen aktuellen Lebenszufriedenheit.

Untersuchungspersonen waren in diesem Falle jene Personen, die im April 1990 noch vollerwerbstätig waren. Die Darstellung der subjektiven Folgen des Verlustes der Vollerwerbstätigkeit erfolgt mit den Abbildungen 7 bis 9.

Die Auswertung der Veränderungen im Wohlbefinden wurde nach der Dauer der Nichtvollerwerbstätigkeit vorgenommen, und zwar

0 - während der gesamten Zeit vollerwerbstätig (Referenzgruppe)
1 - 2 Monate nicht-vollerwerbstätig
3 - 4 Monate nicht-vollerwerbstätig
5 - 6 Monate nicht-vollerwerbstätig.

Die Sorgen um die allgemeine wirtschaftliche Entwicklung waren im Beobachtungszeitraum mit zunehmender Dauer der Nicht-Vollerwerbstätigkeit stark angestiegen, noch stärker erhöhten sich indessen die Sorgen um die eigene wirtschaftliche Situation (Abbildung 7).

Mit zunehmender Dauer der Unterbrechung der Vollerwerbstätigkeit deutete sich ein Zustand an, daß die Sorgen um die eigene wirtschaftliche Situation die Sorgen um die allgemeine wirtschaftliche Entwicklung überstiegen. Dieser Befund weicht durchaus von bisherigen Ergebnissen ab, wonach die Besorgnis um die eigene wirtschaftliche Situation geringer ist als um die allgemeine wirtschaftliche Situation (*Zapf* 1994).

Vergleichen wir die Entwicklung der Sorgen im Haushaltskontext, so können wir auch hier eine Zunahme der Sorgen feststellen, jedoch wird dieser modifizierte Anstieg von der jeweiligen Erwerbskonstellation in den Partner-Haushalten beeinflußt. Sind beide Partner nicht mehr vollerwerbstätig, kommt es zur Verstärkung des Sorgensyndroms.

Ähnliche Tendenzen können wir hinsichtlich der Zufriedenheiten mit dem Haushaltseinkommen bzw. dem Lebensstandard feststellen (Abbildung 8).

Die Abhängigkeit der zurückgehenden Zufriedenheitswerte mit dem Haushaltseinkommen von der Dauer der Nicht-Vollerwerbstätigkeit ist offensichtlich. Je nach Haushaltstyp (Alleinerziehenden-/Alleinlebenden-Haushalt oder Partner-Haushalt) und dem jeweiligen Erwerbsstatus bzw. der jeweiligen Erwerbskonstellation sinken die Zufriedenheitswerte sehr differenziert. Besonders stark natürlich bei der direkten Betroffenheit von Nicht-Vollerwerbstätigkeit.

In den Haushalten von Alleinlebenden bzw. Alleinerziehenden ist eine Kompensation bzw. Kumulation von Wirkungseffekten nicht gegeben, bei diesen Personen ist daher auch der niedrigste Zufriedenheitswert mit dem Haushaltseinkommen anzutreffen.

Interessant ist, daß der Rückgang der Zufriedenheitswerte mit dem Lebensstandard weniger dramatisch ausfällt. Das ist offensichtlich der Tatsache geschuldet, daß andere Sachverhalte, wie verbesserter Zugang zu Waren und Dienstleistungen (ein nie gekanntes Konsumangebot nach 1989) und die stark verbesserten Reisemöglichkeiten die Zufriedenheitswerte mit dem Lebensstandard positiv beeinflußten. Die individuellen Dispositionsmöglichkeiten der Menschen zur unmittelbaren Versorgung hatten in diesem Zeitraum enorm zugenommen. Im Haushaltskontext ist außerdem zu beobachten, daß die zurückgehende Zufriedenheit mit dem Lebensstandard bei zunehmender Dauer der eigenen Nicht-Vollerwerbstätigkeit bzw. der des Partners recht moderat ausfällt.

Die zunehmenden Sorgen bzw. zurückgehenden Zufriedenheiten mit der Dauer der Nicht-Vollerwerbstätigkeit schlagen auch auf die allgemeine Lebenszufriedenheit und die Zukunftszuversicht durch (Abbildung 9).

Offensichtlich hängt der Rückgang der allgemeinen Lebenszufriedenheit und der Zukunftszuversicht bei zunehmender Dauer der Nicht-Vollerwerbstätigkeit sehr stark mit der sinkenden Zufriedenheit mit dem Haushaltseinkommen zusammen. Aber auch die Sorgen um die eigene und die allgemeine wirtschaftliche Situation beeinträchtigen die Lebenszufriedenheit und die Zukunftszuversicht. Hinsichtlich der Zufriedenheitsentwicklung gibt es eine abgestufte Wirkung der Dauer von Nicht-Vollerwerbstätigkeit auf die allgemeine Lebenszufriedenheit und die Zufriedenheit mit dem Haushaltseinkommen. Eine besonders starke Wirkung des Verlusts der Vollerwerbstätigkeit und ihrer Dauer zeigt sich dort, wo empfindliche materielle Einbußen hingenommen werden müssen.

Unsere Analyse zeigt erstens einen starken Einfluß des Verlusts der Vollerwerbstätigkeit auf die subjektiven Befindlichkeiten. Offenbar empfanden die Menschen den Verlust der Vollerwerbstätigkeit als außergewöhnlichen und tiefen Einschnitt im individuellen Lebensverlauf. Die Analyse macht zweitens deutlich, daß in Partner-Haushalten Beeinträchtigungen des Wohlbefindens dann kumulierten, wenn beide Partner ihrer Vollerwerbstätigkeit verlustig gingen. Sie zeigt drittens schließlich, daß die Wirkung sehr heftig und besonders schnell einsetzte. Dadurch wurde die Zukunftszuversicht negativ beeinträchtigt. Zu beachten ist allerdings, daß sich die bislang verfügbaren Daten auf einen Zeitraum beziehen, in dem die Schockwirkung des Verlusts des Arbeitsplatzes massiv zur Geltung kam. Wir erklären die unmittelbar einsetzende Reaktion damit, daß der Verlust der Vollerwerbstätigkeit ein neues Phänomen darstellte und im Erwartungshorizont der Menschen zu jener Zeit noch nicht manifest war.

5. Fazit

Der Verlust der Vollerwerbstätigkeit und die Chance des Wiedereinstiegs müssen offenbar mit unterschiedlichen arbeitsmarkttheoretischen Ansätzen erklärt werden.

Unsere Analysen haben ergeben, daß für die Erklärung von Erwerbsverläufen im allgemeinen sowohl strukturelle als auch personale Merkmale heranzuziehen sind. In unserem konkreten Falle jedoch ergaben sich die Arbeitsmarktstrukturen und die Erwerbsverläufe 1989 bis 1991 in Ostdeutschland weniger aus einem marktgerechten Zusammenhang von Anbieter- und Nachfrageverhalten, sondern primär aus dem Zusammenbruch des Planungssystems und der weitreichenden Abwicklung der ostdeutschen Wirtschaft (vor allem des Verarbeitenden Gewerbes und der Landwirtschaft). Das hatte zur Folge, daß das Risiko, aus der Vollerwerbstätigkeit herauszufallen, zunächst ganz stark von strukturellen und institutionellen Bedingungen geprägt war. Die umfassenden strukturellen Veränderungen waren mit direkten und ganz gravierenden Wirkungen auf die Erwerbsverläufe verbunden. Der überraschende Verlust der Vollerwerbstätigkeit war für die ostdeutschen Erwerbspersonen (Frauen wie Männer) das entscheidende Problem im Untersuchungszeitraum und beeinträchtigte nachhaltig ihr Wohlbefinden und das der Haushaltsmitglieder.

Für die Erklärung von Wiedereinstiegs-Chancen deutete sich an, daß das Gewicht personaler Faktoren gegenüber den strukturellen Merkmalen wuchs. Insbesondere die Merkmale "Alter", "Geschlecht" und "Qualifikation" hatten einen starken Einfluß. Danach waren die Chancen des Wiedereinstiegs für männliche Personen mittleren Alters mit hoher Qualifikation am günstigsten. Gleichwohl war auch die Branchenzugehörigkeit nicht nachrangig, besonders günstige Chancen ergaben sich für eine Wiederbeschäftigung in Vollerwerbstätigkeit im Baugewerbe. Den Einfluß personaler Faktoren auf Wiedereinstiegsprozesse erklären wir damit, daß der Zusammenbruch des früheren Beschäftigungssystems und die allmähliche Neustrukturierung eines Arbeitsmarktes als annähernd parallele Prozesse verliefen. Im Neustrukturierungsprozeß hatten dann jene Personen die besten Chancen, in Vollerwerbstätigkeit wiedereinzusteigen, die den neuen individuellen Ressourcenanforderungen des sich strukturierenden Marktes entsprachen.

Die Analysen haben weiter ergeben, daß nicht nur der jeweilige Erwerbsstatus von nachhaltiger Wirkung für die subjektive Befindlichkeit ist, sondern daß mit zunehmender Dauer der Nicht-Vollerwerbstätigkeit die Zufriedenheitswerte sinken, die Sorgen steigen und die Zukunftszuversicht abnimmt. Im Haushaltskontext findet eine wechselseitige Beeinflussung subjektiven Wohlbefindens statt. Dies gilt insbesondere dann, wenn materielle Beeinträchtigungen die Ursache sind. Als Konsequenz unserer empirischen Ergebnisse über die Wirkung und das Gewicht struktureller und personaler Merkmale für Beschäftigungsstabilität ergibt sich, daß die vorn erwähnten Arbeitsmarkttheorien für das Beispiel des Zusammenbruchs eines Wirtschaftssystems einer Modifizierung bedürfen.

Die durchgeführten Survival-Analysen haben sich als geeignetes Instrumentarium erwiesen, um die wichtigsten Einflußmerkmale auf die individuellen Erwerbsverläufe zu ermitteln. Die Erweiterung des Zwei-Zustands-Modells (Vollerwerbstätigkeit versus Nicht-Vollerwerbstätigkeit) durch weitere Dimensionen (Teilzeit, Fortbildung und Umschulung, ABM u.a.), die in den Folgejahren an Relevanz gewannen, wird die Perspektive in Richtung noch detaillierterer Erfassung von Erwerbsbiographien weiten.

Anmerkungen

1. Das Sozio-ökonomische Panel ist eine haushalts- und personenrepräsentative empirische Längsschnittuntersuchung zur Erfassung des gesellschaftlichen Wandels in Deutschland, die jährlich vom Deutschen Institut für Wirtschaftsforschung Berlin durchgeführt wird. Die Untersuchung wurde ab 1990 auf die neuen Bundesländer ausgedehnt. Es werden hier rd. 2.000 Haushalte mit über 4.000 Personen zu allen wesentlichen Lebensbereichen befragt.
2. Der Zustand "vollerwerbstätig" erfaßt auch Erwerbstätige, die sich in Arbeitsbeschaffungsmaßnahmen befanden. Der Zustand "nicht-vollerwerbstätig" erfaßt Erwerbspersonen in Kurzarbeit oder Warteschleife, Teilzeitbeschäftigung oder geringfügiger Erwerbstätigkeit, betrieblicher Ausbildung/Fortbildung/Umschulung, gemeldeter Arbeitslosigkeit, Rente/Vorruhestand, im Mutterschafts-/Erziehungsurlaub, auf der Schule/Hochschule, als Wehrpflichtige beim Wehrdienst/Zivildienst, Wehrübung sowie Hausfrauen/Hausmänner und Sonstige.

Tabelle 1: **Gesamtbeteiligung der Erwerbspersonen an Vollerwerbstätigkeit in der jeweiligen Periode (in Prozent)**

	Gesamter Zeitraum	Erste Periode	Zweite Periode	Dritte Periode
	07/89 - 12/91 (30 Monate)	07/89 - 06/90 (12 Monate)	07/90 - 03/91 (9 Monate)	04/91 - 12/91 (9 Monate)
Insgesamt	69	77	64	63
Geschlecht				
weiblich	58	64	54	53
männlich	80	89	74	73
Alter				
17 - 25 Jahre	51	55	49	48
26 - 55 Jahre	75	82	70	70
56 - 64 Jahre	51	75	43	27
Geschlecht / Alter				
Frauen				
17 - 25 Jahre	44	49	43	39
26 - 55 Jahre	62	68	58	58
56 - 59 Jahre	32	51	22	14
Männer				
17 - 25 Jahre	58	62	54	56
26 - 55 Jahre	88	97	82	83
56 - 64 Jahre	56	84	50	31
Schulbildung				
Abitur	75	80	71	72
10. Klasse	71	77	66	66
8. Klasse	66	78	59	56
Berufsbildung				
Facharbeiter	70	79	64	64
Meister	88	96	83	80
Ingenieur	75	82	71	70
Akademiker	83	89	79	79
Branche				
Land- Forstwirtschaft	74	86	65	66
Energie und Bergbau	84	91	77	80
Verarbeitendes Gewerbe	71	84	63	60
Baugewerbe	81	89	74	78
Handel und Verkehr	76	82	74	69
Dienstleistungen	67	70	66	65
Staat	81	85	80	76

Datenbasis: SOEP-Ost 1990, 1991, 1992.

Tabelle 2: **Beteiligung der Erwerbspersonen an Vollerwerbstätigkeit im gesamten Zeitraum 07/89 bis 12/91 (in Prozent) Diverse Verlaufsmuster**

	durch-gehend in VE	durch-gehend nicht in VE	Verlust der VE	Auf-nahme einer VE	Unter-brechung der VE	zwischen-zeitlich in VE	mehr als drei Episoden
	|----------|	| |	|----- |	| -----|	|---- ----|	| --- |	
Insgesamt	36	12	16	6	18	3	9
Geschlecht							
weiblich	29	19	17	9	13	5	8
männlich	44	5	14	3	23	2	10
Alter							
17 - 25 Jahre	16	20	13	11	14	9	17
26 - 55 Jahre	42	9	13	5	20	2	8
56 - 64 Jahre	20	21	49	0	4	1	6
Geschlecht / Alter							
Frauen							
17 - 25 Jahre	12	25	17	10	9	10	17
26 - 55 Jahre	33	16	16	9	14	4	7
56 - 59 Jahre	10	45	40	0	2	2	2
Männer							
17 - 25 Jahre	20	16	10	11	18	8	17
26 - 55 Jahre	52	1	10	1	26	0	9
56 - 64 Jahre	23	12	52	0	4	1	8
Schulbildung							
Abitur	44	8	12	7	18	3	8
10. Klasse	37	10	14	7	18	4	10
8. Klasse	33	15	21	3	17	2	9
Berufsbildung							
Facharbeiter	34	10	16	6	20	3	11
Meister	57	2	13	0	19	0	7
Ingenieur	46	8	15	6	15	4	7
Akademiker	51	3	14	6	20	1	5
Branche							
Land- Forstwirtschaft	27	5	18	5	27	2	16
Energie und Bergbau	48	2	8	4	23	2	14
Verarb. Gewerbe	29	8	20	5	22	2	14
Baugewerbe	42	4	13	4	28	2	7
Handel und Verkehr	46	9	16	4	14	3	8
Dienstleistungen	47	15	11	10	10	5	2
Staat	57	7	13	7	10	2	3

VE = Vollerwerbstätigkeit

Datenbasis: SOEP-Ost 1990, 1991, 1992.

Tabelle 3: **Kovariablen und ihr spezifisches Gewicht**

Variable	Ausprägung	exp (β_{out})	exp (β_{in})
Geschlecht	weiblich	1,22	0,60
	männlich	0,82	1,68
Altersgruppen	16 - 25	1,64	1*
	26 - 55	0,56	1,98
	56 - 64	1,76	0,16
Schulabschluß	Abitur	0,80	1*
	10. Klasse	1*	1,23
	8. Klasse	1,20	0,78
Höchster Ausbildungsabschluß	Fach- bzw. Hochschule	0,71	1*
	Meister	0,67	1,43
	Facharbeiter	1,29	1*
	Sonstiger bzw. ohne	1,63	0,57
Erforderliche Ausbildung	Fach- bzw. Hochschule	0,63	1*
	Berufsausbildung	1*	1*
	Lehrgänge/Kurse	1*	1*
	Sonstige bzw. ohne	1,46	0,63
Berufliche Stellung	Bauern	1,77	1*
	Arbeiter	0,67	1*
	Angestellte	0,45	1*
	Selbstständige	0,26	1*
Beschäftigte im Unternehmen	unter 20	0,70	1*
	20 bis unter 200	1*	1*
	200 und mehr	1,19	1*
Branche	Land- und Forstwirtschaft	2,29	1*
	Bergbau und Energie	1*	1,56
	Verarbeitendes Gewerbe	1,98	0,77
	Baugewerbe	1*	1,75
	Handel und Verkehr	0,75	1*
	Dienstleistungen	1*	1*
	Staat	0,38	1*

exp (β_{out}) = Multiplikator für das **Risiko**, die Vollerwerbstätigkeit zu verlieren.
exp (β_{in}) = Multiplikator für die **Chance**, nach einer ersten Unterbrechung wieder eine Vollerwerbstätigkeit zu finden.
1* = nicht signifikant.
Referenzgruppen sind jeweils diejenigen, welche die genannte Eigenschaft NICHT aufweisen (base-line hazard), für sie gilt: exp (β) = 1.

Datenbasis: SOEP-Ost 1990, 1991, 1992.

Abbildung 1

Dauer der Vollerwerbstätigkeit

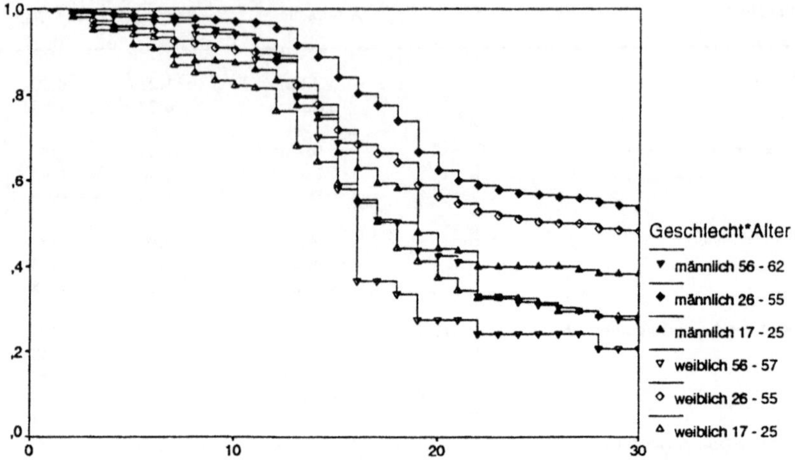

Dauer der ersten Unterbrechung

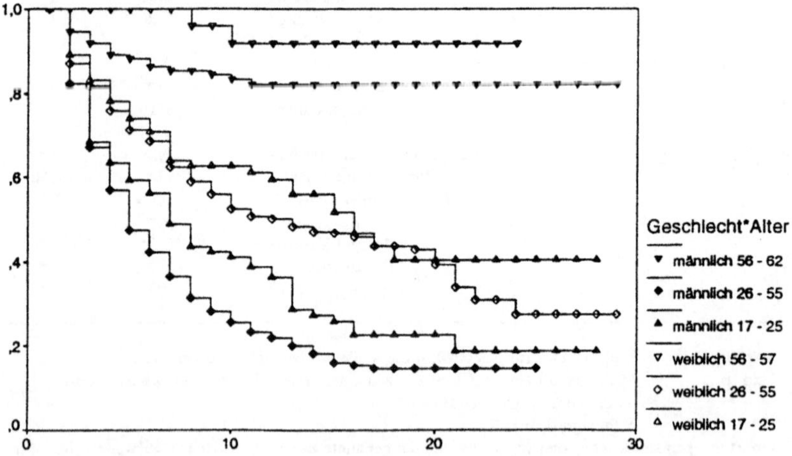

Datenbasis: SOEP-Ost 1990, 1991, 1992.

Abbildung 2

Dauer der Vollerwerbstätigkeit

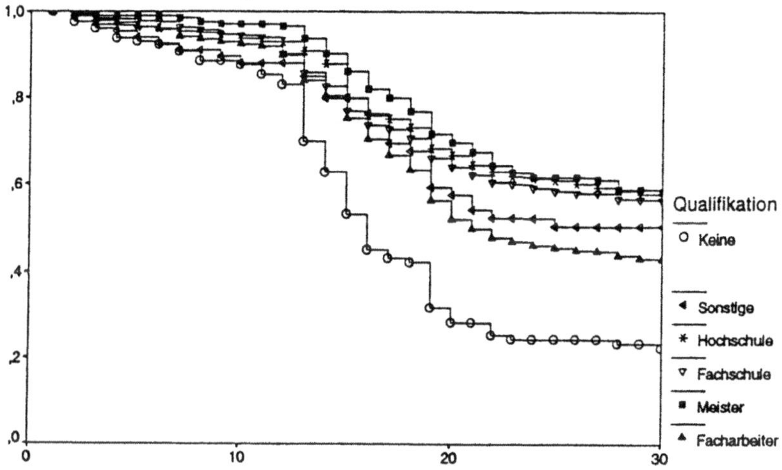

Dauer der ersten Unterbrechung

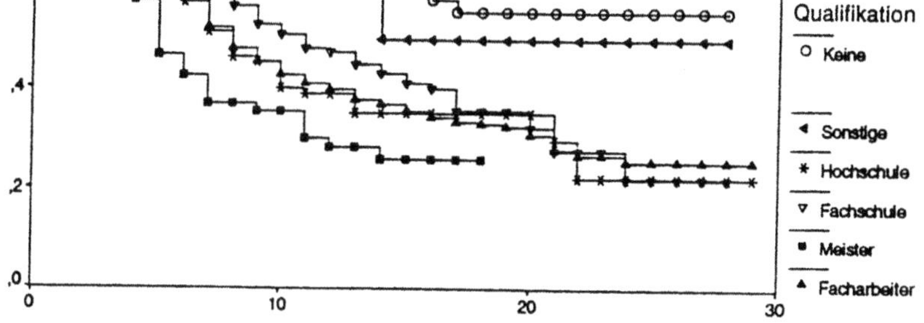

Datenbasis: SOEP-Ost 1990, 1991, 1992.

Abbildung 3

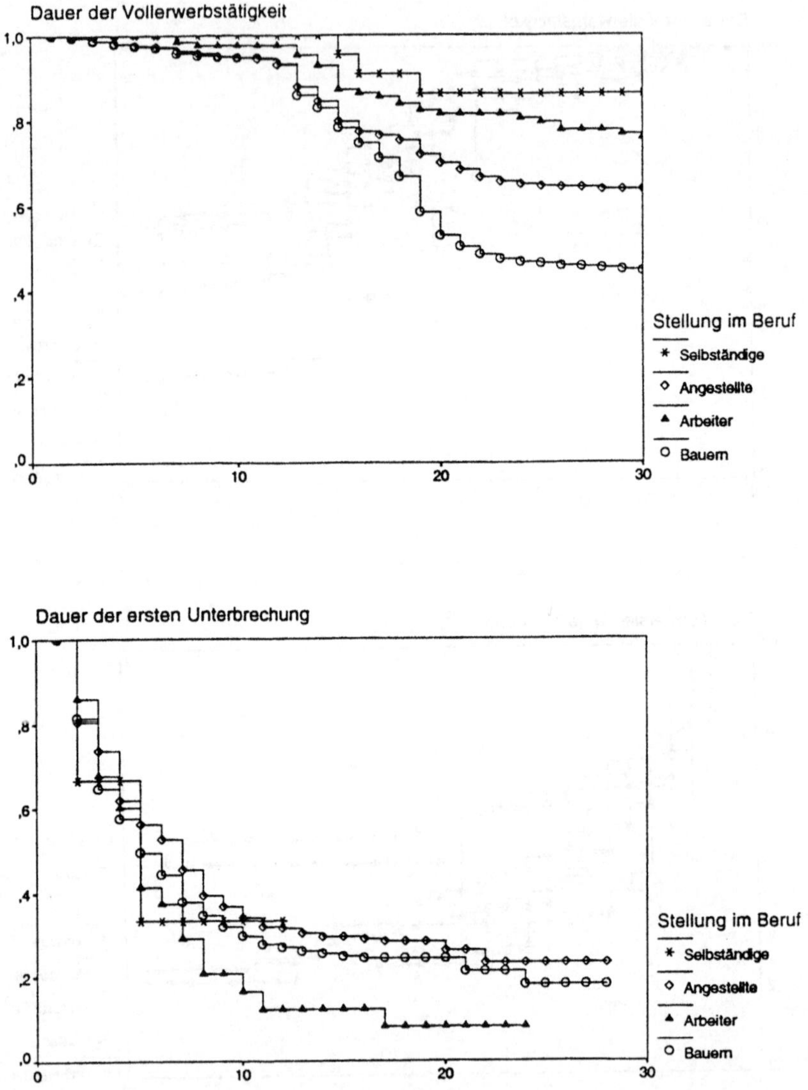

Datenbasis: SOEP-Ost 1990, 1991, 1992.

Abbildung 4

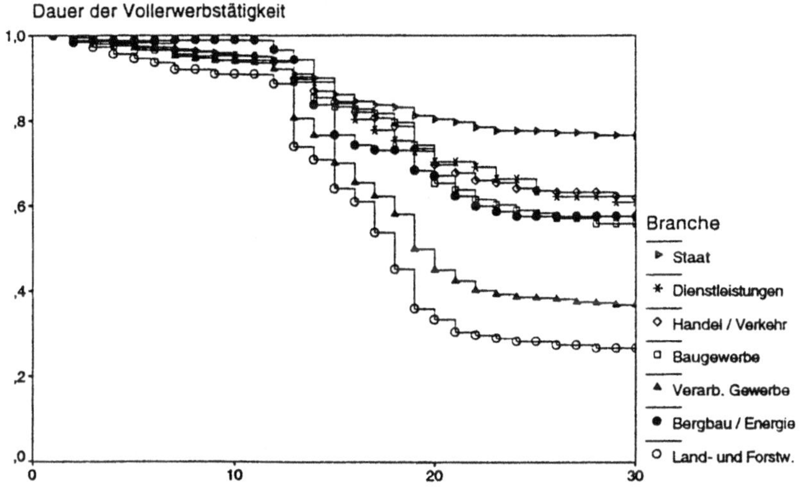

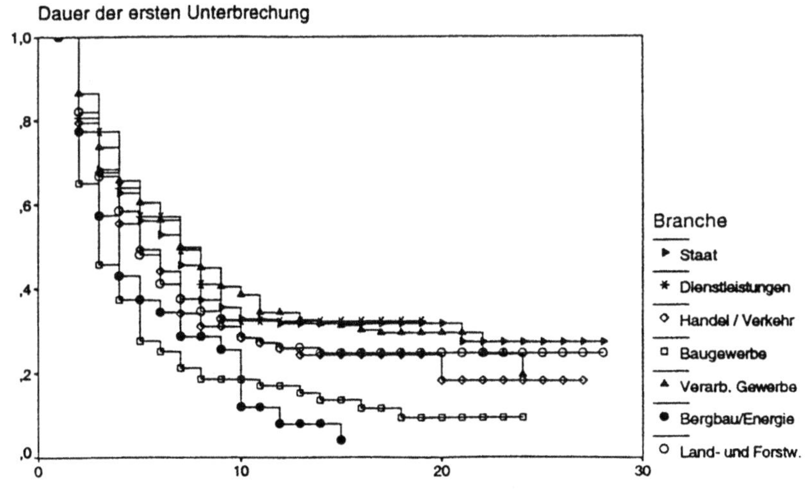

Datenbasis: SOEP-Ost 1990, 1991, 1992.

Abbildung 5

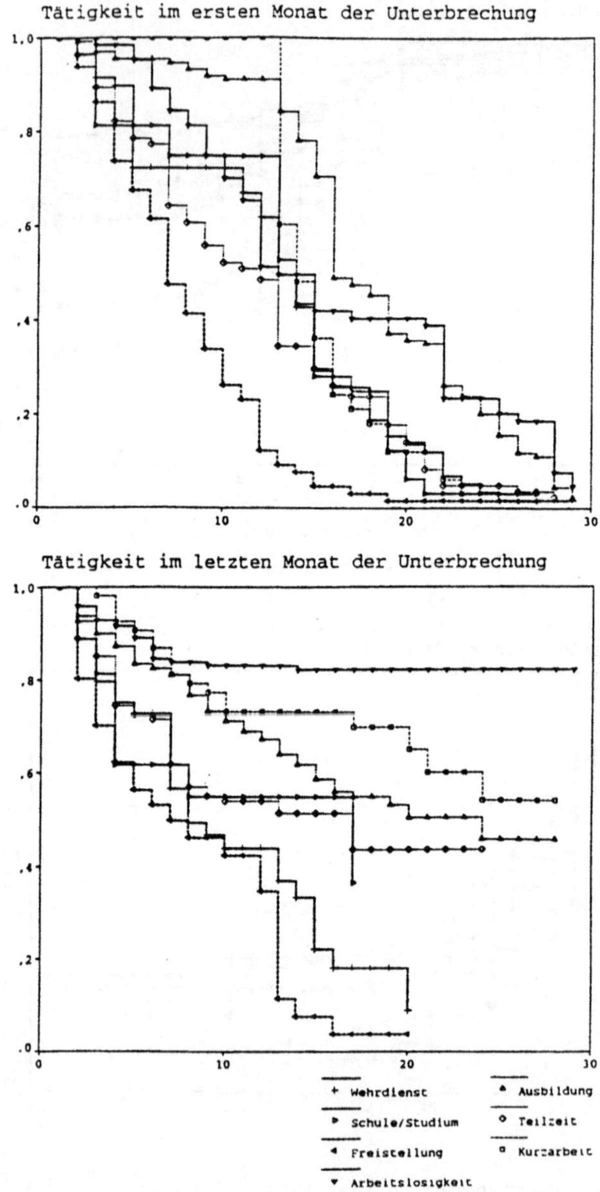

Datenbasis: SOEP-Ost 1990, 1991, 1992.

Abbildung 6

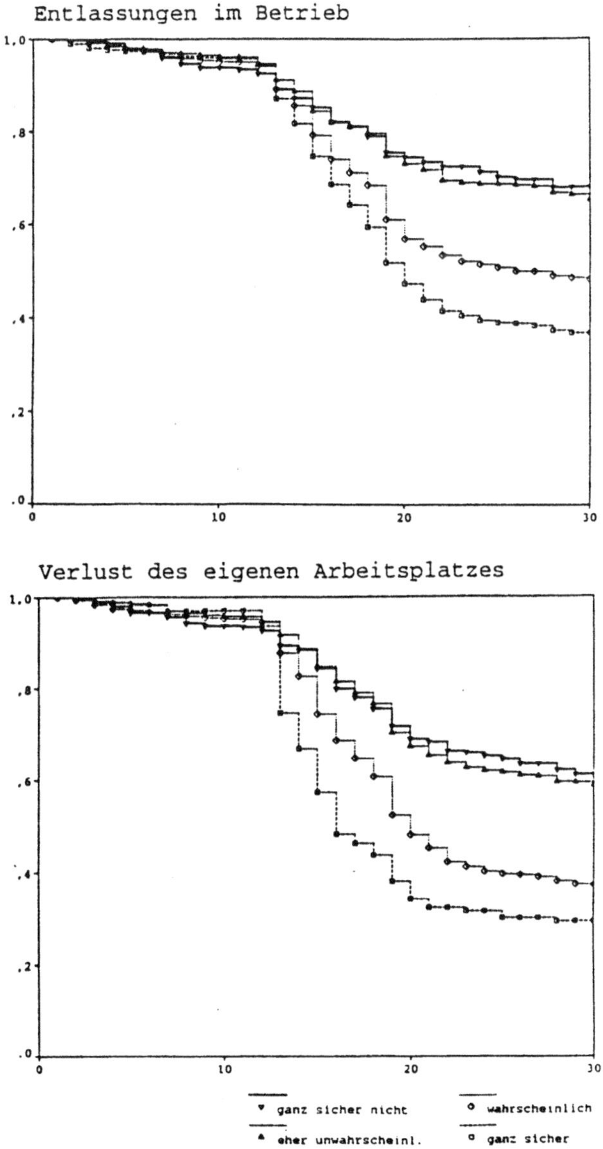

Datenbasis: SOEP-Ost 1990, 1991, 1992.

Abbildung 7

Sorgen um die eigene wirtschaftliche Situation
(Anteil: "Große Sorgen")

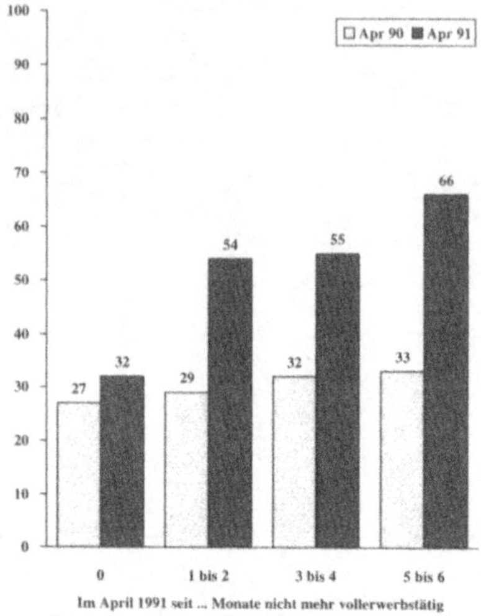

Sorgen um die allgemeine wirtschaftliche Entwicklung
(Anteil: "Große Sorgen")

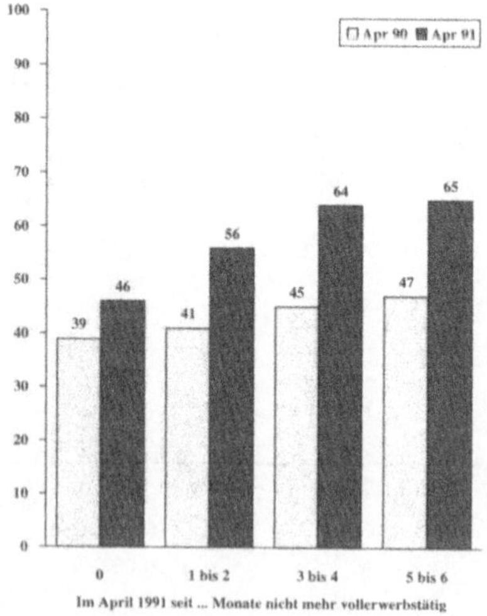

Datenbasis: SOEP-Ost 190, 1991

Abbildung 8

Zufriedenheit Haushaltseinkommen (mean)

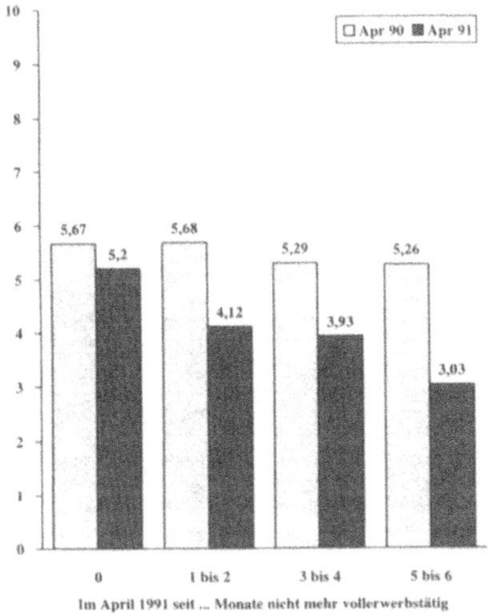

Zufriedenheit Lebensstandard (mean)

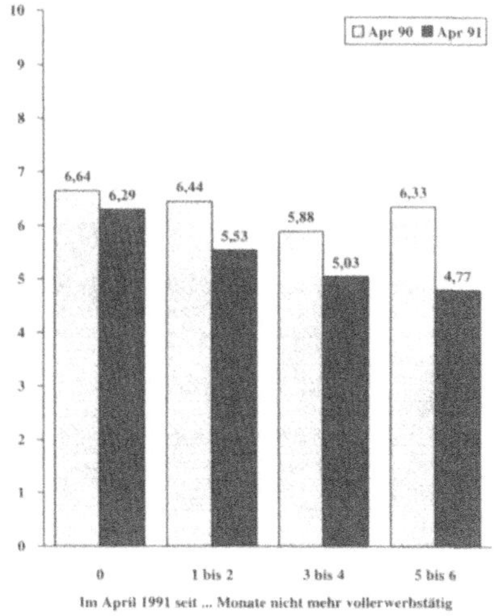

Datenbasis: SOEP-Ost 1990, 1991

Abbildung 9

Allgemeine momentane Lebenszufriedenheit (mean)

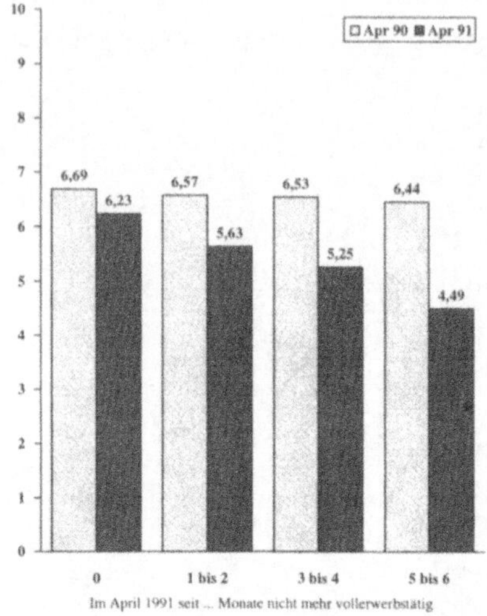

Zukunftszuversicht
(Anteile "stimmt ganz und gar nicht "
und "stimmt eher nicht")

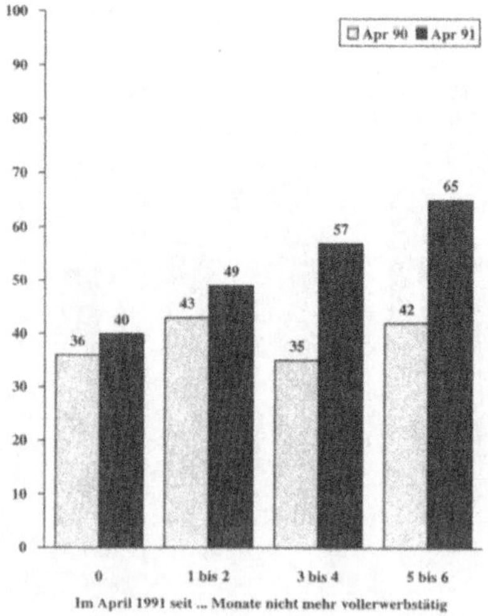

Datenbasis: SOEP-Ost 1990, 1991

Literatur

Berger, H./Schultz, A. (1994): Veränderung der Erwerbssituation in ostdeutschen Privathaus halten und Befindlichkeit der Menschen. In: Aus Politik und Zeitgeschichte, Beilage zur Wochenzeitung Das Parlament, B 16/94 vom 22. April 1994, 3-15.

Blossfeld, H. P./Hamerle, A./Mayer, K. U. (1986): Ereignisanalyse. Statistische Theorie und Anwendung in den Wirtschafts- und Sozialwissenschaften. Frankfurt/New York: Campus.

Brinkmann, Ch./Völkel, B. (1993): Arbeitsmarkt und Arbeitsmarktpolitik in Ostdeutschland: Bestandsaufnahme und zukünftige Entwicklung. In: Neubäumer, R. (Hrsg.), Arbeitsmarktpolitik kontrovers. Darmstadt: Wissenschaftliche Buchgesellschaft, S. 77-104.

Buttler, F. (1993): Der Wandel der Arbeitsmarktpolitik in Deutschland - Entwicklung, Probleme, Zukunftsperspektiven. In: Neubäumer, R. (Hrsg.), Arbeitsmarktpolitik kontrovers. Darmstadt: Wissenschaftliche Buchgesellschaft, S. 306-309.

Frick, J./Hauser, R./Müller, K./Wagner, G. (1993): Die Auswirkungen der hohen Unterbeschäftigung in Ostdeutschland auf die personelle Einkommensverteilung. In: Neubäumer, R. (Hrg.), Arbeitsmarktpolitik kontrovers. Darmstadt: Wissenschaftliche Buchgesellschaft, S. 204-228.

Klein, Th. (1990): Arbeitslosigkeit und Wiederbeschäftigung im Erwerbsverlauf. In: Kölner Zeitschrift für Soziologie und Sozialpsychologie, 42, 4: 689-705.

Müller, W. (1985): Mobilitätsforschung und Arbeitsmarkttheorie. In: Knepel, H./Hujer, R. (Hrsg.), Mobilitätsprognose auf dem Arbeitsmarkt, Schriftenreihe Sonderforschungsbereich 3, Band 13, S. 18-40.

Schupp, J./Wagner, G. (1990): Die DDR-Stichprobe des Sozio-ökonomischen Panels (SOEP) - Konzept und Durchführung der "Basiserhebung" in der DDR. DIW-Diskussionspapier Nr. 15, Berlin 1990.

Szydlik, M. (1993): Arbeitseinkommen und Arbeitsstrukturen. Max-Planck-Institut für Bildungsforschung, Studien und Berichte 56, S. 18-20.

Zapf, Wolfgang (1994): Modernisierung, Wohlfahrtsentwicklung und Transformation. Berlin: Sigma, S. 131/132.

Ewerbsverläufe und soziale Mobilität von Frauen und Männern in Ostdeutschland:
Makrostrukturelle Umbrüche und Kontinuitäten im Lebensverlauf

Martin Diewald und Annemette Sørensen

1. Einleitung

Eigentlich sollte man meinen, daß die Nachzeichnung und Einschätzung des Wandels in den Erwerbs- und Berufsverläufen in Ostdeutschland seit der Wende kein besonders strittiges Thema sei. Zumindest die Richtung dürfte zweifelsfei vorgegeben sein, denn wer will ernsthaft bestreiten, daß es sich um einen tiefgreifenden Umbruch handelt? Wir wollen im folgenden zeigen, daß diese Einschätzung dennoch nicht so einfach ist und durchaus kontrovers diskutiert werden kann. Die damit zusammenhängenden Schwierigkeiten rühren daher, daß in der Transformation des ostdeutschen Erwerbs- und Berufssystems zumindest drei Wirkmechanismen ineinandergreifen, die je für sich unterschiedliche Maßstäbe für die Beurteilung der Prozesse setzen, die wir in diesem Zusammenhang beobachten. Es handelt sich um (1) Transformation als Modernisierung, (2) Transformation als Wiedervereinigung sowie (3) um ein Fortwirken von DDR-spezifischen Eigenheiten und Prägungen in dem Sinne, daß der 9. November 1989 genauso wenig eine Stunde Null darstellt, wie es die Situation nach dem 2. Weltkrieg gewesen ist.

Die Sichtweise der *Modernisierung* legt am ehesten die Vermutung eines radikalen Umbruchs nahe, gehört es doch zum Allgemeingut, daß die Wirtschafts- und Beschäftigungsstruktur der DDR im - mehr oder weniger - freien Welthandel keinerlei Überlebenschancen besitzt. Als dementsprechende Folgen erwarten wir eine hohe Arbeitslosigkeit, einen Rückgang der Erwerbsbevölkerung vor allem bezogen auf die Frauenerwerbstätigkeit sowie ein gewisses "Chaos" in den individuellen Erwerbs- und Berufsverläufen. Demnach führe der einmalige Umbruchcharakter der Wende und die folgende hohe Dynamik makrostruktureller Veränderungen zu quasi "irregulären" Berufsverläufen (*Berger* 1992), daß man kaum noch von einer Strukturierung durch die Erwerbsverläufe vor der Wende und die darin getätigten Investitionen sprechen kann, wie es die Theorie des Lebensverlaufs als einem "endogenen Kausalzusammenhang" behauptet (*Mayer* 1991).

Der Charakter der ostdeutschen Transformation als *Vereinigungsprozeß* impliziert vor dem Hintergrund, daß es sich politisch und juristisch um einen Beitritt gehandelt hat, zumindest zweierlei. Zum einen fordert das in der Verfassung verankerte Ziel einer regionalen Angleichung der Lebensverhältnisse, daß drastische marktvermittelte soziale Ungleichheiten in Ostdeutschland durch wohlfahrtsstaatliche und arbeitsmarktpolitische Maßnahmen partiell ausgeglichen werden müssen. Zum zweiten erfolgt die Transformation Ostdeutschlands nicht in Anlehnung an irgendein Modernisierungsmodell, sondern als Übernahme genau der westdeutschen Strukturen und Institutionen, was in kritischer Absicht auch als "Anschluß" oder "Einverleibung" bezeichnet worden ist. Sich daran anschließende Erwartungen wären eine Begrenzung der Arbeitslosigkeit, eine hohe Beruflichkeit der Erwerbsverläufe[1] sowie eine Orientierung am Vollzeit-Erwerbsmodell inklusive eines vergleichsweise hohen Maßes der Standardisierung von "Normalarbeitsverhältnissen" (*Mückenberger* 1985), jedenfalls keine flexibel-pluralen Beschäftigungsverhältnisse - es sei denn, die Sondersituation der Transformation könnte von interessierter Seite genutzt werden, um die in der Bundesrepublik seit den 1980er Jahren gefordert stärkere Flexibilisierung der Beschäftigungsverhältnisse einmal in flächendeckendem Maßstab durchzusetzen. Letzteres ist allerdings deswegen eher unwahrscheinlich, weil dies massive Rückwirkungen auf den Status quo und das Machtgefüge zwischen den Tarifparteien in Westdeutschland hätte.

Die *DDR* ist zwar mit der wirtschaftlichen und politischen Wiedervereinigung als eigenständiger Staat verschwunden, bleibt jedoch über die Prägungen der Mentalitäten und Lebensverläufe ihrer Bürger weiterhin für die Gestaltung des Transformationsprozesses prägend. Für den hier betrachteten Lebensbereich kann man von einer hohen Erwerbsquote oder zumindest Erwerbsneigung von Frauen ausgehen, einer hohen Standardisierung von Beschäftigungsverhältnissen (im Unterschied etwa zur Tradition von Mehrfachbeschäftigungen wie in einigen anderen osteuropäischen Ländern) sowie einer ebenfalls hohen Beruflichkeit des Beschäftigungssystems (*Huinink/Solga* 1994).

Auf der individuellen Ebene treten die Bürger der ehemaligen DDR den Weg in die Zeit nach 1989 zudem mit durchaus unterschiedlichem "Gepäck" an: mit unterschiedlichen Berufserfahrungen, Qualifikationen, Ausbildungsabschlüssen und Loyalitäten, was zu erheblichen sozialstrukturellen Unterschieden in den einzelnen Wendeschicksalen führen sollte. D.h.: Wir wollen danach fragen, welche Zusammenhänge es gibt zwischen einerseits individuell verschiedenen Erwerbschancen und Erwerbsverläufen zu Zeiten der DDR sowie den darin getätigten Investitionen und andererseits den Wendungen, die sie seit dem Ende 1989 genommen haben. Welche Prägung diese individuellen Verläufe erfahren, hängt dann nicht nur von den drei oben beschriebenen Makroprozessen als einzelnen, nebeneinander bestehenden Kontextbedingungen ab, sondern von ihrem charakteristischen Zusammenspiel.

Vergleicht man die unter den Aspekten der Wiedervereinigung und des Fortwirkens von DDR-spezifischen Prägungen angestellten Vermutungen, so fällt als sozusagen vierter Faktor die Gemeinsamkeit westdeutscher und ostdeutscher Prägungen bezüglich der Standardisierung und der Beruflichkeit der Beschäftigungsverhältnisse ins Auge. Sie verweist darauf, daß die Vereinigung in ihren Auswirkungen nicht nur als eine Geschichte der einseitigen Anpassungen, des "Überstülpens" westdeutscher Institutionen auf die ehemalige DDR zu sehen ist, sondern auch als eine Frage *gemeinsamer* deutscher Traditionen bzw. *gemeinsamer* deutscher Spezifika des Ausbildungs- und Beschäftigungssystems.

2. Datenbasis und Operationalisierung der beruflichen Position

Wir möchten im folgenden einige Ergebnisse zu den Erwerbsverläufen von Frauen und Männern in der Wende vorstellen, die vier verschiedenen Geburtsjahrgangskohorten angehören: 1929-31, 1939-41, 1951-53 und 1959-61. Ihre Erhebung war zentraler Bestandteil der Studie "Lebensverläufe und historischer Wandel in der ehemaligen DDR" am Max-Planck-Institut für Bildungsforschung mit einer realisierten Stichprobe von 2323 Personen. Sie ist repräsentativ für die vier Geburtsjahrgangs-Kohorten derjenigen Männer und Frauen, die Oktober 1990 auf dem Gebiet der ehemaligen DDR lebten. Diese 2323 Personen wurden zwischen September 1991 und Oktober 1992 sehr ausführlich über ihren bisherigen Lebensverlauf mündlich befragt, zu einem Zeitpunkt ca. 2 Jahre nach der Wende also, als die Befragten gut 30 bzw. 40, 50 oder 60 Jahre alt waren. An einer im Frühjahr 1993 durchgeführten postalischen Nachbefragung nahmen noch 1254 Personen der Hauptbefragungs-Stichprobe teil. Die Stichprobe der Nachbefragung zeigt gegenüber der Ausgangsstichprobe kaum Selektivitäten nach sozialstrukturellen Merkmalen. Wir fanden lediglich eine leichte Unterrepräsentation von jüngeren hochqualifizierten Männern, was wohl auf die in der Zwischenzeit erfolgten Westwanderungen zurückzuführen ist. Darüber hinaus gab es zwischen Teilnehmern und Nichtteilnehmern der Nachbefragung auch keine signifikanten Unterschiede in den beruflichen Mobilitätsprozessen zwischen 1989 und 1991. Und schließlich spricht auch die hohe Übereinstimmung der Arbeitslosenquoten in der Nachbefragung mit den Angaben der amtlichen Statistik für die überraschend hohe Güte der Nachbefragungs-Stichprobe.

Hauptsächliche Basis der folgenden Darstellungen ist eine achtstufige Klassifikation beruflicher Positionen.[2] Wir unterscheiden zwischen (1) Leitungspositionen, (2) Professionen, (3) Semiprofessionen, (4) qualifizierten Angestellten, (5) qualifizierten Arbeitern, (6) Bauern, (7) Selbständigen sowie (8) Arbeitern und Angestellten mit un- und angelernten Tätigkeiten.[3] Wir unterstellen zwischen diesen Kategorien von beruflichen Positionen zum Teil eine hierarchische Abstufung. Das heißt: Wechsel aus Leitungspositionen in irgendeine andere Kategorie, alle Wechsel aus Professionen in andere Positionen außer Leitungspositionen, alle Wechsel aus Semiprofessionen zu Arbeitern, Angestellten oder Bauern sowie Wechsel von qualifizierten

Angestellten/Arbeitern oder Bauern zu Un- und Angelernten gelten als Abstiege. Spiegelbildlich dazu sind Aufstiege definiert. Von lateraler Statusmobilität sprechen wir hier dann, wenn es sich um Wechsel zwischen qualifizierten Angestellten, qualifizierten Arbeitern und Bauern handelt. Für Bewegungen aus dem Selbständigenstatus heraus bzw. in ihn hinein haben wir eine fallweise Zuordnung anhand von Einkommen und Art der Selbständigkeit vorgenommen. Bewegungen von Individuen zwischen den so definierten Kategorien von beruflichen Positionen können als vertikale oder horizontale Mobilität innerhalb der Ungleichheitsstruktur einer Gesellschaft gesehen werden, und zwar bezogen auf Positionen innerhalb des Erwerbssystems als einem wesentlichen Bestandteil dieser Ungleichheitsstruktur. Wir erheben allerdings nicht den Anspruch, eine exakte Statusabstufung damit zu messen.

Diese für die DDR entwickelte Klassifikation kann mit gewissen Einschränkungen auch für den Zeitraum nach 1989 verwendet werden. Probleme liegen hier weniger in einer stark abweichenden Definition von beruflichen Positionsgruppen, sondern vielmehr in einer in den verschiedenen Wirtschaftssystemen zum Teil unterschiedlichen Zuordnung von einzelnen Berufen in die definierten Kategorien. Die kritischen Punkte sind allerdings begrenzt und betreffen vor allem die in Ost und West zum Teil unterschiedliche Zuordnung der unteren Leitungspositionen zu den Angestellten mit höherqualifizierten Tätigkeiten versus den mittleren Angestellten oder die in der DDR extensivere Vergabe von Facharbeiterzertifikaten für Berufe, die in der Bundesrepublik zu den un- und angelernten Berufen gehören. Die Kompromißlösung für dieses Dilemma besteht darin, daß wir auch für die Zeit nach 1989 die DDR-Klassifikation verwenden, jedoch dann, wenn von Statusmobilität gesprochen wird, die Befunde durch eine zusätzliche Analyse auf Basis einer unter "bundesrepublikanischen" Verhältnissen veränderten Zuordnung der Befragten in verschiedene Kategorien der beruflichen Stellung überprüft wurden. Die Gefahr von reiner "Vercodungs-Mobilität" ist wohl gegeben; vom Umfang her scheint sie uns, insgesamt gesehen, jedoch vergleichsweise gering zu sein. Insgesamt wird dadurch eine eher konservative Schätzung von Statusmobilität produziert.

3. Konstanz und Veränderung in den individuellen Erwerbsverläufen seit 1989

Welchen Eindruck des Transformationsprozesses erhält man, wenn man sich den eingangs skizzierten Fragestellungen mit dem etablierten Instrumentarium der Sozialstrukturanalyse nähert? Eigene Analysen mit den Daten des Sozio-ökonomischen Panel (Ergebnisse hier nicht im einzelnen dargestellt) zeigen einen beachtlichen sektoralen Wandel. So hat sich der Anteil der Beschäftigten in der Land- und Fortswirtschaft zwischen 1990 und 1993 von

12 auf 3 Prozent verringert, im Verarbeitenden Gewerbe von 30 auf 17 Prozent, während er im Baugewerbe, im Handel sowie bei den Gebietskörperschaften inkl. Sozialversicherungen kräftig angestiegen ist. Diese Verschiebungen resultieren vor allem aus in den Sektoren unterschiedlich häufige Arbeitsplatzverluste und weniger über umfangreiche Berufswechsel. Von den vier untersuchten Geburtskohorten stellt sich für die älteste Kohorte der 1929-31 Geborenen die Frage der beruflichen Mobilität nach 1989 nicht mehr (s. Tabelle 1). Die Frauen dieses Alters standen zum Zeitpunkt der Wende gerade am Beginn des Rentenalters und sind mittlerweile komplett aus dem Erwerbsleben in die normale Rente hinübergewechselt. Bei den Männern - sie erreichen erst jetzt langsam das normale Rentenalter - sind 1993 ebenfalls nur noch acht Prozent erwerbstätig. Sie wurden hauptsächlich über umfangreiche Vorruhestandsregelungen vom Arbeitsmarkt genommen - was offenbar sehr schnell geschah, denn dieser Prozeß war bereits 1991 weitgehend abgeschlossen. Sinnvollerweise beziehen sich die folgenden Darstellungen zu beruflichen Mobilitätsprozessen nur noch auf die Mitglieder der drei jüngeren Kohorten.

Für die verbliebenen drei Kohorten zeigt der Blick auf den Erwerbsstatus im Jahr 1993, daß ältere Arbeitnehmer ein größeres Arbeitsplatzrisiko tragen als jüngere. Sowohl die Männer als auch die Frauen der jüngsten Geburtskohorte 1959-61 haben die vergleichsweise besten Chancen, erwerbstätig zu bleiben (s. Tabelle 2). Frauen sind allerdings in allen drei Kohorten deutlich häufiger aus der Erwerbstätigkeit ausgeschieden als Männer, was in der jüngsten Kohorte auch verstärkt auf dem Wege des Ausscheidens aus dem Arbeitsmarkt überhaupt geschieht. Dies hängt zum Teil mit dem Vorhandensein von Kindern im Vorschulalter und zum Teil mit der Aufnahme einer neuen Ausbildung zusammen.

Einen über den bloßen Erwerbsstatus hinausgehenden Eindruck von den beruflichen Veränderungen zwischen 1989 und 1993 vermittelt Tabelle 3. Sie zeigt für die drei jüngeren Kohorten die Abströme in Arbeitslosigkeit und sonstige Nichterwerbstätigkeit sowie für diejenigen, die 1993 einen Arbeitsplatz hatten, Konstanz und Wechsel in der beruflichen Position. Basis von deren Prozentuierung sind nur diejenigen, die überhaupt sowohl 1989 als auch 1993 einen Arbeitsplatz innehatten.[4] Was kann man sehen? Die insgesamt bedeutendste Bewegung auf dem Arbeitsmarkt ist demnach der Verlust des Arbeitsplatzes. Dazu gehört auch die Variante eines vorgezogenen Ruhestands, der hier in dieser 3-Kohorten-Perspektive gar nicht mehr sichtbar ist, über den aber in der ältesten Kohorte die zum Zeitpunkt der Wende 58-60jährigen Männer fast komplett aus dem Erwerbsleben herausgenommen wurden (s.o.).

Bezogen auf diejenigen, die auch 1993 einen Arbeitsplatz hatten, zeigt sich einerseits ein beachtliches Ausmaß an absoluter wie an struktureller

Mobilität. Es handelt sich zwar nur um einen Zeitraum von dreieinhalb Jahren, doch andererseits ist es für eine deklarierte Umbruchsituation ein beachtens- und bemerkenswerter Anteil an Stabilitäten. Dieser Eindruck bleibt auch dann bestehen, wenn man eine Korrektur der Angaben nach der gemäß westlichen Gepflogenheiten gemessenen beruflichen Stellung vornimmt und sich so bei den Professionen der Anteil der Absteiger zu den Semiprofessionen erhöht, während bei den Semiprofessionen der Anteil der Aufsteiger zu den Professionen steigt.

Die geringste Verbleibewahrscheinlichkeit in der alten beruflichen Position finden wir, nicht unerwartet, bei den Leitungspositionen. Nur etwa ein Drittel ihrer Inhaber konnte seine berufliche Position von Ende 1989 bis 1993 halten. Auf der anderen Seite stellen sie mit den geringsten Anteil an Arbeitslosen, wobei sie ihr Verbleiben im Erwerbsleben zu großen Teilen mit Abstiegen nicht nur ins zweite, sondern meist sogar ins dritte oder vierte Glied erkaufen mußten. In diesem Zusammenhang darf allerdings wiederum nicht die Besonderheit der Vorruhestandsregelung vergessen werden. Auf diese Weise ist gerade ein großer Teil der ehemaligen Leitungskader der DDR aus dem Arbeitsmarkt insgesamt entfernt worden und taucht in dieser Darstellung nicht mehr auf.

Welche Inhaber von Leitungspositionen in der DDR haben sich halten können, und welche nicht? Die Abwärtsmobilität ist innerhalb der obersten Ebene wesentlich häufiger als bei den mittleren Positionen. Vergleicht man beide Ebenen für den Zeitpunkt September 1991, so liegt die Verbleibehäufigkeit in den mittleren Leitungspositionen bei 55 Prozent, in der oberen dagegen nur bei 24 Prozent. Zum zweiten zahlt sich auch in den Leitungspositionen ein höherer beruflicher Bildungsabschluß aus. Personen in Leitungspositionen unterhalb des Fachschulniveaus sind sämtlich nach 1989 abgestiegen oder arbeitslos geworden; von den Fachschulabsolventen sind es zwei Drittel, von den Hochschulabsolventen ist es "nur" die Hälfte. Dagegen macht es keinen Unterschied, ob die Leitungspositionen in der Produktion, im Dienstleistungsgewerbe oder beim Staat angesiedelt waren.

Es soll nicht unerwähnt bleiben, daß die hier verwendete relativ grobe Berufsklassifikation einiges an feiner abgestuften Auf- und Abstiegsprozessen verdeckt. Für den Zeitraum von Dezember 1989 bis September 1991 erlaubte die im Vergleich zur Nachbefragung etwa doppelt so hohe Fallzahl die Verwendung einer wesentlich feiner gestuften Berufsklassifikation.[5] Hier zeigt sich etwa, daß es innerhalb der Gruppe der qualifizierten Arbeiter etliche Abstiege von Brigadieren und Meistern zu "einfachen" Facharbeitern gegeben hat, gleichfalls von unteren Leitungspositionen zu Angestelltenpositionen ohne Leitungsfunktion.

Berechnet man diese Matrix getrennt für die beiden Zeiträume Dezember 1989 bis September 1991 (Beginn der Hauptbefragung) sowie September 1991 bis Frühjahr 1993, so zeigen sich im Vergleich zwar keine gegensätzlichen Trends, doch gibt es zwei markante Beschleunigungen bei den

Selbständigen und den Un- und Angelernten für den späteren Zeitraum. Die Selbständigen von 1989 waren im September 1991 zu 90 Prozent[6] immer noch selbständig, im Frühjahr 1993 aber nur noch zu 55 Prozent.[7] Diese geringe Verbleibehäufigkeit erstaunt zunächst, scheinen doch mit der Verdopplung des Selbständigenanteils innerhalb weniger Jahre für diese Gruppe bessere Zeiten angebrochen zu sein. Unsere Fallzahlen sind zu gering für entsprechende Strukturanalysen, was mit den Selbständigen der DDR geschehen ist. Es scheinen vor allem die in Handel, Gaststätten und sonstigen Dienstleistungen tätig gewesenen Selbständigen zu sein, die nun aufgeben müssen. Die Un- und Angelernten von Dezember 1989 konnten bis September 1991 noch zu 79 Prozent einen Arbeitsplatz behalten, während dies 1993 ja nur noch zu 46 Prozent der Fall war. Dieser nochmalige, massive Einbruch nach 1991 ist vor allem mit der erst dann voll einsetzenden Abwicklung der großen Kombinate zu erklären, in dessen Verlauf in kürzester Zeit offensichtlich vor allem diese Gruppe aus dem Erwerbsleben hinausgedrängt wurde.

Vergleicht man nun die Erwerbsschicksale von Männern und Frauen in den verschiedenen beruflichen Positionen, die sie am Ende der DDR innehatten (s. Endnote 4), so zeigen sich einige überraschende Ergebnisse. Wir konzentrieren uns auf die drei Gruppen der Professionen, der Semiprofessionen und qualifizierten Arbeiter (s. Schaubilder 1a-c). Demnach behaupten sich die Frauen gerade in den relativ statushohen Positionsgruppen der Professionen und der Semiprofessionen überraschend gut, d.h. mindestens ebenso gut wie die Männer. In diesen Beschäftigtengruppen erweisen sie sich keineswegs als "Verlierer" der Wende. Wie ein Blick auf die Branchen zeigt (hier nicht dargestellt), hängt dies nicht zuletzt mit ihrer überproportionalen Ansiedlung im staatlichen Dienstleistungsbereich zusammen, d.h. in dem Beschäftigungsbereich, der vom Umbruch am wenigsten negativ betroffen wurde. Krankenschwestern, aber auch Ober- und Unterstufenlehrerinnen wurden nach der Wende in offenbar ähnlichem Umfang benötigt wie zuvor. Bei den Männern in den Semiprofessionen fällt im Vergleich zur relativen Statusstabilität der Frauen auf, daß sie nur zur Hälfte ihre berufliche Position halten konnten, und daß sie sowohl besonders viele Aufstiege bis in Leitungspositionen hinein als auch ein besonders hohes Arbeitplatzrisiko aufweisen. In der Gruppe der qualifizierten Arbeiter verlieren jedoch die Frauen im Vergleich zu den Männern sehr viel häufiger ihren Arbeitsplatz. Auch dies hängt stark mit dem Umbau der Wirtschaftsstruktur in Ostdeutschland zusammen, waren sie doch vor allem in der Textil- und Lederbranche sowie dem sonstigen verarbeitenden Gewerbe beschäftigt und damit in Industriezweigen, die besonders stark abgebaut wurden.

Dieser Vergleich zwischen 1989 und 1993 läßt zwei Vermutungen zu: Zum einen hat der Ausbildungsabschluß offensichtlich sowohl bei Männern als auch bei Frauen eine erhebliche Bedeutung für die Chance, nach 1989 den beruflichen Status bzw. einen Arbeitsplatz überhaupt zu behalten. Zum zweiten fällt auf, daß die Stabilität in denjenigen Statusgruppen am niedrigsten ist, die nicht per se über berufliche Ausbildungsabschlüsse definiert sind: Leitungspositionen, Un- und Angelernte sowie drittens die Selbständigen - was die Vermutung zuläßt, daß sich der Verbleib im Erwerbssystem in hohem Maße über die Beruflichkeit des Erwerbssystems organisiert.

Insgesamt bleibt für uns eine *Ambivalenz des Eindrucks von Umbrüchen einerseits und Stabilitäten andererseits* bestehen. Läßt sie sich über weitergehende Analysen bzw. zusätzliche Informationen anderer Art auflösen? Für diesen Versuch haben wir mindestens vier Möglichkeiten zur Verfügung: (1) die über den Vergleich beider Eckzeitpunkte hinausgehende Betrachtung von Verläufen zwischen 1989 und 1993, auch wenn die Informationen für den Zeitraum zwischen Hauptbefragung und Nachbefragung lückenhaft sind (s. Abschnitt 4); (2) der Blick auf einzelne Berufe und berufliche Tätigkeitsfelder anstelle der acht Positionsgruppen (s. Abschnitt 5); (3) eine tiefergehende Analyse über die Bedeutung verschiedener Allokationskriterien auf dem Arbeitsmarkt sowie deren Bedeutungswandel nach der Wende (s. Abschnitt 6); sowie (4) zusätzliche Angaben zum Wandel von Arbeitsbedingungen und Arbeitsbeziehungen am Arbeitsplatz, die uns etwas über die systemwechselbedingte Änderung von beruflichen Positionen und ihrem Verhältnis zueinander sagen, die in Tabelle 3, aus mehr oder weniger guten Überlegungen heraus, für 1989 und 1993 als gleiche behandelt wurden (s. Abschnitt 7).

4. Erwerbsverläufe zwischen 1989 und 1993

Die bisherigen Darstellungen haben sich ausschließlich auf den Vergleich von Eckzeitpunkten bezogen. Dagegen könnte man einwenden, daß diese Vernachlässigung der dazwischen stattfindenden, möglicherweise sehr umfangreichen und chaotischen Bewegungen sehr viel mehr Stabilität und Geordnetheit vorgaukelt, als tatsächlich vorhanden ist. In der Tat zeigt sich, daß nur etwa ein Drittel - der Männer wie der Frauen - ein und dieselbe Stelle ohne Unterbrechung oder Wechsel hat behalten können (s. Tabelle 4). Die teilweise hohen Stabilitäten in der beruflichen Stellung gingen also mit einer erheblichen lateralen Mobilität einher, und zwar besonders bei Männern. Betrachtet man einzelne berufliche Statusgruppen in dieser Hinsicht, so zeigt sich die hohe Bedeutung lateraler Mobilität für den Erhalt eines Arbeitsplatzes besonders stark bei den Professionen: Insgesamt 69 Prozent behielten ihre berufliche Stellung im Vergleich Dezember 1989/Frühjahr 1993, aber nur 29 Prozent taten dies, indem sie auf ein und derselben Stelle blieben. D.h.: 40 Prozent gelang dies über laterale Mobilität.

Auf- und Abstiege halten sich im Vergleich zu dieser lateralen Mobilität in einem vergleichsweise bescheidenen Rahmen. Aber dies ist auch eine Frage der Perspektive: Immerhin acht Prozent der Männer gelang innerhalb der gut drei Jahre seit Dezember 1989 ein Aufstieg, und bei den Männern in semiprofessionellen Berufen waren es beispielsweise stolze 17 Prozent. Dies nur als Beispiel dafür, wie schwierig die angemessene Würdigung der gegensätzlichen Tendenzen von Beharrung und Wandel letztendlich ist.

Interessanterweise gibt es hinsichtlich Stabilität und lateraler Mobilität, aber auch hinsichtlich von Auf- und Abstiegen kaum Unterschiede zwischen den drei hier untersuchten Kohorten. Allerdings darf vermutet werden, daß dieses für diese drei Kohorten zumindest subjektiv nicht das gleiche darstellt. Betrachtet man sich nämlich im Vergleich zum Transformationsprozeß die vier Jahre vor Dezember 1989, so wiesen die Erwerbsverläufe von 85 Prozent der Mitglieder der 1939-41 Geborenen keinerlei Wechsel auf, aber nur von 65 Prozent der 1951-53 Geborenen und 48 Prozent der 1959-61 Geborenen.[8] Vor allem die älteste der drei Kohorten wird also aus einer Situation großer beruflicher Stabilität herausgerissen. In dieser aggregierten Form zeigt sich noch einmal das geschlechtsspezifisch sehr unterschiedliche Arbeitsmarktrisiko, und daß Aufstiege im Transformationsprozeß vor allem Männern geglückt sind. Dabei sind die Rückkehrchancen, ist man bereits 1991 arbeitslos gewesen, nicht sehr groß. Weniger als ein Drittel der damals Arbeitslosen hat es geschafft, bis 1993 wieder erwerbstätig zu sein. "Chaotische" Verläufe in dem Sinne, daß es innerhalb eines individuellen Erwerbsverlaufs sowohl Abstiege als auch Aufstiege gegeben hat, sind allerdings die seltene Ausnahme.

5. Berufliche Mobilität

Betrachtet man das erforderliche Qualifikationsniveau für einen bestimmten Beruf, kann man zwischen un- und angelernten Berufen, Facharbeiterniveau, Meisterabschluß, Fachschulabschluß und Hochschulabschluß unterscheiden. Bezogen auf diese Niveaus stellen wir zwischen Dezember 1989 und 1993 in den drei jüngeren Kohorten etwa 9 Prozent Abwärtsmobilität und ca. fünf Prozent Aufwärtsmobilität fest. D.h.: 85 Prozent verbleiben, sofern sie überhaupt einen Arbeitsplatz behalten haben, auf dem gleichen erforderlichen Qualifikationsniveau. Bei denjenigen, die auf demselben Niveau verbleiben, geschieht dies zu vier Fünfteln durch Verbleib auf demselben Arbeitsplatz oder über Wechsel mindesten innerhalb des gleichen Tätigkeitsfeldes, wenn nicht im gleichen Beruf. Genau umgekehrt ist es bei denjenigen, die einen Auf- oder Abstieg erfahren: Hier verbleibt nur etwa ein Fünftel innerhalb des gleichen Tätigkeitsfeldes.[9]

Der Eindruck erheblicher Stabilitäten in den Berufsverläufen nach 1989 wird damit bestätigt und bestärkt. Es handelt sich bei der Betrachtung der

Stabilität von beruflichen Positionen (s. Tabelle 3) also nicht etwa um einen Artefakt einer unsensiblen Codierung. Offensichtlich bildet die hohe Beruflichkeit des Beschäftigungssystems für diejenigen, die drin bleiben konnten, einen erheblichen Schutz- und Stabilitätsfaktor. Umgekehrt kann man vermuten, daß sie eine erhebliche Barriere für Neu- bzw. Quereinstiege von Personen darstellt, die aus anderen Tätigkeitsbereichen im Zuge des sektoralen Wandels aus ihren bisherigen Berufen herausgefallen sind und nun nach neuen Beschäftigungsbereichen suchen müssen.

6. Neue Chancen und Risiken? Zur Veränderung von Allokationskriterien auf dem Arbeitsmarkt

Gibt es einen umfassenden Umbau der relativen Chancen verschiedener Bevölkerungsgruppen auf dem Arbeitsmarkt, etwa im Zuge von Umwertungen und Entwertungen in der DDR relevant gewesener Kriterien? Oder verweisen die beobachteten Kontinuitäten, gemessen an den zunächst näher liegenden Erwartungen massiver Umschichtungen, eher auf das Fortwirken der in der DDR geltenden Chancendifferenzierungen? Demnach wäre Arbeitslosigkeit "nur" ein Risiko, das im Vergleich zur DDR für die nach diesen Kriterien Benachteiligten neu hinzugekommen ist. Global betrachtet spräche die Etablierung eines gänzlich anderen Wirtschaftssystems im Verein mit einem anderen Sozialstaatskonzept gegen eine unverändert fortbestehende Chancendifferenzierung. Veränderte Anforderungen und Absicherungen sollten im Vergleich zur DDR andere Personen nach vorne bringen und andere benachteiligen. Im bisherigen System wertvolle Qualifikationen sollten nun zumindest teilweise entwertet werden. Für eine fortbestehende Chancendifferenzierung spräche die Vermutung, daß jedes längere Zeit bestehende System es versteht, die Tüchtigeren von den weniger Tüchtigen zu unterscheiden und ensprechend auszubilden. Da es, abgesehen von Leitungspositionen, kaum möglich ist, mit dem neuen Wirtschaftssystem auch die Beschäftigten zur Gänze auszutauschen, müßten demnach die bisherigen Kriterien - vor allem entlang der in der DDR erlangten Basisqualifikationen im Sinne von Ausbildungsabschlüssen - weiterhin die Arbeitsmarktchancen kanalisieren.

Bei der Untersuchung dieser Fragen betrachten wir drei unterschiedliche Arbeitsmarktprozesse getrennt voneinander: (1) die Frage des Ausscheidens aus dem Kreis der Erwerbspersonen überhaupt (relevant bei Frauen, nicht bei Männern); (2) die Frage der Arbeitslosigkeit versus Erwerbstätigkeit bezogen auf den Kreis der Erwerbspersonen; und (3) die Frage von beruflicher Mobilität bei den zum Zeitpunkt der Nachbefragung Erwerbstätigen. Im Zentrum des Interesses stehen verschiedene Formen von Qualifikationen und für das berufliche Fortkommen relevanten Laufbahninvestitionen.

Unter dem Aspekt der Entwertung oder Umwertung von Qualifikationen unterscheiden wir zwischen dem Ende 1989 erreichten Ausbildungsniveau sowie intragenerationaler Mobilität[10] zu DDR-Zeiten als einem Maßstab dafür, daß berufliche Aufstiege erreicht wurden. Für die DDR haben unsere Daten eine sehr hohe Korrelation zwischen dem Ausbildungsniveau der Beschäftigten und dem erforderlichen Qualifikationsniveau der ausgeübten Tätigkeiten gezeigt (s. *Huinink/Solga* 1994). Die bisherigen Darstellungen haben nahegelegt, daß die in der DDR erworbenen beruflichen Abschlüsse auch nach der Wende ihre positionenzuweisende Bedeutung behalten. Die Betrachtung intragenerationaler Mobilität zu DDR-Zeiten zielt dagegen darauf, ob die unter DDR-Verhältnissen günstigen Eigenschaften und Fähigkeiten zur Umsetzung von Ausbildung in eine mit Aufstiegen verbundene Berufslaufbahn auch unter den veränderten Bedingungen der Zeit nach 1989 Bestand haben. Um es an einigen Beispielen zu verdeutlichen: Sind diejenigen Personen mit Hochschulabschluß, die aus den Professionen in Leitungspositionen aufgestiegen sind, oder diejenigen Facharbeiter, die qua zuerkanntem Abschluß in semiprofessionelle oder untere Leitungspositionen aufgerückt sind, auch nach der Wende die beruflich Erfolgreicheren? Dafür dürfte es eine entscheidende Rolle spielen, in welcher Branche man beschäftigt war, denn diese sind in sehr unterschiedlichem Umfang seit 1989 einem Beschäftigungsabbau ausgesetzt. Die uns zur Verfügung stehende Fallzahl erlaubt in dieser Hinsicht keine stark differenzierten Analysen zur spezifischen Bedeutung einzelner Branchen. Wir beschränken uns deshalb auf die - zugegebenermaßen sehr grobe - Unterscheidung zwischen primärem Sektor (Landwirtschaft und Energiegewinnung) plus industrieller Produktion versus industriellen Dienstleistungen versus staatlichen Dienstleistungen.

Die Interpretation intragenerationaler Aufstiegsmobilität in der DDR im Sinne beruflicher Tüchtigkeit, die sich auch in der Wende bemerkbar machen sollte, ist allerdings nur unter einer Bedingung zulässig: Da die beruflichen Aufstiegschancen in der DDR, insbesondere der Zugang zu Leitungspositionen, zunehmend an die öffentlich bekundete Loyalität zum DDR-System[11] gebunden waren (s. Kapitel 3), muß dieser Faktor kontrolliert werden, denn unter den heutigen veränderten Verhältnissen hat es mutmaßlich eher negative Konsequenzen, sich zu DDR-Zeiten politisch aktiv auf das jetzt diskredierte System eingelassen zu haben.

Wir führen die Untersuchungen für Männer und Frauen getrennt durch, weil wir zeigen wollen, ob und gegebenenfalls wie verschiedene Kriterien für beide Geschlechter unterschiedliche Auswirkungen auf die Arbeitsmarktchancen haben. Daß das Geschlecht selbst ein wesentliches Kriterium für die Chancen auf dem Arbeitsmarkt darstellt, konnte bereits im vorangegangenen Abschnitt belegt werden. Hier wird zusätzlich untersucht, wie das Vorhandensein von Kindern vor dem Jugendlichenalter - wir haben die Grenze bei zwölf Jahren gezogen - die Arbeitsmarktchancen von Männern und Frauen beeinflußt. Bezogen auf Elternschaft erwarten wir eine neue Ungleichheitsdimension bei den Müttern im Hinblick auf die Erwerbsbeteiligung, während es in der DDR diesbezüglich, auch bei kleinen Kindern, keinen dauerhaften Einfluß auf die Erwerbsbeteiligung[12] gegeben hat. Die Doppelbelastung der Mütter durch Familien- und Erwerbsarbeit dürfte jedoch ein wesentlicher Faktor dafür gewesen sein, daß auch in der DDR Karrierechancen und Erwerbseinkommen für Frauen geringer als für Männer waren, auch bei Kontrolle funktionaler Kriterien wie Ausbildung oder Branche (*Trappe* 1994).

Ein weiteres askriptives Merkmal, hinsichtlich dessen eine Veränderung von bisherigen Chancenstrukturen zu erwarten ist, stellt die Zugehörigkeit zu einer der drei Geburtskohorten dar. Die beiden älteren der hier noch betrachteten Kohorten besaßen in der DDR bessere Aufstiegsmöglichkeiten als die jüngste Kohorte, deren berufliche Entwicklung in der DDR durch eine Aufstiegsblockade behindert war (s. *Huinink/Solga* 1994). Diese relative Benachteiligung könnte sich nun ins Gegenteil verkehrt haben, da ein geringeres Lebensalter mehr Spielraum für berufliche Um- und Neuorientierungen bietet. Beispielsweise hat *Geißler* (1994) in diesem Zusammenhang von der "Generation des späten Mittelalters" als Verlierern der Wende gesprochen, denn ihr Erfahrungswissen wird entwertet, und gleichzeitig erscheinen Investitionen in Neuqualifizierungen für Arbeitgeber vergleichsweise unattraktiv. Im Vergleich zur Situation in der DDR erwarten wir hier also eine Umkehrung der bisherigen Karrierechancen.

Die bivariaten Darstellungen scheinen die genannten Hypothesen zu bestätigen (s. Tabelle 5). Zusätzlich haben wir die Ergebnisse mittels logistischer Regressionen überprüft. Im folgenden werden lediglich Haupteffekte betrachtet (s. Tabelle 6). Interaktionseffekte erwiesen sich als statistisch nicht stabil, was zum Teil auf die begrenzte Fallzahl zurückzuführen ist. Dies wird in der folgenden Darstellung jedoch Berücksichtigung finden. Elternschaft erweist sich für Frauen, nicht jedoch für Männer als ein Nachteil auf dem Arbeitsmarkt. Mütter von Kindern unter 12 Jahren scheiden zwar weder verstärkt aus dem Kreis der Erwerbspersonen aus, noch müssen sie überproportionale Statusabstiege in Kauf nehmen, doch sie tragen ein erhöhtes Arbeitslosigkeitsrisiko. Wie im zweiten Abschnitt angesprochen, stellt diese relative Benachteiligung von Müttern ein im Vergleich zur DDR neues Element in der Chancenstruktur von Frauen auf dem Arbeitsmarkt dar.[13]

Auch die These einer verstärkten Verdrängung der Frauen aus attraktiven Dienstleistungsberufen läßt sich mit unseren Informationen nicht bestätigen. Der Ausbau des Dienstleistungssektors war in der DDR das hauptsächliche Betätigungsfeld von Frauen. Lehrerinnen und Ärztinnen stellten hiervon im hochqualifizierten Bereich einen besonders großen Anteil. Diese Arbeitsplätze, die Frauen vor allem im Gesundheits- und Erziehungsbereich innehatten, erweisen sich nun in der Wende als besonders sicher - sowohl im Hinblick auf die Zugehörigkeit zu den Erwerbspersonen als auch auf die Sicherheit vor Arbeitslosigkeit sowie vor Statusverlust. Daraus erklärt sich zum Teil die hohe Statusstabilität der Frauen bei den Professionen und Semiprofessionen. Hingegen weisen Männer, die Berufe im Bereich der industriellen Dienstleistungen innehatten, besonders hohe Arbeitsplatzrisiken auf. Es bestätigt sich, daß die in der DDR erworbenen Qualifikationen keineswegs ihre Geltung nach 1989 verlieren, weder für Frauen noch für Männer, zumindest nicht im Hinblick auf ihre differenzierende Bedeutung. Sie haben sogar insofern einen Bedeutungsgewinn erfahren, als das Fehlen eines anerkannten Ausbildungsabschlusses für viele zum Ausschluß aus der Erwerbstätigkeit führt. Bei Frauen sind es insbesondere die beiden höheren Qualifikationsniveaus, die berufliche Statussicherheit bedeuten, während diese Differenzierung bei den Männern nicht so ausgeprägt ist. Höhere Qualifikationen schützen bei Männern zwar gleichermaßen vor Arbeitslosigkeit, nicht jedoch, wie bei den Frauen, vor Statusverlust. Wie der Blick auf einzelne Berufsfelder zeigt, dürfte auch dies mit dem hohen Anteil der Frauen in den staatlichen Dienstleistungen, insbesondere der Lehrerschaft, zu tun haben, die vom sektoralen Umbau der ostdeutschen Beschäftigtenstruktur vergleichsweise wenig betroffen wurden.

Eine öffentlich gezeigte Loyalität zum DDR-System wirkt sich nach der Wende nachteilig auf die Chance des Statuserhalts aus. Dieser Umstand stellt kaum eine Überraschung dar. Festzuhalten ist vielmehr, daß sie sich nicht allgemein in einem höheren Arbeitslosigkeitsrisiko niederschlägt. Überraschenderweise zeigt sich der nachteilige Einfluß lediglich bei den Männern, nicht jedoch bei den Frauen. Dies ist nur so erklärlich, daß Frauen zum einen weniger in sensiblen Positionen mit Kontroll- und Weisungsbefugnissen saßen, und daß sich ihre "Systemloyalität" zum anderen weniger mit der Ausübung höherer Funktionen in der SED oder den Massenorganisationen verbunden hat. Die politische Diskreditierung, und damit das Arbeitsmarktrisiko, wäre demnach vergleichsweise geringer als bei Männern.[14] Bei diesen gilt die nachteilige Bedeutung von ehemaliger Systemloyalität nicht allein für das Ausscheiden aus Leitungspositionen. Eine genauere Sicht auf die mehrdimensionale Verteilung der Modellvariablen zeigt allerdings, daß dieser Effekt für Leitungspositionen und Professionen besonders stark ausgeprägt ist.

In auffälligem Kontrast zur weiterhin hohen Bedeutung von Ausbildungsabschlüssen für den Statuserhalt steht der deutliche negative Zusammenhang von erreichten Aufstiegen in der DDR mit Statuserhalt bzw. -steigerung nach der Wende. Dies scheint der These zu widersprechen, daß sich eine allgemeine Aufstiegsorientierung oder vergleichsweise größere berufliche Kompetenz gleichermaßen vor als auch nach der Wende gleichermaßen auswirken sollte, zumal ja der Einfluß der mit Loyalitätsbezeugungen einhergehenden Aufstiege in der DDR, wenn auch vielleicht nicht vollständig, im Modell kontrolliert ist. Es ist vielmehr offensichtlich so, daß Aufstiege in der Wende zurückgenommen werden. Wie bei der Systemloyalität gilt allerdings auch hier, daß der entsprechende Effekt sich nicht im Hinblick auf das Arbeitslosigkeitsrisiko, sondern "nur" bezogen auf einen Statusverlust als bedeutsam erweist. Beim detaillierteren Blick auf diese Zusammenhänge wird deutlich, daß sich der entsprechende Effekt vor allem aus den Abstiegen und Arbeitsplatzverlusten aus Facharbeiter- und Fachschulpositionen speist, während unter Hochschulabsolventen vor allem die loyalitätsabhängigen Aufstiege in Leitungspositionen der DDR rückgängig gemacht werden.

Insgesamt am auffälligsten ist die Gleichzeitigkeit einer überraschend hohen Wertigkeit der in der DDR erworbenen beruflichen Abschlüsse einerseits sowie des Wegbruchs ganzer Industrien, der Entwertung von Erfahrungswissen, von auf die DDR-Wirtschaft zugeschnittenen Spezialkenntnissen und von Aufstiegskarrieren andererseits. Auch auf dieser Ebene sehen wir uns also wieder mit der Ambivalenz von Umbrüchen und Stabilitäten konfrontiert. Das Beschäftigungssystem ist in der Transformation keineswegs so offen für Ein- und Umstiege, sondern orientiert sich in hohem Maße an den durch Ausbildungsabschlüsse definierten Berufsfeldern.

7. Veränderung von Arbeitsbedingungen

Bisher sind wir unausgesprochen immer davon ausgegangen, daß die Kategorisierung beruflicher Positionen für 1989 und 1993 jeweils durchaus gleichartige Berufe zusammenfaßt. Dieses Bild bekommt einige Kratzer, wenn man Veränderungen in einzelnen Arbeitsbedingungen betrachtet (s. Tabelle 7). Wir betrachten im folgenden lediglich solche Personen, die seit Dezember 1989 bis zum Interviewzeitpunkt nicht die Stelle wechselten, und damit nur solche Veränderungen in den Arbeitsbedingungen, die auf ein und derselben Stelle in verschiedenen beruflichen Positionen geschehen sind.

Abgesehen von generellen, d.h. positionenübergreifenden Antworttendenzen - die hier nicht im einzelnen dargestellt sind und vor allem auf eine Zunahme von Konkurrenz unter den Kollegen, eine Verschlechterung des Verhältnisses zu den Kollegen, eine abnehmende Freiheit in der Einteilung der Arbeit sowie eine breite Zunahme von Ansprüchen und Anforderungen hinweisen - konzentrieren wir uns hier auf unterschiedliche Veränderungen für Inhaber verschiedener beruflicher Positionen. Sie geben Hinweise darauf, inwiefern bestimmte berufliche Positionen im Vergleich zur DDR ihre relative Bedeutung zu anderen geändert haben (s. Tabelle 7). Demnach haben Leitungspositionen in besonderem Maße eine Erhöhung der Anforderungen sowie einen Zuwachs an Weisungsbefugnissen und Autonomie erfahren. Auffallend ist dies bei den unteren Leitungspositionen im Produktionsbereich, die sich jetzt nicht nur einkommensmäßig, sondern auch statusbezogen von Facharbeitern unterscheiden. Facharbeiter klagen in besonderem Maße über eine zunehmende Kontrolle ihrer Arbeit, während Personen in Leitungspositionen sich mit mehr Entscheidungsbefugnis ausgestattet sehen. Wie Tabelle 7 zeigt, geht dies für die unteren Leitungspositionen allerdings mit einer besonders starken Zunahme der Kontrolle der Arbeitsleistung einher. Für die Arbeitsorganisation insgesamt läßt sich daraus recht eindeutig ein Bedeutungszuwachs für Leitungstätigkeiten sowie eine Akzentuierung der Hierarchie im Vergleich zur DDR ablesen. Die für die DDR behauptete, starke Verhandlungsposition der Facharbeiter im innerbetrieblichen Machtgefüge gegenüber ihren unmittelbaren Vorgesetzten (*Lötsch* 1990) wird jetzt offensichtlich beseitigt. Suchte man auf der Ebene der Arbeitsbedingungen nach "Verlierern" der Wende, so scheint dies am ehesten die Gruppe der Facharbeiter zu sein. Bis zuletzt schien es trotz aller Bemühungen nicht gelungen zu sein, den einfachen Beschäftigten eine Arbeitskontrolle aufzuzwingen, die den Maßstäben westlicher Produktionskonzepte entsprochen hätte (*Deppe/Hoß* 1989). In Übereinstimmung mit mehreren industriesoziologischen Untersuchungen zeigen die Ergebnisse, daß hier nach der Wende ein rascher Wandel stattfindet (*Senghaas-Knobloch/-Lange* 1994, *Heidenreich* 1992).

8. Zusammenfassung

Wir möchten zum Abschluß wieder zurück zur Ausgangsfrage kommen, nämlich inwiefern es eine Fülle von heterogenen Einzelinformationen aus verschiedenen Perspektiven erlaubt, den Eindruck der Ambivalenz von Umbrüchen und Stabilitäten in der einen oder anderen Richtung aufzulösen. Die Antwort ist aus unserer Sicht ein Nein. Im Gegensatz zu Darstellungen, die hier nur Umbrüche sehen - und das sind die eindeutig überwiegenden - möchten wir hier den Akzent setzen (bzw. ein Plädoyer dafür halten), *beides* zu sehen: daß es nämlich neben den unbestreitbaren und weitreichenden Veränderungen überhaupt erhebliche Stabilitäten gibt - zuviel, meine ich, um den beschriebenen Transformationsprozeß *allein* als Umbruch verstehen zu wollen. Auch wenn man sich hüten muß, bei dem - ansonsten kaum einmal zu hörenden - Hinweis auf diese Stabilitäten die strukturellen sowie die individuell erlebten Umbrüche zu niedrig zu hängen, so daß sie zu einer Art Restgröße verkümmern. Wir haben es insgesamt mit einer Gemengelage von ineinandergreifenden Prozessen zu tun, die eine stark differenzierende, zum Teil polarisierende Wirkung auf Lebenschancen besitzen.

Für diejenigen, die als Arbeitsplatzverlierer oder als für neue Chancen schon zu alte Menschen dastehen, verbietet sich dies von selbst - auch aufgrund der dargestellten Ergebnisse. Für diejenigen, die einen Arbeitsplatzplatz besitzen, scheinen jedoch die Ergebnisse auf etwas weniger Dramatik zu verweisen als vielfach angenommen - nicht unbedingt im Sinne von erlebten Veränderungen, vielleicht auch nicht von Zufriedenheiten oder Unzufriedenheiten (ich sage "vielleicht" deshalb, weil wir sie nicht erhoben haben), sondern im Hinblick auf ihre subjektive Bewältigung durch die davon Betroffenen (vgl. den Beitrag von *Huinink/Diewald/Heckhausen* in diesem Band). Zugegebenermaßen befinden wir uns mit dieser Einschätzung allerdings nicht mehr auf der Ebene von Statusveränderungen, und nicht einmal auf der Ebene von deren Wahrnehmung, sondern bereits auf der Ebene von deren subjektiver Bewältigung.

Anmerkungen

1. Zumindest die Bundesrepublik gilt im internationalen Vergleich als Prototyp eines berufssegmentierten Arbeitsmarktes (*Osterland* 1984, *Müller/König* 1986).
2. Zu einer ausführlicheren Darstellung und Herleitung dieser für die DDR entwickelten Klassifikation siehe *Solga* 1993.
3. Zu den Leitungspositionen gehören leitende Tätigkeiten in Staat und Partei sowie in der Wirtschaft bis zur mittleren Leitungsebene, wie etwa Abteilungsleiter. Zu den Professionen gehören alle Berufe, für die ein Hochschulstudium erforderlich ist, also Sozialwissenschaftler oder Oberstufenlehrer ebenso wie Ärzte oder Hochschulingenieure. Semiprofessionen sind Berufe unterhalb der Professionen, die sich gleichwohl durch eine Verwissenschaftlichung der Berufspositionen auszeichnen. In der Regel ist dafür ein Fachschulabschluß erforderlich. Dies gilt sowohl für Fachschulingenieure (nicht zu verwechseln mit den westdeutschen Fachhochschulingenieuren) ebenso wie für die Unterstufenlehrer oder Krankenschwestern. Zu den Semiprofessionen zählen wir hier zusätzlich qualifizierte Angestellte in unteren Leitungspositionen wie beispielsweise Gruppenleiter. Qualifizierte Angestellte und Arbeiter definieren sich über eine erforderliche abgeschlossene Berufsausbildung in Form des Facharbeiterbriefs. Untere Leitungspositionen in der Produktion, also Brigadiere und Meister, zählen im Unterschied zu den Angestellten ebenfalls zu den qualifizierten Arbeitern, da ihre Position in der Arbeiterorganiation kaum als Aufstieg anzusehen ist.
4. Eine Prozentuierung unter Einschluß der Nichterwerbstätigen sowie eine für Männer und Frauen getrennte Darstellung findet sich in *Diewald/Sørensen* 1994.
5. Für eine detaillierte Darstellung siehe *Diewald/Sørensen* 1994, Tabelle A6.
6. Wenn man für den September 1991 nur diejenigen nimmt, die auch an der Nachbefragung teilgenommen haben, und nicht alle Teilnehmer der Hauptbefragung, so waren es 81 Prozent.
7. Die zugrundeliegende Fallzahl ist zwar für Verallgemeinerungen zu gering (s. Tabelle 4), doch haben eigene Auswertungen des Sozio-ökonomischen Panel Ost, ohne Kohorteneinschränkung mit einer höheren Fallzahl, mit 59 Prozent für den Zeitraum Frühjahr 1990/Frühjahr 1993 ein fast identisches Ergebnis gebracht.
8. Diese Werte für die beiden jüngeren Kohorten zeigen im übrigen, daß das Klischee der ultrastabilen Beschäftigungsverhältnisse in der DDR, ohne Wechsel, so nicht haltbar ist.
9. Für eine genauere Darstellung der beruflichen Mobilitätsprozesse siehe *Diewald/Solga* 1994.
10. Diese wurde, wie oben definiert, durch die achtstufige Klassifikation der beruflichen Positionen gemessen.
11. Unter öffentlich bekundeter Loyalität verstehen wir, daß 1989 mindestens eines der drei folgenden Kriterien erfüllt war: Mitgliedschaft in der SED oder in einer der Blockparteien oder die Übernahme mittlerer und höherer Funktionen in einer der offiziellen Massenorganisationen. Zur näheren Begründung dieser Operationalisierung s. *Solga* 1994.

12. Abgesehen von den - im Vergleich zur Bundesrepublik wesentlich kürzeren - Unterbrechungen der Mütter.
13. Allerdings muß angemerkt werden, daß aufgrund der frühen Familiengründung in der DDR auch für die jüngste von uns untersuchte Kohorte die Familienbildungsprozesse bereits weitgehend abgeschlossen sind, d.h. wir können nur einen Zipfel dieses Problems in unserer Untersuchung abbilden. Noch wesentlich deutlicher muß sich diese Benachteiligung bei den nach 1961 geborenen Frauen nachweisen lassen (vgl. *Schenk* 1994).
14. Es gibt Hinweise, daß insbesondere die zweite Vermutung nicht abwegig ist. Frauen waren in den Spitzengremien der Partei, beispielsweise auf der Ebene der Parteisekretäre, stark unterrepräsentiert (*Penrose* 1993: 43 ff.). In die gleiche Richtung weisen Forschungen anhand der Unterlagen der Gauck-Behörde, auch wenn diese Unterlagen sich nicht generell auf Parteimitglieder und Funktionäre, sondern speziell auf Stasimitgliedschaften beziehen. Demnach haben Frauen vor allem in untergeordneten Positionen wie beispielsweise als Sekretärinnen gearbeitet, während Führungsoffiziere in der Regel männlich waren (*Tagesspiegel* vom 16.9.1994). Unsere Fallzahlen sind zu gering, um diese Vermutung selbst überprüfen zu können.

Tabelle 1: Erwerbsstatus von Frauen und Männern in der Geburtskohorte 1929-31 im Jahr 1991 und 1993

	Männer	Frauen
	%	%
September 1991		
erwerbstätig	18	2
arbeitslos	3	0
Vorruhestand	56	21
Rente	22	76
sonstiges	1	1
n	302	290
Frühjahr 1993		
erwerbstätig	7	0
arbeitslos	1	0
Vorruhestand	63	0
Rente	25	99
sonstiges	3	1
n	108	139

Tabelle 2: Erwerbsstatus von Frauen und Männern 1993 in vier Geburtskohorten

	1929-31		1939-41		1951-53		1959-61	
	Frauen	Männer	Frauen	Männer	Frauen	Männer	Frauen	Männer
	%	%	%	%	%	%	%	%
Erwerbspersonen	0	8	86	91	89	91	87	96
davon: arbeitslos	-	8	24	14	19	9	15	4
Nichterwerbs-personen	100	92	14	10	11	9	13	4
n	108	139	136	150	162	134	123	131

Tabelle 3: Berufliche Mobilität 1989-1993 in den Kohorten 1939-41, 1951-53 und 1959-61 (Abstromprozente)

Berufliche Position in 1989	Berufliche Position[1]								Nichterwerbstätige 1993		
	Leitungs-position	Professionen	Semi-professionen	Qualifizierte Angestellte	Qualifizierte Arbeiter	Bauern	Selb-ständige	Un-/Angelernte	arbeits-los	Sonstige Nichter-werbst.	n
Leitungs-position	<u>37</u>	17	28	11	2	0	3	3	9	5	71
Professionen	7	<u>72 (67)</u>	6 (11)	6	1	0	9	0	5	1	92
Semi-professionen	8	1(6)	<u>75 (69)</u>	10	1	0	2	3	11	6	164
Qualifizierte Angestellte	1	0	4	<u>77</u>	3	0	4	11	10	12	135
Qualifizierte Arbeiter	2	0	2	5	<u>76</u>	0	6	9	12	10	222
Bauern	0	10	0	0	60	0	0	30	13	20	15
Selbständige	0	0	5	16	5	0	<u>68</u>	5	5	10	20
Un-/Angelernte	0	0	3	8 (10)	18	0	5	<u>65</u> (63)	34	12	109
n	44	72	133	124	156	0	41	75	111	72	828
	absolute Mobilität = 31%		Strukturmobilität = 18%								

[1]Prozentuierung bezieht sich nur auf die 1993 Erwerbstätigen.
( ) = Anwendung der westdeutschen Klassifizierung für 1993

Tabelle 4: Veränderungen in den Erwerbsverläufen von Männern und Frauen der drei Geburtskohorten 1939-41, 1951-53 und 1959-61 zwischen Dezember 1989 und Frühjahr 1993 (Angaben in Prozent)

	Frauen	Männer
ohne Unterbrechung auf derselben Stelle	33	32
(zeitweises) Ausscheiden aus der Erwerbstätigkeit	26	13
(zeitweises) Ausscheiden aus Erwerbstätigkeit plus Statusmobilität	6	5
nur laterale Mobilität	21	31
Abstiege, aber keine Aufstiege	8	8
Aufstiege, aber keine Abstiege	3	8
sowohl Auf- als auch Abstiege	2	3

Tabelle 5: Erwerbsschicksale von im Dezember 1989 erwerbstätig gewesenen Männern und Frauen im Frühjahr 1993 (Kohorten 1939-41, 1951-53, 1959-61)

	Frauen			**Männer**	
	außerhalb des Arbeitsmarktes[1]	arbeitslos[2]	Abstieg im beruflichen Status[3]	arbeitslos[2]	Abstieg im beruflichen Status[3]
	%	%	%	%	%
Kohorte:					
1939-41	7	24	26	14	16
1951-53	7	19	14	9	10
1959-61	11	15	11	4	14
Qualifikation 1989					
un-/angelernte	8	46	0	24	0
Facharbeiter/Meister	10	20	8	9	19
Fachschule	2	9	28	9	21
Hochschule	2	6	23	4	13
Branche 1989					
primärer/sekundärer Sektor	11	31	23	11	9
Dienstleistung Industrie	4	28	30	16	19
Dienstleistung Staat	3	6	10	4	21
Intragenerationale Mobilität DDR					
Aufstieg	2	21	39	14	28
kein Aufstieg	10	19	10	8	9
Systemloyalität					
ja	8	16	14	7	30
nein	9	21	17	10	7
Kind unter 12 Jahren					
ja	15	26	11	1	7
nein	8	19	18	10	15

[1]ohne Personen in Ausbildung
[2]bezogen auf Erwerbspersonen
[3]bezogen auf die im Frühjahr 1993 Erwerbstätigen

Tabelle 6: Determinanten der Risiken des Ausscheidens aus dem Erwerbbsleben, von Arbeitslosigkeit und von Abwärtsmobilität bezüglich der beruflichen Stellung nach 1989

	Ausscheiden aus: Erwerbsleben	Arbeitslosigkeit		Abwärtsmobilität berufliche Stellung	
	Frauen	**Männer**	**Frauen**	**Männer**	**Frauen**
Kohorte					
1939-41	Referenzkategorie	Referenzkategorie		Referenzkategorie	
1951-53	1,4	0,59	0,62	0,8	0,44*
1959-61	1,9	0,25*	0,44*	1,64	0,43*
Elternschaft 1993					
jüngstes Kind 0-12 Jahre	0,74	0,75	2,2*	1,22	1,12
kein oder älteres Kind	Referenzkategorie	Referenzkategorie		Referenzkategorie	
Qualifikation 1989					
Un-/Angelernte	Referenzkategorie	Referenzkategorie		ausgeschlossen	
Facharbeiter/ Meister	1,8	0,21*	0,23*	Referenzkategorie	
Fachschule	0,5	0,17*	0,11*	2,63*	1,04
Hochschule	0,42	0,16*	0,13*	2,22*	1,58
Branche 1989					
primär/Industrie-produktion	Referenzkategorie	Referenzkategorie		Referenzkategorie	
industrielle Dienstleistungen	0,44	1,4	0,81	2,2	0,78
staatliche Dienstleistungen	0,35*	0,27*	0,19*	1,35	0,24*
Intragenerationale Mobilität					
Aufstieg	0,33	2,17	1,82	2,21*	3,6*
Systemloyalität 1989					
ja	1,2	0,8	1,15	2,7*	0,83
Häufigkeit, mit der diese Ereignisse auftreten, in %:	8	10	20	14	17

* signifikant auf mindestens 5%-Niveau

Tabelle 7: Änderung verschiedener Arbeitsbedingungen im Zuge der Wende in verschiedenen Berufsgruppen (nur Erwerbstätige, die zwischen Dezember 1989 und dem Interviewzeitpunkt nicht die Stelle gewechselt haben)[1]

	Leitungs-positionen	Professionen	Semi-professionen	Qualifizierte Angestellte	Brigadiere	untere Leitungspos. Produktion	Facharbeiter	un-/an-gelernte Arbeiter	un-/an-gelernte Angestellte
Arbeit selbst einteilen									
+	51	34	42	23	56	50	17	13	22
-	3	9	5	9	13	6	14	9	10
Kontrolle der Arbeits-leistung									
+	36	15	25	30	44	49	48	47	31
-	11	18	20	4	6	3	4	3	3
Ansprüche an Konzentration/Sorgfalt									
+	57	39	54	53	56	70	55	60	42
-	0	4	3	1	0	3	1	2	5
Anforderungen an berufliche Kenntnisse und Fertigkeiten									
+	75	58	63	62	81	70	61	48	43
-	0	4	1	1	0	3	1	3	6
Verantwortung und Weisungsbefugnis									
+	46	17	18	15	59	58	16	10	17
-	14	9	10	7	6	6	6	3	7
Streß und Arbeitsdruck									
+	70	61	59	61	69	76	63	52	54
-	7	3	7	4	3	0	6	2	5

[1]Fehlende Prozente zur Summe 100% entfallen hauptsächlich auf die Antwortkategorie "gleichgeblieben" und zum geringen Teil auf die Kategorie "hat noch nie eine Rolle gespielt".

Schaubilder 1a-1c: Berufliche Mobilität von Männern und Frauen 1989-1993

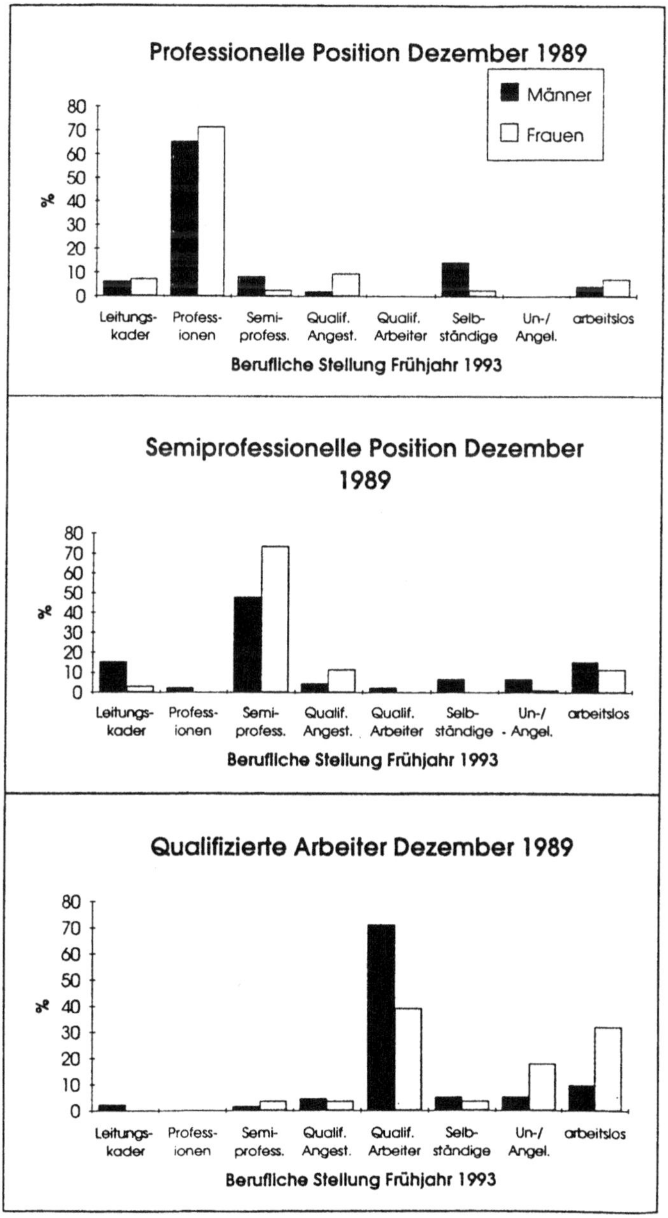

Literatur

Berger, P.A. (1992): "Was früher starr war, ist nun in Bewegung" - oder: Von der eindeutigen zur unbestimmten Gesellschaft. In: M. Thomas (Hrsg.), Abbruch und Aufbruch. Sozialwissenschaften im Transformationsprozeß. S. 128-152.

Deppe, R./D. Hoß (1989): Arbeitspolitik im Staatssozialismus: Zwei Varianten: DDR und Ungarn. Frankfurt/Main: Campus.

Diewald, M./H. Solga (1994): Ordnung im Umbruch? Strukturwandel und deutsch-deutsche Tradition bei der Kanalisierung beruflicher Mobilität im Transformationsprozeß. Arbeitsbericht Nr. 14/1994 aus dem Projekt "Lebensverläufe und historischer Wandel in der ehemaligen DDR". Berlin: Max-Planck-Institut für Bildungsforschung.

Diewald, M./A. Sørensen (1994): Entwertung und Umwertung von Laufbahnkapital? Erwerbsverläufe und soziale Mobilität von Frauen und Männern in Ostdeutschland. Arbeitsbericht Nr. 13/1994 aus dem Projekt "Lebensverläufe und historischer Wandel in der ehemaligen DDR". Berlin: Max-Planck-Institut für Bildungsforschung.

Geißler, R. (1994): Neue Strukturen der sozialen Ungleichheit im vereinten Deutschland. In: R. Hettlage/K. Lenz (Hrsg.), Deutschland nach der Wende. Eine Fünf-Jahres-Bilanz. München: Beck (im Erscheinen).

Heidenreich, M. (Hrsg.) (1992): Krisen, Kader, Kombinate. Berlin: Sigma.

Huinink, J./H. Solga (1994): Occupational Opportunities in the GDR: A Privilege of the Older Generations? In: Zeitschrift für Soziologie 23 (3).

Lötsch, M. (1990): "Die Hofierung der Arbeiterklasse war nicht wirkungslos". Ein Rück- und Ausblick auf die Sozialstrukturforschung in der ehemaligen DDR. In: Frunkfurter Rundschau vom 14.11.1990, S. 28.

Mayer, K.U. (1991): Soziale Ungleichheit und Lebensläufe. Notizen zur Inkorporation der DDR in die Bundesrepublik und ihre Folgen. In: B. Giesen/C. Leggewie (Hrsg.), Experiment Vereinigung. Ein sozialer Großversuch. Berlin: Rotbuch, S. 87-99.

Mückenberger, U. (1985): Die Krise des Normalarbeitsverhältnisses. In: Zeitschrift für Sozialreform, 31, 415-434.(Teil 1) und 457-475 (Teil 2).

Müller, W./W. König (1986): Educational Systems and Labour Markets as Determinants of Worklife Mobility in France and West Germany. In: European Sociological Review 2, 73-96.

Penrose, V. (1993): Orientierungsmuster des Karriereverhaltens deutscher Politikerinnen. Bielefeld: Kleine Verlag.

Osterland, M. (1984): Beruf. In: Kerber, H./Schmieder, A. (Hrsg.), Handbuch Soziologie. Reinbek: Rowohlt, S. 64-66.

Schenk, S. (1994): Erwerbsverläufe im Transformationsprozeß (unveröffentl. Manuskript).

Senghaas-Knobloch, E./H. Lange (Hrsg.) (1994): DDR-Gesellschaft von innen: Arbeit und Technik im Transformationsprozeß. In: Forum Humane Technikgestaltung, Heft 4, Bonn.

Solga, H. (1993): Systematik der beruflichen Tätigkeiten und Ausbildungen in der DDR. Arbeitsbericht 2/1993 aus dem Projekt "Lebensverläufe und historischer Wandel in der ehemaligen DDR". Berlin: Max-Planck-Institut für Bildungsforschung.

Solga, H. (1994): Auf dem Weg in eine klassenlose Gesellshaft? Klassenlagen und Mobilität zwischen Generationen in der DDR. Dissertation, Freie Universität Berlin.

Tagesspiegel vom 16.9.94: Zwischen Kindern, Küche und Konspiration. Beitrag von Catarina Kennedy-Bannier.

Trappe, H. (1994): Selbständigkeit - Pragmatismus - Unterordnung. Frauen in der DDR zwischen Beruf, Familie und staatlicher Sozialpolitik. Dissertation. Freie Universität Berlin.

Der Elitenimport nach Ostdeutschland. Transformationstypen und Veränderungen in der Elitenrekrutierung

Heike Solga

Einleitung

In diesem Beitrag werden Veränderungen in den Mechanismen der Elitenallokation nach der Wende in Ostdeutschland analysiert. Der Wandel in der Elitenrekrutierung nach einer Systemtransformation ist von generellem Interesse, da dies nicht nur ein spezifischer Prozeß der gegenwärtigen Transformation der postkommunistischen Gesellschaften von der Planwirtschaft zur Marktwirtschaft ist, sondern ein notwendiger Bestandteil einer jeden Systemtransformation - und zwar unabhängig davon, welches die jeweilige Ausgangs- und welches die jeweilige Zielgesellschaft ist. Daß von einem Wandel in der Elitenrekrutierung auszugehen ist, liegt in der Definition von Systemtransformation selbst begründet, da es sich hierbei um den Übergang von einem politökonomischen System in einen anderes politökonomisches System handelt. Damit findet per Definition eine Deplazierung der alten herrschenden Klasse und somit auch ihrer oberen Dienstklasse statt, da letztere - nach *Dahrendorf* (1965) und *Renner* (1953) - gerade jene Klasse ist, dessen Mitglieder an der Ausübung der Macht der jeweils herrschenden Klasse teilhaben. Demzufolge wird mit dem Prozeß der Deplazierung der alten herrschenden Klasse auch ein Prozeß der Beseitigung von Dienstklassepositionen des alten Systems und der Etablierung neuer Dienstklassepositionen sowie des Austausches der alten oberen Dienstklasse durch eine neue Dienstklasse in Gang gesetzt - eine Dienstklasse, die nun mit dem neuen System verbunden ist.

Inwieweit dieser Wandel des Positionengefüges mit personellen Veränderungen verbunden ist und wie sich dieser Wandel vollzieht, ist von unterschiedlichen Bedingungen abhängig. Die Überlegungen von *Crome* (1994) aufgreifend, gilt es zu fragen, warum hier sowohl die These der Elitenzirkulation - gemäß der *Pareto*schen Zirkulationsthese (1968) - als auch die der Elitenreproduktion - gemäß der *Bourdieu*schen Reproduktionsthese (1989) - zutreffend die Veränderungen der Elitenallokation nach Systemtransformationen beschreiben können, und warum in bezug auf die postkommunistische Transformation die eine oder die andere These bzw. ein Zusammenspiel beider den Veränderungen in den einzelnen Ländern gerecht wird.

Im ersten Teil werden einige allgemeine theoretische Grundannahmen und Hypothesen formuliert. Im zweiten Teil wird der Frage nachgegangen, inwieweit diese Annahmen und Hypothesen eine Relevanz für die ostdeutschen Verhältnisse im gegenwärtigen Transformationsprozeß besitzen. Vorab ist anzumerken, daß die Begriffe "Elite" und obere Dienstklasse im folgenden synonym verwendet werden. Sie bezeichnen die Gruppe derjenigen, die in hochqualifizierten bzw. Leitungspositionen tätig waren bzw. sind. Es handelt sich hier also nicht um einen "Elitebegriff" im Paretoschen Sinne. Bezogen auf diese weitgefaßte Definition lautet die zentrale Fragestellung der Analyse, was geschieht mit den Personen, die sich in privilegierten Positionen des alten Systems befunden haben, beim Übergang in ein anderes politökonomisches System.

1. Theoretischer Rahmen und Hypothesen

Während *Pareto* (1968) unterstellt, daß mit einem Systemwechsel ein umfassender Austausch der Eliten einhergeht, in dem die Gegeneliten der Revolution an die Stelle der alten Eliten treten, hebt *Bourdieu* (1989) gerade die Notwendigkeit von kontinuitätsstiftenden Momenten bei Systemtransformationen hervor. Letzterem liegt die Annahme zugrunde, daß die Konvertibilität des vorhandenen Kapitals leichter zu bewerkstelligen sei als die Aneignung neuer Kapitalien. Gerade in bezug auf diese beiden Thesen wird häufig davon ausgegangen, daß es sich im Vergleich zu den anderen postkommunistischen Gesellschaften bei Ostdeutschland um einen Sonderfall, um eine Ausnahme handelt, da hier vor allem eine Elitenzirkulation zu beobachten sei. Hingegen führte z.B. die juristische Fixierung von Parteimitgliedschaft als Barriere für den Zugang zur politischen Elite in der Tschechischen Republik oder in Ungarn zur Etablierung einer "neuen" politischen Elite. Für die ökonomische Elite, definiert als Führungskräfte großer Betriebe, kann dies jedoch keinesfalls festgestellt werden. Hier ist eher von der "Neu"-etablierung der "alten" Elite auszugehen. 1993 befanden sich in Ungarn unter den Führungskräften der größten Firmen ca. 70%, die bereits 1988 schon eine solche Position innehatten, und 50%, die 1988 Parteimitglied waren (*Mänicke-Gyöngyösi* 1994: 210f). Als Begründung für diese Konvertierbarkeit von unter sozialistischen Bedingungen erworbenen Positionsvorteilen wird in bezug auf die ökonomischen Eliten vor allem deren funktionale Nützlichkeit und das Fehlen von Import-Ressourcen an Fach- und Führungspersonal - im Unterschied zu Ostdeutschland - angeführt (*Mänicke-Gyöngyösi* 1994; *Szomolanyi* 1994). Aber auch für Ostdeutschland externe - sprich westdeutsche - Ressourcen zur Verfügung stehen und inwieweit die westdeutschen Allokationsmechanismen eine Verwertbarkeit der unter DDR-Bedingungen akkumulierten Ressourcen gestatten (vergl. dazu auch *Czada* 1994; *Crome* 1994).

Interessant hieran ist die Frage, warum es Unterschiede in den Wandlungsprozesses der Elitenallokation zwischen Ostdeutschland und den anderen Ländern gibt, obwohl es sich um dieselbe Systemtransformation und damit auch jeweils um eine Deplazierung der alten Dienstklasse der Parteielite handelt. Daher sind jene Merkmalen der Transformation aufzudecken, die trotz gleicher Ausgangs- und Zielgesellschaft Prozesse der Elitenzirkulation und -reproduktion in unterschiedlichem Maße in Gang setzen. Aus dieser Perspektive hinterfragt, ist zunächst als Unterschied festzuhalten, daß in Ostdeutschland mit der Vereinigung Deutschlands eine Inkorporation stattfindet, während in den anderen ehemals staatssozialistischen Ländern völlig andere Muster der Transformation vorzufinden sind. Transformation vollzieht sich in diesen Ländern als ein eher als "evolutionär" zu bezeichnender Prozeß, der durch die Bewohner dieser Länder selbst gestaltet wird. Soziologisch ließe sich aus diesem Unterschied in der Verallgemeinerung die *These* ableiten:

Die Unterschiede in den Veränderungen der Mechanismen der Elitenrekrutierung in den postkommunistischen Gesellschaften erklären sich vor allem aus dem jeweils relevanten Transformationstyp bzw. dem *Charakter der Systemtransformation* in den einzelnen Ländern.

Zur Definition von "Transformationstypen" können *zwei Kriterien* zugrundegelegt werden:

(1) Welches sind die Kräfte/Akteure, die den revolutionären Prozeß der Transformation jeweils in Gang setzen bzw. motivieren, und
(2) welches sind die Kräfte/Akteure, die die Systemtransformation letztlich ausführen bzw. gestalten?

Abbildung 1: Definition von Transformationstypen

		Transformation initiiert durch Akteure	
		innerhalb des Landes in Transformation	außerhalb des Landes in Transformation
Transformation gestaltet durch Akteure	innerhalb	eigenständige evolutionäre Transformation	Okkupation
	außerhalb	Inkorporation	Annexion[1]

Mit Hilfe dieser beiden Kriterien bzw. Merkmale lassen sich - wie in Abbildung 1 deutlich wird - vier *Typen von Transformation* unterscheiden:

(1) Die eigenständige evolutionäre Transformation, welche sowohl durch interne Akteure motiviert als auch durch interne Akteure gestaltet wird (z.B. die Oktoberrevolution in Rußland 1917 oder die gegenwärtigen Transformationen in den osteuropäischen Transformationsgesellschaften, außer Ostdeutschland).
(2) Die Okkupation, bei der einerseits externe Kräfte die Systemtransformation initiieren und deren Ergebnis festlegen, die andererseits jedoch im Rahmen dieser Vorgaben durch interne Akteure gestaltet wird (Beispiele dafür sind die Okkupation Osteuropas nach 1945 durch die Sowjetunion mit dem Ergebnis der Staatsgründung der DDR sowie der Gründung der osteuropäischen Volksdemokratien).
(3) Die Inkorporation, die vor allem durch interne Akteure motiviert wird, aber durch einen Institutionentransfer und dessen externe Implementierung gekennzeichnet ist (z.B. die gegenwärtige Transformation Ostdeutschlands).
(4) Die Annexion, die durch externe Akteure motiviert wird sowie durch einen Institutionentransfer und dessen externe Implementierung gekennzeichnet ist (z.B. die Annexion Österreichs durch Deutschland 1938).

Wie bereits an dem Beispiel des Ländervergleiches in bezug auf die Rekrutierung der ökonomischen Elite deutlich wurde, definieren diese Transformationstypen zumindest zwei *Determinanten*, die eine wesentliche Rolle dafür spielen, ob Elitenzirkulation oder -reproduktion das prägende Muster des Wandels in der Elitenallokation darstellt: Zum einen werden mit dem Transformationstyp Anforderungen, d.h. ein *bestimmtes Anforderungsprofil* und damit spezifische Selektionskriterien definiert, die es zu erfüllen gilt, um Zugang zur oberen Dienstklasse des neuen Systems zu erhalten.

Zum anderen wird mit dem Transformationstyp das *Rekrutierungspotential*, welches für die Etablierung der neuen Dienstklassen in den Transformationsgesellschaften zur Verfügung steht, bestimmt.

Hinterfragt man die Transformationstypen nach den Mechanismen der Elitenrekrutierung im Hinblick auf das *Anforderungsprofil bzw. Selektionsmuster*, so kann vermutet werden, daß bei einer Okkupation, Inkorporation oder Annexion mit der Vorgabe des zu etablierenden institutionellen Systems auch die Selektionskriterien in bezug auf die neue Dienstklasse definiert werden, hingegen im Fall der eigenständigen Transformation der institutionelle Wandel eher als ein Entwicklungsprozeß erfolgt, welcher zunächst recht ambivalente Allokationsprozesse zuläßt bzw. hervorruft.

Hinterfragt im Hinblick auf das Rekrutierungspotenial, ist anzunehmen, daß die Okkupation und die eigenständige Transformation gleiche Tendenzen zeigen, während sich die Inkorporation und Annexion von diesen beiden wesentlich unterscheiden. So muß im Fall der ersten beiden Typen auf die *intern* vorhandenen Rekrutierungsressourcen zurückgegriffen werden, während im Fall der Inkorporation und Annexion auch *externe* Ressourcen zur Verfügung stehen - und nicht nur das, sondern aus Kostengesichtspunkten auch in Rechnung zu stellen sind.

Dieser Vergleich der Transformationstypen in bezug auf das damit verbundene Rekrutierungspotential und Anforderungsprofil führt zu drei Hypothesen, die für die Erklärung der Unterschiedlichkeit in den Veränderungen der Elitenrekrutierung in den gegenwärtigen Transformationsgesellschaften herangezogen werden können:

Hypothese 1: In bezug auf das Anforderungsprofil kann man vermuten, daß sich die Veränderungen in den Allokationsmechanismen zur neuen Dienstklasse vor allem hinsichtlich der *Verwertbarkeit von politischem Kapital* unterscheiden. Es kann erwartet werden, daß aufgrund der Inkorporation Ostdeutschlands mit der öffentlich bekundeten Loyalität gegenüber dem SED-Regime anders umgegangen wird als in den anderen postkommunistischen Gesellschaften, in denen die Konvertierbarkeit von ehemals politischem Kapital aufgrund der evolutionär eigenständigen Transformationen eher ambivalenter Natur sein dürfte. Letztere sind zum Teil gezwungen, gerade auf Ressourcen, die mit diesem Kapital verbunden sind bzw. waren, wie bereits oben erwähnt wurde, zurückzugreifen.

Hypothese 2: In bezug auf das Rekrutierungspotential kann vermutet werden, daß die Transformation in den einzelnen Ländern die Mechanismen der Elitenrekrutierung in unterschiedlicher Weise beeinflußt, da die Länder in unterschiedlichem Maße über *externe und interne Ressourcen* an Fach- und Führungspersonal verfügen.

Hypothese 3: Je nachdem wie sich die *Interdependenz von Anforderungsprofil und Rekrutierungspotential* für die obere Dienstklasse insgesamt und für ihre einzelnen Segmente gestaltet, findet Elitenzirkulation oder Elitenreproduktion statt.

Diese drei Hypothesen sind Gegenstand der nachfolgenden empirischen Analyse. Am Beispiel des Wandels in den Allokationsmechanismen der oberen Dienstklasse nach der "Wende" 1989 in Ostdeutschland soll gezeigt werden, inwieweit die beiden Determinanten Anforderungsprofil und Rekrutierungspotential in der Lage sind, die ostdeutsche Spezifik des Wandels zu erklären und zugleich eine Verallgemeinerbarkeit dieses "Sonderfalls" zu ermöglichen.

2. Datenbasis und Variablendefinition

Die empirische Analyse basiert auf Informationen über die Erwerbsgeschichte vor und nach der Wende von ostdeutschen Männern und Frauen aus vier Geburtskohorten (1929-31, 1939-41, 1951-53 und 1959-61). Verwendet werden die Daten des Projekts "Lebensverläufe und historischer Wandel in der DDR" des Max-Planck-Instituts für Bildungsforschung. In die Analyse werden diejenigen der Befragten einbezogen, die sowohl an der Hauptuntersuchung 1991/92 als auch an der Zusatzerhebung 1993 teilgenommen haben *und* im Dezember 1989 erwerbstätig waren. Das sind 565 Männer und 540 Frauen.

Von zentralem Interesse für die Analyse des Wandels in den Allokationsmechanismen der oberen Dienstklasse sind drei Variablen: die Zugehörigkeit zur (ehemaligen) oberen Dienstklasse des SED-Regimes, das Vorhandensein öffentlich bekundeter Systemloyalität gegenüber diesem System sowie die Unterscheidung zwischen der Ausübung von Führungstätigkeiten versus professionellen Tätigkeiten - alle gemessen im Dezember 1989. Diese Variablen werden empirisch wie folgt definiert.

Variable 1: Zugehörigkeit zur oberen Dienstklasse im Dezember 1989.
Diese Variable ist dichotom mit den Kategorien "ja" und "nein" kodiert. Als Angehörige der oberen Dienstklasse wurden Personen definiert, die im Dezember 1989 in Leitungspositionen der oberen und mittleren Ebene (z.B. als Abteilungsleiter, Schuldirektoren, hauptamtliche Parteisekretäre u.ä.) bzw. in hochqualifizierten Angestelltentätigkeiten (z.B. als Lehrer, Ärzte, Ingenieure u.ä.) tätig waren. Das sind in dem hier verwendeten Sample 139 Männer und 78 Frauen. Sieht man von der Kohorte 1929-31 ab, da sich diese bereits im Juni 1993 nahezu vollständig im Ruhestand bzw. vorgezogenen Ruhestand befanden, dann ist in den drei jüngeren Kohorten von einer Größenordnung von 92 Männer und 70 Frauen (ca. 19% der verbleibenden Stichprobe) auszugehen.

Variable 2: Vorhandensein von öffentlich bekundeter Systemloyalität Ende 1989.

Eine Person wurde als öffentlich systemloyal definiert, wenn er oder sie (mindestens) zwischen September und Dezember 1989 Mitglied der SED oder einer der Blockparteien war und/oder in einer der parteiabhängigen Massenorganisationen (wie FDJ, FDGB oder ZV) eine Funktion auf höherer Ebene ausgeübt hat.[2]

Tabelle 1: Umfang an öffentlich bekundeter Systemloyalität in der ehemaligen DDR

(Anteil der Systemloyalen in %, N = 1105 Männer und Frauen, die im Dezember 1989 erwerbstätig waren und an der Zusatzerhebung 1993 teilgenommen haben)[3]

	Öffentlich bekundete Systemloyalität	
Kohorte	**im Alter von 30 Jahren**	**Ende 1989**
1929-31	27	35
1939-41	24	24
1951-53	24	27
1959-61	27	27
N (loyale Personen)	282	307

Quelle: Eigene Berechnungen, DDR-LV, MPIB-Berlin, 1994.

Man könnte zunächst vermuten, daß es in bezug auf öffentliche Systemloyalität - im hier definierten Sinne - in erheblichem Maße zu einer Verweigerung der Antwort bzw. zu Falschaussagen gekommen ist. Die Größenordnung der in der Befragung angegebenen Parteimitgliedschaft bzw. Funktionsträgerschaft - wie sie in Tabelle 1 dargestellt ist - räumt diese Zweifel meiner Meinung nach jedoch vollständig aus.

Variable 3: Die Differenzierung der oberen Dienstklasse in Leitungskader und Angestellten mit hochqualifizierten, professionellen Tätigkeiten - ebenfalls für den Dezember 1989. Neben der öffentlich bekundeten Systemloyalität kann erwartet werden, daß gerade diese Differenzierungslinie innerhalb der oberen Dienstklasse entscheidend ist für die beruflichen Perspektiven, die die Angehörigen dieser beiden Subpopulationen seit der Wende hatten/haben.

Es liegt zunächst die Vermutung nahe, daß Professionen bzw. professionelles Wissen eher unter den veränderten Bedingungen des Arbeitsmarktes konvertiert werden können als Leitungserfahrungen, die sich auf das liquidierte System beziehen bzw. in diesem angeeignet wurden und darauf ausgerichtet waren. Einen ersten Hinweis auf die Plausibilität dieser Annahme erhält man, wenn man vergleicht, wie hoch der Anteil der Männer und Frauen in den einzelnen Subpopulationen 1989 war und wie hoch der Anteil derjenigen ist, die davon auch im Juni 1993 der oberen Dienstklasse (ohne Unterscheidung, ob Leitungs- und professionelle Tätigkeit) angehörten (Tabelle 2). Sieht man von der Kohorte 1929-31 ab (da diese sich bereits 1993 nahezu vollständig im Ruhestand oder im vorgezogenen Ruhestand befanden), so waren von denjenigen, die 1989 hochqualifizierte Angestelltentätigkeiten ausübten, im Juni 1993 immerhin 74% in der oberen Dienstklasse, während es bei den Leitungskadern nur 44% waren.

Tabelle 2: Differenzierung der Angehörigen der oberen Dienstklasse 1989 und die Wahrscheinlichkeit für den Verbleib in der oberen Dienstklasse 1993

(Angaben in %, N = 162 Männer und Frauen, die im Dezember 1989 der oberen Dienstklasse angehörten und an der Zusatzerhebung 1993 teilgenommen haben)

	Differenzierung der oberen Dienstklasse 1989		**Wahrscheinlichkeit für den Verbleib in der oberen Dienstklasse 1993**		
Kohorte	**hochquali-Angestellten-tätigkeiten**	**Leitungs-positionen**	**der hoch-qualifizierten Angestellten von 1989**	**des Lei-tungs-personals von 1989**	**N**
1939-41	44	56	77	41	69
1951-53	56	44	69	52	57
1959-61	83	17	77	33	36
Insges.	**57**	**43**	**74**	**44**	
	92 Personen	**70 Personen**	**68 von 92**	**31 von 70**	**162**
Männer 1929-31	*29*	*71*	*7*	*12*	*48*

Quelle: Eigene Berechnungen, DDR-LV, MPIB-Berlin, 1994.

3. Fallbeispiel: Systemtransformation in Ostdeutschland und ihre Konsequenzen für die Elitenrekrutierung

Mit Hilfe dieser Variablen soll im folgenden der Frage nachgegangen werden, welche Konsequenzen die "Wende" in Ostdeutschland für die Allokation in die obere Dienstklasse hatte und inwieweit diese durch den spezifischen Charakter der Inkorporation verursacht wurden? Ein Vergleich der Beschäftigungssituation im Dezember 1989 und Juni 1993 zeigt erste Konsequenzen des Übergangs zur Marktwirtschaft für die Arbeitsmarktsitutation in Ostdeutschland insgesamt (siehe Nichterwerbstätigenquoten in Tabelle 3) und die *Beschäftigungschancen der Angehörigen der oberen Dienstklasse* des SED-Regimes im besonderen.

Tabelle 3: Arbeitsmarktprozesse von ostdeutschen Frauen und Männern aus vier Geburtskohorten
(Anteil in %, N = 1105 Männer und Frauen, die im Dezember 1989 erwerbstätig waren und an der Zusatzerhebung 1993 teilgenommen haben)

	Nicht erwerbstätig	**Anteil der Personen in der oberen Dienstklasse**		**N**
Kohorte	**im Juni 1993**	**im Dez. 1989**	**im Juni 1993**	
Männer				
1929-31	92	33	4	143
1939-41	20	32	23	157
1951-53	12	17	13	134
1959-61	9	14	13	131
Frauen				
1929-31	100	7	-	108
1939-41	33	14	8	144
1951-53	24	21	13	162
1959-61	24	16	13	126

Quelle: Eigene Berechnungen, DDR-LV, MPIB-Berlin, 1994.

Ungeachtet der Frauen der Kohorte 1929-31, die bis 1993 aufgrund ihres Alters alle in den regulären Ruhestand übergegangen sind, zeigt sich auch in dem hier zur Verfügung stehenden Sample, daß für die *Männer der Kohorte 1929-31* aufgrund der Vorruhestandsregelung das Erwerbsleben - im wahrsten Sinne des Wortes - beendet wurde. Im Zusammenhang mit der Etablierung der oberen Dienstklasse des neuen Systems in den fünf neuen Bundesländern ist diese Vorruhestandsregelung von besonderer Bedeutung. Bedenkt man, daß gerade die Männer der ältesten Kohorte zur sogenannten

Aufbaugeneration gehörten und damit auch wichtige Positionen innerhalb der oberen Dienstklasse innehatten (*Solga* 1994b), dann ist es - meiner Meinung nach - durchaus gerechtfertigt, diese *Vorruhestandsregelung als einen politisch konfliktfreien Weg* zu bezeichnen, durch den man sich, ohne eine inhaltlich politische Auseinandersetzung über deren akkumulierte Ressourcen und ihre Verwertbarkeit nach der Wende führen zu müssen, eines wesentlichen Teils der alten oberen Dienstklasse entledigen konnte. Das ist sicherlich eine besondere Spezifik der Elitentransformation in Ostdeutschland, da diese Möglichkeit den anderen postkommunistischen Gesellschaften nicht in dem Maße zur Verfügung steht.

Der Anteil der nichterwerbstätigen Personen in den *drei jüngeren Kohorten* ist mit dem der Kohorte 1929-31 natürlich nicht zu vergleichen. Über die Ursachen, Gründe und Modalitäten der sozialdifferenzierten Erwerbschancen generell gibt es bereits eine Reihe von Befunden (vgl. bspw. *Diewald/Sørensen* 1994; *Landua* 1992; *Nickel/ Schenk/Kühl* 1994). Im Zusammenhang mit der hier angesprochenen Fragestellung interessieren nun die Chancen der ehemaligen oberen Dienstklasseangehörigen der DDR für den "Verbleib" in der oberen Dienstklasse des neuen Systems sowie die Chancen von ostdeutschen Männern und Frauen für eine Neuallokation in die obere Dienstklasse nach der Wende. Vergleicht man diesbezüglich zunächst das rein quantitative Ausmaß der Zugehörigkeit zur Dienstklasse bei den befragten Männern und Frauen der drei jüngeren Kohorten im Dezember 1989 und im Juni 1993, dann zeigt sich deutlich: *Sowohl die Männer als auch die Frauen waren kaum in der Lage, ihre Anteile zu halten, geschweige denn, die vakant gewordenen Positionen der Kohorte 1929-31 besetzen.* Und dies, obwohl wohl gerechtfertigter Weise davon ausgegangen werden kann, daß sich die Männer und Frauen der beiden jüngeren Kohorten gerade in dem Alter befunden haben bzw. befinden, in dem man nach einer anfänglichen Etablierungsphase im Erwerbssystem für solche Positionen insbesondere geeignet ist. Hinsichtlich ihrer politischen Vergangenheit sind sie noch nicht so alt, daß sie in gleicher Weise wie z.B. die Aufbaugeneration der DDR mit politischem Ballast belastet sind. So war der Anteil der systemloyalen Männer in den beiden jüngeren Kohorten im Dezember 1989 mit 23% bzw. 28% nur halb so groß wie der der Männer der ältesten Kohorte mit 41%. Wie in Tabelle 1 deutlich wurde, war der Anteil der systemloyalen Personen in den jüngeren Kohorten generell - selbst wenn man Männer und Frauen gemeinsam betrachtet - mit 27% geringer als der von 35% in der ältesten Kohorte. Zum anderen kann für die Vermutung einer besonderen Geeignetheit der Männer und Frauen in den beiden jüngeren Kohorten für Positionen in der oberen Dienstklasse ins Feld geführt werden, daß sie mit ihren Universitäts- bzw. Hochschulabschlüssen über "aktuelles" Wissen auf ihrem jeweiligen Ausbildungsgebiet verfügen. Doch gerade hier liegt unter anderem eine Teilerklärung für das Absinken des Anteils an der oberen Dienstklasse auch in diesen beiden Kohorten begründet. "Aktuelles" Wissen, verbunden mit Abschlüssen, die zu DDR-Zeiten gemacht wurden, ist heute teilweise entwertet bzw. in bezug auf die marktwirtschaftlichen Verhältnisse obsolet geworden. Erinnert sei hier nur an solche einschlägigen Beispiele wie die Abschlüsse in sozialistischer Betriebswirtschaft, sozialistischer Volkswirtschaft oder aber auch die Abschlüsse der Hochschule für Staat und Recht in Babelsberg.

Neben dieser Tatsache der Qualifikationsentwertung, die für bestimmte Berufe bzw. Professionen sicherlich ihre Berechtigung hat, kommt dem *Aspekt der politischen Vergangenheit* im Zusammenhang mit der Allokation von Angehörigen der oberen Dienstklasse der DDR in die obere Dienstklasse des vereinten Deutschlands bzw. der neuen Bundesländer sicherlich eine wesentliche Bedeutung zu. So gehört zum Beispiel das Warten auf den "Persil-Schein", d.h. die Überprüfung einer eventuellen Stasi-Mitarbeit durch die Gauck-Behörde, für die Angestellten im öffentlichen Dienst in den neuen Bundesländern - und nur für sie - zu einer ihrer Erfahrungen nach der Wende. Welche Konsequenzen lassen sich heute bezüglich Parteimitgliedschaft und/oder Ausübung einer höheren Funktion in einer der Massenorganisationen Ende 1989 ausmachen? Aus anderen postkommunistischen Gesellschaften wissen wir, daß es einem (nicht geringen) Teil der ehemaligen Elite gelungen ist, - trotz oder gerade wegen ihrer politischen Vergangenheit und ihrer daraus resultierenden Beziehungen - ihr politisches Kapital in ökonomisches Kapital zu transferieren (*Mateju* 1993; *Mänicke-Gyöngyösi* 1994; *Szomolanyi* 1994). Wie stellt sich die Verwertbarkeit des akkumulierten politischen Kapitals für Ostdeutschland dar? Schlägt hier im Gegensatz zu den anderen Transformationsgesellschaften das karrierefördende und -notwendige Kriterium der Systemloyalität der DDR-Zeit (*Engler* 1992; *Huinink/Solga* 1994; *Solga* 1994a) nach der Wende in eine Karriereblockade um?

Vorab ist anzumerken, daß es *wesentliche Unterschiede zwischen Männern und Frauen in bezug auf öffentlich bekundete Systemloyalität* gegeben hat (s. Tabelle 4), die dementsprechend auch unterschiedliche Konsequenzen für ihre Allokationschancen nach 1989 verursacht haben könnten.

Tabelle 4: Geschlechtsspezifische Ausprägung von öffentlich bekundeter Systemloyalität der oberen Dienstklasse der DDR Ende 1989*
(Angaben in %, N = 162 Männer und Frauen, die 1989 der oberen Dienstklasse angehörten und an der Zusatzerhebung 1993 teilgenommen haben)

	Männer	**Frauen**
Anteil der Systemloyalen in der Dienstklasse insgesamt	**49**	**37**
Zusammensetzung der Systemloyalen:		
Leitungskader	56	35
in hochqualifizierten Tätigkeiten	44	65
Anteil der Leitungskader an Dienstklasse	47	40
davon systemloyal	58	32
Anteil der hochqualifizierten Angestellten in Dienstklasse	53	60
davon systemloyal	41	40
N	92 Männer	70 Frauen
N (Leitung)	43 Männer	28 Frauen

*Nur die Kohorten 1939-41, 1951-53, 1959-61
Quelle: Eigene Berechnungen, DDR-LV, MPIB-Berlin, 1994.

Von den 92 Männern der drei jüngeren Kohorten, die 1989 der oberen Dienstklasse angehörten, waren 49% (45 Männer) - gemäß der hier verwendeten Definition - systemloyal, bei den Frauen waren es nur 37% (26 Frauen). Außerdem war das Verhältnis von Systemloyalen in Leitungspositionen und in hochqualifizierten Angestelltentätigkeiten bei den Männern 56% zu 44%, während sich bei den Frauen genau das umgekehrte Verhältnis zeigte. Nur 35% der systemloyalen Frauen waren in Leitungspositionen, während die Mehrheit (65%) der systemloyalen Frauen in Angestelltenpositionen ohne Leitungsfunktionen tätig waren. Bedenkt man die geschlechtsspezifische Segregation des Erwerbssystems der DDR im allgemeinen und die der Leitungspositionen und Professionen im besonderen, dann sind diese Unterschiede durchaus verständlich (*Nickel* 1992, 1993; *Sørensen/Trappe* 1994: 25-27). Zum einen war der Anteil der Frauen in Leitungspositionen mit nur 40% der Angehörigen der oberen Dienstklasse 1989 etwas geringer als bei den Männern (46%) - ein Unterschied, der zudem noch durch eine geschlechtsspezifische Allokation von Männern und Frauen in unterschiedliche Leitungsebenen verstärkt wurde. Zum anderen erklärt sich der höhere Anteil der systemloyalen Frauen unter den hochqualifizierten Angestellten daraus, daß Frauen in größerem Umfang in solchen Professionen vorzufinden waren, die in spezifischer Weise mit gesellschaftlichem Engagement generell verbunden waren. Erinnert sei in diesem Zusammenhang an den hohen Anteil der Lehrerinnen. In dem hier verwendeten Sample waren von den 42 Frauen mit professionellen Tätigkeiten 1989 16 Lehrerinnen, d.h. 38%, von denen 10 Frauen wiederum systemloyal waren. Das heißt, neben dem unterschiedlichen quantitativen Ausmaß an Systemloyalität bei Männern und Frauen ist dem Phänomen der geschlechtsspezifischen Segregation der oberen Dienstklasse der DDR ebenfalls bei der Analyse besondere Aufmerksamkeit zu schenken. Diese Segregation gibt Grund zu der Annahme, daß Männer und Frauen heute in ungleicher Weise Veränderungen im Anforderungsprofil und dem Vorhandensein von externen Rekrutierungsressourcen an Fach- und Führungspersonal gegenüberstehen. Daher ist es ratsam, die Konsequenzen von Systemloyalität und beruflicher Tätigkeit in der oberen Dienstklasse der DDR für die heutige Zugehörigkeit zur oberen Dienstklasse für Männer und Frauen getrennt zu betrachten.

Für die *Männer* findet man in den hier verwendeten Daten eindeutig einen *negativen* Zusammenhang von Systemloyalität gegenüber dem SED-Regime und der heutigen Chance für eine Zugehörigkeit zur oberen Dienstklasse. Abgesehen von der Kohorte 1929-31, hatten unter den männlichen Angehörigen der oberen Dienstklasse von 1989 die systemloyalen Männer nur eine halb so große Chance, in einer Position der oberen Dienstklasse zu verbleiben, wie die nicht Systemloyalen (Odds ratio = 0.47).[4] Des weiteren könnte vermutet werden, daß dieser negative Effekt von Systemloyalität insbesondere jene betrifft, die 1989 in Leitungspositionen tätig waren, da diese Positionen insbesondere Parteimitgliedschaft und die Übernahme von politischen Funktionen bedingten und zugleich durch den Systemwechsel in besonderer Weise zur Disposition stehen. Diese Interaktion von Systemloyalität und Leitungsposition konnte auf Basis der hier zur Verfügung stehenden Daten statistisch nicht abgesichert werden. Sieht man einmal von statistischen Signifikanzen ab und fragt nur danach, ob man eine solche Interaktion in dem hier verwendeten Sample vorfindet, dann verweist das Ergebnis auf die Relevanz dieser Vermutung. Die befragten Männer, die 1989 systemloyal waren *und* Leitungspositionen innehatten, hatten ein höheres - und in diesem Sinne ein "doppeltes" - Risiko, im Juni 1993 nicht mehr der oberen Dienstklasse anzugehören, im Vergleich zu den systemloyalen Männerm in professionellen Tätigkeiten (Odds ratio = 0.72). Aber nicht nur für die Systemloyalen trifft dies zu. Generell erweist sich die eingangs formulierte Hypothese der unterschiedlichen Verbleibechancen für die beiden Segmente - Leitungskader versus hochqualifizierte Angestellte - bei den Männern als relevant. Die Leitungskader hatten nur eine halb so große Chance, in Dienstklasse-Positionen 1993 zu verbleiben, wie die Männer mit professionellen Tätigkeiten (Odds ratio = 0.51[5], nicht kontrolliert für Systemloyalität) - wobei sich dieser Unterschied, wie die zuvor erwähnten Ergebnisse zeigen, zum Teil mit dem größeren Ausmaß an Systemloyalität bei den Leitungskadern erklären läßt. Andererseits zeigt sich in den hier verwendeten Daten, auch wenn es hier nicht statistisch abgesichert werden kann, daß auch von denjenigen, die *nicht* Mitglied einer Partei waren oder gesellschaftliche Funktionen ausübten, jene mit professionellen Tätigkeiten im Dezember 1989 bessere Chancen hatten, in der Dienstklasse verbleiben zu können, als jene in Leitungspositionen. Ein weiterer Grund für diese Unterschiedlichkeit ist daher in dem jeweils zur Verfügung stehenden Rekrutierungspotential bzw. Ersatzpotential sowie der besseren Anschlußfähigkeit bzw. Paßfähigkeit von Professionen im Vergleich zu Leitungserfahrungen der DDR-Zeit im westdeutschen Berufssystem zu sehen (*Diewald/-Solga* 1994). Dafür spricht unter anderem, daß von den Männern, die 1989 in hochqualifizierten Angestelltentätigkeiten tätig waren, 1993 noch 66% den gleichen Beruf ausübten. Bei den Leitungskadern waren dies nur 36%.[6]

Resümierend läßt sich für die Männer, die 1989 der oberen Dienstklasse des DDR-Regimes angehörten, feststellen, daß ein zu enges Verhältnis zum SED-Regime - sei es über Parteimitgliedschaft, Funktionsträgerschaft oder eine berufliche Tätigkeit als "staatlicher" Leiter - seit der Wende eine Karriereblockade darstellt und zwar in dem Sinne, daß dieses nicht nur berufliche Aufstiege verhindert, sondern in besonderem Maße auch Statusverluste verursacht hat.

Welche Befunde zeigen sich in bezug auf Systemloyalität und berufliche Tätigkeit für die *Frauen*? Für die Frauen, die 1989 der oberen Dienstklasse angehörten, kann ein negativer Einfluß von Systemloyalität auf die Chance des Verbleibs in dieser Klasse insgesamt nicht nachgewiesen werden. Andererseits zeigt sich bei den Frauen wesentlich drastischer als bei den Männern, daß diejenigen, die 1989 in hochqualifizierten Angestelltentätigkeiten tätig waren, eine weit höhere Chance hatten, in der oberen Dienstklasse zu verbleiben, als die Frauen in Leitungspositionen (Odds ratio = 0.1[7]). Auch hier sind meiner Meinung nach - wie bei den Männern - das Vorhandensein von externen Ressourcen an Fachpersonal sowie der unterschiedlichen Paßfähigkeit von beruflichen Kenntnissen, Fertigkeiten und Erfahrungen, die mit professionellen oder Leitungstätigkeiten verbunden waren, anzuführen. Von den Frauen, die 1989 hochqualizierte Angestelltentätigkeiten ausübten, waren 1993 noch 79% im gleichen Beruf tätig. Bei den Frauen in Leitungspositionen waren dies nur 28%. Verschärft wird dieser Unterschied bei den Frauen - im Vergleich zu den Männern - noch dadurch, daß zugleich eine - an ostdeutschen Erfahrungen gemessenen - Neuschneidung des Berufsfeldes "Leitungspositionen" für die ostdeutschen Frauen stattfindet, das nun in weit stärkerem Maße durch die geschlechtsspezifische Segregation des westdeutschen Arbeitsmarktes gekennzeichnet ist. Während bezogen auf die drei jüngeren Kohorten des Samples bei den Männern, die 1989 Leitungsfunktionen ausübten, - im Vergleich zu den Frauen - "nur" 45% 1993 nicht mehr zur oberen Dienstklasse gehörten, waren es bei den Frauen 70% - und das, obwohl trotz einer relativ erfolgreichen Realisierung von Gleichberechtigung in der DDR (s. *Solga* 1994b, insb. Kap. 4) auch hier Männer größtenteils auf höheren Leitungsebenen anzutreffen waren als Frauen.

In der *Quintessenz* dieser Befunde ist dreierlei festzustellen. *Erstens:* Auch nach der Wende gibt es innerhalb der oberen Dienstklasse Positionen und zwar vor allem im Bereich der professionellen Tätigkeiten, wie z.B. Lehrerinnen bei den Frauen oder Ingenieure, Baufachleute sowie Polizeibeamte im gehobenen und höheren Dienst bei den Männern, die in den neuen Ländern vorwiegend von deren eigenen Einwohnern ausgefüllt werden. In diesen Berufen scheinen auch die Ostdeutschen dem westdeutschen Anforderungsprofil gerecht zu werden. Zugespitzt formuliert, ließe sich vermuten, daß auf ostdeutsche Arbeitskräfteressourcen insbesondere dann zurückgegriffen wird, wenn externe Rekrutierungsressourcen nicht in ausreichendem Maße zur Verfügung stehen, wenn westdeutsche Ressourcen aufgrund der teilweise schlechteren Lebensbedingungen in Ostdeutschland schwer zugänglich sind und insbesondere dann, wenn die Lohndifferenz zwischen Ost und West für das westdeutsche Fachpersonal nicht ausgeglichen wird (*Bialas/Ettl* 1992: 41). *Zweitens:* Das Ausscheiden der Kohorte 1929-31 aus dem Erwerbsleben und die dadurch entstandene Vakanz freier Dienstklassepositionen konnte durch die drei anderen im Sample vertretenen Kohorten nicht kompensiert werden. Und nicht nur das. *Drittens* waren selbst die drei jüngeren Kohorten des Samples kaum in der Lage, ihre Anteile in der oberen Dienstklasse 1993 aufrechtzuerhalten. Unter denjenigen, die sich 1993 nicht mehr in einer Dienstklasse-Position befanden, waren vor allem jene, die 1989 eine Leitungsposition ausübten und/oder die 1989 systemloyal waren.

Bleibt die Frage, wer, wenn nicht die Ostdeutschen selbst, füllte dann diese vakanten Positionen aus? Nun könnte man als plausibles Argument anführen, daß es einen Teil der Positionen, die zu DDR-Zeiten eine Zugehörigkeit zur oberen Dienstklasse implizierten, aufgrund des Systemwechsels heute nicht mehr gibt. Das ist sicherlich richtig. Doch damit ist die Frage weder beantwortet noch entkräftet. Denn andererseits bedingt ja gerade dieser Systemwechsel auch die Etablierung von neuen Positionen der oberen Dienstklasse, die es zu DDR-Zeiten nicht gegeben hat.

An diesem Punkt der Analyse ist man nun dazu angehalten, *die gesamtdeutsche Bevölkerung - Ost- und Westdeutsche - als zur Verfügung stehendes Rekrutierungspotential in Betracht zu ziehen.* Wenn also vakante Positionen nicht (vollständig) durch Ostdeutsche besetzt werden, dann liegt die Vermutung nahe, daß hier externe, d.h. westdeutsche, Rekrutierungsressourcen die "Lücke" füllten, zumal sich diese aufgrund ihrer Sozialisation unter den westdeutschen Bedingungen in bezug auf das verlangte Anforderungsprofil in einer a priori vorteilhafteren Position befanden. Als Konsequenz der ostdeutschen Inkorporation in die BRD sind zahlreiche Beispiele für diesen sogenannten *Elitenimport nach Ostdeutschland* bekannt. Genannt seien hier nur einige:

- Nur 20% des Führungspersonals der durch die Treuhand privatisierten Betriebe kommt aus Ostdeutschland (*Bialas/Ettl* 1992: 13; *Berliner Zeitung* 14.8.1992). Als Begründung dafür reicht die in Ost und West differenzierte Möglichkeit der Akkumulation von finanziellem Kapital in der Vergangenheit nicht aus (*Bialas/Ettl* 1992: 31). Im Unterschied zu den anderen postkommunistischen Ländern wurde in Ostdeutschland mit der Inkorporation zugleich in spezifischer Weise akkumuliertes Wissen und früher wertvolle Beziehungen entwertet, welche in den anderen Ländern als sogenannte "situation rents" eingebracht werden können (*Rose* 1991: 43; *Mateju* 1993).
- In den Parteien finden sich nur wenige ostdeutsche Politiker in Spitzenfunktionen, was zum einen der rein quantitativen Marginalisierung Ostdeutschlands in bezug auf Gesamtdeutschland geschuldet ist (*Kreckel* 1993), zum anderen aber auch in der Beibehaltung des Status quo des westdeutschen Parteiengefüges begründet liegt (*Hanf* 1992).
- Mit der Evaluierung des akademischen Personals wurde das in Ostdeutschland zur Verfügung stehende Potential an Fachpersonal für Neubesetzungen drastisch reduziert. Von Neubesetzungen und der zusätzlichen Einrichtung von Lehrstühlen an den Universitäten und Hochschulen profitierten vor allem westdeutsche Wissenschaftler. Angeführt sei hier nur das Beispiel der eigenen Profession: Von den 38 Lehrstühlen "neuen Rechts" im Fach Soziologie, die Ende 1993 besetzt waren, kamen 33 Professoren aus Westdeutschland und nur 5 aus Ostdeutschland, wobei letztere alle nur auf eine C3-Professur berufen wurden (*Kreckel* 1994, Tafel II; vergl. auch *Lepsius* 1993; *Meier* 1994).
- Gleiche Phänomene sind auch im administrativen Bereich zu finden. So kamen im Januar 1993 von der 258 Richtern an den Arbeitsgerichten 143 aus Westdeutschland und nur 72 aus Ostdeutschland, 43 waren sogenannte Leihbeamte aus Westdeutschland (*Sozialpolitische Informationen*, April 1993).

Welche *Schlußfolgerungen* können nun sowohl aus den Befunden zu den differenzierten Rekrutierungschancen der Ostdeutschen als auch dem Phänomen des Elitenimports nach Ostdeutschland gezogen werden? *Zum ersten* kann in bezug auf Ostdeutschland nicht von einer Verwertbarkeit von politischem Kapital, das unter DDR-Bedingungen akkumuliert wurde, gesprochen werden - zumindest was den Zugang in die obere Dienstklasse des neuen Systems anbelangt. Anders mag es sich, wie z.B. die Studie des BISS zu den neuen Selbständigen belegt, mit dem Übergang in die Selbständigkeit verhalten (*Valerius/Wolf-Valerius* 1993). Doch hierbei handelt es sich zum Großteil um sehr kleine Unternehmen, deren Stabilität heute durchaus noch zur Disposition steht. *Zum zweiten* steht unter meritokratischen Gesichtspunkten für die Rekrutierung der oberen Dienstklasse die gesamtdeutsche Bevölkerung zur Verfügung. Geht man davon aus, daß die am besten geeignete Person für eine Stelle ausgewählt wird, dann kann der stattfindende Elitenimport unter anderem auch hierdurch begründet werden. Gegeben durch ihre geographische Herkunft, verfügen die westdeutschen Männer und Frauen bereits über die Qualifikationen und das Wissen, welche für die Adaption und die Übertragung des westdeutschen Institutionengefüges notwendig sind. In diesem Sinne arbeitet das Prinzip der Meritokratie eindeutig zugunsten der westdeutschen Bewerber für Positionen der oberen Dienstklasse. Doch andererseits besteht gerade hier meiner Meinung nach - aus der Warte der ostdeutschen Bevölkerung - auch ein Grund für Optimismus. Denn, wenn sich der Elitenimport zum Teil auch aus dieser Begründung speist, dann ist es nur eine Frage der Zeit, bis der Lern- und Integrationsprozeß in Ostdeutschland dazu führt, daß die ost-west-differenzierende Wirkung des meritokratischen Allokationsprinzips an Wirksamkeit verliert. Bis diesem Integrationsprozeß jedoch genügend Zeit gegeben ist, stellt dieser "Ost-West"-Unterschied - und das nicht nur in bezug auf die Elitenrekrutierung - eine wesentliche Dimension der Stratifikation im vereinten Deutschland dar (*Geißler* 1994).

4. Ostdeutschland ein "Sonderfall" oder ein "Prototyp" für zukünftige Entwicklungstendenzen in den anderen postkommunistischen Gesellschaften?

Abschließend noch einige Gedanken dazu, was man aus diesem deutschen Fallbeispiel für den Wandel in den Mechanismen der Elitenrekrutierung im Prozeß der Systemtransformation zum marktwirtschaftlichen System generell lernen kann. Inwieweit sind die ost- bzw. gesamtdeutschen Befunde für die postkommunistischen Gesellschaften vor dem Hintergrund der eingangs formulierten theoretischen Grundannahmen und der daraus abgeleiteten Hypothesen verallgemeinerbar?

Wenn man Systemtransformation allgemein als einen Prozeß definiert, in dem neue Institutionen entstehen und in einer Gesellschaft implementiert werden (*Lepsius* in *Kollmorgen* 1994: 433; Mayer 1994), dann ist wohl kaum in Zweifel zu ziehen, daß dieser Prozeß in Ostdeutschland aufgrund des Institutionen-"transfers" in sehr kurzer Zeit stattgefunden hat. Mit dem Einigungsvertrag wurde unter anderem auch das soziale System der alten BRD als Zielzustand für Ostdeutschland definiert, womit zugleich die notwendigen Übertragungsprozesse und Anpassungsleistungen festgelegt wurden. Im Unterschied dazu haben die Menschen in den anderen postkommunistischen Gesellschaften Zeit zur Anpassung, gestaltet sich Transformation dort als Lern- und Sozialisationsprozeß, während das neue Institutionengefüge im Entstehen ist. Neben den derzeit fehlenden externen Rekrutierungspotentialen erklärt dies zum Teil auch, warum in diesem Ländern entsprechend der *Bourdieu*schen Elitenreproduktionsthese (1989) mehr Möglichkeiten bestehen, das unter staatssozialistischen Bedingungen akkumulierte Kapital (insbesondere das politische Kapital) in Kapital transferieren zu können, das auch unter den neuen Bedingungen verwertbar ist.

Bezogen auf die Gegenwart ist es sicherlich angebracht, Ostdeutschland als einen "Sonderfall" unter den postkommunistischen Gesellschaft anzusehen. Doch dieser Sonderstatus ist vielleicht nur ein temporäres Phänomen (vgl. dazu auch *Offe* 1994, insb. Kap. 9). Als Schlußfolgerung aus dem ostdeutschen Fallbeispiel könnte man für *die zukünftige Entwicklung der anderen postkommunistischen Gesellschaften* folgende *Hypothese* formulieren:

> In dem Maße, wie ausländisches Kapital in die Wirtschaft dieser Länder investiert wird, findet auch dort eine stärkere "Inkorporation" in den Weltmarkt und die internationale Arbeitsteilung statt. In der Konsequenz - wenn man die ostdeutschen Erfahrungen überträgt - könnte vermuten werden, daß auch dort die Konvertierbarkeit von akkumuliertem Kapital der staatssozialistischen Zeit im Vergleich zu heute stark eingeschränkt wird und im Fall des politischen Kapitals mehr oder weniger vollständig an Wirksamkeit verliert.

Diese Hypothese könnte dadurch Realität werden, daß zum einen dann auch dort *externe Rekrutierungsressourcen*, zumindest für die ökonomische Elite, zur Verfügung stehen, und zum anderen das Institutionengefüge der Zielgesellschaft ebenfalls in stärkerem Maße *von außen her definiert* wird. In diesem Zusammenhang könnte es dann zu ähnlichen *Prozessen der Differenzierung der Allokation* zur oberen Dienstklasse entsprechend der jeweiligen politischen Vergangenheit kommen: Anstatt als "situation rents" zu fungieren, kehrt sich die Wirksamkeit des politischen Engagements für das staatssozialistische System um und wird hier ebenfalls zu einer Karriereblockade bzw. einem Diskriminierungsmerkmal.

Diese ersten Überlegungen zeigen meiner Meinung nach deutlich, daß der gewählte theoretische Rahmen in Kombination mit empirischen Ländervergleichen sowie Vergleichen zwischen Transformationstypen zur soziologischen Erklärung von Transformationsprozessen im allgemeinen und der gegenwärtigen Transformationsprozesse im besonderen beitragen kann. Und in diesem Sinne ist es, denke ich, lohnend, den ostdeutschen Fall in viel stärkerem Maße als bisher in vergleichende Studien einzubeziehen, sowie umgekehrt, bei der Interpretation der ostdeutschen Transformationsprozesse auch die Prozesse in den anderen Länder zu berücksichtigen. Denn nur wenn es gelingt, mittels eines gemeinsamen Modells sowohl die jeweils spezifischen als auch die jeweils allgemein vorfindbaren Prozesse zu erklären, kann man einer soziologischen Theorie der Transformation näher kommen.

Anmerkungen

1. Die Unterscheidung zwischen Inkorporation und Annexion geht auf eine Anregung von Walter Müller (Universität Mannheim) in der Diskussion zu diesem Beitrag auf der Tagung zurück. Die Autorin definierte in der ursprünglichen Fassung dieses Beitrages beide Typen als "Inkorporation". Es ist jedoch W. Müller zuzustimmen, daß diese beiden Typen zunächst analytisch zu trennen, und es der Analyse zu überlassen, inwieweit sie gleiche oder verschiedenartige Muster des Wandels in der Elitenallokation nach einer Systemtransformation zur Folge haben.
2. So angemessen diese Definition der "öffentlich bekundeten Systemloyalität" für die DDR-Zeit auch sein mag (*Solga* 1994a), für die Zeit nach der Wende könnte berechtigterweise angemerkt werden, daß SED-Miglieder und Mitglieder der Blockparteien in sehr unterschiedlichem Maße vom Systemwechsel und seinen Konsequenzen betroffen sein dürften. Man könnte vermuten, daß die sogenannten "Blockflöten" nach der Wende von ihrer Parteimitgliedschaft im Hinblick auf ihre Berufskarrieren zum Teil sogar profitiert haben dürften. Ist dem so, dann handelt es sich bei der folgenden Analyse von Konsequenzen von "Systemloyalität gegenüber dem SED-Regime" nach der Wende um eher konservative Schätzungen. Das heißt, würde man diese Mitglieder der Blockparteien nicht zu den Systemloyalen zählen, dann würden die im folgenden gezeigten Effekte noch krasser zuungunsten der SED-Mitgliedschaft und Funktionsträgerschaft ausfallen. Andererseits ist anzumerken, daß die Personen, die Mitglied einer der Blockparteien der DDR waren, nur einen sehr geringen Anteil unter den Systemloyalen ausmachen und damit die Befunde nicht wesentlich verzerren.
3. Anzumerken ist, daß der Anteil der systemloyalen Männer und Frauen aufgrund dieser Bedingung etwas überschätzt wird. Legt man die gesamte Stichprobe zugrunde, die an der Haupterhebung teilgenommen hat (unabhängig davon, ob auch an der Zusatzerhebung teilgenommen wurde), dann sind die Prozentzahlen etwa geringer (*gemessen im Alter von 30 Jahren*: für die vier Kohorten zwischen 22% und 23%; *gemessen Ende 1989*: 1929-31 29%, 1939-41 23%, 1951-53 23% und 1959-61 23%). Als Erklärung lassen sich zwei Gründe nennen. Zum einen könnte eine *selektive Teilnahmebereitschaft* in Abhängigkeit von der jeweiligen Identifikation mit dem DDR-Regime (wofür die hier gemessene Systemloyalität ein Indikator darstellen könnte). Das heißt, je mehr man dieses System akzeptierte, je größer könnte die Bereitschaft sein, über die ehemalige DDR zu reden und Auskunft zu geben - und damit auch die Bereitschaft, an der Nachbefragung im Juni 1993 wiederum teilzunehmen. Zum anderen ist zusätzlich für die beiden jüngeren Kohorten auch von einer *selektiven Teilnahmemöglichkeit* auszugehen. Bedenkt man, daß sich vor allem die jüngere Generation seit dem Zusammenbruch der DDR als äußerst mobil erwiesen hat, so liegt es nahe zu vermuten, daß eher die "nicht Systemloyalen" nach Westdeutschland gegangen sind, während die "Systemloyalen" eher in der DDR und den neuen Bundesländern verblieben sind.
4. Dieser Wert ist signifikant bei $p<=0,05$ bei einem einseitigen t-Test (Alternativhypothese: Die systemloyalen Männer unter den Dienstklassenangehörigen von 1989 haben eine geringere Verbleibechance bzw. ein höheres Abstiegsrisiko als die Männer, die nicht durch Parteimitgliedschaft oder Funktionsträgerschaft "belastet" sind.)
5. Dieser Wert ist signifikant bei $p<=0,05$ bei einem einseitigen t-Test (Alternativhypothese: Die Leitungskader von 1989 haben eine geringere Verbleibechance bzw. ein höheres Abstiegsrisiko als die Männer mit professionellen Tätigkeiten 1989.)
6. Für die Messung dieser Tatsache wurde eine spezifische DDR-Klassifikation von beruflichen Tätigkeiten und Ausbildungen zugrundegelegt, die über 600 Berufe beinhaltet (*Solga* 1993).
7. Dieser Wert ist signifikant bei $p<=0,05$ bei einem einseitigen t-Test (Alternativhypothese: Die Frauen in Leitungspositionen 1989 haben eine geringere Verbleibechance bzw. ein höheres Abstiegsrisiko als die Frauen mit professionellen Tätigkeiten 1989).

Literatur

Berliner Zeitung, 14.8.1992. Personalabbau in den Betrieben der Treuhand geht weiter.

Bialas, Chr./Ettl, W. (1992). Wirtschaftliche Lage und soziale Differenzierung im Transformationsprozeß. Arbeitspapier 1/92 der AG "Transformationsprozesse in den neuen Bundesländern". Berlin: Humboldt Universität.

Bourdieu, P. (1989). La Noblesse d'Etat. Paris: Edition de Minuit.

Bourdieu, P. (1986). The Forms of Capital. In: J. G. Richardson (Hrsg.), Handbook of Theory and Research for the Sociology of Education. New York: Greenwood Press, S. 241-258.

Crome, E. (1994). Die Eliten des neuen Parteiensystems: Aufsteiger und Altsassen. In: Die real-existierende postsozialistische Gesellschaft. Wissenschaftliche Konferenz der Brandenburgischen Landeszentrale für politische Bildung, Potsdam, 14.-16. Dezember 1993. Berlin: GSFP, S. 254-262.

Czada, R. (1994). Die Funktionseliten des alten Regimes. Das Beispiel der Treuhandanstalt Berlin. In: Die real-existierende postsozialistische Gesellschaft. Wissenschaftliche Konferenz der Brandenburgischen Landeszentrale für politische Bildung, Potsdam, 14.-16. Dezember 1993. Berlin: GSFP, S. 228-232.

Dahrendorf, R. (1965). Gesellschaft und Demokratie in Deutschland. München: Piper.

Diewald. M./Solga, H. (1994). Ordnung im Umbruch? Strukturwandel und deutsch-deutsche Tradition bei der Kanalisierung beruflicher Mobilität im Transformationsprozeß. Arbeitsbericht aus dem Projekt "Lebensverläufe und historischer Wandel in der ehemaligen DDR" 14/1994. Berlin: Max-Planck-Institut für Bildungsforschung.

Diewald, M./Sørensen, A. (1994). Entwertung und Umwertung von Laufbahnkapital? Erwerbsverläufe und soziale Mobilität von Frauen und Männern in Ostdeutschland. Arbeitsbericht aus dem Projekt "Lebensverläufe und historischer Wandel in der ehemaligen DDR" 13/1994. Berlin: Max-Planck-Institut für Bildungsforschung.

Engler, W. (1992). Die zivilisatorische Lücke. Versuche über den Staatssozialismus. Frankfurt a.M.: Suhrkamp.

Geißler, R. (1994). Neue Strukturen der sozialen Ungleichheit im vereinten Deutschland. In: R. Hettlage/K. Lenz (Hrsg.), Deutschland nach der Wende. Eine Fünf-Jahres-Bilanz, München: C. H. Beck Verlag, (im Erscheinen).

Hanf, Th. (1992). Konstitutionsprobleme einer neuen Sozialstruktur. In: Th. Michael (Hrsg.), Abbruch und Aufbruch. Sozialwissenschaften im Transformationsprozeß: Erfahrungen - Ansätze - Analysen. Berlin: Akademie Verlag, S. 60-75.

Huinink, J./Solga, H. (1994). Occupational Opportunities in the GDR: A Privilege of the Older Generations? Zeitschrift für Soziologie 23 (3): 237-253.

Kollmorgen, R. (1994). Zwischen Institutionentransfer und kulturellem Eigensinn:Theoretische Ansätze der Transformationsforschung in der Diskussion. Bericht über eine Tagung der KSPW am 07./08. Mai 1993. Berliner Journal für Soziologie 4 (3): 431-435.

Kreckel, R. (1994). Soziologie an den ostdeutschen Universitäten: Abbau und Neubeginn. Der Hallesche Graureiher 94-3, Forschungsberichte des Instituts für Soziologie. Halle: Martin-Luther-Universität Halle-Wittenberg.

Kreckel, R. (1993). Geteilte Ungleichheit im vereinten Deutschland. In: R. Geißler (Hrsg.): Sozialer Umbruch in Ostdeutschland. Opladen: Leske & Budrich, S. 41-62.

Landua, D. (1992). "Magere Zeiten". Eine Bilanz der Wohlfahrtsentwicklung in Ostdeutschland aus der Sicht der Betroffenen. Aus Politik und Zeitgeschichte B 29-30: 29-43.

Lepsius, M. R. (1993). Zum Aufbau der Soziologie in Ostdeutschland. Kölner Zeitschrift für Soziologie und Sozialpsychologie 45 (2): 305-337.

Meier, A. (1994). Take-off or Take-over? The Westernization of East German Higher Education. Beitrag auf dem 13. Weltkongreß der Soziologie, RC 4, Bielefeld vom 18.-23. Juli 1994. (unveröffentlichtes Manuskript).

Mänicke-Gyöngyösi, K. (1994). Alte und neue Machteliten in Ostmitteleuropa. In: Die real-existierende postsozialistische Gesellschaft. Wissenschaftliche Konferenz der Brandenburgischen Landeszentrale für politische Bildung, Potsdam, 14.-16. Dezember 1993. Berlin: GSFP, S. 200-213.

Mateju, P. (1993). Determinants of Economic Success in the First Stage of the Post-Communist Transformation. The Czech Republic 1989-1992. Working Papers of Research Team on Social Stratification, Prague: Institute of Sociology, Academy of Sciences of the Czech Republic.

Mayer, K. U. (1994). Vereinigung soziologisch. Die soziale Ordnung der DDR und ihre Folgen. Berliner Journal für Soziologie 4 (3): 307-321.

Nickel, H. M. (1992). Frauenarbeit im Beruf und in der Familie - Geschlechterpolarisierung in der DDR. In: A. Joester/I. Schöningh (Hrsg.), So nah beieinander und doch so fern. Frauenleben in Ost und West. Pfaffenweiler: Centaurus-Verlagsgesellschaft, S. 11-23.

Nickel, H. M. (1993). Mitgestalterinnen des Sozialismus. Frauenarbeit in der DDR. In: G. Helwig/H. M. Nickel (Hrsg.), Frauen in Deutschland 1945-1992. Berlin: Akademie Verlag, S. 233-256.

Nickel, H. M./Schenk, S./Kühl, J. (Hrsg.) (1994). Erwerbsarbeit und Beschäftigung im Umbruch. Berlin: Akademie Verlag.

Offe, Cl. (1994). Der Tunnel am Ende des Lichts. Erkundungen der politischen Transformation im neuen Osten. Frankfurt a.M.: Campus Verlag.

Pareto, V. (1968). The Rise and the Fall of Elites. Bedminster: Ayer.

Renner, K. (1953). Wandlungen der modernen Gesellschaft. Wien: Verlag der Wiener Volksbuchhandlung.

Rose, R. (1991). Between State and Market. Key Indicatiors of Transition in Eastern Europe. Studies in Public Policy No. 196, Glasgow: University of Strathclyde.

Rose, R./Haerpfer, Chr. (1992). New Democracies between State and Market. A Baseline Report of Public Opinion. Studies in Public Policy No. 204, Glasgow: University of Strathclyde.

Solga, H. (1994a). Systemloyalität als Bedingung sozialer Mobilität im Staatssozialismus, am Beispiel der DDR. Berliner Journal für Soziologie 4 (4): 523-542.

Solga, H. (1994b). Auf dem Weg in eine klassenlose Gesellschaft? Klassenlagen und Mobilität zwischen Generationen in der DDR. (Dissertation). Berlin: Freie Universität Berlin (erscheint 1995, Akademie Verlag Berlin).

Solga, H. (1993). Systematik der beruflichen Tätigkeiten und Ausbildungen der DDR. Arbeitsbericht aus dem Projekt "Lebensverläufe und historischer Wandel in der ehemaligen DDR" 2/1993. Berlin: Max-Planck-Institut für Bildungsforschung.

Sørensen, A./Trappe, H. (1994).Life Course Convergence and Gender Inequality in the German Democratic Republic. Arbeitsbericht aus dem Projekt "Lebensverläufe und historischer Wandel in der ehemaligen DDR" 6/1994. Berlin: Max-Planck-Institut für Bildungsforschung.

Sozialpolitische Informationen (1993). Nr. 8 (April), Bonn: Bundesministerium für Arbeit und Sozialordnung.

Szomolanyi, S. (1994). Die alten Eliten im neuen slowakischen Staat. In: Die real-existierende postsozialistische Gesellschaft. Wissenschaftliche Konferenz der Brandenburgischen Landeszentrale für politische Bildung, Potsdam, 14.-16. Dezember 1993. Berlin: GSFP, S. 214-227.

Valerius, G./Wolf-Valerius, P. (1993). "Neue Selbständige" in Ostberlin und im Land Brandenburg 1992/93. BISS-Forschungsheft 8. Berlin: Berliner Institut für Sozialwissenschaftliche Studien.

Existenzgründungen in Ostdeutschland: Ein erfolgreicher Weg aus der Arbeitslosigkeit?[1]

Thomas Hinz

1. Aus Arbeitslosigkeit in die berufliche Selbständigkeit

Mit der thematischen Verknüpfung von Arbeitslosigkeit und beruflicher Selbständigkeit in den neuen Bundesländern begibt man sich in ein spannungsgeladenes Umfeld: Sind die Betriebsgründungen im ostdeutschen Kleingewerbe und Mittelstand ein Zeichen für eine wirtschaftliche Reorganisation oder eher Beleg für die katastrophale Lage auf dem Arbeitsmarkt? Sind die neuen selbständigen Existenzen in einer unruhigen Marktumgebung tragfähig? Und was bedeutet "Tragfähigkeit" in diesem Zusammenhang: Geht es bei einer Betriebsgründung lediglich um die Schaffung von Ersatzeinkommensquellen für die Gründungspersonen oder sind mit den neuen Unternehmen auch neue Arbeitsplätze verbunden?

Diese Fragen sollen in dem vorliegenden Beitrag in erster Annäherung beantwortet werden. Auf der Datengrundlage einer Befragung bei Betriebsgründern in der Region Leipzig werden die Wege in die berufliche Selbständigkeit von zwei Gruppen verglichen: Personen, die sich aus drohender bzw. eingetretener Arbeitslosigkeit heraus selbständig gemacht haben, und als Referenzkategorie Gründungspersonen, die aus einem (zumindest noch) gesicherten Beschäftigungsverhältnis das Wagnis einer Betriebsgründung eingingen. Am Ende der hier angestellten Untersuchung soll eine empirisch abgesicherte Aussage zu den Existenzgründungen aus Arbeitslosigkeit stehen.

Schon ein flüchtiger Blick auf die Entwicklung der selbständigen Erwerbsarbeit in Ostdeutschland verweist auf eine beachtliche Dynamik. Zwar zählen die Selbständigen zu einer im Vergleich zu anderen Erwerbspositionen eher marginalen Gruppe, ihr Anteil an den Erwerbstätigen hat sich jedoch innerhalb der Jahre 1989 bis 1992 von 2.1% auf 5.7% beinahe verdreifacht (eigene Berechnung; ohne mithelfende Familienangehörige; nach *Statistisches Bundesamt* 1994). Auch in absoluten Zahlen fällt die Steigerung von 267.000 (Juni 1990) auf über 500.000 im Jahr 1992 (*Pfeiffer* 1994) eindrucksvoll aus. Der Anteil der ostdeutschen Selbständigen an den Erwerbstätigen liegt nur noch etwa 3% unter dem Wert für die alten Bundesländer. Hinter dem Zuwachs der selbständigen Erwerbsarbeit verbergen sich unterschiedliche Wege in die Selbständigkeit: Handwerker, Kaufleute, Vertreter, freie Berufe, Ausgründungen aus vormals sozialistischen Wirtschaftseinheiten, Gründungen mit und ohne Partner, mit und ohne Branchenerfahrung sowie freiwillige und erzwungene Schritte in die Selbständigkeit. Angesichts der problematischen Situation auf dem Arbeitsmarkt verhieß die Gründung eines selbständigen Betriebes sicherlich für manchen, der von Arbeitslosigkeit bedroht bzw. betroffen war, eine Alternative zum unfreiwilligen Ende der bisherigen Beschäftigung. Ob man den Blick auf die berufliche Mobilität oder den Arbeitsmarkt richtet: Die Beantwortung der Frage nach dem Ausmaß der durch eingetretene bzw. drohende Arbeitslosigkeit induzierten Betriebsgründungen ist zentral, wenn ein aussagefähiges Bild zur beruflichen Selbständigkeit in den neuen Bundesländern entstehen soll.

Auf zwei Besonderheiten der ostdeutschen Situation sollte man einleitend hinweisen. (1) Nach der staatlichen Vereinigung gab es in den neuen Bundesländern kaum endogene Anknüpfungspunkte beruflicher Selbständigkeit oder eines kleingewerblichen Sektors. Die Wirtschaftspolitik der DDR war vor allem auf große Einheiten zugeschnitten, die als leichter zentral steuerbar galten. (2) Berufliche Selbständigkeit ist auf der individuellen Ebene durch eine Verbindung von erhöhter Einkommenserwartung und gleichzeitiger Einkommensunsicherheit gekennzeichnet. Beide Aspekte erzielbaren Einkommens besaßen in der DDR eine nur gering ausgeprägte Varianz, d.h. Ungleichheit und Unsicherheit waren wirksam nivelliert. Diese beiden Startbedingungen der Entstehung beruflicher Selbständigkeit konstrastieren stark mit dem Umfeld in entwickelten Marktökonomien. Im Zusammenhang mit der Untersuchungsfrage ergibt sich daraus als Konsequenz, daß die Entscheidungen für die berufliche Selbständigkeit in Ostdeutschland in der Regel ohne einen eigenen Erfahrungshintergrund selbständiger Erwerbsarbeit und ohne Kenntnisse von Marktroutinen getroffen werden. Dies gilt für Personen, die sich aus Arbeitslosigkeit selbständig machen, in gleichem Maß wie für Personen, die vor Gründung erwerbstätig waren. Ein interessanter Aspekt ergibt sich, wenn in Anbetracht dieses marktwirtschaftlichen Erfahrungsrückstandes Gründungspersonen, die aus den alten Bundesländern zugewandert sind, in die Analysen einbezogen werden.

Wie wird nun der Zusammenhang zwischen Arbeitslosigkeit und beruflicher Selbständigkeit diskutiert? Es liegen keine konsistenten Forschungsergebnisse zu dieser Frage vor (Überblick bei *Storey* 1991, auch: *Meager* 1992). Die Resultate sind dabei wesentlich durch die Datenstruktur bestimmt. So stellen *Bögenhold/Staber* (1990) auf der Aggregatebene der OECD-Staaten in einer Zeitreihe einen Zusammenhang zwischen ansteigender Arbeitslosigkeit und einem gleichfalls steigenden Anteil Selbständiger fest. *Audretsch/Fritsch* (1993) zeigen mit *aggregierten* Daten auf der Ebene der Raumordnungsregionen Westdeutschlands, daß der Zusammenhang zwischen Arbeitslosigkeit und Gründungsrate von der Definition der Gründungsrate abhängt. Definiert man die Gründungsrate nach dem sog. Arbeitsmarktansatz (Gründungen bezogen auf die Erwerbspersonen), kann man einen positiven Zusammenhang zwischen Arbeitslosenquote und Gründungsaktivität ausmachen. Wenn die Gründungrate nach dem ökologischen Ansatz als Quotient aus Gründungen und Unternehmensbestand einer Region verstanden wird, zeigt sich das entgegengesetzte Resultat. Bei hohen Arbeitslosenraten liegen die Gründungsraten dann niedriger. Die unterschiedlichen Ergebnisse, die auf der Grundlage von Aggregatdaten entstehen, lassen es ratsam erscheinen, die so gewonnenen Befunde mit präziser Aufmerksamkeit für die Frage zu bewerten, welche Zusammenhänge überhaupt beschrieben werden.

Bei Betrachtung der Fragestellung auf der Ebene von *Individualdaten* stehen die Übergänge in die berufliche Selbständigkeit im Mittelpunkt des Interesses. Neigen arbeitslose Erwerbspersonen in höherem Ausmaß als Erwerbstätige zum Schritt in die Selbständigkeit? Für die alte Bundesrepublik kann auf der Basis des Sozio-Ökonomischen Panels gezeigt werden (*Pfeiffer* 1994; für die USA: *Evans/Leighton* 1990), daß die Wahrscheinlichkeit des Übergangs in die berufliche Selbständigkeit bei Arbeitslosen höher ist als bei abhängig Beschäftigten. Allerdings machen die Zugänge in die berufliche Selbständigkeit aus der Arbeitslosigkeit heraus insgesamt nur einen kleinen Anteil aus. Andere Faktoren sind für die Wahrscheinlichkeit, selbständig zu werden, weitaus bedeutsamer - etwa die Selbständigkeitserfahrung in der eigenen Familie. Die Situation in den neuen Bundesländern stellt sich dagegen anders dar. Allein schon die hohe Arbeitslosigkeit läßt auch einen höheren Anteil von Gründungspersonen erwarten, die vor der Gründung arbeitslos waren. Bei Untersuchungen zu den ostdeutschen Übergangswahrscheinlichkeiten in Selbständigkeit zeigt sich ein deutliches Ergebnis: "Als quantitativ wichtigster Faktor auf dem Weg in die Selbständigkeit erweist sich die objektive Lage auf dem Arbeitsmarkt der neuen Bundesländer ebenso wie das subjektiv hoch empfundene Risiko, in der näheren Zukunft arbeitslos zu werden." (*Pfeiffer* 1994: 87) Die besser eingeschätzten Einkommenserwartungen als Selbständiger würden demgegenüber weniger starkes Gewicht besitzen.

Den "neuen Selbständigen" aus mangelnder Alternative, den Betriebsgründern aus der "Ökonomie der Not" (*Bögenhold* 1987) heraus, werden nur eingeschränkte Entwicklungschancen gegeben. Dies wird mit den unterschiedlichen Gründungsmotiven und den Eigenschaften der geschaffenen Existenz begründet. Den neuen Selbständigen aus der Arbeitslosigkeit werden angesichts der fehlenden Alternativen auf dem Arbeitsmarkt gehäuft negative Beweggründe beim Schritt in die berufliche Selbständigkeit zugeschrieben. In idealtypischer Betrachtung geht es solchen Gründungspersonen um Einkommenssicherung, während Gründungspersonen, die sich unbedrängt von der Arbeitsmarktlage zur Selbständigkeit entschließen, eher ihre Geschäftsideen umsetzen, Profit machen wollen und einen höheren Grad von persönlicher Unabhängigkeit bei der Erwerbsarbeit anstreben. Ob die Zuordnung einer schlechten Arbeitsmarktposition - worunter sowohl eingetretene als auch subjektiv drohende Arbeitslosigkeit fallen soll - zu einer negativen Gründungsmotivation in dieser Eindeutigkeit überhaupt zutrifft, wird empirisch zu klären sein. Eng mit der Frage der Gründungsmotivation hängt die Art des gegründeten Betriebes zusammen. Personen, die in erster Linie ihr Einkommen durch die selbständige Erwerbsarbeit sichern bzw. den Zustand drohender oder eingetretener Arbeitslosigkeit vermeiden wollen, gründen andere Betriebe als risikobereitere "Unternehmer". Gründungen, die durch von der Arbeitsmarktlage bedrängten Personen erfolgen, sind kleiner und konzentrieren sich in Branchen mit niedrigeren Markteintrittsbarrieren. Diese Wirtschaftsbereiche sind in der Regel durch eine schärfere Konkurrenz gekennzeichnet. Bei der Betrachtung der Größe des gegründeten Betriebes ist weiterhin die finanzielle Seite einer Betriebsgründung zu bedenken. Sowohl im Hinblick auf die Aufbringung des Eigenkapitals als auch bei der Kreditfinanzierung kann sich die Arbeitslosigkeit der Gründungsperson negativ auf die Gründungsgröße gemessen am Startkapital auswirken. Machen sich in der Bundesrepublik Arbeitslose selbständig, erhalten sie zwar unter bestimmten Bedingungen eine besondere Förderung des Arbeitsamtes, das sog. „Übergangsgeld" (*Kaiser/Otto* 1990); dieses Geld dient jedoch vor allem dazu, den Lebensunterhalt der Betroffenen zu gewährleisten. Zusammenfassend würde man davon ausgehen, daß Arbeitslosigkeit die Größe einer Gründung und die Marktplazierung negativ beeinflussen. Beides zusammen wirkt sich wiederum negativ auf die Tragfähigkeit der neuen selbständigen Existenz aus.

Ein Argument, das sich in der ansonsten breiten Diskussion bei *Bögenhold* (1987) nicht findet, betrifft die Gründe für die eingetretene Arbeitslosigkeit. Es ist angesichts der enormen Verwerfungen auf dem ostdeutschen Arbeitsmarkt sicherlich berechtigt, von einem "Massenschicksal" zu sprechen. Insbesondere das Verschwinden ganzer Industriezweige macht es schwer, Arbeitslosigkeitsrisiken zu individualisieren (Überblick bei *Nickel/Kühl/Schenk* 1994). Es liegen allerdings auch Untersuchungen zur Übergangswahrscheinlichkeit in Arbeitslosigkeit - auch in Langzeitarbeitslosigkeit - vor, die individuelle Bestimmungsfaktoren benennen (*Steiner* 1994; *Hahn/Schön* 1995). Frauen sind demnach ebenso wie Angehörige älterer Kohorten stärker dem Risiko der Arbeitslosigkeit ausgesetzt und haben geringere Wiederbeschäftigungsaussichten. In Zusammenhang mit dem Lebensalter der Erwerbspersonen kann der Mechanismus der mit steigendem Alter sinkenden Beschäftigung durch eine geringere Produktivität der älteren Erwerbspersonen (besonders in der Umbruchsituation Ostdeutschlands) gesteuert werden. Trifft das Argument auch allgemein auf das Arbeitslosigkeitsrisiko zu (zu Arbeitsmarktdynamik und beruflicher Qualifikation: *Parmentier/Tessaring* 1994), dann würde sich eine schlechtere betriebliche Entwicklung auch mit niedrigerer Produktivität der arbeitslosen Gründungspersonen erklären lassen.

Es wurden soweit drei Faktoren beschrieben, die nur schwer voneinander isoliert werden können, und die für eine gehemmte Entwicklung von

Betriebsgründungen von Arbeitslosen ausschlaggebend sein können: die *Gründungsmotivation*, die *Eigenart des gegründeten Betriebes* und die *Produktivität der Gründungsperson*. Diese Faktoren werden im Lichte der empirischen Ergebnisse aufgegriffen.

Nachdem im nächsten Abschnitt in kurzer Form die Datengrundlage für die nachfolgenden Auswertungen vorgestellt wird, betrachtet der Abschnitt 3 die berufliche Ausgangssituation der von uns untersuchten Selbständigen Ostdeutschlands und ihre Gründungsmotive. Wie hoch ist überhaupt der Anteil der Gründungen aus Arbeitslosigkeit, und wie gewichtig ist die schlechte Arbeitsmarktsituation im Verhältnis zu anderen Motiven? Im nächsten Schritt, also in Abschnitt 4, werden die Merkmale der gegründeten Betriebe im Mittelpunkt des Interesses stehen. Gefragt wird, ob arbeitslose Gründungspersonen in den neuen Bundesländern Betriebe gründen, die im Lichte der Eigenschaften der Gründung und der Gründungsbranche auf eine ungünstigere betriebliche Zukunft hindeuten - im Vergleich zu Gründungspersonen, die vor dem Schritt in die Selbständigkeit abhängig beschäftigt waren. In Abschnitt 5 werden zwei Erfolgsindikatoren, „Überleben" und "frühes Beschäftigungswachstum", im Zusammenhang mit der Erwerbsposition vor der Gründung analysiert. Abschließend wird ein Fazit versucht, das bezug auf die einleitenden Fragestellungen nimmt.

2. Daten: Die "Leipziger Gründerstudie"

Bei der "Leipziger Gründerstudie" handelt es sich um ein Unternehmenspanel mit 742 Betrieben, die im zweiten Halbjahr 1991 in der Region Leipzig gegründet wurden. Diese Unternehmen sind durch einen zweistufigen Auswahlprozeß in das Panel gelangt: (1) Zuerst wurde durch eine schriftliche Befragung bei allen 4162 Betrieben, die in besagtem Zeitraum im Bereich der Industrie- und Handelskammer sowie der Handwerkskammer von Leipzig angemeldet worden waren, ermittelt, ob sie ihre Geschäftstätigkeit aufgenommen hatten und zu einem Gespräch über den gegründeten Betrieb bereit sind. Der Rücklauf dieser schriftlichen Befragung betrug 48% (N=2011). Davon waren rund zwei Drittel mit einem Interview einverstanden. (2) Eine nach Wirtschaftsbereichen geschichtete Zufallsstichprobe von 840 Betrieben führte im Sommer 1992 zu 742 realisierten mündlichen Interviews, die durchschnittlich etwa eine Stunde dauerten. Die Betriebe wurden von März bis Juni 1995 ein zweites Mal befragt. Die Datenaufbereitung der zweiten Panelwelle ist zum gegenwärtigen Zeitpunkt noch nicht abgeschlossen. Das Design der Untersuchung sieht zudem vor, die gesamte Gründungskohorte der 4162 Betriebe auf der Basis der Meldedaten (Gewerbeamt, Handwerksrolle) bis in das Jahr 1995 zu beobachten, damit die durch den Ausfallprozeß der schriftlichen Befragung und die Stichprobenziehung zustande gekommene Verzerrung kontrolliert werden kann.

3. Erwerbsposition vor der Gründung, Sozialprofil und Gründungsmotive

In den ökonomischen "Normalverhältnissen" der Bundesrepublik der 80er Jahre betrug der Anteil von Arbeitslosen an Personen, die sich selbständig gemacht haben, ungefähr 7%. Aus erwerbstätigen Beschäftigungen bzw. der Nicht-Erwerbstätigkeit (eigene Berechnungen nach *Pfeiffer* 1994: 30-31) kamen etwa gleich große Anteile von ca. 45%. Die Arbeitslosenquote liegt im Durchschnitt dieser Jahre in etwa auf der Höhe des Anteils der Arbeitslosen, die sich Selbständig gemacht haben. In der Region Leipzig betrug die offizielle Arbeitslosenquote im Jahr 1991 15%. Tabelle 1 zeigt die Erwerbspositionen vor der Gründung für die Personen, die im zweiten Halbjahr des Jahres 1991 einen Betrieb angemeldet haben.

Etwas mehr als zwei Drittel (67%) der Gründungspersonen der Region Leipzig kommen aus der hauptberuflichen Erwerbstätigkeit, 28% befanden sich in Arbeitslosigkeit oder waren davon bedroht, und 5% kommen aus der Nichterwerbstätigkeit. Den größten Anteil der Gründer, die aus einer ungünstigen Arbeitsmarktposition die berufliche Selbständigkeit beginnen, macht die Personen aus, bei denen die Arbeitslosigkeit bereits eingetreten war (20%). Ein noch nennenswerter Prozentsatz von 6% kommt aus der Kurzarbeit. Die "Warteschleife" für Angehörige des öffentlichen Dienstes sowie ABM-, Umschulungs- und Weiterbildungsmaßnahmen kommen auf vergleichsweise niedrige Anteilswerte. Zwei Ergebnisse sollen festgehalten werden: (1) Die Größenordnung von 20% der Gründungen aus eingetretener Arbeitslosigkeit liegt etwa 5% über der offiziellen Arbeitslosenquote. Man kann also feststellen, daß in der Region Leipzig zuvor arbeitslose Gründer an der Gesamtheit der Gründungen mit leicht höherem Anteil vertreten sind als Arbeitslose an den Erwerbspersonen. Im Vergleich zu westdeutschen Ergebnissen sind Gründungen aus der Arbeitslosigkeit sehr viel häufiger. In einer Untersuchung von Betriebsgründungen im Raum München und Oberbayern betrug der Anteil arbeitsloser Gründungspersonen 4% (*Ziegler/Kiefl/Preisendörfer* 1990). (2) Der Anteil der Gründer, die vor der Gründung nicht erwerbstätig waren, ist vergleichsweise niedrig und auf jeden Fall niedriger als in Westdeutschland. In der erwähnten Untersuchung für München und Oberbayern beträgt der Anteil vor Gründung nicht erwerbstätiger Gründungspersonen 16%. Beide Ergebnisse spiegeln die besondere Arbeitsmarktlage der neuen Bundesländer wider, die gekennzeichnet ist durch eine hohe Arbeitslosigkeit und durch eine hohe Erwerbsbeteiligung.

Für die nachfolgenden Analysen werden die Erwerbspositionen in drei Gruppen zusammengefaßt: Erwerbstätigkeit (1 und 2), Arbeitslosigkeit (3 bis 7) und Nicht-Erwerbstätigkeit (8 bis 12). Die Zusammenfassung der Kategorien in dieser Form zielt auf die wesentlichen Unterschiede der Erwerbsposition ab. Die Tabellen (Tabellen 2 bis 4) sind auf die Darstellung der Unterschiede zwischen den Erwerbspositionen "erwerbstätig" und "arbeitslos" beschränkt.

Nachdem wir die Erwerbspositionen vor Gründung betrachtet haben, werden nun in Tabelle 2 in knapper Form die Gründungspersonen in einigen individuellen Eigenschaften charakterisiert. Dies geschieht mit Bezug auf den oben diskutierten Faktor einer möglicherweise geringeren Produktivität von arbeitslosen Gründungspersonen. Frauen sind bekanntlich von den Verdrängungsprozessen auf dem Arbeitsmarkt stärker betroffen als Männer (vgl. *Engelbrech* 1994). Bei den Gründungen aus der Arbeitslosigkeit stellen die Frauen 41%, bei den Gründungen aus der Erwerbstätigkeit jedoch nur 23%. Der Frauenanteil bei den arbeitslosen Gründungspersonen liegt jedoch unter dem Frauenanteil an den arbeitslosen Erwerbspersonen insgesamt (*Dickwach/Jungbauer-Gans* 1995).

Von Arbeitslosigkeit sind - wie schon erwähnt - tendenziell eher ältere Arbeitnehmer betroffen. Unter den "neuen Selbständigen" schlägt sich allerdings diese höhere Betroffenheit nicht in einem höheren Durchschnittsalter der arbeitslosen Gründungspersonen nieder. Das Alter beträgt bei beiden betrachteten Gruppen im Durchschnitt etwa 40 Jahre. Hinsichtlich der Schul- und Berufsausbildung zeigen die beiden Gründungsgruppen keine Unterschiede. Bei den Gründern aus Arbeitslosigkeit besteht also keine schlechtere Ausstattung mit allgemeinem Humankapital. Die drei Dimensionen, die eher das spezifische Humankapital abbilden sollen - Branchenerfahrung, Selbständigkeitserfahrung sowie Berufserfahrungen in höheren Leitungsfunktionen - sind bei den Gründern aus Arbeitslosigkeit weniger häufig anzutreffen als bei Gründern aus Erwerbstätigkeit. 52% der arbeitslosen Gründer haben Branchenerfahrung und 9% berichten von eigener Selbständigkeitserfahrung. Die vor Gründung erwerbstätigen Gründer haben zu 60% Branchen- und zu 19% Selbständigkeitserfahrung. Auch im Hinblick auf Berufserfahrungen in höherer Leitungsfunktion gibt es einen Unterschied: Arbeitslose Gründungspersonen waren zu 10% vor Eintritt der Arbeitslosigkeit in höheren Leitungsfunktionen beschäftigt, während die vor der Gründung Erwerbstätigen zu 18% an ihrem Arbeitsplatz solche höheren Leitungsfunktionen ausübten. Die vor der Gründung erzielten Einkommen unterscheiden sich gleichfalls: Ein unmittelbar vor der Gründung Erwerbstätiger erreichte im Durchschnitt DM 1.670 als monatliches Einkommen. Arbeitslose Gründungspersonen kamen in ihrem letzten Beschäftigungsverhältnis vor Eintritt der Arbeitslosigkeit auf DM 1.246. Es fällt schwer, diese Unterschiede im spezifischen Humankapital und im erzielten Einkommen als gravierende Produktivitätsdifferenzen zu interpretieren. Zu sehr wirkt wohl die starke Turbulenz auf dem Arbeitsmarkt der neuen Bundesländer in Richtung eines strukturellen Arbeitslosigkeitsrisikos. Als ein ernstzunehmender, wenngleich zurückhaltender Hinweis auf mögliche Unterschiede in der Produktivität können die festgestellten Differenzen jedoch gelten. Mit Ausnahme des Frauenanteils, der Ausstattung mit spezifischem Humankapital sowie dem Einkommen in der letzten Erwerbstätigkeit vor der Gründung unterscheiden sich also die Gründungspersonen aus den beiden betrachteten Erwerbspositionen vor Gründung nicht. Insbesondere die Tatsache, daß die arbeitslosen Betriebsgründer nicht - wie die Arbeitslosen in den neuen Bundesländern in der Gesamtheit - einen höheren Altersdurchschnitt zeigen, könnte darauf hindeuten, daß die arbeitslosen Gründungspersonen eine gewisse "Positivselektion" aus allen Arbeitslosen darstellen.

Nachdem ein - zugegebenermaßen knappes - Sozialprofil der Gründunungspersonen skizziert ist, soll nun die Frage nach den Gründungsmotiven behandelt werden. Die Erwerbsposition muß keineswegs zwangsläufig deckungsgleich mit den im Interview berichteten Gründungsmotiven sein. Bei einem Erwerbstätigen kann sich die erst später drohende Arbeitslosigkeit als bedeutsames Motiv erweisen, ein Arbeitsloser kann als wichtigsten Beweggrund die Durchsetzung eigener Geschäftsideen nennen. In der Gründungsforschung wird zwischen eher positiven (pull-Anreize: "Geschäftsideen umsetzen", "Selbstverwirklichung") und eher negativen Motivlagen (push-Anreize: "Unzufriedenheit mit bisherigem Job", "drohende oder bereits eingetretene Arbeitslosigkeit") unterschieden. In Tabelle 3 sind die Gründungsmotive angeführt, wie sie sich im Lichte unserer Befragungsergebnisse darstellen. Die Tabelle weist die Prozentsätze von Gründern aus, die angeben, das jeweilige Motiv sei "bedeutend" oder "sehr bedeutend" für ihren Entschluß zur beruflichen Selbständigkeit gewesen.

Es zeigt sich, daß sich die Pull-Faktoren nur unwesentlich hinsichtlich der beiden Erwerbspositionen unterscheiden. Der meistgenannte Beweggrund aus der Gruppe der Pull-Faktoren ist für die Gründer aus Erwerbstätigkeit und Arbeitslosigkeit die "Durchsetzung eigener Ideen". Nur geringe Unterschiede bestehen bei den Motiven der "wirtschaftlichen Unabhängigkeit", das die Gründer aus Erwerbstätigkeit zu einem etwas höheren Anteil als bedeutend einschätzen (75% gegenüber 70%), und "günstige Gelegenheit", die die Personen, die vor der Gründung arbeitslos waren, häufiger nennen (76% gegenüber 69%).

In der Gruppe der Push-Faktoren fallen die Differenzen zwischen den Erwerbspositionen deutlicher aus. Von den arbeitslosen Gründungspersonen nennen 20% die Nichtanerkennung von Qualifikationsabschlüssen als wichtigstes Motiv, bei den erwerbstätigen Gründungspersonen spielt dies nur bei 10% eine bedeutende Rolle. Bereits eingetretene oder drohende Arbeitslosigkeit ist für 82% der arbeitslosen Gründer ein wichtiges Motiv, aber immerhin stuft auch noch etwa ein Drittel der Erwerbstätigen diesen Beweggrund als bedeutsam ein. Dies dürften Personen sein, die die Sicherheit ihres noch bestehenden Arbeitsplatzes als eher gering einschätzen.

Die bekundeten Motive sind also keineswegs durch die Erwerbsposition vor Gründung festgelegt. Den arbeitslosen Gründungspersonen geht es annähernd genauso um wirtschaftliche Unabhängigkeit, ein höheres Einkommen, den Beweis eigener Leistungsfähigkeit und die Umsetzung eigener Geschäftsideen wie den Gründungspersonen, die sich aus der Erwerbstätigkeit selbständig machen. Das Motiv, Arbeitslosigkeit mit dem Schritt in die Selbständigkeit zu vermeiden, wird von den Gründern, die sich tatsächlich in einer prekären Arbeitsmarktlage befinden, häufiger als alle anderen genannt. Man könnte sagen: erwartungsgemäß. Auch wenn es also in der Regel gemischte Motivlagen sind, die zur beruflichen Selbständigkeit den Anstoß geben, sind die Gründungen von Arbeitslosen zu einem gewichtigen Anteil bewußte Reaktionen auf die schlechte Arbeitsmarktlage.

Das Ergebnis der bisherigen Auswertungen lautet: Etwa ein knappes Drittel der Gründungen erfolgt aus der Arbeitslosigkeit oder einer ähnlich eingestuften Erwerbssituation; vier Fünftel dieser Gründungspersonen reagieren mit ihren Existenzgründungen explizit auf diesen Erwerbsstatus. Beachtlich ist auch, daß ein Drittel der vor Gründung erwerbstätigen Gründungspersonen drohende Arbeitslosigkeit als wichtiges Gründungsmotiv nennt. Dies ist ein Hinweis auf die wahrgenommene (und bestehende) Instabilität vieler Beschäftigungsverhältnisse. Und: Zwischen den Gründungspersonen aus Erwerbstätigkeit und Arbeitslosigkeit bestehen nur geringe Unterschiede im Sozialprofil.

4. Eigenschaften der Gründungen durch Arbeitslose und Erwerbstätige

Im folgenden Abschnitt wird der Frage nachgegangen, ob arbeitslose und erwerbstätige Personen unterschiedliche Betriebe gründen. Nachdem eine beachtliche Ähnlichkeit der beiden Gruppen hinsichtlich der "Pull-Faktoren" und des Sozialprofils ausgemacht wurde, wären mögliche Unterschiede im Hinblick auf die Eigenschaften des gegründeten Betriebes ein Hinweis darauf, daß sich der "Push-Faktor", durch die Betriebsgründung der Arbeitslosigkeit zu entgehen, in der Art des gegründeten Betriebes ausdrückt. Die Parameter, die hier die gegründeten Betriebe charakterisieren, sind Indikatoren für deren wirtschaftliche Tragfähigkeit. Allgemein gelten größere Betriebe als stabiler, ebenfalls spielen die Gründungsbranche und die dort geltenden Konkurrenzbedingungen und der Erwerbscharakter der Gründung für die Entwicklungsfähigkeit eine Rolle. Tabelle 4 zeigt die Betriebsmerkmale und die Gründungsbranchen in Abhängigkeit von der Erwerbsposition der Gründungspersonen. Die Betriebsmerkmale, die betrachtet werden, sind: der Anteil von Neu- und Ausgründungen (originäre und derivate Gründungen), der Erwerbscharakter der gegründeten Betriebe (Vollerwerb und Nebenerwerb), der Grad der Unabhängigkeit (völlig unabhängig und Filiale/Tochterunternehmen bzw. enge Verbindung zu einem anderen Betrieb), die Beteiligung von Geschäftspartnern, die Gründungsgröße gemessen an der Zahl der Beschäftigten und dem Startkapital und die Gründungsbranche.

Neugründungen, Gründungen mit Nebenerwerbscharakter, unselbständige Betriebe (in Form von Agenturen und Vertretungen) sowie Gründungen ohne Partner haben sich in Ost- und Westdeutschland als instabiler als die jeweilige Referenzgruppe erwiesen.

Aus Tabelle 4 läßt sich ablesen, daß arbeitslose Gründer zu einem höheren Prozentsatz vollständig neue Betriebe initiieren, während bei vor dem Schritt in die berufliche Selbständigkeit Erwerbstätigen sog. "Ausgründungen" aus vormals staatlichen bzw. genossenschaftlichen DDR-Betrieben häufiger anzutreffen sind. Dieses Ergebnis überrascht nicht, da die Ausgründungen oftmals direkt von ehemaligen Angestellten des privatisierten Betriebsteiles übernommen werden.

Die arbeitslosen Gründungspersonen eröffnen eher als vor der Gründung Erwerbstätige Filialbetriebe eines schon bestehenden Unternehmens, oder Betriebe, die eine enge Verbindung zu einer anderen Firma besitzen, wie Handels- oder Versicherungsvertretungen. Geschäftspartner sind hingegen zu einem höheren Anteil an Gründungen von Erwerbstätigen beteiligt. Beide Befunde, die für eine höhere Instabilität von Betriebsgründungen durch Arbeitslose sprechen, fügen sich auch in den Zusammenhang von Gründungsgröße und Erwerbsposition ein, bei dem beachtliche Unterschiede herauszustellen sind. Gemessen an der durchschnittlichen Beschäftigtenzahl sind die Gründungen von Erwerbstätigen mit 8 Beschäftigten viermal größer als diejenigen von Arbeitslosen. Das Startkapital bei Gründungen von Erwerbstätigen liegt im Durchschnitt mit DM 210.000 (Median DM 35.000) mehr als dreimal so hoch wie bei Arbeitslosen mit DM 59.000 (Median DM 15.000). Denkt man an die einleitenden Bemerkungen zur Finanzierungsproblematik, kann man für diesen Unterschied auch mögliche Gründe anführen, etwa die erschwerte Kreditbeschaffung oder die möglicherweise zu geringe Kapitalakkumulation von in die berufliche Selbständigkeit "gedrängten" Personen. Diese Überlegungen sollten jedoch in einem multivariaten Modell auf mögliche Einflüsse des Gründungstyps und der Gründungsbranche überprüft werden. Hinsichtlich der Wirtschaftsbereiche der Gründungen können in der bivariaten Betrachtung gleichfalls Unterschiede festgestellt werden: Die Arbeitslosen sind als Gründungspersonen bevorzugt in den Bereichen Handel und Dienstleistungen aktiv. In diesen Bereichen sind Markteintrittsbarrieren niedriger, der Konkurrenzdruck ist hingegen höher. Die vor der Gründung Erwerbstätigen verzeichnen deutlich mehr Gründungen im Handwerk als die Vergleichsgruppe der Arbeitslosen. Die bivariate Analyse kommt zu folgendem Zwischenresultat: Arbeitslose gründen deutlich kleinere Betriebe, schaffen Arbeitsplätze für sich selbst, eröffnen gehäuft „unselbständige" Betriebe und beteiligen zu einem geringeren Ausmaß Geschäftspartner an den Geschäftsvorhaben - in Branchen mit niedrigeren Markteintrittsbarrieren und höherem Wettbewerb.

Aufgrund dieser Ergebnisse könnte man vermuten, daß die Arbeitslosen Betriebe gründen, die sowohl instabiler als auch weniger entwicklungsfähig sind. Im Hinblick auf die Betriebsgröße, die als wichtiger Indikator für die Stabilität gilt, soll dieses Ergebnis durch zwei multivariate Modelle überprüft werden.

Als Maße für die Gründungsgröße werden die Zahl der Beschäftigten bei Gründung (Gleichung 1) und das eingesetzte Startkapital (Gleichung 2) verwendet. In den multivariaten Modellen werden alle drei Erwerbspositionen analysiert, d.h. die Nicht-Erwerbstätigkeit, von der aus etwa 4% der Betriebe angemeldet werden, findet Berücksichtigung. Referenzkategorie sind die Gründer aus der Erwerbstätigkeit. Außer der Erwerbsposition werden drei weitere Variablenblöcke in die Modellschätzungen einbezogen: Betriebsmerkmale, das betriebliche Umfeld (Branche, regionale Ansiedlung) und Merkmale der Gründungsperson. Nachfolgend werden ausschließlich die signifikanten Koeffizienten berichtet und interpretiert.

Die Gleichung 1 in Tabelle 5 bestätigt auch nach Kontrolle anderer Faktoren, daß Arbeitslose im Vergleich zu Erwerbstätigen kleinere Betriebe gründen, wenn als Maß für die Betriebsgröße die Zahl der Beschäftigten zum Gründungszeitpunkt Verwendung findet. Die weiterhin signifikanten Ergebnisse in Gleichung 1 lauten: Die Höhe des eingesetzten Startkapitals beeinflußt auch die Beschäftigtenzahl positiv; Neugründungen beginnen kleiner als Ausgründungen; der Vollerwerbscharakter und die Einbeziehung von Geschäftspartnern beeinflussen die Zahl der Beschäftigten positiv. In Handel und Dienstleistungen fällt die Anfangsgröße geringer aus als im Handwerk.

Blickt man auf die zweite Dimension für die Betriebsgröße, das aufgebrachte Startkapital (Gleichung 2), kann man keinen statistisch signifikanten Einfluß der Erwerbspositionen erkennen. Die Koeffizienten besitzen bei Arbeitslosigkeit und Nicht-Erwerbstätigkeit immerhin ein negatives Vorzeichen, d.h. in der Tendenz haben diejenigen Betriebe, die von vor der Gründung arbeitslosen und nicht-erwerbstätigen Personen auf die Beine gestellt werden, weniger Startkapital. Die Beschäftigtenzahl zeigt einen positiven Einfluß auf das Startkapital. Diese beiden Größenindikatoren können natürlich nicht als voneinander unabhängige Variable aufgefaßt werden. Filialbetriebe beginnen mit weniger Startkapital, Vollerwerbsgründungen setzen erwartungsgemäß mehr finanzielle Ressourcen ein. Gründungspersonen, die aus Westdeutschland stammen, bringen signifikant mehr Startkapital auf als die Gründer aus Ostdeutschland.

Die zuvor bivariat festgestellten Zusammenhänge zwischen Betriebsgröße und Erwerbsposition vor der Gründung können also im multivariaten Ansatz nur auf einer Dimension, nämlich bei der Zahl der Beschäftigten, bestätigt werden. Die große Differenz der Durchschnittswerte beim Startkapital (59.000 DM gegenüber 210.000 DM) wird durch andere Faktoren - etwa die Zugehörigkeit zu einem Wirtschaftszweig - erklärt. Dies bedeutet auch, daß die Arbeitslosen bei der Realisierung ihrer Gründungsvorhaben sich nicht in einer außerordentlich schwierigen Finanzsituation - verglichen mit den vor der Gründung Erwerbstätigen - befinden. Freilich kann man damit nichts darüber aussagen, ob Arbeitslose nicht lieber andere Betriebe gründen würden, wozu ihnen jedoch die benötigten finanziellen Mittel fehlen. Des weiteren besagt das dargestellte Ergebnis nicht, daß die neuen Betriebe mit ausreichendem Finanzkapital versehen sind. Die von den Gründern berichteten Probleme deuten eher darauf hin, daß vielfach eine ungenügende Ausstattung mit Eigenkapital vorliegt, die sich negativ auf die Zukunft des gegründeten Betriebes auswirken wird. Ein interessanter Aspekt für weitere Auswertungen ergäbe sich aus einer getrennten Analyse des Einflusses der Erwerbspositionen auf die Verteilung von Eigen- und Fremdkapital. Da die Strukturen sozialer Ungleichheit der ehemaligen DDR durch eine Nivellierung von Einkommens- und Vermögensverhältnissen gekennzeichnet waren, wäre zu erwarten, daß die Eigenkapitalausstattung der von Ostdeutschen gegründeten Betriebe, indifferent gegenüber der aktuellen Erwerbsposition ist, zumal die Episode der Arbeitslosigkeit zum Gründungszeitpunkt 1991 nur kurze Zeit angedauert haben kann. Die Fremdkapitalausstattung könnte dagegen eher mit der Erwerbsposition variieren, da die Kreditgeber die Erwerbsposition der Arbeitslosigkeit vor der Gründung in der Beurteilung der Geschäftschancen des gegründeten Betriebes negativ einschätzen.

5. Entwicklungschancen der Gründungen von Arbeitslosen und Erwerbstätigen

Bislang war die Untersuchung auf die Betrachtung der Betriebe zum Gründungszeitpunkt beschränkt. Der letzte Schritt der hier vorgenommenen Analysen versucht, die Entwicklungschancen der von den betrachteten Gründungsgruppen initiierten Betriebe in zeitlicher Perspektive abzuschätzen. Dies kann angesichts der vorliegenden Daten nur für einen Zeitraum von 9 Monaten bei der Beschäftigtenentwicklung und von 18 Monaten für die Abmeldewahrscheinlichkeit der Gründung erfolgen.

Ein Prüfstein dafür, ob die Existenzgründung den Statuserhalt sichern kann, ist, ob die Einkommenssituation der Gründungspersonen gewahrt bleibt. Im Interview wurden die Gründer gefragt, ob sich ihre Einkommenssituation nach der Betriebsgründung verändert habe. Es fällt schwer, eine Verbesserung uneingeschränkt als positive Entwicklung zu deuten, weil der Vergleichsmaßstab zum früheren DDR-Einkommen den neuen Verdienstmöglichkeiten und der allgemeinen Einkommensentwicklung nicht gerecht wird. Zumindest ein Abrutschen des erzielten Einkommens in der beruflichen Selbständigkeit unter das zuvor erreichte Niveau kann als ein deutlicher, negativer Indikator gelten. Mit sinkender Einkommenshöhe ist auch außerdem eine geringere Einkommenssicherheit verbunden. Die beiden Startpositionen für die berufliche Selbständigkeit, Arbeitslosigkeit und

Erwerbstätigkeit, unterscheiden sich im Hinblick auf die Erreichung zuvor erzielten Einkommens: 28% der zuvor Erwerbstätigen haben ihr Einkommen mit der Betriebsgründung neun Monate nach der Anmeldung nicht (vielleicht noch nicht) erreicht, bei den Arbeitslosen beläuft sich der entsprechende Anteil auf 41%. Da die arbeitslosen Gründungspersonen vor der beruflichen Selbständigkeit eher die schlechteren Berufspositionen (mit niedrigerem Einkommen) hatten, ist dieses Ergebnis für die Betroffenen umso ernüchternder.

Nach der Einkommenssicherung für die Gründungsperson werden nun Entwicklungsparameter der gegründeten Betriebe betrachtet, die die Stabilität und das Wachstum der Gründungen abbilden. Ein weniger erfolgreicher Verlauf der betrieblichen Entwicklung bedeutet zumeist auch weniger Erfolg für die Existenzgründer. Die multivariaten Modelle in Tabelle 6 haben jeweils eine qualitative abhängige Variable, die auf zwei verschiedene Aspekte betrieblichen Erfolges abzielen: die Gewerbeabmeldung 18 Monate nach der Anmeldung und ein Beschäftigtenzuwachs 9 Monate nach der Anmeldung. Das erste der beiden Erfolgsmaße (Abmeldung) mißt das elementare Kriterium des betrieblichen Überlebens und wurde nach einem Abgleich mit den Meldedaten der Kammern gebildet. Danach waren 11% der gegründeten Betriebe 18 Monate nach der Gründung wieder abgemeldet. Die zweite betrachtete Dimension des betrieblichen Erfolges besteht in einer Steigerung der Beschäftigtenzahl. Beschäftigungswachstum liegt vor, wenn die Betriebe zum Befragungszeitpunkt im Sommer 1992 ihre Beschäftigtenzahl im Vergleich zum Gründungszeitpunkt, der im Durchschnitt neun Monate vorher lag, steigern konnten. 40% der Betriebe haben in dem relativ kurzen Zeitraum ihre Beschäftigung ausgebaut. Da es sich um einen verhältnismäßig kurzen Zeitraum handelt, ist die abhängige Variable "Beschäftigungswachstum" lediglich dichotom vercodet. Es handelt sich gewissermaßen um eine Indikatorvariable für Entwicklungsfähigkeit. Die Modelle in Tabelle 6 schätzen den Einfluß der einzelnen unabhängigen Variablen auf die Wahrscheinlichkeit, den Betrieb abzumelden bzw. einen Beschäftigtenzuwachs zu verzeichnen.

Die Abmeldegleichung zeigt, daß das frühe betriebliche Scheitern von der Erwerbsposition vorheriger Arbeitslosigkeit nicht signifikant beeinflußt wird. Die wenigen Gründungen aus der Nicht-Erwerbstätigkeit unterliegen jedoch einem höherem Abmelderisiko als die Gründungen aus der Erwerbstätigkeit. Eine mögliche Interpretation für dieses Ergebnis könnte darin bestehen, daß Gründungen aus der Nicht-Erwerbstätigkeit heraus mit weniger Nachdruck und Engagement, vielfach auf Probe und mit der Option einer möglichen Rückkehr zur Nicht-Erwerbstätigkeit erfolgen. Darüber hinaus ist auch der Erwerbscharakter des gegründeten Betriebes signifikant.

Vollerwerbsgründungen sind demnach stabiler als Gründungen zum Nebenerwerb.

Die Entwicklung der Abmeldungen ist außerdem stark von der Gründungsbranche abhängig. Handwerksbetriebe erweisen sich im Vergleich zu Industrie, Handel und Dienstleistungen als wahre Inseln der Beständigkeit. Die nach der Anzahl unbedeutenden Gründungen im Industriesektor besitzen dabei überraschenderweise die höchste Abmeldewahrscheinlichkeit. Eine industrielle Restrukturierung durch Unternehmensneugründungen ist mit den Betrieben der Gründungskohorte nicht absehbar. Der Ausfallprozeß der Gründungen verläuft gegenüber den Merkmalen der Gründungspersonen indifferent. Es sind also zwei Faktoren, die sich im bisherigen Verlauf der Abmeldungen als relevant identifizieren lassen: die "Ernsthaftigkeit", mit der die Betriebsgründung angegangen wurde, und die Nachfrage- und Konkurrenzbedingungen der Gründungsbranche.

In Gleichung 2 werden die Bestimmungsfaktoren für frühes Beschäftigtenwachstum geschätzt. Im Vergleich zu den vor der Gründung Erwerbstätigen kommt es bei Betrieben, deren Gründer zuvor arbeitslos waren, weniger wahrscheinlich zur Einstellung weiteren Personals. Die Wirkungsweise der anderen unabhängigen Variablen fällt im großen und ganzen erwartungsgemäß aus. Frühes Beschäftigungswachstum verzeichnet man eher in Betrieben mit höherem Startkapital, in originären Neugründungen, in völlig unabhängigen Betrieben, in Betrieben mit Vollerwerbscharakter und bei Beteiligung von Geschäftspartnern. Das Handwerk erweist sich gegenüber Handel und Dienstleistungen als Wachstumsbranche (getragen vor allem durch einen großen Anteil von Bauhandwerkern). Auch das städtische Umfeld von Leipzig ist für die Entwicklung der Betriebe förderlich. Bei den Merkmalen der Gründungspersonen macht sich die Dauer der beruflichen Qualifikation und die Branchenerfahrung im Hinblick auf Beschäftigungszuwachs positiv bemerkbar.

Der Versuch, die Ergebnisse zur Abmeldung und zum Beschäftigtenwachstum gemeinsam zu bewerten, führt zu einem differenzierten Bild über die Gründungen aus der Arbeitslosigkeit. Diese Gründungen werden zwar nicht häufiger als diejenigen, die von Erwerbstätigen ausgingen, kurze Zeit nach Geschäftseröffnung wieder eingestellt, aber sie entfalten eine geringere Dynamik. Dies gilt auch bei Kontrolle der Betriebsmerkmale, die den Erfolg wesentlich beeinflussen, etwa der Gründungsgröße. Arbeitslose gründen also Betriebe mit weniger Beschäftigten, die auch noch geringere Wachstumstendenzen zeigen. Hier zeigt sich eine Korrespondenz zwischen den Verläufen der Geschäftstätigkeit und dem Gründungsmotiv, mit der Betriebseröffnung auf die Arbeitslosigkeit zu reagieren. Den arbeitslosen Gründern fällt es außerdem schwerer, ihre Einkommenssituation zu sichern.

6. Fazit

Der Aufbruch in die berufliche Selbständigkeit in den neuen Bundesländern wird von der schlechten Arbeitsmarktlage in deutlicher Weise geprägt. Die arbeitslosen Gründerinnen und Gründer verbinden mit ihren Existenzgründungen jedoch durchaus auch positive Motivlagen. Dieses Ergebnis fügt sich gut in den Kontext von Untersuchungen ein, die bislang keine Entmutigungserscheinungen infolge eingetretener Arbeitslosigkeit und eine anhaltend hohe Erwerbsneigung bei den Ostdeutschen feststellen (*Strengmann-Kuhn* 1995). Den Übergang in die Selbständigkeit vollzieht eine Gruppe von Arbeitslosen, die sich im Hinblick auf die formale Qualifikation kaum von Personen unterscheidet, die vor der Gründung erwerbstätig waren. Allerdings waren sie vor der Arbeitslosigkeit eher in Positionen mit niedrigeren Anforderungen und auch geringeren Einkommen beschäftigt. Die von der Arbeitslosigkeit überproportional betroffenen Frauen und älteren Arbeitnehmer, die gemeinhin als Verlierer der deutschen Einheit gelten, sind zwar zu einem beachtlichen Anteil unter den Gründungspersonen vertreten, im Vergleich zu ihrem Anteil an den Arbeitslosen fällt ihre Gründungsaktivität aber deutlich niedriger aus. Dies bedeutet, daß die Verlierer der Einheit nicht in entsprechendem Ausmaß den Ausweg der beruflichen Selbständigkeit suchen. Es wirkt bereits vor der Gründung eine Selbstselektion, die Frauen und ältere Arbeitslose von der Existenzgründung absehen läßt. Einleitend wurde auf eine Besonderheit des ostdeutschen Gründungsgeschehens hingewiesen - die mangelnde Erfahrung ostdeutscher Gründungspersonen mit den Routinen einer Marktwirtschaft. Die Auswertungen haben diesbezüglich ein interessantes Ergebnis erbracht: Gründungspersonen aus Westdeutschland eröffnen zwar die kapitalstärkeren Betriebe, jedoch kann bislang nicht von einem höheren "Erfolg" der Westgründungen gesprochen werden. Dies könnte durchaus auf den Vorteil der ostdeutschen Gründungspersonen in bezug auf spezifisch "lokale" Kenntnisse hinweisen. Zur zweiten Besonderheit der ostdeutschen Gründungsszenerie - der in DDR-Zeiten wenig ausgeprägten Einkommensspreizung und der unbekannten Einkommensunsicherheit - können auf der Basis der „Leipziger Gründerstudie" bislang nur Vermutungen angestellt werden. Die Selbständigen zählen wohl auch in Ostdeutschland zu einer extrem heterogenen Gruppierung. Um hierzu differenziertere Aussagen machen zu können, benötigt man Informationen über die weitere betriebliche Entwicklung, die zum gegenwärtigen Zeitpunkt noch nicht vorliegen. Untersuchungen zur Berufszufriedenheit (*Büchel/Pannenberg* 1994) bieten im übrigen ein differenziertes Bild: Die Einkommenszufriedenheit wird durch den Wechsel in die berufliche Selbständigkeit erhöht, während sich die allgemeine Arbeitszufriedenheit nicht unterscheidet.

In der oben angestellten Interpretation der Ergebnisse wurde darauf hingewiesen, daß die Tatsache, daß arbeitslose Gründungspersonen gehäuft kleinere und darüber hinaus weniger entwicklungsstarke Betriebe eröffnen, mit anderen Gründungsmotivationen zusammenhängen kann. Für die Überlegung einer geringeren Produktivität arbeitsloser Gründer sprechen zwar die festgestellten Unterschiede im spezifischen Humankapital, die berufliche Qualifikation der Gründungspersonen erweist sich in den durchgeführten Erfolgsanalysen bislang jedoch nur für den Beschäftigtenzuwachs als bedeutsam. Die Arbeitslosigkeit der Gründungsperson besitzt daneben einen eigenständigen negativen Einfluß auf die Wahrscheinlichkeit, die Beschäftigung im gegründeten Betrieb zu erhöhen. Arbeitslose Gründer schaffen - nach den hier angestellten Analysen - mit dem Schritt in die berufliche Selbständigkeit wohl in erster Linie für sich selbst ein Auskommen. Das gelingt ihnen in manchen Fällen sicherlich eher schlecht als recht, wie der Vergleich der Einkommenssituation von vor der Gründung arbeitslosen und erwerbstätigen Gründungspersonen zeigt. Eine über den Arbeitsplatzersatz für die Gründungsperson hinausgehende Entlastung des Arbeitsmarktes ist durch die Gründungen von Arbeitslosen nicht spürbar. Dennoch sind die Mißerfolgsaussichten von arbeitslosen Gründern, die sich am bloßen „Überleben" orientieren, nicht deutlich höher. Dieses Ergebnis muß jedoch in den Kontext der schwierigen ökonomischen Umgebung gestellt werden. Wenn sich keine Alternativen auf dem Arbeitsmarkt (für abhängige Beschäftigung) anbieten, macht man erstmal weiter, auch wenn es mitunter eher einem "Durchwursteln" gleicht und nicht nach erfolgsorientiertem unternehmerischen Handeln aussieht. Die relativ niedrige Abmeldequote von 11% (in den ersten 18 Monaten) bei den in der „Leipziger Gründerstudie" näher untersuchten Betrieben beschönigt dabei sicherlich das Bild der wirtschaftlichen Realität. Aber für die Betriebe, die ihre Geschäftstätigkeit aufgenommen haben, ist eine gewisse Zähigkeit zu diagnostizieren. Durch die zurückhaltende Strategie, erst einmal nur für sich selbst tätig zu sein, können Durststrecken überbrückt und Krisen leichter bewältigt werden. Das Umfeld der Betriebe ist dabei oftmals mit Recht als chaotisch zu beschreiben. Deshalb sollten die Erwartungen, an denen die neuen Unternehmer gemessen werden, bescheidener angelegt werden. Über die Runden zu kommen, dürfte zu allererst die angemessene Anforderung an eine kleine Neugründung sein. Es ist denkbar, daß dabei auch das in DDR-Zeiten erforderliche Improvisationstalent (*Thomas* 1993) hilfreich ist.

Anmerkung

1. Der Beitrag entstand im Rahmen der Arbeit des Autors in dem von der Deutschen Forschungsgemeinschaft (DFG) mit den Sachbeihilfen Zi 207/8- und Zi 207/8-2 geförderten Forschungsprojekt "Berufliche Selbständigkeit in den neuen Bundesländern". Die Projektleiter sind *Peter Preisendörfer, Steffen H. Wilsdorf* und *Rolf Ziegler*.

Tabelle 1
Erwerbsposition der Gründungspersonen vor der Betriebsgründung

1. Hauptberuflich erwerbstätig Vollzeit	64.4%	
2. Hauptberuflich erwerbstätig Teilzeit	3.1%	67.5%
3. Arbeitslos	20.2%	
4. Kurzarbeit	5.8%	27.8%
5. "Warteschleife"	1.0%	
6. Arbeitsbeschaffungsmaßnahme	0.5%	
7. Umschulung/Weiterbildung	0.3%	
8. Hausfrau/Mann	1.4%	
9. Schüler/Student	1.4%	
10. Wehr/Zivildienst	0.3%	4.7%
11. Nebenher erwerbstätig	0.1%	
12 Sonstige Nichterwerbstätigkeit (z.B. Rentner)	1.6%	

Quelle: Leipziger Gründerstudie; Interviews Sommer 1992; gewichtete Daten (die Gewichtung korrigiert die durch die Auswahl der Panelbetriebe zustande gekommene Selektion nach der Branche; für die multivariaten Analysen werden die ungewichteten Daten eingesetzt); N=742

Tabelle 2
Eigenschaften der Gründungspersonen nach Erwerbsposition

	Erwerbstätig (N=501)	Arbeitslos (N=206)
Frauen	23%	41%
Alter (Jahre)	40,8	39,3
Schulbildung		
ohne Schulabschluß, 8.Klasse	27%	26%
POS (10 Schuljahre)	50%	50%
EOS (12 Schuljahre)	23%	24%
Berufsausbildung		
Facharbeiter, Lehre	79%	79%
Meister, Techniker	25%	15%
Hochschulabschluß	23%	24%
Branchenerfahrung	60%	52%
Selbständigkeitserfahrung	19%	9%
Höhere Leitungsfunktion	18%	10%
Monatliches Nettoeinkommen vor Gründung in DM	1.670	1.246

Quelle: Leipziger Gründerstudie; Interviews Sommer 1992; gewichtete Daten

Tabelle 3
Gründungsmotive nach Erwerbsposition

	Erwerbstätig (N=501)	Arbeitslos (N=206)
Pull-Faktoren		
Durchsetzung eigener Ideen	84%	78%
Wirtschaftliche Unabhängigkeit	75%	70%
Günstige Gelegenheit	69%	76%
Höheres Einkommen	66%	61%
Erkennen einer Marktlücke	59%	61%
Push-Faktoren		
Unbefriedigende Tätigkeit als Unselbständiger	39%	40%
Eingetretene oder drohende Arbeitslosigkeit	34%	82%
Nichtanerkennung bisheriger Qualifikationsabschlüsse	10%	20%

Quelle: Leipziger Gründerstudie; Interviews Sommer 1992; gewichtete Daten

Tabelle 4
Eigenschaften der gegründeten Betriebe nach Erwerbsposition der Gründungspersonen

	Erwerbstätig (N=501)	Arbeitslos (N=206)
Originäre Neugründung	81%	90%
Vollerwerbscharakter	85%	86%
Filiale, enge Verbindung	18%	24%
Partner beteiligt	30%	19%
Durchschnittliche Anzahl der Beschäftigten bei Gründung	8,0	2,0
Durchschnittliches Startkapital (DM)	210.000	59.000
Median Startkapital (DM)	35.000	15.000
Wirtschaftsbereich		
Handwerk	23%	9%
Industrie	4%	4%
Handel	35%	43%
Dienstleistungen	38%	44%

Quelle: Leipziger Gründerstudie; Interviews Sommer 1992; gewichtete Daten

Tabelle 5
Bestimmungsfaktoren der Gründungsgröße (OLS-Regressionen)

	(1) Beschäftigtenzahl			(2) Startkapital		
Erwerbsposition des Gründers						
Arbeitslosigkeit	-.27	(3.29)	*	-.11	(.41)	
Nicht-Erwerbstätigkeit	-.12	(.68)		-.36	(.67)	
Betriebsmerkmale						
Startkapital	.08	(6.88)	*	-	-	
Zahl der Beschäftigten	-	-		.83	(6.88)	*
Neugründung	-.99	(10.46)	*	-.49	(1.51)	
Filiale, Tochterbetrieb	.11	(1.16)		-1.31	(4.28)	*
Vollerwerbscharakter	.35	(3.16)	*	1.97	(5.65)	*
Geschäftspartner beteiligt	.64	(7.94)	*	-.12	(.47)	
Betriebsumfeld						
Industrie	.04	(.24)		.43	(.76)	
Handel	-.48	(4.83)	*	.10	(.30)	
Dienstleistungen	-.50	(5.19)	*	-.43	(1.40)	
Stadt Leipzig	.01	(.11)		-.33	(1.42)	
Merkmale der Gründungsperson						
Geschlecht (1=Frau)	-.10	(1.19)		-.26	(.96)	
Alter (Jahre)	.01	(1.69).		.01	(.17)	
Gründer aus Westdeutschland	-.17	(1.33)		1.09	(2.75)	*
Dauer der Berufstätigkeit (Jahre)	.01	(.13)		-.01	(.30)	
Dauer der beruflichen Qualifikation (Jahre)	.01	(.57)		.07	(1.60)	
Selbständigkeitserfahrung	-.05	(.52)		.26	(.84)	
Branchenerfahrung	.06	(.79)		.23	(.93)	
Konstante	.23	(.80)		6.33	(7.31)	*
N	678			678		
R^2	.50			.29		

Quelle: Leipziger Gründerstudie; Interviews Sommer 1992; ungewichtete Daten; abhängige Variablen: logarithmierte Beschäftigtenzahl bei Gründung, logarithmiertes Startkapital; metrische unabhängige Variablen: Alter der Gründungsperson, Dauer der Berufstätigkeit, Dauer der beruflichen Qualifikation; Referenzkategorien der Dummy-Variablen: Erwerbstätigkeit, Ausgründung, völlig unabhängiger Betrieb, Nebenerwerbscharakter, kein Geschäftspartner beteiligt, Handwerk, Gründung außerhalb der Stadt Leipzig, männliche Gründer, Gründer aus Ostdeutschland, keine Selbständigkeitserfahrung, keine Branchenerfahrung; angegeben sind die nichtstandardisierten Regressionskoeffizienten und in Klammern die t-Werte; * signifikant auf dem 5%-Niveau

Tabelle 6
Abmeldungen und frühes Beschäftigungswachstum (Logistische Regressionen)

	(1) Abmeldung			(2) Beschäftigtenzuwchs		
Erwerbsposition des Gründers						
Arbeitslosigkeit	-.48	(1.36)		-.60	(2.65)	*
Nicht-Erwerbstätigkeit	1.20	(2.42)	*	.57	(1.22)	
Betriebsmerkmale						
Zahl der Beschäftigten	-.20	(1.05)		-.04	(.36)	
Startkapital	-.07	(1.66)		.08	(2.28)	*
Neugründung	-.51	(1.22)		.67	(2.47)	*
Filiale, Tochterbetrieb	-.17	(.46)		-.78	(2.71)	*
Vollerwerbscharakter	-.92	(2.64)	*	1.80	(4.12)	*
Geschäftspartner beteiligt	.51	(1.47)		.72	(3.29)	*
Betriebsumfeld						
Industrie	2.42	(3.14)	*	.02	(.05)	
Handel	1.94	(3.33)	*	-.49	(1.85)	
Dienstleistungen	1.89	(3.29)	*	-.80	(3.13)	*
Stadt Leipzig	.02	(.06)		.51	(2.61)	*
Merkmale der Gründungsperson						
Geschlecht (1=Frau)	-.01	(.03)		-.13	(.56)	
Alter (Jahre)	.01	(.58)		-.01	(.29)	
Gründer aus Westdeutschland	.43	(.94)		.39	(1.18)	
Dauer der Berufstätigkeit (Jahre)	-.01	(.50)		-.01	(.79)	
Dauer der beruflichen Qualifikation (Jahre)	-.10	(1.69)		.09	(2.60)	*
Selbständigkeitserfahrung	.29	(.80)		.39	(1.47)	
Branchenerfahrung	.29	(.96)		.60	(2.84)	*
Konstante	-2.32	(7.09)	*	-4.38	(5.11)	*
N	678			677		
Pseudo R^2	.14			.19		

Quelle: Leipziger Gründerstudie; Interviews Sommer 1992; ungewichtete Daten; abhängige Variablen: Gewerbeabmeldung 18 Monate nach Gründung, Beschäftigtenwachstum 9 Monate nach Gründung; metrische unabhängige Variablen: logarithmierte Beschäftigtenzahl bei Gründung, logarithmiertes Startkapital, Alter der Gründungsperson, Dauer der Berufstätigkeit, Dauer der beruflichen Qualifikation; Referenzkategorien der Dummy-Variablen: Erwerbstätigkeit, Ausgründung, völlig unabhängiger Betrieb, Nebenerwerbscharakter, kein Geschäftspartner beteiligt, Handwerk, Gründung außerhalb der Stadt Leipzig, männliche Gründer, Gründer aus Ostdeutschland, keine Selbständigkeitserfahrung, keine Branchenerfahrung; angegeben sind die nichtstandardisierten Koeffizienten und in Klammern die t-Werte; * signifikant auf dem 5%-Niveau

Literatur

Audretsch, D.B./Fritsch, M. (1993): The Geography of Firm Births in Germany. Discussion Paper FS IV 93-25. Wissenschaftszentrum Berlin.

Arbeitsamt Leipzig (1991): Der Arbeitsmarkt - Das Jahr 1991. Pressestelle des Arbeitsamtes (mimeo). Leipzig.

Bögenhold, D. (1987): Der Gründerboom. Realität und Mythos der neuen Selbständigkeit. Frankfurt a. Main/New York: Campus.

Bögenhold, D./Staber, U. (1990): Selbständigkeit als ein Reflex auf Arbeitslosigkeit? Makrosoziologische Befunde einer international komparativen Studie. In: Kölner Zeitschrift für Soziologie und Sozialpsychologie 42, 265-279.

Büchel, F./Pannenberg, M. (1994): Welfare Effects of Labour Mobility in Eastern Germany - A Comparison between Benefits from Switching into Self-Employment and Gains from Job Turnover. In: Schwarze, J./Buttler, F./Wagner G.G. (eds.): Labour Market Dynamics in Present Day Germany. Frankfurt a. Main/New York/Boulder: Campus/Westview, S. 91-111.

Dickwach, F./Jungbauer-Gans, M. (1995): Betriebsgründerinnen in Ostdeutschland. In: Soziale Welt 46, 70-91.

Engelbrech, G. (1994): Frauenerwerbslosigkeit in den neuen Bundesländern. Folgen und Auswege. In: Aus Politik und Zeitgeschichte B6/94: 22-32.

Evans, D.G./Leighton L.S. (1990): Small Business Formation by Unemployed and Employed Workers. In: Small Business Economics 2, 319-330.

Hahn, T./Schön, G. (1995): Besonderheiten ostdeutscher Langzeitarbeitslosigkeit. In: Andreß, H.J. (Hrsg.). Fünf Jahre danach. Zur Entwicklung von Arbeitsmarkt und Sozialstruktur im vereinten Deutschland. Berlin: DeGruyter, S. 97-132.

Kaiser, M./Otto, M. (1990): Übergang von Arbeitslosigkeit in berufliche Selbständigkeit. Erste Ergebnisse aus IAB-Verlaufserhebungen bei Überbrückungsgeldempfängern nach § 55a AFG der Jahre 1986-1988. In: Mitteilungen aus der Arbeitsmarkt- und Berufsforschung 23, 284- 299.

Meager, N. (1992): Does Unemployment Lead to Self-Employment? In: Small Business Economics 4, 87-103

Nickel, H.M./Kühl J./Schenk, S. (Hrsg.) (1994): Erwerbsarbeit und Beschäftigung im Umbruch. Berlin: Akademie.

Parmentier, K./Tessaring, M. (1994): The Dynamics of Transitions in East Germany: Stocks and Flows by Level of Qualification between 1989 and 1991. In: Schwarze, J./Buttler, F./Wagner G.G. (eds.), Labour Market Dynamics in Present Day Germany. Frankfurt a. Main/New York/Boulder: Campus/Westview, S. 67-90.

Pfeiffer, F. (1994): Selbständige und abhängige Erwerbstätigkeit - Arbeitsmarkt- und industrieökonomische Perspektiven. Frankfurt a. Main/New York: Campus.

Statistisches Bundesamt (1994): Statistisches Jahrbuch für die Bundesrepublik Deutschland.

Steiner, V. (1994): Langzeitarbeitslosigkeit während des Übergangs zur Marktwirtschaft - Ostdeutschland nach der Vereinigung. In: König, H./Steiner V. (Hrsg.). Arbeitsmarktdynamik und Unternehmensentwicklung in Osteuropa. Baden-Baden: Nomos, S. 253-276.

Storey, D.J. (1991): The Birth of New Firms - Does Unemployment Matter? A Review of Evidence, in: Small Business Economics 3, 167-178.

Strengmann-Kuhn, W. (1995): Arbeitsangebot privater Haushalte in Deutschland. In: Andreß, H.J. (Hrsg.). Fünf Jahre danach. Zur Entwicklung von Arbeitsmarkt und Sozialstruktur im vereinten Deutschland. Berlin: DeGruyter, S. 63-96.

Thomas, M. (1993): Private Selbständigkeit in Ostdeutschland. Erste Schritte in einem neuen Forschungsfeld. In: Soziale Welt 44, 223-242.

Ziegler, R./Kiefl, W./Preisendörfer, P. (1990): Betriebliche Neugründungen: Chancen, Risiken und Probleme. Institut für Soziologie (mimeo). München.

Ungleichheiten und institutionelle Rahmenbedingungen im ostdeutschen Transformationsprozeß. Ein Diskussionsbeitrag[1]

Martin Heidenreich

In den vorangegangenen vier Beiträgen werden die Erwerbsverläufe und die Mobilitätsprozesse im Gefolge der deutsch-deutschen Vereinigung analysiert. Im Mittelpunkt stehen die neuen Muster sozialer Ungleichheit, die sich im Laufe der tiefgreifenden wirtschaftlichen Restrukturierungsprozesse in Ostdeutschland herausbilden. Vor dem Hintergrund des globalen Arbeitsplatzabbaus in Ostdeutschland[2] fragen sich die AutorInnen der vorangegangenen Beiträge, welche Gruppen als (relative) Gewinner und welche als Verlierer aus den wirtschaftlichen Transformationsprozessen hervorgehen. Hierbei können sich die AutorInnen auf eine beeindruckende empirische Basis stützen (ein Beleg für die Professionalität und die Schnelligkeit, mit denen die beteiligten Institute auf die Herausforderungen der Wiedervereinigung reagiert haben). Herangezogen werden das sozioökonomische Panel (Ost), die Lebensverlaufsstudien des Max-Planck-Instituts für Bildungsforschung (MPIB), die Leipzig-Münchener Gründerstudie und eine Bremer Vorstudie zu Mobilitätsprozessen von Hochschulabsolventen. Diese breite empirische Grundlage erlaubt es, gewissermaßen in "Echtzeit" einen der tiefgreifendsten Wandlungsprozesse der jüngeren deutschen Geschichte wissenschaftlich zu begleiten.

Die Herausgeber dieses Bandes haben mir dankenswerterweise die Gelegenheit zu einem Diskussionsbeitrag gegeben. Meine Eindrücke und Anregungen möchte ich in drei Punkten bündeln: (1) Den AutorInnen gelingt es auf überzeugende Weise, die geschlechts-, qualifikations- und altersspezifischen Selektivitäten der ostdeutschen Transformationsprozesse empirisch zu belegen. Die Rekonstruktion individueller Erwerbsverläufe erklärt jedoch noch nicht die von Gruppe zu Gruppe unterschiedlichen Aufstiegs- und (Wieder-)Beschäftigungschancen. Die vorgelegten Mobilitätsstudien müssen daher durch Analysen der institutionellen Rahmenbedingungen ergänzt werden, um die beschriebenen Muster sozialer Ungleichheiten auch erklären zu können. (2) Ein Beispiel für die Berücksichtigung der institutionellen Kontexte individueller Mobilitätsprozesse ist der Hinweis auf die berufsfachliche Strukturierung sowohl des ost- als auch des westdeutschen Erwerbssystems (*Diewald/Sørensen*). Hierbei wird allerdings die Verbetrieblichung ostdeutscher Arbeitsmarktprozesse unterbewertet. (3) Die wirtschaftlichen Restrukturierungsprozesse in Ostdeutschland erfolgen nicht nur - wie oftmals in industriesoziologischen Studien unterstellt - durch die

Reorganisation bestehender Unternehmen, sondern auch durch Unternehmensneugründungen (*Hinz*). Die Untersuchung von Unternehmenspopulationen - ein zentrales Anliegen organisationsökologischer Ansätze - ist daher in Ostdeutschland noch wichtiger als im Westen. Die Fixierung auf den Status des Gründers zum Zeitpunkt der Unternehmensgründung verschenkt allerdings wichtige Erkenntnismöglichkeiten; eine sinnvolle Ergänzung wäre eine Typologie der neugegründeten Unternehmen.

1. Die Problemgruppen des ostdeutschen Arbeitsmarktes

Ein zentrales Ergebnis der vorangegangenen Beiträge ist, daß die wichtigsten "Verlierer der Einheit" erstens die Frauen, zweitens die un- und angelernten Beschäftigten und drittens die älteren Jahrgänge sind. Auch wenn die Erwerbsquote der ostdeutschen Frauen - der Anteil der weiblichen Erwerbspersonen an allen Frauen - immer noch höher ist als die ihrer westdeutschen Geschlechtsgenossinnen (1993: 47,7% im Vergleich zu 39,3%), so deuten abnehmende Erwerbsquoten und die außerordentlich hohen Arbeitslosenquoten der ostdeutschen Frauen (1993: 21%) auf eine *Ausgrenzung der Frauen aus dem Erwerbsleben* hin. Diese Ausgrenzung ist nicht primär Ergebnis eines überdurchschnittlich hohen Entlassungsrisikos, sondern verweist auf die im Vergleich zu Männern erheblich geringeren Wiedereinstellungschancen von Frauen (*Berger u.a.*; *Diewald/Sørensen*). Dies gilt für alle Altersgruppen - jedoch nicht für alle Qualifikationsgruppen und Beschäftigungsbereiche: Akademisch qualifizierte Frauen im Öffentlichen Dienst, in der Arbeitsmarktverwaltung etc. haben erheblich bessere Chancen als ihre geringer qualifizierten Geschlechtsgenossinnen in der Industrie.

Zu den Verlierern des Transformationsprozesses gehört auch die in der DDR relativ geringe *Gruppe der Un- und Angelernten*, während die ostdeutschen Akademiker noch bessere Beschäftigungschancen als Facharbeiter haben. *Diewald/Sørensen* zufolge sind die Unterschiede zwischen den Arbeitsmarktchancen berufsfachlich und akademisch qualifizierter Männer allerdings geringer als die Unterschiede zwischen ungelernten und anderen Beschäftigten. *Berger u.a.* zufolge sind Meister sogar noch besser als Ingenieure und Akademiker gestellt. Festgehalten werden kann: das soziokulturelle Kapital der ostdeutschen Bevölkerung wird mit der Wende nicht vollkommen entwertet; ebenso wie im Westen - wenn auch auf erheblich höherem Niveau - sind die Arbeitslosenquoten der Un- und Angelernten (1992: 39,7%) bei weitem höher als die der Facharbeiter und Hochschulabsolventen. Eine gehobene schulische Ausbildung oder eine Berufsausbildung erweisen sich auch angesichts der ostdeutschen Sonderbedingungen als ein wichtiger, wenn auch immer nur relativer Vorteil. Dies zeigt sich auch, wenn über den recht groben Indikator "Arbeitslosigkeit

ja/nein" hinausgegangen wird und die Mobilitätsprozesse und Statuspassagen nach der Wende genauer analysiert werden.
Das *Alter* ist eine weitere Dimension, dessen Bedeutung für die ostdeutschen Muster sozialer Ungleichheiten in allen Beiträgen herausgearbeitet wird. Die von *Berger u.a.* belegten schlechteren Arbeitsmarktchancen von älteren Beschäftigten (56 Jahre und mehr) können nicht überraschen, da diese Jahrgänge weitgehend - und in erheblich stärkerem Maße als in Westdeutschland - frühverrentet wurden (*Statistisches Bundesamt* 1994: 81). Die relativ guten Beschäftigungschancen der Altersgruppe von 26-55 Jahre - eine sehr breit gefaßte *Gruppe* - verweist auf die Auswahlkriterien, die bei Entlassungen zu beachten sind: langjährig Beschäftigte mit Familie werden in der Regel erst nach der Kündigung der jüngeren, alleinstehenden Beschäftigte entlassen. Aufgrund dieser arbeitsrechtlichen Vorgaben wären daher überproportionale Entlassungsquoten bei jüngeren Erwerbspersonen zu erwarten (aber natürlich auch hohe Wiedereinstellungsquoten). Da jedoch die jüngste der von *Diewald/Sørensen* untersuchten Kohorten zu Beginn der Transformationsprozesse schon 30 Jahre alt war, kann diese Vermutung auf Grundlage der MPIB-Daten nicht überprüft werden (die Zu- und Abgänge aus Arbeitslosigkeit werden in den alljährlichen Strukturanalysen der Bundesanstalt der Arbeit für Ostdeutschland leider noch nicht erhoben). Die höheren Arbeitslosenquoten der Geburtskohorten 1939/41, die in dieser Studie ermittelt werden, sprechen für die These von *Geißler* (1992: 27), derzufolge insbesondere das "späte Mittelalter" (d.h. Personen, die zum Zeitpunkt der Wende 45-50 Jahre alt waren) Verlierer der Einheit waren. Gegen diese These sprechen jedoch die üblichen Sozialplankriterien, die zur Weiterbeschäftigung der älteren Mitarbeiter und damit zur Überalterung vieler Belegschaften führten (dies konnten wir am Beispiel einer Raffinerie und eines Stahlwerks beobachten).[3]

Die altersspezifischen Ungleichheiten verweisen in erster Linie auf die (weitgehend aus Westdeutschland übernommenen) Regulationsstrukturen im Bereich des Arbeitsrechts und der Sozialversicherungen. Angesichts der neuen Rahmenbedingungen war die Frühverrentung älterer Mitarbeiter für die Unternehmen der kostengünstigste, schnellste und konfliktärmste Weg des Personalabbaus.

Auch die Benachteiligung der ostdeutschen Frauen[4] - die angesichts der hohen Frauenerwerbsquoten und des vergleichbaren Qualifikationsniveaus kaum zu erwarten war - wirft die Frage nach den institutionellen Rahmenbedingungen auf, durch die geschlechtsspezifische Ungleichheiten "produziert" werden. Eine Beschränkung auf die "neuen", nach Ostdeutschland übertragenen Institutionen ist in diesem Fall allerdings nicht sinnvoll. Vielmehr arbeiten die vorangegangenen Studien heraus, daß die Ausgrenzung der Frauen aus dem Erwerbsleben sowohl durch die aus DDR-Zeiten überkommenen Regulationsstrukturen als auch durch neue, aus dem Westen transferierten Institutionen erklärt werden kann:

- *Sackmann/Wingens* verweisen auf die randständigen Arbeitsbereiche von Frauen schon zu DDR-Zeiten. *Diewald/Sørensen* arbeiten heraus, daß sich diese Randständigkeit nach der Wende im Falle des öffentlichen Dienstes, des Handels, der Finanzdienstleistungen etc. als wichtiger Startvorteil erwies, während eine Tätigkeit in der Textil- und Bekleidungsindustrie und anderen Leichtindustrien einer fast sicheren Entlassung gleichkam (vgl. auch *Nickel/Schenk* 1994). Offen ist jedoch, auf welche Weise die Frauen auch zu DDR-Zeiten an die Ränder des Beschäftigungssystems gedrängt wurden.
- Die Benachteiligung von Frauen ist weniger auf ein unterschiedliches Entlassungsrisiko als die unterschiedlichen Wiedereinstiegschancen zurückzuführen, wie *Sackmann/Wingens* betonen. Dies verweist auf die Reprivatisierung familiärer Aufgaben durch den Abbau von Ganztagsschulen und betrieblichen und kommunalen Kindergärten. Hierdurch wird die Verfügbarkeit von Frauen erheblich eingeschränkt. Da der Erhalt der bisherigen Position nur durch ein stärkeres Engagement und eine erhebliche Mobilität möglich ist - dies können *Diewald/Sørensen* im Detail belegen -, beeinträchtigt die familiäre und berufliche Doppelbelastung der Frauen ihre Arbeitsmarktchancen ganz beträchtlich.[5]

Sowohl die latente Benachteiligung der weiblichen Werktätigen in der DDR als auch der Um- und Abbau der sozialen Dienstleistungen nach westdeutschem Vorbild erklären somit die tendenzielle Ausgrenzung der ostdeutschen Frauen aus dem Erwerbsleben.

Festgehalten werden kann: Den vorangegangenen Beiträgen gelingt die detaillierte Rekonstruktion der gruppenspezifischen Betroffenheiten im Verlauf des ostdeutschen Transformationsprozesses. Es zeigen sich deutliche Unterschiede zu den westdeutschen Mustern; hierauf weisen die geringeren Anteile von männlichen, unqualifizierten, berufsunerfahrenen, älteren, ausländischen und gesundheitlich beeinträchtigten Arbeitslosen hin (*Statistisches Bundesamt* 1994: 98). Allerdings gibt es auch viele Gemeinsamkeiten zwischen Ost- und Westdeutschland: Ältere, Un- und Angelernte, Frauen und ausländische Arbeitnehmer (die oftmals direkt nach der Wende abgeschoben wurden und daher in den voranstehenden Analysen nicht mehr berücksichtigt werden konnten) sind schließlich nicht nur im Osten die wichtigsten "Problemgruppen des Arbeitsmarktes". Vor dem Hintergrund der in der DDR außerordentlich hohen Erwerbsquoten aller Bevölkerungsgruppen und der relativ egalitären Einkommensstrukturen sind jedoch auch diese Gemeinsamkeiten erklärungsbedürfig: Wie konnten Frauen, Ältere, Un- und Angelernte und Ausländer so schnell ausgegrenzt werden, nachdem sie jahrzehntelang eine außerordentlich starke Position im Erwerbsleben innegehabt haben? Wurden mit dem "Institutionentransfer" von West- nach Ostdeutschland auch die westdeutschen Muster sozialer Ungleichheit in eine bis zur Wiedervereinigung scheinbar egalitäre Gesellschaft übertragen? Oder knüpfen die neuen, nunmehr über den Arbeitsmarkt reproduzierten Chancen und Risiken an DDR-typische Muster sozialer Ungleichheiten an? Die Beantwortung dieser Fragen - und damit die Erklärung der neuen Muster sozialer Ungleichheit in Ostdeutschland - verweist auf die Notwendigkeit einer detaillierteren Rekonstruktion ost- und westdeutscher, betrieblicher und überbetrieblicher Regulationsstrukturen.

2. Beruflichkeit oder Verbetrieblichung?

Diewald/Sørensen verweisen auf die relative Stabilität des beruflichen Status und versuchen damit, die qualifikationsspezifischen Ungleichheiten in Ostdeutschland unter Verweis auf eine institutionelle Gemeinsamkeit von Ost- und Westdeutschland - das Berufsausbildungssystem - zu erklären. Die beiden AutorInnen gehen mit guten Gründen davon aus, daß die deutsch-deutsche Vereinigung keine Stunde Null war. Ostdeutschland war keine institutionelle Wüste, die ausschließlich durch die Übertragung westdeutscher Strukturen in die angestrebten blühenden Landschaften verwandelt werden könnte. Fraglich ist jedoch, ob tatsächlich von einer berufsfachlichen Organisation des ostdeutschen Beschäftigungssystems ausgegangen werden kann. Sind die besseren Beschäftigungschancen von Facharbeitern (und auch von Professionen und Semiprofessionen) hierzu schon hinreichend? Ist die gemeinsame Tradition einer dualen Berufsausbildung tatsächlich eine zentrale Klammer, ein beiderseits anschlußfähiges Brückenglied, das den Übergang von den bisherigen, DDR-spezifischen zu den neuen, westlich beeinflußten Mustern sozialer Ungleichheit mit erklären kann (*Diewald/Solga* 1994) Auch wenn ich die Beruflichkeit des westdeutschen Erwerbssystems in einem westdeutsch-französisch-italienischen Vergleich zur Erklärung national unterschiedlicher Informatisierungsmuster herangezogen habe (*Heidenreich* 1995), so scheint mir die These von *Diewald/Sørensen* im Falle eines deutsch-deutschen Vergleichs jedoch unzutreffend zu sein. Trotz der beeindruckend hohen Facharbeiterquoten in Ostdeutschland kann m.E. im Falle der DDR nicht von einer berufsfachlichen Organisation von Arbeitsmarktprozessen ausgegangen werden. Denn "Beruflichkeit" setzt nicht nur eine enge Verbindung schulischer und betriebspraktischer Ausbildungsanteile und entsprechende Zertifikate voraus, sondern auch eine berufsfachliche Organisation von Arbeitsmarktprozessen und eine intermediäre Regulationsstruktur (in Westdeutschland: unter Beteiligung von Arbeitgeber- und Arbeitnehmerverbänden; vgl. *Streeck u.a.* 1987). Ohne die überbetriebliche Anerkennung betrieblich erworbenen Erfahrungswissens und ohne die damit verbundenen, zwischenbetrieblichen Mobilitätschancen (unter Wahrung der einmal in einem Betrieb erworbenen Positionen) kann m.E. von einem berufsfachlich organisierten Erwerbssystem nicht die Rede sein. Die DDR war jedoch vor allem durch innerbetriebliche Arbeitsmärkte gekennzeichnet

(*Grünert/Lutz* 1994). Dies dokumentiert sich auch in einer außerordentlich hohen Dauer der Betriebszugehörigkeit (vgl. Tabelle 1): Insbesondere Beschäftigte in Großbetrieben, Meister und Techniker, ja sogar Ungelernte waren in der DDR in der Mehrzahl schon 10 Jahre und länger in demselben Betrieb tätig (vgl. zur innerbetrieblichen Karriere ostdeutscher Führungskräfte auch *Lang* 1992). Diese hohe Betriebsbindung hatte auch Auswirkungen für den Stellenwert einer Berufsausbildung; die Orientierung an zwischenbetrieblichen Arbeits-"märkten" trat in den Hintergrund. Vielmehr haben sich in der DDR die schulischen und betrieblichen Aspekte beruflicher Ausbildungen auseinanderentwickelt. Die Verschulung und Verbetrieblichung der ostdeutschen Berufsausbildungen dokumentierte sich beispielsweise in sehr eng geschnittenen, kaum modernisierten Berufsbildern (*Aderhold u.a.* 1994: 186), im Vorrang innerbetrieblicher Mobilitäts- und Karrierepfade und in einer Verschulung (und ideologischen Überfrachtung) vor allem der Meisterausbildung. Im übrigen sei noch darauf hingewiesen, daß sogar die zwischenbetrieblichen Mobilitätsprozesse in der DDR - die ja trotz verbetrieblichter Arbeitsmarktstrukturen für jüngere Beschäftigte noch eine erhebliche Bedeutung hatten - durchaus nicht den Logiken berufsfachlicher Arbeitsmärkte folgten. *Sackmann/Wingens* zufolge war ein zentrales Motiv für einen Stellenwechsel die räumliche Nähe zum Partner bzw. zum Heimatort.[6]

Auch wenn die Mobilitätsprozesse in der ehemaligen DDR nicht vorrangig nach berufsfachlichen Gesichtspunkten strukturiert waren, so spricht dies nicht unbedingt gegen die These, daß Berufe zumindest für den Zeitraum nach der Wende die Erwerbschancen entscheidend beeinflußt haben. Der Geltungsbereich einer solchen These muß allerdings auf die Beschäftigten beschränkt werden, die weder völlig aus dem Erwerbssystem ausscheiden noch in ihrem bisherigen Betrieb verbleiben können. Wenn die Erwerbschancen dieser Betriebswechsler von einer Berufsausbildung abhingen, wäre dies jedoch noch kein Beleg für das Fortwirken einer DDR-spezifischen Beruflichkeit, sondern ein Beispiel für die soziale (Re-) Konstruktion bzw. (Wieder-)Erfindung von Traditionen: Erst nach der Wende erlangen Berufsabschlüsse (auch relativ unabhängig von ihrem qualifikatorischen Gehalt) ihre aus dem Westen bekannte, statuszuweisende Funktion. Wenn die These von *Diewald/Sørensen* in diesem Sinne verstanden wird, wäre zu klären, ob die sozialen Schließungsprozesse nach der Wende vorrangig auf Grundlage der Betriebszugehörigkeit oder auf der Grundlage der Berufsausbildung erfolgen. Die von *Diewald/Sørensen* vorgelegten Daten sprechen m.E. keinesfalls für eine Dominanz berufsfachlicher Strukturierungsprinzipien; vielmehr hingen die Beschäftigungschancen für den überwiegenden Teil der Erwerbspersonen zunächst von der Betriebszugehörigkeit ab; das Überleben des "eigenen" Betriebs wird in den ersten Jahren nach der Wende wichtiger gewesen sein als die berufsfachliche Qualifikation.[7] Hiergegen sprechen auch nicht die in Tabelle 1 präsentierten

Daten, da die lateralen Mobilitätsprozesse - deren Bedeutung für den Statuserhalt überzeugend herausgearbeitet wird - sowohl innerhalb desselben Betriebs als auch zwischen verschiedenen Betrieben stattfinden können. Stellen-, Berufs- und Tätigkeitswechsel sind auch in demselben Betrieb möglich; ein hohes Maß innerbetrieblicher Mobilität ist ein wichtiges Merkmal betriebszentrierter Formen der Arbeitsmarktsegmentation.

Tabelle 1: Dauer der Betriebszugehörigkeit der ostdeutschen Erwerbstätigen (November 1990; Zeilenprozente)

	bis 1 Jahr	1-3 Jahre	3-10 Jahre	10 Jahre u. mehr
Frauen	13	11	26	48
Männer	18	10	22	48
Alter (ohne die jüngeren Erwerbstätigen)				
25-39 Jahre	16	10	33	40
40-54 Jahre	10	4	14	71
44-64 Jahre	7	3	9	80
Schulabschluß				
8./10. Klasse	15	11	23	49
Abitur	22	8	26	43
Höchster beruflicher Abschluß (Erwerbstätige ohne Lehrlinge)				
kein Abschluß	10	9	22	59
Teilfacharbeiter	8	13	28	49
Facharbeiter	14	10	26	48
Meister/Techniker	14	6	18	61
Fachschule	16	9	23	52
Hochschule	20	7	26	47
Betriebsgröße				
bis 19 Beschäftigte	29	11	23	34
20-499 Beschäftigte	15	11	25	48
500 und mehr	11	11	22	56
Insgesamt	16	11	24	48

Quelle: Infratest Sozialforschung, 1991: Arbeitsmarktmonitor für die neuen Bundesländer, Nürnberg: BeitrAB 148.1

3. Gründer- oder Unternehmenstypologien?

Der Beitrag von *Hinz* verfolgt eine etwas andere Fragestellung als die anderen Beiträge dieses Kapitels: Auf Grundlage des von *Ziegler* und Kollegen durchgeführten Betriebspanels - die in der turbulenten Umbruchsphase 1991 über 700 Betriebe befragt haben - sollen die Merkmale neugegründeter ostdeutscher Unternehmen untersucht werden. *Hinz* zufolge ist die Frage, ob der Gründer eines neuen Unternehmens zum Zeitpunkt der Unternehmensgründung arbeitslos war, eine außerordentlich wichtige Erklärungsvariable. Wenn aber "die Episode der Arbeitslosigkeit zum Gründungszeitpunkt 1991 nur kurze Zeit angedauert haben kann" - wie *Hinz* feststellt -, dann fragt es sich, ob einer (wenn überhaupt nur kurzen) Arbeitslosigkeit eine solche Bedeutung beigemessen werden kann. Gerade angesichts der erheblichen Kluft zwischen dem Median und dem Mittelwert des Startkapitals vermute ich eine erhebliche Heterogenität der untersuchten Betriebe, die durch die gewählte unabhängige Variable nur unzureichend "kleingearbeitet" wird. Vielleicht wäre es sinnvoll, verschiedene Betriebstypen zu unterschieden, um hierdurch (und nicht nur durch den Status des Unternehmensgründers) die beobachtete Varianz zu erklären. Ausgehend von der Entstehungsgeschichte und dem institutionellen Hintergrund der Unternehmen könnten möglicherweise drei Betriebstypen unterschieden werden:

1. Ausgründungen und Quasi-Ausgründungen (d.h. Arbeitsbrigaden und Abteilungen, die sich mit finanzieller und materieller Unterstützung ihres Mutterbetriebs selbständig machen). Diese Betriebe sind den Ergebnissen von *Hinz* zufolge vor allem im Handwerk tätig, sie haben mehrere Gesellschafter und eine Beschäftigtenzahl deutlich höher als 2 - ebenso wie ein relativ hohes Startkapital.
2. Neugründungen von Westdeutschen oder westdeutschen Unternehmen (mit einem überdurchschnittlich hohen Startkapital; möglicherweise Filialbetriebe insbesondere im Handel und bei Dienstleistungen).
3. "Notgründungen" von Arbeitslosen ohne hinreichendes Startkapital und Branchenerfahrung (etwa im Einzelhandel und im Dienstleistungssektor).

Festgehalten werden kann, daß in den vorangegangenen vier Beiträgen die Erwerbsverläufe nach der Wende auf eine beeindruckende Weise rekonstruiert wurden. Beschrieben wurden die Mobilitätsprozesse, in denen sich neue Muster sozialer Ungleichheit herausbilden. Erklärt werden können diese Muster sowohl durch die institutionellen Rahmenbedingungen, die aus dem Westen transferiert wurden, als auch die aus der DDR überkommenen Benachteiligungen. Daher kann in absehbarer Zeit zwar mit einer Annäherung, aber nicht mit einer Angleichung west- und ostdeutscher Muster sozialer Ungleichheit gerechnet werden.

Anmerkungen

1. *Martin Diewald* hat mir erheblich geholfen, meine Kritik an seiner Beruflichkeitsthese zu präzisieren. Hierfür möchte ich mich herzlich bedanken.
2. Der vergleichsweise schnelle und drastische Verlauf des ostdeutschen Transformationsprozesses ging mit einem erheblichen Arbeitsplatzabbau einher. So wurden Anfang 1994 nur noch 6,1 Mio. in Ostdeutschland erwerbstätige Personen gezählt (im Vergleich zu etwa 9,8 Millionen Beschäftigten im Jahre 1989). Dieser Rückgang drückt sich nur teilweise in den offiziellen Arbeitslosenzahlen (1. Quartal 1994: 1,3 Mio.) aus, da der Arbeitsmarkt durch Vorruhestands- und Altersübergangsregelungen (1. Quartal 1994: 730.000), durch die Rückwanderung von Ausländern, durch Pendler (349.000), durch Abwanderungen in den Westen, durch Arbeitsbeschaffungs- (230.000) und Fort- und Weiterbildungsmaßnahmen (256.000) entlastet wurde (*DIW-Wochenbericht* 31/94).
3. Der Anteil Älterer (45-65 Jahre) an allen Arbeitslosen lag im September 1993 in Ostdeutschland (34,9%) sogar unter dem westdeutschen Niveau (39%; Quelle Bundesanstalt für Arbeit). Dies verweist auf die konsequente Nutzung von Frühverrentungsmöglichkeiten.
4. 1993 waren in den neuen Bundesländern 11% der Männer und 21% der Frauen arbeitslos, obwohl 70,6% der erwerbstätigen Frauen (und nur 32% der Männer) in den chancenreicheren Angestelltenberufen tätig waren. Die Erwerbsquote der ostdeutschen Frauen lag mit 47,7% weit über dem Niveau der westdeutschen Frauen (39,3%). 96% der 25- bis 50-jährigen Frauen wurden noch 1993 als Erwerbspersonen gezählt (*Statistisches Bundesamt* 1994: 80ff.). Im Mai 1992 standen nur noch 62% der Frauen, die Ende 1989 erwerbstätig waren, im Berufsleben (im Vergleich zu 77% der Männer, *Infratest Sozialforschung* 1992: 18).
5. Zu einem ähnlichen Ergebnis gelangen auch *Nickel/Schenk* (1994: 264) auf Grundlage des Arbeitskraft-Monitors für die neuen Bundesländer: Ein in etwa vergleichbarer Anteil von Männern (37%) und Frauen (33%) war im November 1992 noch im selben Betrieb wie drei Jahre zuvor beschäftigt. Ein Betriebswechsel - und damit der Verbleib im Erwerbsleben - gelang jedoch 27% der Männer und nur 16% der Frauen.
6. Der folgende Interviewauszug verweist allerdings darauf, daß dieses Argument nicht überzogen werden darf, da professionelle Kontinuitäten "trotz allem" eine erhebliche Bedeutung hatten - auch wenn politische Einflüsse gelegentlich zu ungewöhnlichen Erwerbskarrieren führten, die nur aus einer statistischen Vogelperspektive noch als "berufliche Kontinuität" gedeutet werden können. Der EDV-Leiter eines Berliner Bekleidungsbetriebs beschrieb uns seine berufliche Laufbahn wie folgt: "Geboren 1941, Abitur 1959, Studium der Mathematik bis 1964, Arbeit im Kernkraftwerk Rheinsberg in der Datenverarbeitung, ab 1973 Aspirantur in Rostock zur Neutronenphysik. Nach 17 Jahren Wechsel zur Akademie der Landwirtschaften, Gruppe Rechentechnik (Modellierung von Wurzelbildungsprozessen). Seit 1982 wieder 5 jahre KKW Rheinsberg, Arbeit mit supermoderner Rechentechnik (COCOM-Liste), deshalb VS-Verpflichtung notwendig (Verschlußsache, d.h. auch Beschränkung von Westkontakten; M.H.). Daher Ausstieg aus dem Betrieb und Beginn als Hauptabteilungsleiter Software in einem Herrenbekleidungsunternehmen."
7. Die von meinen KollegInnen und mir durchgeführten Betriebsfallstudien - deren Ergebnisse jedoch nicht verallgemeinert werden können - sprechen für eine nach wie vor starke Betriebszentrierung von Rekrutierungs- und Mobilitätsmustern - auch wenn sich der betriebsgemeinschaftliche Charakter der ostdeutschen Arbeitsbeziehungen in Richtung einer Leistungs- bzw. Zweckgemeinschaft entwickelt hat. Für eine starke Betriebszentrierung sprechen auch die geringen Neueinstellungsquoten von Treuhand- und Ex-Treuhandfirmen. Für die These einer nach wie vor hohen Betriebszentrierung spricht weiterhin der hohe Anteil von ostdeutschen Langzeitarbeitslosen (1 Jahr und länger arbeitslos): In Ostdeutschland ist der Anteil der 1 Jahr und länger Arbeitslosen an allen Arbeitslosen von 24,4% (September 1992) auf 30,7% (September 1993) angestiegen und lag damit über dem

westdeutschen Niveau (26,6% bzw. 26%): Wer einmal aus einem Betrieb ausscheiden mußte, hat in Ostdeutschland noch geringere Wiedereinstiegschancen als im Westen.

Literatur

Aderhold, J./Brüß, J./Finke, M./Hanke, J./Heidenreich, M./Kirchhof, F./Schölzel, T./Schrott, M./Schwingeler, S./Sievers, M. (1994): Von der Betriebs- zur Zweckgemeinschaft. Ostdeutsche Arbeits- und Managementkulturen zwischen Tradition und Wandel. Berlin: Sigma.

Diewald, M./Solga, H. (1994): Ordnung im Umbruch? Strukturwandel und deutsch-deutsche Tradition bei der Kanalisierung beruflicher Mobilität im Transformationsprozeß. Arbeitbericht 14, Projektgruppe Lebensverläufe und historischer Wandel in der ehemaligen DDR, Max-Planck-Institut für Bildungsforschung, Berlin.

Geißler, R. (1992): Die ostdeutsche Sozialstruktur unter Modernisierungsdruck. In: Aus Politik und Zeitgeschichte 29-30: 15-28.

Grünert, H./Lutz,B. (1994): Transformationsprozeß und Arbeitsmarktsegmentation. In: Nickel, H. M./Kühl, J./Schenk, S. (Hrsg.): Erwerbsarbeit und Beschäftigung im Umbruch. Berlin: Akademie Verlag, S. 3-28.

Heidenreich, M. (1995): Informatisierung und Kultur. Opladen: Westdeutscher Verlag.

Infratest Sozialforschung (1992): Arbeitsmarkt-Monitor für die neuen Bundesländer. Umfrage 5/1992; In: BeitrAB 148.5, Nürnberg: IAB.

Lang, R. (1992): Sozialisation und Wertorientierungen ostdeutscher Führungskräfte. In: Heidenreich, M. (Hrsg.): Krisen, Kader, Kombinate. Kontinuität und Wandel in ostdeutschen Betrieben. Berlin: Sigma, S. 125-142.

Nickel, H. M./Schenk, S. (1994): Prozesse geschlechtsspezifischer Differenzierung im Erwerbssystem. In: Nickel, H.M./Kühl, J./Schenk, S. (Hrsg.): Erwerbsarbeit und Beschäftigung im Umbruch. Berlin: Akademie Verlag, S. 279-282.

Statistisches Bundesamt (Hrsg.) 1994: Datenreport 6. Zahlen Fakten über die Bundesrepublik Deutschland 1993/94. München/Landsberg: Bonn aktuell.

Streeck, W./Hilbert, J./van Kevelaer, K.-H./Maier, F./Weber, H. (1987): Steuerung und Regulierung der beruflichen Bildung. Die Rolle der Sozialpartner in der Ausbildung und beruflichen Weiterbildung in der Bundesrepublik Deutschland. Berlin: Sigma.

The Polish Experience: From Nomenklatura to Where? Occupational Trajectories of State-Socialist Managers under Conditions of Systemic Change: Poland 1988-1993[1]

Bogadan W. Mach and Kazimierz M. Slomczynski

1. Introduction: Occupational Mobility of State-Socialist Managers as an Asset-Conversion Process

In this paper, we investigate what has been happening to the former state-socialist managers in Poland under conditions of the current systemic change. In turning our attention to the post-1989 fates of state-solicialist managers, our aim is to answer the general question of the extent to which state-socialist assets and resources undergo a conversion process into assets and resources which are effective in the emerging capitalist system. Thus, we investigate a global issue of structural transformation rather than the narrow question of what has been happening to a specific occupational category.

We are interested in a wide range of supervisory positions: low-level and middle-level managers, as well as top executives. Taking into account this range of positions, we found that elite recruitment theories are too narrow to explain managerial careers since they focus only on a minority category of managers - those of celebrities, luminaries, and dignitaries. We argue that theories of political segmentation of the labor market are more suitable for our purpose. In terms of these latter theories, the research problem of how political segmentation operating at all levels of the state-socialist labor markets translates into positions and privileges existing in the post-communist capitalist labor market is well-defined, significant, and explainable.

In East Central Europe, before 1989, political segmentation of the state-socialist labor market meant inequalities in opportunities, rewards and resources produced in that market by two factors: (1) a managerial status obtained within administrative system of the command economy, and (2) membership in the communist party or in its "allied parties". In the present paper, we analyze the impact of both factors with emphasis on managerial status.

The empirical base for our conclusions consists of our analyses of panel data collected on a nationally representative sample of the adult Polish population in 1988 and 1993. The interview schedule of the 1988 and 1993 studies contained a set of detailed questions pertaining to supervisory positions and party membership.

2. "Elite Recruitment" and "Political Segmentation" Approaches to the Study of an Asset Conversion

The problem of conversion of political and organizational assets acquired by people under the state-socialist system into assets that "count" in the post-communist capitalist system attracted the attention of various researchers. Generally, two approaches to this problem can be distinguished in the current literature: an "elite recruitment" and a "political segmentation".

The first approach concentrates on the degree to which members of the former state-socialist top strata have been recruited to a new, emerging post-communist elite. In this approach elite recruitment taking place in Eastern Europe is considered in the framework of either the theory of reproduction of elites or the theory of elite circulation. We will comment on both of these theories[2].

The most important feature of the theory of elite reproduction is its strong assumption of no limits to convertability of social resources under conditions of systemic social change. The theory claims that those who were privileged under the communist system remain privileged under the new system because they are able to convert their "deflated" political assets from the old regime into "inflated" economic assets that form the structural basis of privilege under a new capitalist order.

In contrast, the theory of circulation of elites assumes that under conditions of systemic change, asset conversion ist extremely difficult and uncertain. According to this theory, it is infrequent that members of the old communist elite are able to convert their obsolete political assets into something which is relevant and effective under the new system. Thus, this theory predicts that emerging elites will necessarily consist of new people.

The second approach to the conversion of political and organizational assets focuses on the entire state-socialist social structure rather than on its top strata. It concentrates on a unique phenomenon of pervasive pre-1989 political segmentation on the state-socialist labor market. In East European countries, allocation of both human and material recources brought about labor market structures perpetuated by the logic of central planning and a strict administration controlled by the political entities. Consequently, labor market segmentation in socialist societies should be treated as the product of organizations.

Political segmentation understood in this way was a product, in part, of the Nomenklatura system. It refers to a set of positions reserved for direct appointment by the party. Nomenklatura in itself is simply a list of positions, arranged in order of seniority, including a description of the duties of each office (*Harasymiw* 1969: 122). However, in reality, it carried significant status and power because these positions required ratification by an appropriate party committee. It served as the nervous system of the party, extending to all levels of society, and enable the party-state to penetrate all ranks of the social system (*Lewis* 1985). It was a structural arrangement through which the party ensured that appropriate people would be placed in important positions and that they carried out the party directives efficiently and effectively.

We think of the Nomenklatura system and party membership as two interrelated but independent factors through which political segmentation of the state-socialist labor market came into being and was stably reproduced. The extent of political segmentation of the Polish state-socialist labor market is revealed by the fact that by the late 1980s the "national-level Nomenklatura" and the "local-level Nomenklatura" covered more than one million jobs, including, at various levels, practically all managerial positions. At the same time, the number of party members, even if decimated during "Solidarity" years, was still around 2 million.

In light of these significant numbers, it would be tempting to use narrow definitions of "Nomenklatura" and to concentrate on "party officials". However, it was these millions of local-level Nomenklatura managerial positions and rank-and-file members that were most profoundly shaping the everyday living conditions of ordinary citizens. It is why the "Political segmentation" approach can prove especially useful in fully understanding the East European transition. Tracing the post-1989 effects of the pre-1989 political segmentation is the research agenda which is most interesting to us and so in this paper we analyze the occupational fates of Polish former state-socialist managers[3].

The origin of the political segmentation perspective can be traced to a "new institutionalism" in analyzing late state-socialist systems (*Stark* and *Nee* 1989, *Stark* 1992). One of the main assumptions of the new institutionalism was that the managerial apparatus and the communist party were two important "political institutions" through which political control over the processes of redistribution of opportunities, resources and rewards was carried out by the state on all levels of the social structure. These two institutions - operating in the complex web of inclusion/exclusion or patron-client type relationships characteristic of the state-socialist economy - were producing and reproducing massive inequalities within the labor market. We use the term "the political segmentation of the state-socialist labor market" to refer to these massive inequalities.

The political segmentation of the state-socialist labor market means that under state socialism, managerial status and membership in the communist party were creating within the labor force a welldefined segment meeting all criteria of a separate labor market. That segment was characterized by specific mobility/immobility patterns, wage structure, promotion systems, skills recruitments, and was highly separated from competition by outsiders (*Slomczynski* and *Lee* 1993).

The labor market segmentation approach to"asset conversion" during the transition in Eastern Europe allows one to study general mechanisms through the political division of the whole state-socialist labor market has been carried over to the new post-communist capitalist system. In this type of approach the central research question is to what extent the pre-1989 managerial position and membership in the communist party effect one's placement within the post-1989 labor market. The extent to which that placement is affected by one's current political affiliations is an additional question pursued in this research. In the present paper we adhere to this "political segmentation" perspective.

3. Detailed research questions, data and variables

The predominant research question addressed in this paper is whether having a managerial position under the old system and being a member of the communist party still exerts influence on one's placement within the postcommunist capitalist labor market. In other words, does the current labor market have a "memory" and rewards people for occupying high positions under the old system? Does the current labor market use some post-revolutionary criteria of "punishment" for occupying such positions? Or, does the labor market have no "memory" of the previous era and present positions are distributed exclusively on the basis of actual assets and market capacities?

The three detailed research questions we try to answer in this paper are:

(1) What are the overall patterns of occupational mobility of state-socialist managers during the five years of transition (1988-1993) in comparison with mobility experienced by individuals from other occupational groups? In order to answer this question we present an intragenerational mobility table, relating the 1988 to the 1993 position.

(2) Were a state-socialist managerial position and a membership in the communist party effective "launching pads" for the post-communist world of self-employment - as proponents of some variants of the thesis about "enfranchisement of nomenklatura" would claim? The question is whether - controlling for other varibales - state-socialist organizational and political assets are factors that ease entrance into the world of self-employment. We answer this question presenting results from logistic regression.

(3) How do pre-1989 managerial positions and membership in the communist party relate to changes in personal income between 1988 and 1993? This is a question of "who is the winner of the transition?". Applying panel regression design, controlling for the 1993 occupational status and other important variables, we assess the effects of the communist past on individuals' 1993 economic well-being.

Answering the first question, we also assess the context of the mobility process and compare selected socioeconomic and attitudinal characteristics across occupational groups. Answering the second and third questions, we comment on the role of pre-1989 membership in the "Solidarity" trade union and on the role of current political affiliations in influencing moves to self-employment and 1988-1993 individual income change.

The empirical analyses are based on Polish nationally representative panel data with two waves, one in 1988 and one in 1993[4]. In 1988, the target population included individuals aged 21 to 65. In 1993, the interviewers were able to trace 76% of the 1988 sample which accounts for N = 2268. The analyses of non-response patterns have revealed that the second wave closely matches the first with respect to basic socioeconomic characteristics. Data presented in the next section are based on subsets of the datafile defined in the respective tables.

Definitions of variables used in the analyses are either given in tables or are, for the most part, self-explanatory. Managerial categories include:

- "Top managers" are defined as those executive and their deputies who effectively run firms with at least 500 employees as well as state and party bureaucrats of the central-level.
- "Middle managers" are those supervisors who have either at least 25 subordinates or have subordinates who themselves have subordinates.
- "Lower managers" are first-line supervisors with less than 25 subordinates and low-ranking managers.

These categories are compared with experts, non-manual workers, service employees, skilled workers, unskilled workers, farmers, and owners. "Experts" are defined as those having jobs requiring a university education but who do not have any managerial function. Non-manual workers consist mainly of office employees. They differ from service employees who are usually engaged in some type of non-manual job activity. Skilled and unskilled workers form the core of the working class, predominantly employed in large factories. Individual farmers, in the Polish context, usually own the land. They are distinguished from owners who operate their means of production in urban settings.

As our data are from 1988, we will use the term "pre-1988" interchangeable with the term "pre-1989" in the presentation of results in the next section. Certainly 1989 is the year in which the most dramatic systemic change in Eastern Europe took place.

4. The Analysis

Table 1 is a standard table of intragenerational occupational mobility based on panel data, pertaining to 1988 and 1993. Generally, the amount of mobility during these five years is very high: more than 60% of persons changed their position. A very substantial proportion of that mobility is directed outside the economic system. Depending on the occupational category, up to 40% of those working in 1988 did not work in 1993. This number should be considered as a conservative estimate in the sense that there is an age limit imposed for individuals included in the analysis. Included are only those men who, in 1993, were not older than age 65 and those women who, in 1993, were no older than age 60. This age limit corresponds to the legal retirement age in Poland. Thus, our estimates in column 1 of Table 1 refer to being unemployed, early retirment or other arrangements, usually related to housekeeping as a main activity.

The highest percentage of those who left the occupational system ahead of time is found among 1988 top managers. This, of course, does not necessarily mean that top managers are the main "losers" of the transition process in Poland. This result does suggest however that elimination of the old managerial elite in Poland was more effective than elimination of those who occupied high positions under the old system, as proponents of the theory of elite reproduction would suggest.

The percentage of early retired or unemployed in 1993 is lowest among those who in 1988 were experts, owners, farmers, and middle managers. In this sense, occupational trajectories of those people who in 1988 belonged to these categories were the most advantaged during the transition period. Note that middle managers and experts constitute two categories where the "drive" toward entering the "emerging stratum" of the self-employed is the strongest. (This is evidenced by the sum of percentages in the last two columns of Table 1.) However, this tendency of becoming self-employed is also noticeable among those who in 1988 were top managers and service employees.

Tables 2A and 2B document that the two categories which seem to have profited most from the economic transition are state-socialist middle managers and experts. Along with top managers who do not become unemployed but go into early retirement, these two categories are characterized by the lowest rates of unemployed (columns 2 and 3 in Table 2A). Middle managers and experts also have the highest number of jobs held during the transition (the last colums in Table 2A) and the highest relative increments of income earned (see the first two columns in Table 2B showing relative 1988 and 1993 incomes among those who in 1988 belonged to different occupational categories).

The conclusion regarding the special position of middle managers and experts is strengthened by the fact that, subjectively, these two categories are most receptive toward market reforms. They show, for example, the highest percentage of those who say that the Poland of today (1993) is a better country to live in than the Poland of five years ago (the second to last column in Table 2B).

Thus, answering our first research question, we conclude that as far as 1988-1993 mobility patterns are concerned the most advantaged occupational careers can be found in the group of former state-socialist middle level managers and the group of experts. Although former top managers enter successful occupational careers in the new system, a significant number of them left the labor market or opted for retirement. For this reason, we are reluctant to consider top managers as successful in the new system as former middle managers and experts are. We should also note that, with respect to one's placement in the 1993 labor market, being a lower manager in 1988 does not convey any comparative advantage over being a rank-and-file nonmanual employee.

The second question we pursue in this paper deals with factors which increase the probability of becoming self-employed between 1988 and 1993. Do state-socialist managers and former members of the communist party show a higher propensity of becoming self-employed than the rest of the population? Can the traces of state-socialist political segmentation be seen in the post-communist world of self-employment? We answer this question by presenting results from logistic regression.

In Table 3, a move to self-employment is operationalized by two related variables. The first, a more inclusive one, takes into account every instance of being self-employed between 1988 and 1993 but does not require that a person be self-employed in 1993. The second variable requires that the individual be self-employed in 1993.

The main result from Table 3 is that, controlling for several important variables, former state-socialist middle managers do show a significantly higher propensity toward becoming self-employed than do non-managerial occupational categories. Top and lower managerial categories do not show such an effect - being either at the top or at the bottom of the state-socialist managerial hierarchy has not been a factor increasing one's chances of becoming self-employed. Table 3 does not support the assertion that being a former state-socialist top manager improves an individual's chances for becoming a capitalist owner. This result may be interpreted as being contrary to at least some versions of the theory of the reproduction of elites.

As far as the impact of membership in the communist party on becoming self-employed is concerned, the most interesting result is shown in the second column of Table 3 (where we control for being in 1988 a top-, middle-, lower-, or non-manager) where a significant negative coefficient is presented. This means that being in the party has hindered rather than helped in becoming self-employed. The coefficient ceases to be significant when other controls are introduced. Nevertheless, it is important to note that no analysis reported in Table 3 supports the theory that former membership in the communist party might have positively influenced choosing an entrepreneurial career under the new system.

Our answer to the second research question would be that from the two state-socialist assets which used to be important dimensions of political segmentation of the state-socialist labor market - managerial position and membership in the communist party - the second is not exchangeable for capitalist ownership, while the first is, provided that before the systemic change the position was neither too high nor too low.

Searching for unique post-1988 effects of managerial status and party membership, we have included in our analysis many other variables which proved to be significantly related to the probability of becoming self-employed. Although enumerating factors that facilitate becoming self-employed is not the main topic of this paper, it may be interesting to stress that being male, young, having in 1988 lower rather than higher income, being in 1988 a middle manager, having pre-1988 contacts with the West (spending at least 3 months in the West, in years 1984-1988), and having a family tradition of entrepreneurship all promote self-employment. The significance of the pre-1988 contacts with the West is especially worth mentioning here because it documents convincingly the role of the "foreign factor" in engaging in entrepreneurial activity under post-communism. We cannot tell what some of the 1993 entrepreneurs gained from being abroad - money, skills, networks, or a kind of entrepreneurial culture. It may be an interesting question whether former state-socialist middle managers acquire similar assets from the state sector, however, this interesting problem cannot be pursued here.

Table 3 does not reveal any significant effects which could be interpreted as indicative of a current political segmentation of the post-communist labor market. Pre-1988 membership in the "Solidarity" trade union, which in Poland could still be interpreted as an indicator of one of the most important current political divisions, does not significantly relate to the probability of becoming self-employed.

Our last question is whether political segmentation of the state-socialist labor market has been carried over to the new system in the form of extra income gains for those who had privileged positions under the old system. In other words, we are interested in whether state-socialist managerial status and membership in the communist party have had some delayed effects on 1993 economic well-being, even if the occupational status of individuals in 1993 is controlled. Results in Table 4 are from a panel regression, which means that 1988 income has been controlled, and coefficients can be interpreted as effects on change in income between 1988 and 1993.

Let us note first that although the global effects of membership in the communist party has been significant and positive (first column), this effect vanishes when socioeconomic status of the 1993 job is controlled (second column). Former party membership is not "remembered" in the occupational system after current occupational status is taken into account. The same is true of being a former manager at either the top or the bottom of the state-socialist managerial hierarchy. However, the situation for those who in 1988 were middle level managers has been different - even controlling for their current (1993) occupational status, we find a positive significant effect of being in that category in 1988, on 1993 income.

Obviously, there is a kind of post-revolutionary reward for a pre-revolutionary status. This reward is directed, however, not to who were disadvantaged under the old system but to those who were actively operating the system. If the theory of circulation of elites were to hold, the coefficients for managerial variables in Table 4 would be negative - there would be a kind of post-revolutionary "punishment" for having a privileged position before systemic change. Nothing like that actually happened. On the contrary, middle-level managers of state-socialist yesterday have gained, during the transition, some extra reward for something not related to their current job. We could speculate what that "something" might be but with the data available it is impossible to test specific hypotheses. These hypotheses may refer to the special technical competence overshadowed, under the previous system, by political functions associated with managerial status or to the "mental and moral infrastructure" of state socialism.

In the last two columns of Table 4, we introduce additional controls - gender, age and variable intended to measure some aspects of social, cultural and political capital thought to be relevant in the new capitalist system. These variables are: two contrasts measuring current political affiliations, a tradition of family entrepreneurship, pre-1988 contacts with the West, and knowledge of Western languages. We control also for the number of jobs held between 1988 and 1993.

There are four interesting results in the last two columns of Table 4:

- The state-socialist status of middle managers is still a clearly significant factor in positively influencing individual 1988-1993 income change. The effects of political segmentation of the state-socialist labor market are clearly traceable, even if several important variables are controlled.
- 1993 political affiliations do not seem to have any effect. There is no sign of a "new" political segmentation of the post-communist capitalist labor market.

- Exposure to the West and a tradition of family entrepreneurship exert unique positive effects on 1988-1993 income change. Although these considerations are not the direct topic of the present paper, they are very important for better understanding the role of cultural and social capital in the current transformation.
- Women are great losers in the transformation process. Although we control for many variables, Table 4 clearly shows that there is a huge gap between female and male chances for improving individual income during the transition.

5. Conclusions

In our analyses, we found that political segmentation on the former state-socialist labor market does exert strong influence on individuals' placement within the current post-communist capitalist labor market. We discovered, however, that it has been former middle managerial status and not top or lower managerial position that can be effectively exchanged for an advantaged position under the new system - especially for the status of an owner and for greater economic well-being. Former membership in the communist party - the second dimension of political segmentation - does not have any unique effect on individuals' occupational fates in the post-communist labor market, after other variables have been controlled. From our analyses we conclude that former state-socialist middle managers are the real winner of the transition to post-communist capitalism and the identity of the emerging system will for a long time reflect this historic victory of middle levels of the system of state-socialist organizational authority.

Notes

1. This paper does not deal with the former GDR. By focusing on changes taking place in Poland, it may nevertheless provide German readers with a comparative context in which the uniquness of the German path of leaving state socialism can be better assessed and understood.
2. See *Szelenyi, Wnuk-Lipinski*, and *Treiman* (forthcoming) and *Treiman* and *Szelenyi* (1993) for detailed exposition of the theories of elite reproduction and elite circulation and an account of their empirical confirmation in the context of large-scale comparative empirical research on changing East European stratification systems.

   Although these two highly general theories provide a frame of reference for most empirical research on elite recruitment during the East European transformation, a review of that research does not support a claim that one of these theories holds, while the other is false. Eastern Europe of today is full of examples of how "elite survival" und "elite disposal" are mixed in complex processes of elite buildung. It can even be argued that given the generally democratic and peaceful character of the East European transition, the new emerging elites must necessarily be formed by a mix of reproductive and circulatory processes (for a genral duscussion of these processes in the context of forming East

European consensual elites see *Higley* and *Pakulski* (forthcoming). The mix of reproductive and circulatory components in elite recruitment varies across the region, and so does the internal composition of the new national top strata. One good example of inter-country differences in the internal composition of these strata may be Hungarian-Polish differences related to the fact that during the 80's many Hungarians had a full-time second job in the second economy, while at the same time many Poles had a full-time second job in political opposition. This differences still awaits detailed description.

3. Good examples of that kind of research are analyses of former Czechoslovakia done by *Mateju* and *Rehakova* (1993) and of China by *Nee* (1989 and 1991). We think of our analysis as developing along the same lines as theirs. Detailed study of various aspects of labor market segmentation during the Polish transition to market economy by *Domanski* and *Heyns* (1993) is another example of a study inspired by the "new institutionalism". For yet another study of Poland inspired by that approach see *Mach* and *Slomczynski* (1995).
4. The study was carried out under auspices of the Institute of Philosophy and Sociology of the Polish Academy of Sciences. Principal investigators were *Kazimierz M. Slomczynski* in 1988 and *Henryk Domanski* in 1993. The 1993 (see *Domanski* and *Slomczynski* 1994) study was funded with a grant from the Polish Committee for Scientific Research.

Table 1: Occupational mobility 1988-1993: Outflow percentages, Males aged up to 65 years and females aged up to 60 years in 1993; Panel data 1988-1993, National sample, Poland, 1993.

Occupational category in 1988	Occupational category in 1993												N
	Not working in 1993	Top manager	Middle manager	Lower manager	Expert	Non-manual	Service employee	Skilled worker	Un-skilled worker	Farmer	Owner	Owner/ employee	
Not working in 1988	59.4	-	.3	1.0	2.8	12.8	2.1	2.1	6.9	5.6	5.2	1.7	288
Top manager	41.0	17.9	5.1	5.1	2.6	7.7	2.6	-	-	2.6	5.1	10.3	39
Middle manager	17.4	5.8	29.0	14.5	2.9	4.3	2.9	1.4	1.4	1.4	10.1	8.7	69
Lower manager	29.7	.7	5.5	22.1	.7	12.4	7.6	9.7	.7	3.4	3.4	4.1	145
Expert	9.1	5.5	7.3	7.3	45.5	9.1	-	-	-	-	5.5	10.9	55
Non-manual	21.6	.7	3.0	7.1	3.4	50.7	1.9	2.2	.7	1.5	4.1	3.0	268
Service employee	23.9	1.1	2.2	3.3	-	10.9	27.2	3.3	6.5	6.5	9.8	5.4	92
Skilled worker	26.4	-	1.5	2.7	-	3.7	2.0	41.7	5.2	6.7	4.4	5.7	405
Unskilled worker	26.0	-	-	.6	-	1.9	3.7	11.7	38.3	5.6	3.7	4.9	162
Farmer	17.8	.4	-	.4	-	-	.4	1.6	2.0	72.9	2.0	2.4	247
Owner	7.4	-	-	-	-	1.9	1.9	3.7	3.7	3.7	74.1	3.7	54

Table 2A.: Selected 1988 and 1993 socio-economic characteristics of persons belonging in 1988 to a given social category, Males aged up to 65 years and females aged up to 60 years in 1993; Panel data 1988-1993, National sample, Poland,1993.

Occupational category in 1988	% not working in 1993	% unemployed in 1993	% experiencing unemployment in 1988-1993	% being in 1993 in the same occupational group as in 1988	% being in 1993 in the same job as in 1988	% experiencing self-employment in 1988-1993	% self-employed in 1993	Mean number of jobs held in 1988-1993
Not working in 1988	59.4	19.8	26.7	59.4		9.7	6.9	.56
Top manager	41.0	2.6	12.8	17.9	12.8	18.0	15.4	1.65
Middle manager	17.4	5.0	10.9	29.0	24.8	19.8	18.8	1.79
Lower manager	29.7	8.8	13.2	22.1	16.4	11.3	7.5	1.46
Expert	9.1	5.3	13.7	45.5	24.1	28.4	16.4	2.10
Non-manual	21.6	10.1	18.3	50.7	33.2	9.0	7.1	1.57
Service employee	23.9	9.7	19.4	27.2	19.4	18.3	15.3	1.51
Skilled worker	26.4	12.3	27.3	41.7	26.4	14.8	10.1	1.73
Unskilled worker	26.0	15.4	24.7	38.3	25.3	13.6	8.6	1.55
Farmer	17.8	4.0	8.5	72.9	61.9	6.9	4.4	1.31
Owner	7.4	6.0	12.1	74.1	49.4	100.0	77.8	1.59

Table 2B: Selected 1988 and 1993 socio-economic characteristics of persons belonging in 1988 to a given social category, Males aged up to 65 years and females aged up to 60 years in 1993; Panel data 1988-1993, National sample, Poland, 1993.

Occupational category in 1988	1988 income as % of 1988 average	1993 income as % of 1993 average	1988 % in the communist party or in "allied parties"	1988 % of dissidents from the communist party or "allied parties"	1993 % saying that Poland of today is a better country to live than Poland in 1988	1993 % saying that their financial situation has improved in comparison with 1988
Not working in 1988	67	76	7.6	6.6	28.5	18.4
Top manager	156	134	64.1	2.6	33.3	23.0
Middle manager	140	154	37.6	8.9	42.4	23.0
Lower manager	119	111	25.9	8.9	28.9	19.5
Expert	123	161	15.8	6.3	49.5	31.6
Non-manual	88	93	12.3	4.9	40.3	20.9
Service employee	81	84	12.9	6.5	21.5	14.0
Skilled worker	115	92	6.9	6.9	26.9	14.0
Unskilled worker	76	78	6.8	4.9	15.4	9.3
Farmer	[a]	70	8.0	4.5	15.8	7.3
Owner	[a]	161	13.2	13.3	28.9	13.3

[a] No reliable information on 1988 income of farmers and owners outside agriculture

Table 3: Entrance into self-employment 1988-1993: Coefficients from logistic regression (c) and their significance (c/s.e.), Panel data 1988-1993, National Sample, Poland 1993.

Independent variables	Dependent variable[a]															
	In 1988-1993 moved from employee status to enterpreneurship[b]								In 1988-1993 moved from employee status to enterpreneurship[b] and is self-employed in 1993[b]							
	c	c/s.e.	c	c/s.e.	c	c/s.e.	c	c/s.e.	c	c/s.e.	c	c/s.e.	c	c/s.e.	c	c/s.e.
Sex (1 = Male)					.83	4.14	.85	4.13					.76	3.43	.76	3.43
Birth year					.02	1.80	.02	1.76					.02	1.93	.02	1.89
Ln (1988 Income)					-.54	-2.48	-.55	-2.51					-.58	-2.46	-.60	-2.50
1988 Education (Years)					.04	1.16	.02	.51					.01	.22	-.01	-.29
1988 Top manager[c]	-.16	-.14	-.01	-.01	.20	.17	.00	.00	.16	.14	.22	.20	.65	.57	.47	.41
1988 Middle manager[c]	.62	2.05	.82	2.57	.84	2.36	.82	2.29	.57	1.71	.66	1.91	.88	2.31	.85	2.21
1988 Lower manager[c]	-.47	-1.52	-.39	-1.25	-.20	-.62	-.24	-.70	-.35	-1.04	-.31	-.92	-.07	-.19	-.08	-.23
1988 Membership in Communist Party (1 =Yes)			-.67	-2.21	-.58	-1.84	-.58	-1.77			-.29	-.96	-.16	-.49	-.13	-.40
Pre-1988 Membership in "Solidarity"							-.32	-1.32							-.22	-.82
Pre-1988 Contacts with the West (1 = Yes)							.71	2.08							.58	1.57
Entrepreneurship in the family: past or present (1 = Yes)							.39	2.11							.41	2.00
Intercept	-1.45	-16.29	-1.41	-15.43	-.24	-.18	-.25	-.19	-1.74	-17.14	-1.74	-16.93	-.38	-.26	-.19	-.13

[a] Owners outside agriculture in 1988, farmers in 1988, farmers in 1993, and not working in 1993 exluded from analysis, N = 849
[b] Outside agriculture
[c] Dummy variable, the reference category is "non-manager".

Table 4: Income change 1988-1993: Coefficients (standardized) from panel regression (B) and their significance (t), Panel data 1988-1993, National Sample, Poland 1993.

Independent variables	Dependent Variable					
	Ln (1993 Income)[a]					
	B	t	B	t	B	t
Ln (1988 income)	.38	14.55	.32	10.03	.23	6.87
1993 Occupational Status[b]			.29	9.14	.27	8.12
1988 Top manager[c]	.02	.75	.03	1.08	.04	1.28
1988 Middle manager[c]	.09	3.39	.07	2.20	.06	2.08
1988 Lower manager[c]	.01	.51	.02	.70	.03	1.00
1988 Membership in the Communist Party (1=Yes)	.08	2.92	.04	1.17	.05	1.50
Pre-1988 Membership in "Solidarity"	.05	1.88	.01	.46	.01	.34
Sex (1=Male)					.16	4.83
Birth year					.01	.43
1993 Party Membership (Members vs. Nonmembers)					-.02	-.76
1993 Party Membership (Post-communist vs. Post-"Solidarity")					.01	.34
# of Jobs Held between 1988 and 1993					.09	2.98
Tradition of Family Enterpreneurship (1=Yes)					.06	1.90
Pre-1988 Contacts with the West (1=Yes)					.06	1.89
Knowledge of Western Languages (1=Yes)					.07	2.17
R^2	.197		.262		.311	

[a] Owners outside agriculture in 1988, farmers in 1988, farmers in 1993, not working in 1988 and not working in 1993 excluded from analysis, N=849

[b] Socioeconomic status of 1993 job

[c] Dummy variable, the reference category for comparisons with managerial categories is the category of "non manager".

References

Domanski, H./B. Heyns (1993): Toward a Revised Theory of Market Transition: From Bargain to Market Control in State Socialism. Institute of Philosophy and Sociology, Polish Academy of Sciences, Working Paper, Warsaw.

Domanski, H./K.M. Slomczynski (1994): Social Changes in Poland 1979-1993. A Follow-up Study. Machine Readable Codebook, vols. 1 and 2, Institut of Philosophy and Sociology, Polish Academy of Sciences, Warsaw.

Harasymiw, B. (1969): Nomenklatura. The Soviet Communist Party's Leadership Recruitment System. In: Canadian Journal of Political Science 2: 121-135.

Higley, J./J. Pakulski (forthcoming): Elite Transformation in Eastern Europe and Russia. In: Australian Journal of Political Science.

Lewis, P.G. (1985): Institutionalization of the Party-State Regime in Poland. In: B. Misztal (ed.), Poland After Solidarity: Social Movements Versus the State. New Brunswick: Transaction Books.

Mach, B.W./K.M. Slomszynski (1995): Occupational Structure and Mobility in the Transition from Communism to Post-Communist Capitalism. In: W. Wnuk-Lipinski (ed.), After Communism: A Multidisziplinary Approach to Radical Social Change. Warsaw: ISP PAN Publ., pp. 135-151.

Mateju, P./B. Rehakova (1993): Revolution for Whom: Analysis of Selected Patterns of Intragenerational Mobility in Czech Republic, 1989-1992. In: Czech Sociological Review (English edition) 1: 73-90.

Nee, V. (1989): A Theory of Market Transition: From Redistribution to Market in State Socialism. In: American Sociological Review 54: 663-681.

Nee, V. (1991): Social Inequalities in Reforming State Socialism: Between Redistribution and Market in China. In: American Sociological Review 56: 267-282.

Slomszynski, K.M./J.H. Lee (1993): The Nomenklatura System in Poland, 1978-1987: A Case of Political Segmentation of the Labor Market. In: Polish Sociological Review 4 (104): 281-291.

Stark, D./V. Nee (1989): Toward an Institutional Analysis of State Socialism: In: V. Nee/D. Stark (eds.), Remaking the Economic Institutions of Socialism: China and Eastern Europe. Stanford: Stanford University Press, pp. 1-31.

Stark D. (1992): From System Identity to Organizational Diversity: Analyzing Social Change in Eastern Europe. In: Sisyphus Social Studies 1 (8): 77-86.

Szelenyi, I./E. Wnuk-Lipinski/D.J. Treiman (eds.) (forthcoming): Circulation of Elites? Old and New Elites in Post-Communist Societies.

Treiman, D.J./I. Szelenyi (1993): Social Stratification in Eastern Europe After 1989. NSF Research Proposal.

Einkommensmobilität

Die Entwicklung der Einkommensverteilung in den neuen Bundesländern seit der Wende[1]

Richard Hauser

1. Fragestellungen, Abgrenzungen, Datenbasis und Methoden

1.1 Fragestellungen und Abgrenzungen

Die Einkommensentwicklung ist einer der wesentlichen Aspekte des in Ostdeutschland sich vollziehenden Transformations- und Integrationsprozesses, der nach dem Fall der Mauer im November 1989, d.h. schon zu DDR-Zeiten, begann, mit der Währungsunion im August 1990 eine neue Qualität erreichte und mit der Vereinigung auf Basis des Einigungsvertrags im Oktober 1990 einen festen rechtlichen und institutionellen Rahmen erhielt.

Die Einkommensentwicklung kann dabei unter verschiedenen Blickwinkeln analysiert werden:

Ersten kann man fragen, wie sich die *durchschnittlichen Nominaleinkommen* entwickelt haben. Dabei könnte man entsprechend dem bei der Währungsunion für die laufenden Einkommen verwendeten Umstellungskurs von 1 Mark Ost = 1 D-Mark (West) das nominelle ostdeutsche Einkommensniveau im Jahr 1990 als Ausgangspunkt nehmen. Diese Vorgehensweise würde jedoch Kaufkraftunterschiede, Rationierungsphänomene und viele andere Elemente, die im realsozialistischen System der DDR die Einkommensverwendung beeinflußten, vernachlässigen, so daß die Vergleichbarkeit über die Zeit hinweg stark beeinträchtigt wäre - zumindest dann, wenn man aus diesen Vergleichen Aussagen über die Änderung des durchschnittlichen Wohlstandsniveaus ableiten möchte. Ein analoges Problem tritt auf, wenn man Vergleiche der durchschnittlichen Einkommensniveaus zwischen Ost- und Westdeutschland anstellen und den Angleichungsprozeß im Zeitablauf verfolgen möchte; insbesondere der Ausgangspunkt zu DDR-Zeiten, aber auch noch die ersten Jahre nach der Vereinigung werfen vielfältige Vergleichsprobleme auf.

Zweitens kann man fragen, wie sich die *Verteilung* der Einkommen in der DDR darstellte und welche *Änderungen dieser Verteilung* in Ostdeutschland seit Beginn des Transformationsprozesses auftraten. Bei dieser Frage können Unterschiede in der Kaufkraft der Einkommen zwischen dem Ausgangspunkt zur DDR-Zeit und den späteren Jahren unberücksichtigt bleiben, *sofern* diese Kaufkraftunterschiede alle Einkommensschichten proportional gleich betrafen; denn von solchen proportionalen Verschiebungen bleiben Verteilungsergebnisse unberührt. Nur wenn differentielle Wirkungen von Kaufkraftunterschieden zu vermuten sind, müßten Korrekturen vorgenommen oder Einschränkungen der zeitlichen Vergleichbarkeit hingenommen werden. Diese Frage nach den Änderungen der Einkommensverteilung kann sich auf die Bruttoarbeitseinkommen, die Gesamteinkommen aus allen Quellen oder auf die Nettoeinkommen (nach Abzug von Steuern und Sozialabgaben) beziehen; jeder dieser Aspekte bietet interessante Einblicke in den Transformations- und Einigungsprozeß.

Eine weitere Differenzierung kann durch die Betrachtung und den Vergleich der Einkommensverteilungen innerhalb und zwischen einzelnen Gruppen der Bevölkerung geschehen. Stellt man hierbei auf das bedarfsgewichtete Nettoeinkommen, das sogenannte Äquivalenzeinkommen[2] ab, so kann man hieraus Antworten auf die von den Veranstaltern in ihrer Konferenzbeschreibung aufgeworfenen Frage nach den Gewinnern und Verlierern des Transformations- *und* Einigungsprozesses - zwei unterschiedliche, aber kaum trennbare Prozesse - ableiten. Allerdings können auf diese Weise nur *relative* Gewinner- und Verlierergruppen identifiziert werden, da die Veränderung des durchschnittlichen Wohlstandsniveaus unberücksichtigt bleibt. Auch dies ist aber ein interessantes Teilergebnis.

Drittens kann man die Fragestellung auf unterschiedlich abgegrenzte Bevölkerungen beziehen:

(1) Auf die kurz vor der Währungsunion auf dem Gebiet der ehemaligen DDR ansässige Bevölkerung, d.h. einschließlich der später in die alten Bundesländer oder ins Ausland gewanderten Personen, aber ausschließlich aller zwischenzeitlichen Zuwanderer (aus dem Westen oder aus dem Ausland) (*Herkunftsprinzip*).
(2) Auf die im jeweiligen Betrachtungsjahr in den neuen Bundesländern ansässige Bevölkerung (*Territorialprinzip*).

Die erste Betrachtungsweise liefert Ergebnisse über die Bevölkerung der ehemaligen DDR: über Wohlstandsniveaus, Verteilungen, Auf- und Abstiege, Gewinner und Verlierer, auch unter Einbeziehung eigener Aktivitäten wie etwa Wanderung oder Pendeln in den Westen. Die zweite Betrachtungsweise rückt den räumlichen Aspekt, d.h. räumliche Disparitäten, in den Blick und ist insbesondere für regionalpolitische Fragestellungen geeignet. Die Ergebnisse der beiden unterschiedlichen Betrachtungsweisen klaffen um so weiter auseinander, je größer die mit den Transformations- und Einigungsprozeß einhergehenden Wanderungen sind und je mehr sich die Gruppen der "Wanderer" und der "Bleibenden" unterscheiden.

In den folgenden Überlegungen kann nur eine Auswahl aus diesen in der Themenstellung implizierten Fragestellungen behandelt werden. Ich konzentriere mich auf die Verteilung der Nettoeinkommen bzw. der Äquivalenzeinkommen und deren Änderungen in der Periode vom Juni 1990 - d.h. kurz vor der Währungsreform - bis zum Frühjahr 1993, dem letzten Jahr, für das gegenwärtig Daten verfügbar sind. Dabei wird auch ein Versuch gemacht, die "wahre" Verteilung im Ausgangszeitpunkt, d.h. kurz vor dem Ende des sozialistischen Systems in der ehemaligen DDR, genauer zu bestimmen. Dementsprechend werden nur Verschiebungen der Relationen zwischen Gruppen und Haushalten herausgearbeitet, d.h. relative Gewinner- und Verlierergruppen identifiziert, aber keine Änderungen der absoluten Wohlstandsniveaus betrachtet. Als Untersuchungsbevölkerung wird die zum Zeitpunkt kurz vor der Währungsunion in der ehemaligen DDR ansässige Bevölkerung zugrunde gelegt, also das Herkunftsprinzip angewendet. Dies ist die diesem Kolloquium angemessene Betrachtungsweise. Einkommensverteilungen sind allerdings isoliert nur schwer zu beurteilen. Es liegt daher nahe, die entsprechenden westdeutschen Verteilungen jeweils zum Vergleich heranzuziehen. Dieser Vergleich hat noch in einem anderen Sinn Bedeutung: Die westdeutsche Verteilung kann als Prognose darüber aufgefaßt werden, wohin sich die ostdeutsche Verteilung - bei nunmehr gleichem Rechts-, Wirtschafts- und Sozialsystem - vermutlich entwickeln dürfte. Dies kann aber keine Punktprognose, sondern nur eine Richtungsprognose sein. Wie lange es dauern wird, bis eine weitgehende Angleichung der ostdeutschen an die westdeutsche Verteilung erreicht ist, kann man allerdings nur grob abschätzen; möglicherweise zehn, vielleicht auch zwanzig Jahre.

1.2 Datenbasis

Die nachfolgend präsentierten empirischen Ergebnisse basieren auf Daten des Sozio-ökonomischen Panels (SOEP), einer repräsentativen Längsschnitterhebung, die in den alten Bundesländern seit 1984 jährlich bei denselben Haushalten durchgeführt wird.[3] Das SOEP wurde im Juni 1990 auf das Gebiet der damaligen DDR ausgeweitet,[4] so daß zur Zeit für Ostdeutschland Daten von Juni 1990 bis März 1993 zur Verfügung stehen. In der Erhebungswelle 1993 wurden in Ostdeutschland 1970 Haushalte erfolgreich befragt, in denen etwa 6000 Personen leben. Für 4502 Personen stehen Informationen für alle Erhebungszeitpunkte zur Verfügung, so daß für diese Teilpopulation auch Längsschnittauswertungen möglich sind. Im folgenden wird jedoch - mit einer Ausnahme - jede Welle nur als Querschnitt ausgewertet. Ich präsentiere also eine Folge von 4 Querschnitten. Die westdeutsche Stichprobe ist für die gleichen Jahre mehr als doppelt so groß.

Grundsätzlich werden die erfragten Nettomonatseinkommen der Haushalte, die sich auf den dem Befragungsmonat vorhergehenden Monat beziehen, zugrunde gelegt. Hinzugerechnet wird ein Zwölftel der während des Jahres anfallenden unregelmäßigen Einkünfte abzüglich pauschalierter Steuern und Abgaben.

1.3 Methoden und Meßkonzepte

Für jede Person wird das Äquivalenzeinkommen ermittelt, das sich aus der Division des Haushaltsnettoeinkommens mit der Summe der Gewichte der im Haushalt anwesenden Personen ergibt. Die Personengewichte wurden dabei den Regelsatzproportionen der Sozialhilfe entnommen. Erste Person = 1; weitere Personen je nach Lebensalter 0,45 - 0,9. Jede Person wird in den Verteilungen mit ihrem Äquivalenzeinkommen berücksichtigt. Die Benutzung des Äquivalenzeinkommens als Wohlstandsindikator beruht auf folgenden Annahmen, die hier unterstellt werden:

- der Pool-Annahme;
- der Wohlstandsgleichverteilungsannahme innerhalb von Haushalten;
- der Annahme der Altersabhängigkeit des Bedarfs;
- der Annahme von Einsparungen beim gemeinsamen Wirtschaften im Haushalt, die wohlstandserhöhend wirken und von der Haushaltsgröße abhängen[5].

Für die Bestimmung des Ausmaßes der Ungleichheit der Einkommensverteilung wurden drei Disparitätsmaße, nämlich der Gini-Koeffizient, das Atkinson-Maß und die Quintilsanteile berechnet:

Der Gini-Koeffizient, das wohl am weitesten verbreitete Disparitätsmaß, variiert zwischen 0 (völlige Gleichverteilung) und 1 (maximale Ungleichheit, wobei eine einzige Untersuchungseinheit das gesamte Einkommen bezöge).

Das Atkinson-Maß variiert ebenfalls zwischen 0 und 1, basiert jedoch auf offengelegten normativen Annahmen. Ein Parameter ε (läßt sich als Maß für die "Ungleichheitsaversion" des Betrachters interpretieren; je höher Epsilon ist, desto größeres Gewicht erhält die Ungleichheit im unteren Einkommensbereich.[6] ε-Werte zwischen 0,5 und 2 werden häufig verwendet.

Die Quintilsanteile stellen den Anteil der im jeweiligen Quintil befindlichen 20% der Bevölkerung am gesamten Äquivalenzeinkommen dar. Alle Personen sind dabei nach der Höhe ihres Äquivalenzeinkommens geordnet.

Die relativen Einkommenspositionen sind im folgenden definiert als das Verhältnis des gruppendurchschnittlichen Äquivalenzeinkommens zum Gesamtdurchschnitt des Äquivalenzeinkommens der Bevölkerung, ausgedrückt als Prozentsatz.

Eine sozialpolitisch besonders wichtige Dimension der Einkommensverteilung ist die Armutsquote, d.h. der Anteil jener Personen, deren Einkommen unter der sogenannten Einkommensarmutsgrenze liegt, an der Gesamtbevölkerung. In der internationalen Armutsforschung hat sich die Festlegung einer *relativen Armutsgrenze* etabliert. Diese orientiert sich am durchschnittlichen Nettoäquivalenzeinkommen der untersuchten Bevölkerung. Meist wird als Armutsgrenze die Hälfte des durchschnittlichen Nettoäquivalenzeinkommens definiert, d.h. daß sich die Armutsquote als Anteil jener Personen errechnet, die weniger als die Hälfte des durchschnittlichen Äquivalenzeinkommens der untersuchten Bevölkerung zur Verfügung haben.

Bei der Analyse der Einkommensarmut in Deutschland stellt sich das Problem, wie die für die Durchschnittsbildung relevante Bevölkerung abgegrenzt werden soll. Drei Möglichkeiten bestehen: Zum ersten kann man die gesamte Wohnbevölkerung in Deutschland als Bezugsgruppe benutzen; an deren Durchschnittseinkommen sich die Armutsgrenze orientiert. Zum zweiten kann man die ost- und westdeutschen Bevölkerungen getrennt betrachten und deren jeweilige Durchschnittseinkommen als Referenzstandard für getrennte Armutsmessungen in Ost und West heranziehen. Zum dritten kann man die These vertreten, daß mit dem Zeitpunkt der Wiedervereinigung die ostdeutsche Bevölkerung westdeutsche Maßstäbe als Referenzstandard übernommen hat, also für sie 50% des westdeutschen Durchschnitts als Armutsgrenze herangezogen werden sollte. Mit dem fortschreitenden Transformations- und Integrationsprozeß werden die Argumente zugunsten einer gesamtdeutschen Armutsgrenze immer stärkeres Gewicht gewinnen, jedoch scheinen mir für die hier zugrundeliegende Betrachtungsperiode Juni 1990 bis März 1993 unterschiedliche, an den jeweilige Durchschnittseinkommen orientierte Armutsgrenzen noch sinnvoll zu sein. Dies entspricht auch der Logik der Übertragung des gesamten sozialen Sicherungssystems, bei dem sich die Leistungen grundsätzlich an den unterschiedlichen Lohnniveaus in Ost und West orientieren. Allerdings ist man bei der Übertragung der Sozialhilfe von diesem Prinzip abgewichen; trotz eines im Osten etwa um die Hälfte niedrigeren Bruttolohnniveaus wurden die Sozialhilferegelsätze nur etwa 10% niedriger als im Westen festgesetzt. Wenn dies auch auf einen sozialpolitischen Konsens hindeutet, daß auf diesem untersten Niveau nur geringe Bedarfsdeckungsunterschiede akzeptabel sind, so werde ich hier doch nur Ergebnisse präsentieren, die auf den jeweiligen spezifischen ost- und westdeutschen Armutsgrenzen beruhen.

2. Zur Ermittlung einer vergleichbaren Ausgangsverteilung für die DDR im Juni 1990

Tabelle 1 zeigt in der erste Spalte die Ergebnisse für die DDR (Juni 1990) bei Verwendung der nominellen Nettoäquivalenzeinkommen ohne irgendwelche Bereinigungen. Man kann feststellen, daß die Verteilung in der DDR kurz vor der Vereinigung nach allen Verteilungsmaßen wesentlich weniger ungleich war als in der alten Bundesrepublik, für die die analog berechneten Ergebnisse in der letzten Spalte aufgeführt sind.

In realsozialistischen Volkswirtschaften, insbesondere in der DDR, gab es jedoch eine Reihe von Regelungen, die zur Folge hatten, daß die Nominaleinkommen nicht mit entsprechenden westlichen Einkommensangaben vergleichbar waren:

- Es gab gezielte Subventionen für Grundbedarfsgüter; demgegenüber waren hochwertige und dauerhafte Konsumgüter durch zusätzlich Steuerbelastung überteuert. Aus dieser Verzerrung der Preisrelationen resultiert ein Differentialeffekt zugunsten unterer Einkommensschichten.
- Systemtreue Bürger genossen Privilegien beim Kauf von knappen oder ansonsten nicht verfügbaren Gütern. Außerdem unterschieden sich auch die Zusatzkosten, die sich im erforderlichen Zeitaufwand bei der Güterbeschaffung ausdrückten. Dieser sogenannte Nomenklatura-Effekt stellt ebenfalls einen Differentialeffekt dar.
- Rentner konnten ansonsten nicht frei verfügbare Güter beschaffen, weil sie praktisch unbeschränkt in den Westen reisen konnten, wo sie bei jedem Besuch ein "Begrüßungsgeld" in DM ausgezahlt bekamen; dies war ein altersspezifischer Differentialeffekt.
- Geschenke, die per Post geschickt wurden, konnten ansonsten nicht verfügbare Güter verfügbar machen. Damit hatten sie mutmaßlich einen höheren geldwerten Vorteil als Geschenke dies in Westdeutschland haben; es ist aber unklar, ob hieraus ein Differentialeffekt resultiert.
- Schließlich unterschieden sich die sozialen Sicherungssysteme und die Bereitstellung von öffentlichen Gütern in West- und Ostdeutschland grundlegend.

In Zusammenarbeit mit einer Arbeitsgruppe des SOEP wurde der Versuch gemacht, zumindest die wichtigsten der oben genannten differentiellen Effekte auf die Verteilung der Einkommen innerhalb der DDR zu quantifizieren.

Den Effekt der Subventionen für Grundbedarfsgüter, der vor allem unteren Einkommensschichten zugute kommt, wurde durch eine Erhöhung des Haushaltsnettoeinkommens um 17% für alle jene Personen berücksichtigt, deren Äquivalenzeinkommen unter 75% des durchschnittlichen Äquivalenzeinkommens lag. Das Ausmaß dieser Korrektur beruht auf einer Berechnung von Kaufkraftindices des DIW für 1985 (DDR-Zeit)[7] [8]. Das Ergebnis dieser Korrektur kann als *"ideale sozialistische Verteilung"* interpretiert werden (vgl. Tabelle 1, Spalte 2). Diese "ideale sozialistische Verteilung" wäre noch weniger ungleich gewesen als die Nominalverteilung der Äquivalenzeinkommen. Sie hätte gegolten, wenn es in der DDR zwar subventionierte Grundbedarfsgüter, aber keine privilegierte Klasse (Nomenklatura) gegeben hätte.

Die *"wahre sozialistische Verteilung"* der DDR wurde mit folgenden Korrekturen anzunähern versucht:

Der geldwerte Vorteil, der sich für systemnahe DDR-Bürger durch den privilegierten Zugang zu bestimmten Westgütern ergab, ist im SOEP nicht direkt gemessen worden. Freilich erlaubt ein theoretisch gestützter Ansatz eine Quantifizierung dieses Effektes. Nimmt man an, daß Ost- und Westdeutsche dieselben Konsumpräferenzen haben, folgt daraus, daß die westlichen Konsummuster diejenigen sind, die Ostdeutsche ebenfalls gewünscht hätten, die aber nur von einer kleinen Gruppe realisiert werden konnten. Deswegen kann man die westdeutschen Konsumgewohnheiten als Ausdruck der Parameter der ostdeutschen Konsum-Nutzenfunktion interpretieren und anhand eines Modells daraus den Nutzenverlust errechnen, der sich durch die Rationierung einzelner Konsumgüter in der DDR ergab. Je nach der Differenziertheit des Warenkorbs, den man unterstellt, und je nach der konkreten Spezifikation der Nutzenfunktion, ergeben sich natürlich unterschiedliche Nutzenverluste, die man für die DDR-Bürger errechnen kann. *Collier* und *Bird* kommen zu Abschätzungen, die zwischen 13% und 35% Nutzenverlust pro Mark in der DDR liegen. Da die privilegierten Bürger in der DDR diesem Nutzenverlust nicht unterlagen, kann man dies dadurch berücksichtigen, daß man deren Nominaleinkommen entsprechend erhöht, sofern man einen Indikator für die Zugehörigkeit zur privilegierten Klasse findet. Man kann vermuten, daß jene 20% der DDR-Haushalte, die über einen als besonderes Privileg geltenden Telefonanschluß verfügten, zur Nomenklatura gehörten oder aus anderen Gründen eine bevorzugte Stellung innehatten, die ihnen Zugang zu den rationierten Gütern gewährte. Als Approximation dieses differentiellen Begünstigungseffekts wurde daher das Äquivalenzeinkommen aller jener Personen, die in einem Haushalt mit Telefonanschluß lebten, um 20% erhöht. Dieser Wert entspricht ungefähr dem Durchschnitt der von *Collier* und *Bird* geschätzten Nutzengewinne eines nicht-rationierten Einkaufens in der DDR. Die auf diese Weise errechneten Verteilungsmaße sind in Spalte 3 der Tabelle 1 aufgeführt. Man erkennt, daß durch diese Korrektur die Ungleichheit - gemessen am Gini-Koeffizienten und am Atkinson-Maß (mit Epsilon = 0,5) - im Vergleich zur "idealen sozialistischen Verteilung" wieder zunimmt und etwa ein Ausmaß wie bei der Verteilung der unkorrigierten nominellen Nettoäquivalenzeinkommen erreicht. Nur beim Atkinson-Maß mit hoher Ungleichheitsaversion (Epsilon = 2) liegt die Ungleichheit etwas niedriger; d.h. daß die Subventionierung der Grundbedarfsgüter, insbesondere der Miete, in den unteren Schichten letztlich doch eine leichte Reduktion der Ungleichheit bewirkt haben dürfte.

Eine Berücksichtigung des Geldwertes von "Westgeschenken" zeigte keinen differentiellen Effekt; Geschenke scheinen über alle Einkommensklassen gestreut zu haben.

Betrachtet man diese Korrekturen im Zusammenhang, so zeigt sich folgendes:

Da sich die erforderlichen Korrekturen teils auf die unteren, teils auf die oberen Einkommensschichten beziehen, tritt eine weitgehende Kompensation ein. Auch wenn man nach sozialpolitisch relevanten Gruppen differenziert, sind die Effekte der Korrekturen insgesamt nur gering. Da aber die Korrekturen mit größeren Unsicherheitsspielräumen behaftet sind, geben sie nur grobe Hinweise auf mögliche Verzerrungen; deshalb gibt es keinen zwingenden Grund, die Verteilung der unbereinigten nominellen Nettoäquivalenzeinkommen als zutreffende Darstellung der Einkommensverteilung in der DDR 1990 zu verwerfen. Da die laufenden Einkommen im Zuge der Währungsunion 1 : 1 umgestellt wurden, kann man die am "Ende" der DDR bestehende Verteilung auch zur Charakterisierung des Ausgangspunktes des Transformationsprozesses zugrunde legen.

3. Die Veränderung der Verteilung der Nettoäquivalenzeinkommen im Transformations- und Integrationsprozeß

3.1 Die Entwicklung der Gesamtverteilung

In Tabelle 2 (linke Hälfte) ist die Entwicklung der Einkommensverteilung in der bisher überschaubaren Phase des Transformationsprozesses von 1990 bis 1993 dargestellt. Die Darstellung bezieht sich auf die kurz vor der Wiedervereinigung in der DDR lebende Bevölkerung. Für den gleichen Zeitraum sind in der rechten Hälfte der Tabelle 2 auch die entsprechenden Werte für Westdeutschland ausgewiesen.

Es zeigt sich, daß nach der deutschen Wiedervereinigung die Einkommensungleichheit unter der ostdeutschen Bevölkerung zugenommen, jedoch bei weitem noch nicht das Ausmaß der Ungleichheit in Westdeutschland erreicht hat. Eine genauere Betrachtung der Veränderungen läßt erkennen, daß unmittelbar nach der Vereinigung, eine signifikante Zunahme der Einkommensungleichheit stattfand. Von 1991 - 1992 war die Zunahme der Ungleichheit gering; dagegen hat sich die Ungleichheit zwischen 1992 und 1993 wieder deutlich vergrößert. Diese Entwicklung ist nicht überraschend. Unmittelbar nach der Vereinigung begannen die Kräfte des Marktes - wenn auch insgesamt nur moderat - zu wirken. Steigende Arbeitslosigkeit wurde zunächst weitgehend durch das Arbeitslosenversicherungssystem sowie vielfältige arbeitsmarktpolitische Maßnahmen aufgefangen. Die sich herausbildende Langzeitarbeitslosigkeit hat erst im Jahre 1993 zu einer Vergrößerung der Einkommensungleichheit geführt. Dagegen hatte die allgemein erwartete Spreizung der Lohnstruktur und dementsprechend auch der Bruttoerwerbseinkommen bislang keine überragende Bedeutung für die Entwicklung der Ungleichheit der Nettoäquivalenzeinkommen in Ostdeutschland gehabt. Über die Entwicklung der Vermögenseinkommen läßt sich zur Zeit noch nichts Fundiertes sagen. Vermutlich haben auch die durch die Anwen-

dung des westdeutschen Rentenrechts stark vergrößerten Unterschiede in den Rentenhöhen zur Zunahme der Ungleichheit bei den Nettoäquivalenzeinkommen beigetragen.
Tabelle 3 präsentiert die Entwicklung der Nettoäquivalenzeinkommen in anderer Form. Sie zeigt die Verteilung aller Personen auf Klassen von Vielfachen des jeweiligen durchschnittlichen Nettoäquivalenzeinkommens in Ost- und Westdeutschland für die Jahre 1990 bis 1993. Bei der Entwicklung in Ostdeutschland fallen vor allem die Zuwächse bei den Besetzungsquoten bei den extremen Einkommenspositionen unter den 0,5-fachen und über den Zweifachen des Durchschnitts auf. Allerdings sind diese Extrempositionen auch drei Jahre nach der Wiedervereinigung bei weitem noch nicht so stark besetzt wie in Westdeutschland.

Charakterisiert man die Personen, die weniger als die Hälfte des Durchschnittseinkommens zur Verfügung haben, als "einkommensarm", dann kann man feststellen, daß sich das Ausmaß der Einkommensarmut in Ostdeutschland nach der Wiedervereinigung zwar mehr als verdoppelt, aber noch keineswegs das westdeutsche Ausmaß erreicht hat. Auch die Spitzengruppe der Bezieher hoher Einkommen ist in Ostdeutschland noch weit kleiner, wenn sie auch schon deutlich zugenommen hat.

3.2 Ausgewählte gruppenspezifische Verteilungsänderungen

3.2.1 Pendler und Westumzieher

Da das Einkommensniveau in der alten Bundesrepublik Deutschland weit höher lag als in der DDR, hatten das nach der Wiedervereinigung erstmals mögliche "Pendeln" von Arbeitskräften von Ost- nach Westdeutschland und ebenso der Umzug von Ost- nach Westdeutschland Auswirkungen auf die Einkommensverteilung unter der ostdeutschen Bevölkerung (vgl. Tabelle 4). Im Frühjahr 1991 erreichten die nach Westdeutschland umgezogenen Personen sofort eine relative Einkommensposition von fast 180% des Durchschnitts der ostdeutschen Bevölkerung (vorletzte Spalte von Tabelle 4). Dieser Einkommensvorsprung war real gesehen allerdings etwas kleiner, da das Mietpreisniveau in Westdeutschland höher war. Bis zum Frühjahr 1993 sank der Einkommensvorsprung der nach Westdeutschland umgezogenen Personen auf etwas über 130%. Dieser Rückgang des relativen Vorsprungs hängt auch damit zusammen, daß sich das durchschnittliche Haushaltseinkommen in Ostdeutschland nach der Wiedervereinigung sehr rasch dem westdeutschen Niveau näherte. Der Bevölkerungsanteil der "Umzieher" hat in den Betrachtungsjahren ständig zugenommen (letze Spalte von Tabelle 4).

Betrachtet man die Gruppe der Pendler, so ist diese mit den umgezogenen Personen nur dann streng vergleichbar, wenn man nicht nur die aktuell pendelnden Personen betrachtet, sondern auch die Ex-Pendler einbezieht;

denn aktuelle Pendler können definitionsgemäß nicht arbeitslos sein, während unter den umgezogenen Personen Arbeitslose zu finden sind.
In Tabelle 4 werden daher zwei Gruppen ausgewiesen: "aktuelle Pendler" sowie "Pendler und Ex-Pendler". Erwartungsgemäß ist die relative Einkommensposition der "Pendler und Ex-Pendler" etwas schlechter als die der "aktuellen Pendler". Insbesondere finden sich bei der breiter abgegrenzten Gruppe auch im unteren Einkommensbereich nennenswerte Anteile.

Insgesamt trugen die höheren Einkommen von Ost-West-Pendlern und der nach Westdeutschland umgezogenen Personen jedoch nur kurzfristig zur Vergrößerung der Einkommensungleichheit der ostdeutschen Bevölkerung bei, da sich die in Ostdeutschland verdienten Einkommen rasch dem westlichen Niveau angenähert haben.

3.2.2 Zur Situation von Personen in Arbeitslosenhaushalten

Im Gefolge des Transformationsprozesses hat sich die Lage auf dem ostdeutschen Arbeitsmarkt drastisch verschlechtert. Die Zahl der offen ausgewiesenen Arbeitslosen betrug im Juni 1990 124.000, im März 1991 rund 800.000, im März 1992 etwas über 1,2 Mio. und im März 1993 immer noch rund 1,1 Mio.; entsprechend stieg die Arbeitslosenquote von 1,6% (1990) auf 18,7% (1993).[9] Diese Zahlen geben jedoch nur Auskunft über die Zahl der direkt von Arbeitslosigkeit betroffenen Erwerbspersonen und ignorieren daher die indirekt von Arbeitslosigkeit betroffenen Haushaltsmitglieder. Die Folgen der Arbeitslosigkeit eines Haushaltsmitglieds - seien sie finanzieller oder psychischer Art - sind in der Regel jedoch von allen Mitgliedern des Haushaltes, in dem der Arbeitslose lebt, zu tragen. Daher werden in dieser Untersuchung alle Haushaltsmitglieder in die Betrachtung einbezogen[10].

Wie aus Tabelle 5, letzte Spalte, zu ersehen ist, hat sich in Ostdeutschland der Bevölkerungsanteil der zum Befragungszeitpunkt direkt von eigener Arbeitslosigkeit Betroffenen und der indirekt als Haushaltsmitglied Betroffenen stark erhöht, und zwar von 1,5% im März 1990 über 19,2% im April 1991 auf rund 27% im April 1992. Auf diesem hohen Niveau verharrte ihr Anteil auch im April 1993. In Westdeutschland lag dagegen der Anteil in den ersten drei Beobachtungsjahren jeweils bei rund 6%; im Jahre 1993 bei etwa 7%[11].

Betrachtet man die relative Einkommensposition der direkt oder indirekt von Arbeitslosigkeit betroffenen Personen so stellt man fest, daß ihr durchschnittliches Äquivalenzeinkommen sowohl in Ost- als auch in Westdeutschland weit unter dem Gesamtdurchschnitt der jeweiligen Teilbevölkerungen lag. Während sich in Ostdeutschland die Einkommenspositionen auf etwa 80 bis 85% des Gesamtdurchschnitts belief, verfügte die entsprechende Personengruppe in Westdeutschland sogar nur über rd. 79% (1990) bzw. 75% (1993) des durchschnittlichen Äquivalenzeinkommens. Die vergleichsweise bessere relative Einkommensposition der von Arbeitslosigkeit betroffenen ostdeutschen Personen dürfte vor allem darauf zurückzuführen sein, daß aufgrund der im Vergleich zu Westdeutschland noch höheren Erwerbsquote der Frauen viele Haushalte mit einem arbeitslosen Mitglied ein zweites Erwerbseinkommen bezogen und somit ein noch stärkeres finanzielles Absinken verhindert wurde. Auch erhielt in Ostdeutschland ein größerer Anteil der arbeitslos gemeldeten Personen das höhere Arbeitslosengeld und nicht die niedrigere Arbeitslosenhilfe[12]. Im Jahr 1991 dürfte auch der damals in Ostdeutschland noch gewährte Sozialzuschlag auf das Arbeitslosengeld ein stärkeres Absinken der relativen Einkommensposition verhindert haben.

Unter den in Ostdeutschland innerhalb der Gruppe der von Arbeitslosigkeit direkt oder indirekt betroffenen Personen nahm der Anteil der "Einkommensarmen" nach der Vereinigung kontinuierlich von 10,2 % auf 13,6 % zu und lag damit weit über dem ostdeutschen Bevölkerungsdurchschnitt (vgl. Tabelle 2); in gleicher Weise war auch in Westdeutschland die Armutsquote unter den von Arbeitslosigkeit direkt oder indirekt betroffenen Personen weit höher als in der Gesamtbevölkerung. Bei einem Vergleich der für Ostdeutschland ermittelten Armutsquoten der Arbeitslosen mit den westdeutschen, zeigt aber eine große innerdeutsche Diskrepanz: In Westdeutschland liegen die Armutsquoten von Personen in Arbeitslosenhaushalten mit rund 30% - bei steigender Tendenz - mehr als doppelt so hoch wie im Osten. Da inzwischen die staatlichen Absicherungsmaßnahmen gegen Arbeitslosigkeit zwischen den neuen und alten Bundesländern weitgehend angeglichen wurden, dürfte dieses unterschiedliche Ausmaß an Armut vor allem auf die oben bereits angeführten Gründe (Erwerbseinkommen auch in Arbeitslosenhaushalten, Arbeitslosengeldbezug) zurückzuführen sein. Allerdings muß man für den Osten eine Tendenz zu weiterer Zunahme der Armutsquote innerhalb dieser Bevölkerungsgruppe befürchten.

3.2.3 Zur Situation von Personen in Haushalten mit mindestens einem Kind unter 18 Jahren

Tabelle 6 gibt Auskunft über die relative Einkommensposition von Personen in Haushalten mit mindestens einem Kind unter 18 Jahren sowie über die Verteilung dieser Personengruppe auf Äquivalenzeinkommensklassen.

Die relative Einkommensposition dieser Personengruppe hat sich in Ostdeutschland von 1990 auf 1993 leicht von 93% auf gut 90% verschlechtert, liegt aber immer noch um rund 8 Prozentpunkte über der relativen Einkommensposition der Vergleichsgruppe in Westdeutschland. Auch die Armutsquoten dieser Gruppe sind in Ost- und Westdeutschland noch unterschiedlich hoch, obwohl sich die Armutsquote dieser Personengruppe in Ostdeutschland seit 1990 fast verdreifacht hat. Die im Vergleich zu Westdeutschland günstigere relative Einkommensposition der Ost-Familien sowie deren niedrigere Armutsquote dürfte vor allem auf die immer noch höhere Erwerbsbeteiligung von verheirateten Müttern im Osten und die damit verbundene Erhöhung des Haushaltseinkommens von Familien[13] sowie auf das im Verhältnis zum östlichen Durchschnittseinkommen immer noch etwas großzügigere Kindergeld zurückzuführen sein[14]. Der Vorteil des - im Verhältnis zum ostdeutschen Durchschnittseinkommen - höheren Kindergelds wird im Zuge der Einkommensniveauanpassung jedoch verschwinden; sollte es darüber hinaus zu einem dauerhaften Rückgang der Frauenerwerbstätigkeit kommen, so ist zukünftig ein weiteres Absinken der relativen Einkommensposition und eine weitere Zunahme der Armutsquote der ostdeutschen Familien nicht auszuschließen.

3.2.4 Zur Situation von Personen in Ein-Elternteil-Familien mit mindestens einem Kind unter 18 Jahren[15]

Zur Gruppe mit dem höchsten Armutsrisiko gehören in Westdeutschland Personen in Haushalten von Alleinerziehenden[16]. Tabelle 7 gibt einen Überblick über die Verteilung der Personen in Ein-Elternteil-Familien auf Einkommensklassen, über ihre Armutsquoten und über die Höhe ihrer relativen Einkommenspositionen in Ost- und Westdeutschland seit 1990.

Der Anteil der in Ostdeutschland in Armut lebenden Personen in Ein-Elternteil-Familien hat sich von rund 10% im Jahr 1991 auf 34,8% im Jahr 1993 erhöht und damit das westdeutsche Ausmaß erreicht. Parallel dazu verringerte sich die relative Einkommensposition der ostdeutschen Alleinerziehenden und ihrer Kinder von durchschnittlich rd. 79% auf knapp unter 70%. In Westdeutschland betrug die Armutsquote von Alleinerziehenden und ihren Kindern zwischen 34,5% (1990) und 38,2% (1992); die relative Einkommensposition lag zwischen 65% und 69%. Die ostdeutschen Alleinerziehenden zählten damit in dieser ersten Phase des Transformationsprozesses zu den größten Verlierern der Einheit. Dafür dürfte in erster Linie die sehr hohe Frauenarbeitslosigkeit und der massive Abbau von Kinderbetreuungseinrichtungen - was die Vereinbarkeit von Kinderbetreuung und Beruf gerade für diese Personengruppe sehr erschwerte - verantwortlich sein. Es sind gegenwärtig keine Tendenzen sichtbar, die eine wesentliche Änderung dieser Situation herbeiführen könnten; lediglich der extrem starke Geburtenrückgang in Ostdeutschland wird auch den Anteil der Ein-Elternteil-Familien mit kleinen Kindern stark sinken lassen.

3.2.5 Zur Situation von Alten über 65 Jahren

Die Einkommenssituation der älteren Menschen war in der ehemaligen DDR deutlich schlechter als in Westdeutschland. Während die relative

Einkommensposition der Alten in der früheren Bundesrepublik bei rund 98,5% lag, betrug sie in der DDR nur 77,4% (vgl. Tabelle 8, vorletzte Spalte). Auch mußten dort über 85% mit weniger als dem durchschnittlichen Äquivalenzeinkommen auskommen, in der Bundesrepublik hingegen nur rund 60%.

Die Übertragung des westdeutschen Rentensystems, mehrere Rentenerhöhungen und die Gewährung eines Sozialzuschlages sowie eines Auffüllbetrages bewirkten eine starke Verbesserung der relativen Einkommensposition der Ostrentner[17] und eine - zumindest vorübergehende - Senkung der Altersarmut. Ein verstärktes Wiederauftauchen des Problems der Altersarmut könnte mit dem Auslaufen der Sozialzuschlagsregelungen eintreten. Insgesamt gesehen kann man die Rentner zu den großen Gewinnern der Vereinigung zählen.

4. Entwicklungstendenzen

Einige bereits beschlossene Änderungen der institutionellen Regelungen im Bereich des sozialen Sicherungssystems sowie die sich allmählich durchsetzenden marktwirtschaftlichen Kräfte lassen in den nächsten Jahren weitere Änderungen der Nettoäquivalenzeinkommensverteilung unter der ostdeutschen Bevölkerung erwarten, die im folgenden als Thesen formuliert werden:

- Obwohl die Gruppe derer, die in den Westen umzieht, noch größer werden wird, wird der Einfluß des Umziehens und des Arbeitskräftependelns auf die Einkommensungleichheit unbedeutend werden.
- Die Spreizung der Lohnstruktur wird weiter zunehmen und damit die Einkommensunterschiede vergrößern. Die hohe Arbeitslosigkeit wird nur langsam sinken, so daß hiervon kein merklicher Einfluß in Richtung auf eine Verringerung der Ungleichheit ausgehen wird.
- Die Vergrößerung der Einkommensungleichheit durch zunehmende selbständige Erwerbstätigkeit wird ein sehr langsamer Prozeß bleiben.
- Die Gruppe der ostdeutschen Rentner und Rentnerinnen wird - nach Angleichung des Lohnniveaus - eine relativ und absolut bessere Einkommensposition als die Gruppe der westdeutschen Rentner und Rentnerinnen erreichen, da in Ostdeutschland Rentnerinnen höhere eigene Rentenansprüche haben als in Westdeutschland und daher einen größeren Beitrag zum Haushhaltseinkommen von Rentnerehepaaren leisten können. Im Fall der Verwitwung wird diese günstigere Position noch verstärkt werden.
- Die Einkommensposition von Familien und von Alleinerziehenden mit mehr als einem Kind wird weiterhin relativ absinken.
- Arbeitslosigkeit wird zunehmend ein selektives Phänomen werden, das

mit einer Erhöhung des Anteils Dauerarbeitsloser an allen Arbeitslosen einhergeht. Wie im Westen wird sich Dauerarbeitslosigkeit stärker auf Alleinstehende und weniger Qualifizierte konzentrieren.

Anmerkungen

1. Diese überarbeitete Fassung eines im Rahmen der Tagung der Sektion "Soziale Ungleichheit und Sozialstrukturanalyse" der Deutschen Gesellschaft für Soziologie gehaltenen Vortrags beruht in wesentlichen Teilen auf gemeinsamen Arbeiten mit *Gert Wagner*, Universität Bochum und DIW, Berlin, *Klaus Müller*, Universität Frankfurt und *Joachim Frick*, DIW, Berlin.
2. Für eine Erläuterung des Begriffs "Äquivalenzeinkommen" vgl. Abschnitt 1.3.
3. Vgl. *Wagner et al.* (1994: 70 - 112).
4. *Schupp; Wagner* (1991) sowie *Wagner* (1994).
5. Vgl. *Hauser; Stubig* (1985)
6. Oftmals wird das Atkinson-Maß auch wie folgt interpretiert (vgl. *Berntsen* 1992: 237): Bei einem Wert des Atkinson-Maßes von 0,2) würde bei einer unterstellten Gleichverteilung der Äquivalenzeinkommen bereits 80% (= 1-Atkinson-Maß) des Gesamteinkommens ausreichen, um das gleiche Ausmaß der Wohlfahrt zu erreichen, das sich auf Basis der tatsächlichen, aber ungleichen Verteilung der Äquivalenzeinkommen ergibt.
7. Vgl. auch *Melzer* und *Vortmann* (1986) sowie *Hauser* (1992).
8. Da sich Rentner in der ganz überwiegenden Zahl in diesen unteren Einkommensklassen befanden, dürfte hiermit auch bereits ein Teil der Begünstigung durch "Westreisen" ausgeglichen sein. Eine darüber hinausgehende Berücksichtigung dieses "Westreisen-Effekts" ist nicht möglich, da im SOEP Westreisen zu DDR-Zeiten nicht erfragt wurden.
9. Amtliche Nachrichten der *Bundesanstalt für Arbeit* (1993), Heft 4: 646.
10. Vgl. für eine Analyse der Wirkung von Arbeitslosigkeit auf Familien *Klein* (1986).
11. Der Anteil der von Arbeitslosigkeit im Haushaltskontext betroffenen Personen an der gesamten westdeutschen Bevölkerung ist niedriger als die offizielle Arbeitslosenquote, da letztere sich nur auf alle Erwerbspersonen oder auf abhängige Erwerbspersonen bezieht.
12. Im März 1993 (Befragungszeitpunkt der 4. Welle/Ost) erhielten in Ostdeutschland rd. 66% der arbeitslos gemeldeten Personen Arbeitslosengeld (ALG) und rd. 18% Arbeitslosenhilfe (ALH); in Westdeutschland waren es rund 54% mit ALG bzw. 22% mit ALH; vgl. *Amtliche Nachrichten der Bundesanstalt für Arbeit* (1993), Heft 5: 1062 - 1063.
13. Während in Ostdeutschland der Anteil des Arbeitseinkommens verheirateter Frauen am Haushaltsnettoeinkommen 42% (1991) betrug (*Holst; Schupp* [1992: 238]), waren es in Westdeutschland lediglich rd. 28% (1989) (*Schupp* [1991: 276]).
14. Vgl. zur Ausgestaltung des Familienlastenausgleichs in der DDR *Lampert* (1992).
15. Der Begriff der "Ein-Elternteil-Familie" wurde hier sehr eng abgegrenzt, nämlich als Haushalte, in denen nur Kinder unter 18 Jahren und höchstens eine erwachsene Person lebt.
16. Vgl. *Gutschmidt* (1989).
17. Für die Darstellung der Verteilungswirkungen der Umstellung des ostdeutschen Rentensystems vgl. *Schmähl* (1991); *Kiel; Luckert* (1991) und *Böhm; Pott* (1992).

Tabelle 1:
Verteilungsmaße zur personellen Verteilung der Nettoäquivalenzeinkommen[1] in derDDR im Juni 1990 nach verschiedenen Berechnungskonzepten

Verteilungsmaß	Konzept			
	Nominell	Ideale DDR[2]	Wahre DDR[3] Beste Schätzung	Nachrichtlich BRD 1990
Gini-Koeffizient	0,185	0,161	0,181	0,267
Atkinson-Maß				
ε = 1	0,055	0,047	0,053	0,114
ε = 2	0,109	0,083	0,099	0,216
Quintilsanteile				
1. Quintil	11,8	13,0	12,7	9,4
2. Quintil	15,8	16,4	15,7	14,8
3. Quintil	19,2	19,3	18,6	17,7
4. Quintil	22,9	22,5	22,2	22,5
5. Quintil	30,2	28,8	30,8	36,4

1) Das Nettoäquivalenzeinkommen wurde mit Hilfe einer aus der Sozialhilfe abgeleiteten Skala ermittelt und basiert auf dem erfragten monatlichen Haushaltsnettoeinkommen ("income screener"), das um ein Zwölftel der einmaligen Zahlungen (abzüglich pauschalierter Abgaben korrigiert wurde.
2) Berücksichtigung von Subventionen mit Hilfe einer alternativen Äquivalenzskala und Kaufkraftkorrektur (vgl. Hauser 1992).
3) Korrigierte Einkommen (vgl. Frick und Wagner 1993). Beste Schätzung: 20%-Zuschlag für die "Nomenklatura".

Quelle: Berechnungen aus SOEP-Ost, Welle 1.

Tabelle 2:
Verteilungsmaße zur personellen Verteilung der Nettoäquivalenzeinkommen[1)] in Ost- und Westdeutschland in den Jahren 1990 bis 1993 (jeweils Frühjahr)

	Ostdeutschland				Westdeutschland			
Verteilungsmaße	1990	1991	1992	1993	1990	1991	1992	1993
Gini-Koeffizient	0,185	0,198	0,200	0,216	0,267	0,263	0,264	0,274
Atkinson-Maß								
$\varepsilon = 1$	0,055	0,067	0,066	0,078	0,114	0,109	0,111	0,119
$\varepsilon = 2$	0,109	0,136	0,133	0,157	0,216	0,208	0,209	0,225
Quintilsanteile								
1. Quintil	11,8	11,3	11,1	10,6	9,4	9,5	9,5	9,2
2. Quintil	15,8	16,1	15,9	15,5	14,0	14,0	14,1	13,8
3. Quintil	19,2	18,9	19,1	18,8	17,7	17,8	17,7	17,7
4. Quintil	22,9	22,3	22,5	22,7	22,5	22,8	22,8	22,8
5. Quintil	30,2	31,2	31,3	32,4	36,4	35,9	35,9	36,5

1) Das Nettoäquivalenzeinkommen wurde mit Hilfe einer aus der Sozialhilfe abgeleiteten Skala ermittelt und basiert dem erfragten monatlichen Haushaltsnettoeinkommen ("income screener"), das um ein Zwölftel der einmaligen Zahlungen (abzüglich pauschalierter Abgaben) erhöht wurde.

Quelle: Berechnungen aus SOEP-West, Welle 7 bis 10; SOEP-Ost, Welle 1 bis 4.

Tabelle 3:
Die Verteilung aller Personen auf Klassen von Vielfachen des durchschnittlichen Nettoäquivalenzeinkommens in Ost- und Westdeutschland in den Jahren 1990 (Juli) bis 1993 (Frühjahr)
- in % -

Nettoäquivalenzeinkommensvielfache	unter 0,50	0,50-0,75	0,75-1,00	1,00-1,25	1,25-1,50	1,50-2,00	über 2,00	Alle
Ostdeutschland								
1990	3,4	21,6	29,2	25,2	12,7	6,8	1,1	100
1991	4,4	17,9	34,8	22,3	12,1	6,4	2,2	100
1992	5,9	18,7	31,3	23,5	11,7	6,7	2,3	100
1993	7,3	20,9	30,3	21,9	11,1	6,2	2,4	100
Westdeutschland								
1990	10,9	25,2	23,6	18,6	9,0	8,2	4,4	100
1991	10,7	24,9	23,8	18,0	9,7	8,6	4,2	100
1992	10,1	25,3	25,2	16,9	9,7	9,0	4,0	100
1993	11,5	24,8	23,9	16,4	10,1	8,5	4,7	100

Quelle: Berechnungen aus SOEP-West, Welle 7 bis 10; SOEP-Ost, Welle 1 bis 4.

Tabelle 4:
Die Verteilung aller Personen in Haushalten mit Ost-West-Pendlern und von nach Westdeutschland umgezogener Personen auf Klassen von Vielfachen des durchschnittlichen Nettoäquivalenzeinkommens und ihre relative Einkommensposition in den Jahren 1991bis 1993 (Frühjahr)

- in % -

Nettoäquivalenzeinkommensvielfache	unter 0,50	0,50-0,75	0,75-1,00	1,00-1,25	1,25-1,50	1,50-2,00	über 2,00	relative Einkommenspositionen	Anteil an der Gesamtbevölkerung
Umgezogene									
1991	*	*	*	*	*	*	(52,2)	178,6	1,5
1992	*	*	(18,9)	(16,3)	(15,0)	26,3	(17,5)	146,6	3,5
1993	*	*	15,2	24,4	15,1	17.5	(!$;!)	132,8	5,1
Pendler									
1991	*	7,8	12,1	25,1	22,4	23,6	(7,3)	132,3	6,7
1992	(2,5)	7,6	26,1	23,5	22,6	10,8	(6,8)	120,1	6,8
1993	*	13,8	29,8	21,0	16,1	12,0	(6,7)	116,6	6,3
Pendler und Ex-Pendler									
1992	(3,8)	10,0	27,7	22,1	21,8	10,1	(4,6)	113,9	11,4
1993	(4,1)	15,8	28,4	21,3	16,6	10,1	(3,8)	109,1	11,6

Anmerkung: * = Zellenbesetzung unter 10, ( ) = Zellenbesetzung unter 30.
Quelle: Berechnungen aus SOEP-Ost, Welle 2 bis 4.

Tabelle 5:
Die Verteilung Personen in Haushalten mit mindestens einem Arbeitslosen zum Befragungszeitpunkt auf Klassen von Vielfachen des durchschnittlichen Nettoäquivalenzeinkommens und ihre relative Einkommensposition in Ost- und Westdeutschland in den Jahren 1990 (Juli) bis 1993 (Frühjahr)

- in % -

Nettoäquivalenzeinkommensvielfache	unter 0,50	0,50-0,75	0,75-1,00	1,00-1,25	1,25-1,50	1,50-2,00	über 2,00	relative Einkommensposition	Anteil an der Bevölkerung
Ostdeutschland									
1990	(11,5)	35,9	(24,2)	(24,5)	-	*	-	80,3	1,5
1991	10,2	27,7	36,3	14,6	7,4	3,7	-	84,7	19,2
1992	12,7	33,0	30,6	14,1	6,7	2,6	*	82,3	27,2
1993	13,6	34,3	25,9	18,0	5,5	(1,6)	(1,1)	82,2	26,9
Westdeutschland									
1990	27,0	26,0	24,0	11,6	5,7	(4,0)	*	78,5	6,0
1991	29,5	26,4	22,5	10,5	5,8	(2,9)	*	78,8	5,9
1992	31,3	28,1	24,7	9,3	3,7	(2,2)	*	71,2	5,9
1993	32,1	31,9	16,5	12,8	4,3	*	*	75,7	7,2

Anmerkung: - = keine Zellenbesetzung, * = Zellenbesetzung unter 10, ( ) = Zellenbesetzung unter 30.

Quelle: Berechnungen aus SOEP-West, Wellen 7 bis 10; SOEP-Ost, Wellen 1 bis 4.

Tabelle 6:
Die Verteilung von Personen in Haushalten mit mindestens einem Kind unter 18 Jahren auf Klassen von Vielfachen des durchschnittlichen Nettoäquivalenzeinkommens und ihre relative Einkommensposition in Ost- und Westdeutschland in den Jahren 1990 (Juli) bis 1993(Frühjahr)

- in % -

Nettoäquivalenzeinkommensvielfache	unter 0,50	0,50-0,75	0,75-1,00	1,00-1,25	1,25-1,50	1,50-2,00	über 2,00	relative Einkommensposition	Anteil an der Gesamtbevölkerung
Ostdeutschland									
1990	4,0	21,4	37,5	25,6	8,8	2,4	*	93,0	52,3
1991	5,6	22,6	38,0	19,5	8,0	4,4	1,8	93,1	52,4
1992	8,8	23,3	34,5	20,5	8,0	3,5	1,2	91,1	52,3
1993	11,3	23,4	30,9	19,4	10,2	3,2	1,7	90,4	51,8
Westdeutschland									
1990	16,9	34,3	26,4	13,1	4,6	3,3	1,4	81,4	42,3
1991	16,6	34,7	24,6	14,8	4,7	3,8	0,8	80,8	42,4
1992	14,6	36,1	27,5	12,4	5,0	3,4	0,9	80,9	42,9
1993	15,6	33,9	27,9	12,5	5,1	3,6	1,4	82,1	42,5

Anmerkung: * = Zellenbesetzung unter 10.

Quelle: Berechnungen aus SOEP-West, Wellen 7 bis 10; SOEP-Ost, Wellen 1 bis 4.

Tabelle 7:
Die Verteilung von Personen in Ein-Elternteil-Familien mit mindestens einem Kind unter 18 Jahren auf Klassen von Vielfachen des durchschnittlichen Nettoäquivalenzeinkommens und ihre relative Einkommensposition in Ost- und Westdeutschland in den Jahren 1990 (Juli) bis 1993 (Frühjahr)

- in % -

Nettoäquivalenzeinkommensvielfache	unter 0,50	0,50-0,75	0,75-1,00	1,00-1,25	1,25-1,50	1,50-2,00	über 2,00	relative Einkommensposition	Anteil an der Gesamtbevölkerung
Ostdeutschland									
1990	-	38,4	(27,5)	(17,3)	*	-	-	79,3	3,3
1991	(19,8)	27,9	32,8	(13,3)	*	*	-	77,0	3,0
1992	20,5	33,3	27,2	(13,9)	*	*	-	76,2	3,8
1993	34,8	27,2	20,6	(10,0)	(7,4)	-	-	69,7	3,8
Westdeutschland									
1990	34,5	31,9	17,2	(9,0)	*	*	*	68,7	2,5
1991	41,8	27,2	15,6	(8,5)	*	*	*	68,0	2,5
1992	38,2	35,2	17,5	*	*	*	*	65,4	2,6
1993	32,3	38,7	16,6	*	*	*	*	66,4	3,1

Anmerkung: - = keine Zellenbesetzung, * = Zellenbesetzung unter 10, ( ) = Zellenbesetzung unter 30.
"Ein-Elternteil-Familien" sind so definiert, daß nur Kinder unter 18 Jahren und höchstens eine erwachsene Person im Haushalt leben.

Quelle: Berechnungen aus SOEP-West, Wellen 7 bis 10; SOEP-Ost, Wellen 1 bis 4.

Tabelle 8:
Die Verteilung von Personen über 65 Jahren auf Klassen von Vielfachen des durchschnittlichen Nettoäquivalenzeinkommens und ihre relative Einkommensposition in Ost- und Westdeutschland in den Jahren 1990 (Juli) bis 1993 (Frühjahr)

- in % -

Nettoäquivalenzeinkommensvielfache	unter 0,50	0,50-0,75	0,75-1,00	1,00-1,25	1,25-1,50	1,50-2,00	über 2,00	relative Einkommensposition	Anteil an der Gesamtbevölkerung
Alle Alten über 65 Jahre									
Ostdeutschland									
1990	(4,3)	55,0	26,2	10,1	(2,9)	*	*	77,4	13,3
1991	*	20,1	47,4	24,4	(5,9)	*	-	90,3	13,2
1992	(1,6)	14,2	41,6	27,6	12,7	(2,2)	*	97,4	13,5
1993	(3,0)	14,0	38,6	29,0	11,3	(3,79	*	98,0	13,4
Westdeutschland									
1990	7,6	27,5	25,5	20,5	7,8	7,6	3,5	98,5	17,2
1991	7,0	24,9	29,6	17,1	10,8	7,8	2,7	98,1	17,4
1992	8,3	25,0	26,6	20,5	8,0	8,5	3,1	98,6	17,5
1993	8,7	26,5	26,7	18,4	9,5	7,0	3,3	97,0	17,3

Anmerkung: - = keine Zellenbesetzung, * = Zellenbesetzung unter 10, ( ) = Zellenbesetzung unter 30.

Quelle: Berechnungen aus SOEP-West, Wellen 7 bis 10; SOEP-Ost, Wellen 1 bis 4.

Literatur

Berntsen, R. (1992): Dynamik in der Einkommensverteilung privater Haushalte - Eine empirische Längsschnittanalyse für die Bundesrepublik, Frankfurt am Main u.a.

Bird, E. J. (1994): How East Germans Fared through Reunificationg - A counting for Inflation and Economic Decontrol. In: Vierteljahrshefte zur Wirtschaftsforschung, Heft 1-2, S. 53-59.

Bird, E. J./J. Schwarze/G. G. Wagner (1994): Wage Effects of the Move Toward Free Markets in East Germany. In: Industrial and Labor Relations Review 47, 3: 390-400.

Böhm, St./A. Pott (1992): Verteilungspolitische Aspekte der Rentenüberleitung - Eine Analyse ausgewählter Verteilungswirkungen der Übertragung des bundesdeutschen Rentenrechts auf die neuen Bundesländer. In: Schmähl, W. (Hrsg.), Sozialpolitik im Prozeß der deutschen Vereinigung. Frankfurt am Main u.a., S. 166-227.

Bundesanstalt für Arbeit (Hrsg.) (1993): Amtliche Nachrichten der Bundesanstalt für Arbeit 41, Nummer 4 und Nummer 5, Nürnberg.

Collier, I. (1986): Effective Purchasing Power in a Quantity Constrained Economy - An Estimate for the German Democratic Republic. In: Review of Economics and Statistics 68, 1: 24-32.

Frick, J./G. G. Wagner (1994): Income Inequality by Means of Different Income Concepts - The Case of the GDR and German Unification. In: Diskussionspapier Nr. 94-10 aus der Fakultät für Sozialwissenschaft der RUB, Bochum.

Frickschäftigung, J./R. Hauser/K. Müller/G. Wagner (1993): Die Auswirkungen der hohen Unterbeschäftigung in Ostdeutschland auf die personelle Einkommensverteilung. In: Neubäumer, R. (Hrsg.), Arbeitsmarktpolitik kontrovers - Analysen und Konzepte für Ostdeutschland. Darmstadt, S. 204-228.

Gutschmidt, G. (1989): Armut in Einelternteilfamilien. In: Blätter der Wohlfahrtspflege, Heft 11-12, 335-338.

Hauser, R. (1992): Die personelle Einkommensverteilung in den alten und neuen Bundesländern vor der Vereinigung - Probleme eines empirischen Vergleichs und der Abschätzung von Entwicklungstendenzen. In: Kleinhenz, G. (Hrsg.), Sozialpolitik im vereinten Deutschland II, Berlin, S. 37-72.

Hauser, R./H.-J. Stubig (1985): Strukturen der personellen Verteilung von Nettoeinkommen und Wohlfahrtspositionen. In: Hauser, R./Bernhard E. (Hrsg.), Soziale Sicherung und Einkommensverteilung, Empirische Analysen für die Bundesrepublik Deutschland. Frankfurt, S. 41-97.

Holst, E./J. Schupp (1992): Umbruch am ostdeutschen Arbeitsmarkt benachteiligt auch die weiterhin erwerbstätigen Frauen - dennoch anhaltend hohe Berufsorientierung. In: DIW-Wochenbericht 18/92, 235-241.

Kiel, W./H. Luckert (1991): Finanzielle Auswirkungen der Umwertung der Bestandsrenten des Beitrittsgebiets nach dem Rentenüberleitungsgesetz. In: Verband Deutscher Rentenversicherungsträger (Hrsg.), Deutsche Rentenversicherung, 8-9/91, Frankfurt, 555-602.

Klein, T. (1987): Sozialer Abstieg und Verarmung von Familien durch Arbeitslosigkeit. Frankfurt u.a.

Krause, P. (1994): Armut im Wohlstand - Betroffenheit und Folgen. DIW-Diskussionspapier Nr. 88, Berlin.

Krause, P./B. Headey/R. Habich (1992): Einkommensentwicklung der privaten Haushalte in Ostdeutschland. In: DIW-Wochenbericht 4/92, 35-40.

Lampert, H. (1991): Familienpolitik in Deutschland - Ein Beitrag zu einer familienpolitischen Konzeption im vereinten Deutschland. In: Kleinhenz, G. (Hrsg.), Sozialpolitik im vereinten Deutschland I, Berlin, S. 115-139.

Melzer, M./H. Vortmann (1986): Das Kaufkraftverhältnis zwischen D-Mark und Mark der DDR. In: DIW-Wochenbericht 53(21).

Mittelbach, H. (1994): Familienpolitik und Lage der Familie in den neuen Bundesländern. In: J. Zerche (Hrsg.), Vom sozialistischen Versorgungsstaat zum Sozialstaat Bundesrepublik, Regensburg S. 55-95.

Offermanns, M. (1994). Das Renten-Überleitungsgesetz und seine Konsequenzen. In: J. Zerche (Hrsg.), Vom sozialistischen Versorgungsstaat zum Sozialstaat Bundesrepublik. Regensburg, S. 120-147.

Schmähl, W. (1991): Alterssicherung in der DDR und ihre Umgestaltung im Zuge des deutschen Einigungsprozesses - Einige verteilungspolitische Aspekte. In: Kleinhenz, G. (Hrsg.), Sozialpolitik im vereinten Deutschland I, Berlin, S. 49-95.

Schupp, J. (1991): Befragungsergebnisse zur Teilzeitarbeit in der DDR und in der Bundesrepublik Deutschland. In: Projektgruppe "Das Sozio-ökonomische Panel" (Hrsg.), Lebenslagen im Wandel: Basisdaten und -analysen zur Entwicklung in den neuen Bundesländern, Frankfurt u.a., S. 280-298.

Schupp, J./G. Wagner (1991): Die Ost-Stichprobe des Sozio-ökonomischen Panels. In: Projektgruppe "Das Sozio-ökonomische Panel" (Hrsg.), Lebenslagen im Wandel: Basisdaten und -analysen zur Entwicklung in den Neuen Bundesländern, Frankfurt am Main u.a., S. 25-41.

Schwarze, J./F. Büchel (1994): Wanderungen von Ost nach Westdeutschland. In: DIW-Wochenbericht 61, 9: 128-132.

Wagner, G. (1994): Das sozio-ökonomische Panel (SOEP) - eine Brücke zwischen der DDR und den neuen Bundesländern. In: J. Zerche (Hrsg.), Vom sozialistischen Versorgungsstaat zum Sozialstaat Bundesrepublik, Regensburg, S. 191-209.

Wagner, G./R. Hauser/K. Müller/J. Frick (1992): Einkommensverteilung und Einkommenszufriedenheit in den neuen und alten Bundesländern. In: Glatzer, W./H. Noll (Hrsg.), Lebensverhältnisse in Deutschland: Ungleichheit und Angleichung, Frankfurt am Main u.a., S. 91-137.

Wagner, G./J. Schupp/U. Rendtel (1994): Das Sozio-ökonomische Panel (SOEP) -Methoden der Datenproduktion und -aufbereitung im Längsschnitt. In: Hauser, R./N. Ott/G. Wagner (Hrsg.), Mikroanalytische Grundlagen der Gesellschaftspolitik, Band 2, Erhebungsverfahren, Analysemethoden und Mikrosimulation, Berlin, S. 70-112. Zerche, J. (Hrsg.) (1994): Vom sozialistischen Versorgungsstaat zum Sozialstaat Bundesrepublik, Regensburg.

Aufsteiger und Absteiger in der ostdeutschen Einkommensverteilung: 1989-1993

Viktor Steiner und Florian Kraus[1]

1. Einleitung

Die Entwicklung der Einkommensverteilung im ostdeutschen Transformationsprozeß ist bereits in mehreren Studien untersucht worden. *Hauser* (1992) hat die personelle Einkommensverteilungen in der früheren DDR und in Westdeutschland vor der Vereinigung untersucht und festgestellt, daß sich im Zuge der Vereinigung diese aus mehreren Gründen annähern werden. Insbesondere weist er auch darauf hin, daß die Verteilung der Primäreinkommen aufgrund zu erwartender Änderung auf den Arbeitsmärkten - hoher Anstieg der Arbeitslosigkeit, insbesondere bei Frauen, und die unvermeidlich eintretende Spreizung der Lohnstruktur - in Ostdeutschland deutlich ungleicher werden und sich jener in Westdeutschland annähern wird. *Krause*, *Headey* und *Habich* (1992) haben die Entwicklung der Haushaltseinkommen in der ersten Phase des ostdeutschen Transformationsprozesses dokumentiert. *Schwarze* (1992) und *Bird*, *Schwarze* und *Wagner* (1994) sehen einen wesentlichen Faktor für eine ungleichere Verteilung der Erwerbseinkommen zwischen der früheren DDR und Westdeutschland in den unterschiedlichen Renditen von Ausbildungsinvestionen, was allerdings in der Studie von *Krueger* und *Pischke* (1992) etwas anders gewichtet wird.

Einig scheint man sich hingegen darin zu sein, daß in der früheren DDR erworbenes Humankapital im Transformationsprozeß weitgehend abgewertet worden ist (*Krueger* und *Pischke* 1992, *Schwarze* 1992, *Bird*, *Schwarze* und *Wagner* 1994). Als Ursache dafür wird häufig Arbeitslosigkeit, insbesondere Langzeitarbeitslosigkeit, die in Ostdeutschland bereits innerhalb kurzer Zeit erhebliche Bedeutung erlangt hat (*Steiner* 1994), vermutet. Indirekte Evidenz für diese Hypothese finden *Büchel*, *Rendtel* und *Schwarze* (1994), die einen negativen Einkommenseffekt von Arbeitslosigkeit feststellen. *Hauser* u. a. (1993) haben die Auswirkungen von Arbeitslosigkeit auf die ostdeutsche Einkommensverteilung auch im Haushaltskontext untersucht und festgestellt, daß zwischen 1990 und 1992 von Arbeitslosigkeit betroffene Haushalte im Durchschnitt eine deutliche Verschlechterung ihrer relativen Äquivalenzeinkommensposition hinnehmen mußten, die umso ausgeprägter war, je stärker der Haushalt von Arbeitslosigkeit betroffen war.

In diesem Beitrag werden die Aufstiege und Abstiege in der Verteilung der ostdeutschen Erwerbseinkommen analysiert, wobei insbesondere auch auf den Einfluß individueller Arbeitslosigkeit auf die relative Einkommensposition eingegangen wird. Da der Haushaltskontext und andere Einkommensarten, insbesondere staatliche Transfers hier ausgeblendet werden, beleuchtet die Untersuchung nur einen, wenn auch wichtigen Teilaspekt der Entwicklung der Einkommensverteilung im ostdeutschen Transformationsprozeß. Die Gründe für die Beschränkung auf die Analyse der Erwerbseinkommen liegen vor allem in konzeptionellen Schwierigkeiten der Berücksichtigung des Haushaltszusammenhangs und verschiedener Einkunftsarten im hier verwendeten ökonometrischen Modell zur Erklärung der Auf- und Abstiege in der Einkommensverteilung. Die empirische Analyse wird auf Basis der ersten vier Wellen des Sozio-ökonomischen Panels für Ostdeutschland durchgeführt.

Der vorliegende Beitrag gliedert sich wie folgt: Im nächsten Abschnitt werden als Rahmen für die nachfolgenden detaillierten Analysen Änderungen der personellen Erwerbseinkommen im Zeitraum 1989 bis 1993 betrachtet. Nach einem Vergleich der Verteilung der Erwerbseinkommen in der früheren DDR mit jener in Ostdeutschland im Jahr 1993 werden Unterschiede in den Anteilen von Aufsteigern und Absteigern in der Einkommensverteilung zwischen den im Beobachtungszeitraum durchgängig und allen Beschäftigten sowie den Arbeitslosen herausgearbeitet. In Abschnitt 3 werden nach einer kurzen Darstellung des für die statistische Analyse von Aufstiegen und Abstiegen in der Einkommensverteilung verwendeten Modells die Schätzergebnisse für durchgängig beschäftigte Arbeitnehmer dargestellt und diskutiert. In Abschnitt 4 werden die Einkommenseffekte von Arbeitslosigkeit präsentiert. Abschnitt 5 enthält eine Zusammenfassung der wichtigsten Ergebnisse dieser Arbeit.

2. Änderungen der personellen Erwerbseinkommen 1989 - 1993

Ausgangspunkt unserer Untersuchung ist der Vergleich der Verteilung der personellen Erwerbseinkommen in Ostdeutschland in den Jahren 1989 und 1993. Datenbasis bilden die ersten vier Wellen des Sozio-ökonomischen Panels für Ostdeutschland (SOEP-Ost).[2] In der ersten Befragung des SOEP-Ost unmittelbar vor dem Inkrafttreten der Währungs-, Wirtschafts- und Sozialunion im Juni 1990 wurden neben dem monatlichen Brutto-Erwerbseinkommen im Vormonat auch die entsprechenden Einkommen einer Person im Mai und Oktober 1989 erhoben. In den folgenden drei Wellen beziehen sich die Einkommensangaben jeweils auf den Vormonat der Befragung. In der zweiten Welle war der Befragungsmonat mit wenigen Ausnahmen der März 1991, in der dritten Welle lag dieser überwiegend in der ersten Jahreshälfte 1992 und in der dritten Welle verteilte er sich über das gesamte Kalenderjahr. Für den folgenden Vergleich wurden die Angaben für den Mai 1989 oder, falls diese nicht vorhanden waren, für den Oktober

1989 sowie die Angaben zum Vormonat des Stichtags bei der Befragung der vierten Welle im Jahr 1993 herangezogen.

In Abbildung 1 sind Lorenzkurven für die realen monatlichen Brutto-Erwerbseinkommen der im Mai 1989 bzw. zum Stichtag der Befragung im Jahr 1993 abhängig beschäftigten Arbeitnehmer dargestellt.[3] Die Abbildung zeigt, daß die Lorenzkurve für das Jahr 1993 durchgehend unter jener für das Jahr 1989 liegt, die Verteilung der Erwerbseinkommen somit im Transformationsprozeß ungleicher geworden ist. Der Unterschied zwischen den beiden Kurven mag zwar nicht dramatisch erscheinen, ist aber unter dem Gesichtspunkt zu interpretieren, daß sich in entwickelten Marktwirtschaften auch über längere Zeiträume in der Regel kaum größere Verschiebungen der Lorenzkurve ergeben. Betrachtet man statt allen abhängig Beschäftigten nur die im Beobachtungszeitraum durchgängig Beschäftigten (hier nicht ausgewiesen), zeigt sich eine etwas geringere Zunahme in der Ungleichheit der Verteilung der Erwerbseinkommen. Dies weist bereits auf die Bedeutung von Arbeitslosigkeit für die Entwicklung der Einkommensverteilung hin, ein Zusammenhang der in Abschnitt 4 etwas eingehender analysiert wird.

Die beobachtete Verschiebung der Lorenzkurve war im Beobachtungszeitraum mit Abstiegen und Aufstiegen in der Einkommensverteilung verbunden, die sich anschaulich auf Basis empirischer Übergangsmatrizen zwischen bestimmten Perzentilen der Einkommensverteilung darstellen lassen.[4] Aufgrund der Fallzahlen im SOEP-Ost[5] werden im folgenden *Quintile* der Einkommensverteilung zur Definition der Übergänge betrachtet sowie alle Übergänge aus einem bestimmten Quintil in alle möglichen höheren (niedrigeren) Quintile zusammengefaßt und als *Aufsteiger* (*Absteiger*) bezeichnet. Diese Festlegungen bestimmen natürlich das Ausmaß der ausgewiesenen Mobilität in einer Population, wobei in diesem Zusammenhang festzustellen ist, daß die Wahl von Quintilen bei Analysen zur Einkommensmobilität durchaus üblich ist.

In der Tabelle 1 sind für die einzelnen Jahre des Beobachtungszeitraums die Anteile der Aufsteiger und Absteiger aus den einzelnen Quintilen (in Prozent der Personen im jeweiligen Dezil im jeweiligen Ausgangsjahr) für die im Beobachtungszeitraum abhängig Beschäftigten zusammengefaßt. Die Summe aus Aufsteigern und Absteigern ergänzt sich mit dem Prozentanteil der Personen, die ihr Einkommensquintil nicht gewechselt haben, natürlich bis auf Rundungsfehler zu hundert Prozent.

Die Tabelle weist auf eine erhebliche Mobiltität der Erwerbseinkommen zwischen den einzelnen Quintilen der Verteilung hin. Sowohl bei den Aufstiegen als auch bei den Abstiegen verläuft die zeitliche Entwicklung in den einzelnen Quintilen sehr unheitlich. Auffällig ist hier vor allem die relativ starke Zunahme der Aufstiege aus den beiden unteren Quintilen nach 1990, die gegen Ende der Beobachtungsperiode wieder leicht gesunken sind, sowie die starke Zunahme der Abstiege aus den oberen beiden Quintilen

gegenüber 1989/90, die sich am Ende der Periode ebenfalls wieder stark abgeschwächt haben.
Betrachtet man statt allen abhängig Beschäftigten wieder nur die im Beobachtungszeitraum durchgängig abhängig Beschäftigten (hier nicht ausgewiesen), zeigen sich bezüglich der Anteile an Aufsteigern und Absteigern in den einzelnen Perioden zwar kleinere Abweichungen, über den gesamten Beobachtungszeitraum gemittelt gibt es aber kaum Unterschiede (vgl. die beiden ersten Zeilen in Tabelle 2). Dies scheint der Erwartung zu widersprechen, daß insbesondere Arbeitnehmer mit einer Arbeitslosigkeitsepisode zwischen zwei Beschäftigungsverhältnissen eine Verschlechterung ihrer Einkommensposition hinnehmen müssen, kann aber auch einfach mit dem geringen Anteil der Personen mit einer Arbeitslosigkeitsperiode in der Population aller abhängig Beschäftigten zusammenhängen.

Um einen ersten Hinweis darauf zu erhalten, welche dieser Möglichkeiten zutrifft, haben wir alle Personen mit einer abgeschlossenen Arbeitslosigkeitsepisode zwischen zwei Beschäftigungsverhältnissen im Beobachtungszeitraum selektiert und deren relative Einkommensposition unmittelbar vor und nach der Arbeitslosigkeit verglichen. Insgesamt konnten knapp 400 Personen selektiert werden, die dieses Kriterium erfüllten und für die außerdem gültige Einkommensangaben vorlagen. Aufgrund dieser relativ geringen Anzahl konnten die Übergänge nicht getrennt für einzelne Jahre analysiert werden. Sie wurden daher zusammengefaßt, wobei die Einkommen vor bzw. nach der Arbeitslosigkeitsepisode in die zu den entsprechenden Zeitpunkten bestehenden Verteilungen für die *durchgehend beschäftigten* Personen eingeordnet wurden. Aus der so ermittelten Übergangsmatrix wurden wieder durch Aggregation die Prozentanteile der Aufsteiger und Absteiger ermittelt, die in der letzten Zeile von Tabelle 2 ausgewiesen sind.

Der Anteil der Absteiger ist bei den Arbeitslosen in jedem Quintil deutlich höher als bei den Beschäftigten im Durchschnitt über den Beobachtungszeitraum. Bemerkenswert sind die mit knapp 60 Prozent extrem hohen Anteile der Absteiger aus den beiden obersten Quintilen bei den Arbeitslosen. Im Gegensatz dazu ist die Entwicklung bei den Aufsteigern ganz anders verlaufen: Im ersten Quintil ist deren Anteil unter den Arbeitslosen höher, in den übrigen Quintilen sind die Unterschiede im Durchschnitt über die Zeit relativ gering ausgefallen. Aufgrund des hohen Anteils an Absteigern bei den Arbeitslosen liegt natürlich die Schlußfolgerung nahe, daß ein kausaler Zusammenhang zwischen dem Abstieg in der relativen Einkommensposition und der Arbeitslosigkeit besteht.

Bevor dieser Zusammenhang näher untersucht wird, werden im folgenden Ergebnisse einer multivariaten Analyse von Aufstiegs- und Abstiegswahrscheinlicheiten in der Verteilung der Erwerbseinkommen von zwischen 1989 und 1993 durchgängig abhängig Beschäftigten dargestellt. Die Beschränkung auf durchgängig Beschäftigte ergibt sich aus technischen Gründen, da die konsistente Berücksichtigung von Arbeitslosigkeitsepisoden im statistischen Modell den Rahmen dieser Arbeit sprengen würde.

3. Multivariate Analyse von Aufstiegen und Abstiegen in der Einkommensverteilung

Eine Vielzahl von Faktoren bestimmt die relative Position in der personellen Verteilung der Erwerbseinkommen. Neben persönlichen Charakteristika sind dies vor allem das Ausbildungsniveau, Berufserfahrung, Art und Umfang der Beschäftigung, aber auch Faktoren wie Firmengröße, Industriezweig und Region, in der die Beschäftigung ausgeübt wird. Zwischen diesen Faktoren bestehen mehr oder weniger starke Abhängigkeiten, so daß Aussagen über deren quantitativen Effekte auf Änderungen in der Verteilung der Erwerbseinkommen nur auf Basis einer multivariaten Analyse möglich sind.

Im folgenden wird zuerst das zur Analyse von Aufstiegen und Abstiegen in der Einkommensverteilung verwendete Modell kurz beschrieben; anschließend werden die auf diesem Ansatz basierenden Schätzergebnisse dargestellt und diskutiert.

3.1 Modellspezifikation

Entsprechend den Ausführungen in Abschnitt 2 wird bei den Übergängen aus einem bestimmten Quintil der Verteilung zwischen zwei Jahren auch hier nur zwischen Aufstiegen und Abstiegen unterschieden. Ausgehend vom i-ten (i=1, 1, ..., 5) Quintil der Verteilung ergeben sich daher die folgenden möglichen Übergänge:

Aufstieg aus dem i-ten Quintil
Abstieg aus dem i-ten Quintil
Verbleib im i-ten Quintil.

Die Wahrscheinlichkeiten des Aufstiegs bzw. des Abstiegs werden in Abhängigkeit des Ausgangsquintils und eines Vektors erklärender Variabler durch ein *Multinomiales Logit-Modell* (MNL-Modell) parametrisiert und bezüglich des Verbleibs im i-ten Quintil normalisiert, d. h. die Koeffizienten sind relativ zu jenen für den Verbleib, die auf Null gesetzt sind, zu interpretieren. Der üblichen Spezifikation des MNL-Modells folgend (vgl. z. B. *Greene*, 1993, Kap. 21.7) werden für die Erklärung der Aufstiege und Abstiege die gleichen Kovariablen-Vektoren angesetzt und unterschiedliche Koeffizienten-Vektoren geschätzt. Als Erklärungsfaktoren werden im Modell neben persönlichen Charakteristika (Alter, Familienstand, Gesundheitszustand) Humankapitalvariable (Schulbildung, Berufsausbildung, Berufserfahrung), Strukturvariable zur Erfassung der Art der Beschäftigung (Arbeitszeit, Firmengröße, Wirtschaftssektor) und Regional-Dummies berücksichtigt. Da strukturelle Unterschiede bei Aufstiegen und Abstiegen in der Einkommensverteilung zwischen Männern und Frauen im ostdeutschen Transformationsprozeß sehr wahrscheinlich sind, wurden die Schätzungen getrennt nach Geschlecht durchgeführt. Die Variablen, die in die unten präsentierten Modellspezifikationen aufgenommen wurden, sind in Tabelle 7 beschrieben.

Die Modellspezifikation impliziert, daß der Effekt einer bestimmten Kovariablen auf die bedingte Wahrscheinlichkeit eines Aufstiegs bzw. eines Abstiegs, gegeben einem bestimmten Quintil, unabhängig davon ist, von welchem Quintil aus dieser erfolgt. In unserer Modellspezifikation geht das Ausgangsquintil als Kovariable in das MNL-Modell ein.[6] Prinzipiell wäre es auch möglich, durch Interaktionsterme zwischen dem Ausgangsquintil und den Kovariablen im Modell von diesem abhängige Effekte aller oder ausgewählter Kovariabler zu berücksichtigen. Dies wäre bei einer allgemeinen Spezifikation einerseits mit einer Vervielfachung der zu schätzenden Koeffizienten verbunden, was sicherlich unsere Datenbasis überfordern würde. Andererseits sehen wir auch keine zwingenden Gründe für eine selektive Auswahl von bestimmten Interaktionstermen.

Für unbeobachtete Zeiteffekte wird im Modell durch Dummies für das jeweilige Ausgangsjahr mit dem Jahr 1989 als Basis kontrolliert. Zeitinvariante unbeobachtete Individualeffekte werden durch einen stochastischen Störterm berücksichtigt, der additiv zum Kovariablenvektor eingeht und als von diesem unabhängig angenommen wird. Der Individualeffekt wird sowohl für Aufstiege als auch für Abstiege identisch behandelt. Darüber hinaus wird angenommen, daß dieser Störterm durch eine diskrete, nicht näher spezifizierte Verteilung mit Erwartungswert Null beschrieben werden kann. Durch diesen Störterm sind die Beobachtungen einer Person, unter Berücksichtigung der erklärenden Variablen im Modell und das Ausgangsquintil, über die Zeit korreliert, was im Modell berücksichtigt wird. Bei der Schätzung wird von maximal drei Massepunkten für diesen Störterm ("Heterogenitätsklassen") ausgegangen. Diese werden mit den dazugehörigen Wahrscheinlichkeiten gemeinsam mit den übrigen Modellparametern geschätzt. Die Schätzung erfolgt mittels der Maximum-Likelihood Methode.

3.2 Schätzergebnisse

Die geschätzten Koeffizienten im MNL-Modell sind getrennt nach Geschlecht in Tabelle 3 ausgewiesen. Bei dem ausgewiesenen Modell handelt es sich um eine reduzierte Variante des Ausgangsmodells, bei dem nach statistischen Kriterien einige der insignifikanten Variablen, denen keine größere interpretative Bedeutung zukommt, ausgeschlossen wurden. Ein positiver Koeffizient erhöht die Übergangswahrscheinlichkeit aus einem bestimmten Quintil, ein negativer Koeffizient reduziert diese. Die ausgewiesenen Koeffizienten sind Logit-Koeffizient und müssen daher erst umgerechnet werden, um den Effekt einer bestimmten Kovariablen auf die Wahrscheinlichkeit des Aufstiegs bzw. des Abstiegs aus einem bestimmten Quintil quantifizieren zu können. Bevor diese Effekte dargestellt werden, sollen die qualitativen Ergebnisse in Tabelle 3 interpretiert werden.

Die im unteren Teil der Tabelle ausgewiesenen geschätzten Massepunkte und deren Wahrscheinlichkeiten weisen darauf hin, daß sich sowohl bei den Männern als auch bei den Frauen die Population bezüglich unbeobachteter Heterogenität in zwei Gruppen unterscheiden läßt. Wie die stark negativen Werte der Massepunkte in der ersten Gruppe zeigen, weisen ca. 5% bei den Männern und knapp 9% bei den Frauen relativ geringe Übergangswahrscheinlichkeiten auf, wobei die geschätzten Wahrscheinlichkeiten, mit der diese Massepunkte auftreten, hier als Anteile der beiden Gruppen in der Population interpretiert werden können.

Wie oben erwähnt wurde, basiert die Modellspezifikation auf der Annahme, daß die Effekte der einzelnen erklärenden Variablen auf die Aufstiege bzw. Abstiege, unter Berücksichtigung des Ausgangsquintils, nicht davon abhängen, von welchem Quintil aus ein Übergang erfolgt. Hingegen ist zu erwarten, daß Aufstiege (Abstiege) umso unwahrscheinlicher werden, je höher (weiter unten) in der Einkommensverteilung man sich schon befindet. Dies kommt durch die geschätzten Koeffizienten für das Ausgangsquintil - ein positiver (negativer) Koeffizient erhöht (reduziert) die Wahrscheinlichkeit eines Aufstiegs bzw. Abstiegs - deutlich zum Ausdruck, wobei sich allerdings bemerkenswerte geschlechtsspezifische Unterschiede zeigen. Dieser Effekt wirkt deutlich stärker bei den Männern bezüglich der Aufstiege, während er bezüglich der Abstiege bei den Frauen stärker ausgeprägt ist.

Was die zeitliche Entwicklung von Aufstiegen und Abstiegen aus der Einkommensverteilung anbelangt, zeigen sich ebenfalls deutliche Unterschiede zwischen Männern und Frauen. Während bei den Männern die Wahrscheinlichkeit eines Aufstiegs zwischen 1990 und 1991 relativ hoch war und dann in den Folgejahren wieder stark gesunken ist, war diese bei den Frauen zwischen 1991 und 1992 am höchsten und ist im Zeitraum 1992/93 wieder auf das Niveau von 1990/91 gefallen. Andererseits hat sich bei den Männern die Wahrscheinlichkeit eines Abstiegs gegenüber der Referenzperiode 1989/90 über den Beobachtungszeitraum deutlich erhöht, während sich diese bei den Frauen nach einem zwischenzeitlich sehr starken Anstieg in der Periode 1990/91 am Ende des Beobachtungszeitraums nicht mehr signifikant vom Ausgangsniveau unterscheidet.

Die wichtigsten Schätzergebnisse bezüglich der anderen erklärenden Variablen lassen sich wie folgt zusammenfassen:

Bei den persönlichen Charakteristika hat vor allem das Alter bei den Männern einen relativ starken Effekt sowohl auf die Wahrscheinlichkeit des Aufstiegs als auch des Abstiegs aus einem gegebenen Quintil. Bei den Frauen war in der erweiterten Schätzung kein signifikanter Alterseffekt feststellbar und wurde in der reduzierten Schätzung daher nicht mehr berücksichtigt. Gesundheitliche Einschränkungen reduzieren bei den Männern die Aufstiegswahrscheinlichkeit, aber auch die Abstiegswahrscheinlichkeit.

Bei der Schulausbildung zeigt sich bei den Männern nur ein signifikanter Effekt eines höheren Ausbildungsniveaus (Abitur) auf die Aufstiegswahrscheinlichkeit, die geschätzten Effekte bei den Frauen waren in der erweiterten Schätzung alle insignifikant. Das Niveau der Berufsausbildung beeinflußt die Aufstiegs- und Abstiegswahrscheinlichkeiten sowohl bei den Männern als auch bei den Frauen in sehr differenzierter Weise. Relativ zu einer Facharbeiterausbildung (Basiskategorie) wird die Aufstiegswahrscheinlichkeit bei fehlender Berufsausbildung sowohl bei den Männern als auch bei den Frauen signifikant reduziert, die Abstiegswahrscheinlichkeit wird dadurch jedoch nicht signifikant beeinflußt. Mit höherer Berufsausbildung steigt bei den Frauen die Aufstiegswahrscheinlichkeit signifikant an, während die geschätzten Effekte der beiden Dummy-Variablen für Fachschul- bzw. Universitätsabschluß auf die Abstiegswahrscheinlich negativ, aber nur bei den Männern statistisch signifikant sind.

Auch die Effekte der Variablen zur Beschreibung der individuellen Beschäftigungssituation unterscheiden sich erheblich nach Geschlecht. Bei den Männern nimmt die Aufstiegswahrscheinlichkeit mit steigender Betriebszugehörigkeitsdauer (nicht-monoton) ab, was damit erklärt werden kann, daß die im Betrieb erworbenen Kenntnisse im Transformationsprozeß erheblich an Wert verloren haben. Die tatsächlich geleistete Arbeitszeit erhöht bei den Frauen sowohl die Aufstiegs- als auch die Abstiegswahrscheinlichkeit, bei den Männern wirken diese Effekte in die entgegengesetzte Richtung, wofür sich eigentlich keine unmittelbare Erklärung anbietet. Darüber hinaus zeigen sich signifikante geschlechtsspezifische Firmengrößen- und Brancheneffekte. Sowohl bei den Männern als auch bei den Frauen erhöht eine Beschäftigung in einer Firma mittlerer Größe (200 bis 2000 Beschäftigte) und außerhalb des Verarbeitenden Gewerbes die Aufstiegswahrscheinlichkeit und reduziert die Abstiegswahrscheinlichkeit. Besonders stark ist dieser Effekt im Bausektor ausgeprägt, was aufgrund der unterschiedlichen wirtschaftlichen Dynamik dieses Sektors im Vergleich zum Verarbeitenden Gewerbe den Erwartungen entspricht. Abgeschwächt gilt dies auch insbesondere bei den Frauen bezüglich einer Beschäftigung im Tertiären Sektor. Dabei wurde bei den Frauen auch für Regionaleffekte statistisch kontrolliert, bei den Männern sind diese insignifikant und wurden daher in der reduzierten Schätzung nicht berücksichtigt.

Um die Effekte einzelner wichtiger Variabler auf die Aufstiegs- bzw. Abstiegswahrscheinlichkeit zu quantifizieren, werden in Tabelle 4 für eine

Referenzgruppe (zu deren Definition vgl. die Anmerkung zur Tabelle) die Wahrscheinlichkeiten für Aufstiege bzw. Abstiege aus dem *dritten* Quintil in den einzelnen Jahren des Beobachtungszeitraums berechnet und mit den entsprechenden Wahrscheinlichkeiten verglichen, die sich für andere Vergleichsgruppen durch Variationen bestimmter Merkmale ergeben. Das dritte Quintil wurde gewählt, da es nicht so stark von den teilweise etwas volatilen Veränderungen an den Enden der Verteilung betroffen ist. Bei den Vergleichsgruppen wurden die Variablen Alter, Berufsausbildung und Sektor der Beschäftigung variiert, da diese aus ökonomischer Sicht besonders interessant erscheinen; die Berechnungen wurden nur für statistisch signifikante Effekte durchgeführt. Die ausgewiesenen Wahrscheinlichkeiten beziehen sich auf den Erwartungswert der Auf-, beziehungsweise Abstiegswahrscheinlichkeiten bezüglich der Heterogenitätskomponente, d. h. es wurde über die berechneten Massepunkte mit deren entsprechenden Wahrscheinlichkeiten gemittelt.

Für die Referenzgruppe der Männer ergibt sich z. B. für die Periode 1989/90 eine Aufstiegswahrscheinlichkeit aus dem dritten Quintil von 14,3 Prozent und eine Abstiegswahrscheinlichkeit aus diesem Quintil von 28,3 Prozent. Die Effekte der einzelnen Variablen haben sich im Zeitverlauf sehr unterschiedlich entwickelt: Während sich bei den Männern die Aufstiegswahrscheinlichkeit in der Periode 1990/91 stark erhöht hat und am Ende des Beobachtungszeitraums wieder auf das Ausgangsniveau 1989/90 zurückgefallen ist, hat sich die Abstiegswahrscheinlichkeit - ausgehend von einem bereits relativ hohen Niveau 1989/90 - kontinuierlich auf ca. 37 Prozent erhöht. Bei den Frauen ist die Aufstiegswahrscheinlichkeit aus dem dritten Quintil über den gesamten Beobachtungszeitraum auf einem relativ niedrigen Niveau verharrt, während sich deren Abstiegswahrscheinlichkeit - ausgehend von einem bereits sehr hohen Niveau - in der Periode 1990/91 dramatisch auf über 60 Prozent erhöht hat und erst am Ende der Beobachtungsperiode wieder auf einen dem Ausgleichsniveau vergleichbaren Wert gesunken ist.

Bezüglich der in Tabelle 4 ausgewiesenen Variablen stechen die folgenden quantitativen Effekte auf die Aufstiegs- und Abstiegswahrscheinlichkeit hervor:

- die hohen Abstiegswahrscheinlichkeiten bei den jüngeren Männern;
- die geringen Aufstiegswahrscheinlichkeiten bei den Beschäftigten ohne Berufsausbildung und die hohen Aufstiegswahrscheinlichkeiten bei Frauen mit Meister- oder Universitätsausbildung;
- die relativ geringen Abstiegswahrscheinlichkeiten bei Personen mit Universitätsausbildung;
- die hohen Aufstiegswahrscheinlichkeiten der Beschäftigten im Bausektor und deren geringe Abstiegswahrscheinlicheit sowie

- bei den Frauen die relativ zum Verarbeitenden Gewerbe generell niedrigeren Abstiegswahrscheinlichkeiten auch in den anderen Sektoren.

4. Einkommenseffekte von Arbeitslosigkeit

In Abschnitt 2 wurde bereits auf den potentiellen Einfluß von Arbeitslosigkeit für die Einkommensmobilität hingewiesen. In diesem Abschnitt soll dieser Zusammenhang näher analysiert werden. Dazu werden alle Personen betrachtet, die im Beobachtungszeitraum eine Arbeitslosigkeitsepisode abgeschlossen haben und für die Information über das individuelle Erwerbseinkommen vor und nach Arbeitslosigkeit vorliegt. Um allgemeine Änderungen der Erwerbseinkommen zu berücksichtigen, wird für die Berechnung der relativen Einkommensposition vor bzw. nach einer Arbeitslosigkeitsepisode das individuelle Erwerbseinkommen auf die Mittelwerte der jeweils vor dem Zeitpunkt des Zugangs in bzw. des Abgangs aus der Arbeitslosigkeit bestehenden Verteilungen der Erwerbseinkommen der *durchgängig beschäftigten* Personen bezogen. Der Vergleich der relativen Einkommensposition zu diesen beiden Zeitpunkten gibt dann das Ausmaß der dadurch eingetretenen individuellen Verschlechterung oder auch Verbesserung in der relativen Einkommensposition an.

Es ist uns bewußt, daß durch die beschriebene Vorgangsweise Selektionsprozesse vernachlässigt werden, die erhebliche Auswirkungen auf den Zusammenhang zwischen Einkommensmobilität und Arbeitslosigkeit haben können. Zum einen erfassen wir durch unser Auswahlverfahren jene Personen nicht, die zwar ebenfalls durch Arbeitslosigkeit bedroht waren, diese aber durch Abstiege in der Einkommensverteilung vermeiden konnten. Zum anderen vernachlässigen wir noch andauernde (zensierte) Arbeitslosigkeitsepisoden. Da die Arbeitslosigkeitsdauer und der Aufstieg bzw. Abstieg in der Einkommensverteilung im Prinzip simultan bestimmt werden, besteht hier sowohl ein potentielles Selektions- als auch Endogenitätsproblem. Im Rahmen der vorliegenden Untersuchung konnten diese Probleme nicht behandelt werden, die Ergebnisse sind daher unter diesen Vorbehalten zu interpretieren.

Die gemeinsame Verteilung der relativen Erwerbseinkommen vor und nach Arbeitslosigkeit für die Personen, die im Beobachtungszeitraum eine Arbeitslosigkeitsepisode abgeschlossen haben[7], ist in Abildung 2 auf Basis einer Kerndichteschätzung (vgl. z. B. *Härdle/Müller* 1993) dargestellt.

Die Abbildung 2 zeigt, daß die Masse der Verteilung bei einem relativen Einkommen von etwas weniger als 80 Prozent des mittleren Erwerbseinkommens der durchgängig Beschäftigten sowohl vor als auch nach der Arbeitslosigkeit liegt. Dies bedeutet, daß sich durch Arbeitslosigkeit in den meisten Fällen keine Verschlechterung der relativen Einkommensposition ergeben hat. Dabei ist allerdings die oben gemachte Einschränkung bezüglich der potentiellen Effekte von Selektionsprozessen zu beachten.

Wie die Abbildung aber auch zeigt, besteht eine erhebliche Variation zwischen den relativen Erwerbseinkommen vor und nach Arbeitslosigkeit. Ein möglicherweise wichtiger Faktor für unterschiedliche Einkommensmobiltität zwischen den Arbeitslosen ist die Dauer der Arbeitslosigkeitsepisode. Arbeitsplatzwechsel ist wegen der damit verbundenen Suchaktivitäten oder einfach wegen der Überbrückung der Zeitspanne zwischen der Beendigung und der Wiederaufnahme einer Beschäftigung häufig mit kurzfristiger Arbeitslosigkeit verbunden, die vermutlich wenig Einfluß auf das Erwerbseinkommen bei Wiederaufnahme einer Beschäftigung hat. Hingegen sind bei längerfristiger Arbeitslosigkeit eher negative Einkommenseffekte zu erwarten.

Der empirische Zusammenhang zwischen dem Verhältnis der relativen Einkommensposition vor und nach Arbeitslosigkeit einerseits und der Dauer der Arbeitslosigkeit ist in Abbildung 3 wieder anhand einer Kerndichteschätzung dargestellt. Dazu wurde der Quotient aus der relativen Einkommensposition einer bestimmten Person nach Abschluß und vor Beginn der Arbeitslosigkeitsespisode gebildet und zu deren Dauer in Beziehung gesetzt. Dieser Quotient wird im folgenden als 'Einkommensquotient' bezeichnet. Wie die Abbildung zeigt, liegt der Gipfel der Verteilung bei einem Einkommensquotienten von eins und sehr kurzen Arbeitslosigkeitsdauern; der Einkommensquotient nimmt mit zunehmender Arbeitslosigkeitsdauer deutlich ab.[8] Dies weist darauf hin, daß eine Verschlechterung der relativen Einkommensposition, insbesondere bei längerfristiger Arbeitslosigkeitsdauer, auftritt.

Allerdings wird der Einkommensquotient (Abb. 3) neben der Arbeitslosigkeitsdauer noch von einer Vielzahl anderer Faktoren beeinflußt. Um den Dauereffekt von diesen isolieren zu können, haben wir eine einfache loglineare Regression durchgeführt, in der die abhängige Variable 'relative Einkommensposition nach Wiederaufnahme einer Beschäftigung' in logarithmierter Form auf die entsprechende Variable vor der Arbeitslosigkeit, deren logarithmierter Dauer und anderen Kontrollvariablen regressiert wurde. Dabei wurden in einer ersten Schätzung alle Kovariablen, die auch bei den Schätzungen der Aufstiegs- bzw. Abstiegswahrscheinlichkeiten in Abschnitt 3.2 verwendet wurden, und Dummies für den Beginn der Arbeitslosigkeitsepisode berücksichtigt. Außerdem wurde die Schätzung für Männer und Frauen gemeinsam durchgeführt, da das Geschlecht in Kontrollrechnungen keinen signifikanten Effekt aufwies. Aufgrund der relativ geringen Anzahl verfügbarer Beobachtungen wurden dann in einem zweiten Schritt nur mehr jene Variable aufgenommen, deren Koeffizienten in der ersten Schätzung signifikant waren. Auf Basis eines F-Tests konnte diese reduzierte Spezifikation nicht verworfen werden. Daher wurden die weiteren Berechnungen auf Basis dieser Spezifikation, für die die Schätzergebnisse in der folgenden Tabelle ausgewiesen sind, durchgeführt.

Der geschätzte Effekt der Dauer auf die relative Einkommensposition nach Arbeitslosigkeit (Tabelle 5) impliziert, daß diese - unter Berücksichtigung der relativen Einkommensposition vor der Arbeitslosigkeit und die anderen Einflußfaktoren - um knapp ein Prozent sinkt, wenn sich die Arbeitslosigkeitsdauer um zehn Prozent erhöht. Da aufgrund der Modellspezifikation dieser Effekt auch von den anderen erklärenden Variablen im Modell - insbesondere der relativen Einkommensposition vor der und vom Zugangszeitpunkt in die Arbeitslosigkeit abhängt - wird in Tabelle 6 der Einkommenseffekt von Arbeitslosigkeit wieder für die bereits oben definierte Referenzgruppe in Abhängigkeit von diesen beiden Variablen dargestellt.

Die Tabelle zeigt, daß mit zunehmender Dauer der Arbeitslosigkeit eine deutliche Verschlechterung der relativen Einkommensposition eintritt, wobei die Einkommenseffekte von Arbeitslosigkeit sowohl von der relativen Einkommensposition vor der als auch dem Zugangsjahr in die Arbeitslosigkeit abhängen. Bei einer im Jahr 1990 begonnenen kurzfristigen Arbeitslosigkeitsepisode (2 Monate) eines Betroffenen mit einer durchschnittlichen relativen Einkommensposition (100 % des durchschnittlichen Erwerbseinkommens) vor Arbeitslosigkeit ergab sich noch eine Verbesserung der relativen Einkommensposition, im Jahr 1992 bereits eine leichte Verschlechterung. Außerdem zeigt sich, daß sich bei einer unterdurchschnittlichen (überdurchschnittlichen) relativen Einkommensposition vor einer kurzfristigen Arbeitslosigkeitsepisode diese nachher verbesserte (verschlechterte), wobei sich dieser Effekt über die Zeit abgeschwächt (verstärkt) hat. Der negative Einkommenseffekt langfristiger Arbeitslosigkeit ist umso stärker ausgeprägt, je günstiger die relative Einkommensposition vor Arbeitslosigket war. Außer bei einer früher unterdurchschnittlichen relativen Einkommensposition verschlechterte sich diese nach langfristiger Arbeitslosigkeit zwar auch, wenn die Arbeitslosigkeit bereits 1990 begonnene wurde, dieser Effekt ist aber bei einer später begonnenen Arbeitslosigkeit deutlich stärker ausgeprägt.

5. Zusammenfassung

Die Verteilung der ostdeutschen Erwerbseinkommen ist zwischen 1989 und 1993 ungleicher geworden. Diese Zunahme der Ungleichheit war von einer großen Anzahl von Aufstiegen und Abstiegen sowohl im unteren als auch im oberen Bereich der Verteilung begleitet. Über den gesamten Zeitraum betrachtet, unterscheiden sich die Anteile an Aufsteigern und Absteigern kaum zwischen den durchgängig und allen Beschäftigten. Bei den Personen mit einer Arbeitslosigkeitsepisode zwischen zwei Beschäftigungsverhältnissen ist der Anteil der Absteiger aus jedem Quintil deutlich höher als bei den durchgängig Beschäftigten, bei den Aufstiegen zeigen sich in dieser Hinsicht kaum Unterschiede.

Die Aufstiegswahrscheinlichkeiten aus dem mittleren Bereich der Verteilung waren zwischen 1989-1993 bei den Frauen deutlich niedriger, deren Abstiegswahrscheinlichkeiten über den gesamten Zeitraum sehr viel höher als bei den Männern. Diese geschlechtsspezifischen Unterschiede bleiben bestehen, nachdem für wichtige Einflußfaktoren auf die individuelle Einkommensmobiltität kontrolliert worden ist. Dies weist auf eine Diskriminierung gegenüber Frauen im Transformationsprozeß hin, was allerdings für eine endgültige Bewertung noch genauer untersucht werden müßte. Bei den durchgängig Beschäftigten sind die Aufstiegswahrscheinlichkeiten aus dem mittleren Bereich der Verteilung nach einem starken Anstieg zu Beginn des Transformationsprozesses sowohl bei den Männern als auch bei den Frauen wieder deutlich gesunken. Die Abstiegswahrscheinlichkeit hat sich insbesondere bei den Männern über den Beobachtungszeitraum deutlich erhöht, bei den Frauen ist sie nach einem zwischenzeitlich sehr starken Anstieg wieder auf das sehr hohe Ausgangsniveau zurückgegangen.

Als auch quantitativ bedeutsamer Einflußfaktor für die Aufstiege und Abstiege aus dem mittleren Bereich der Einkommensverteilung konnte die berufliche Qualifikation der ostdeutschen Arbeitnehmer isoliert werden, wobei sich die Effekte der Berufsausbildung deutlich zwischen Frauen und Männern unterscheiden. Darüber hinaus spielt auch die Branchenzugehörigkeit eine wichtige Rolle.

Die Einkommenseffekte von Arbeitslosigkeit hängen sowohl von deren Dauer als auch von der relativen Einkommensposition vor der und dem Zugangsjahr in die Arbeitslosigkeit ab. Während sich bei kurzfristiger Arbeitslosigkeit die relative Einkommensposition im Vergleich zum Erwerbseinkommen vor der Arbeitslosigkeit, insbesondere zu Beginn des ostdeutschen Transformationsprozesses, häufig sogar verbessert hat, verschlechtert sich diese bei den ehemals Langzeitarbeitslosen in erheblichem Ausmaß. Dieser Effekt ist umso stärker ausgeprägt, je besser die relative Einkommensposition vor der Arbeitslosigkeit war.

Anmerkungen

1. Wir danken der Deutschen Forschungsgemeinschaft für finanzielle Unterstützung im Rahmen des Projekts "*Arbeitsmarktdynamik, individuelles Erwerbsverhalten und Einkommensentwicklung im Transformationsprozeß*". *Andreas Spörl* für kompetente Unterstützung bei der Programmierung des statistischen Modells und *Jens Ewen* für die Datenaufbereitung.
2. Für eine Beschreibung der Oststichprobe des SOEP vgl. *Schupp* und *Wagner* (1990) und speziell die Einkommensangaben im SOEP *Wagner* (1991).
3. Die graphische Darstellung der Lorenzkurve basiert auf den nach der Einkommenshöhe geordneten Beobachtungseinheiten, wobei auf der Abzisse der kumulierte Anteil der Personen und auf der Ordinate das kumulierte Gesamteinkommen abgetragen wird; je weiter entfernt die Lorenzkurve von der 45°-Geraden, die eine Gleichverteilung repräsentiert, liegt, desto ungleicher ist die Verteilung.
4. Eine Beschreibung dieser und alternativer Methoden zur Messung von Einkommensmobilität findet sich z.B. bei *Atkinson, Bourguignon* und *Morrisson* (1992).
5. Je nachdem, ob durchgängig Beschäftigte oder alle Beschäftigten analysiert werden, verbleiben bei Betrachtung zweier aufeinanderfolgender Wellen zwischen ca. 1000 und 2700 Personen.
6. Ein konzeptionelles Problem bei der statistischen Analyse von Übergängen zwischen einzelnen Perzentilen der Einkommensverteilung besteht in deren Unmöglichkeit aus dem obersten bzw. untersten Perzentil. Die explizite Berücksichtigung der entspechenden Wahrscheinlichkeiten erscheint zwar prinzipiell möglich, ist aber zur Zeit in unserem Modell nicht enthalten.
7. Da es im Beobachtungszeitraum sehr wenige Personen mit mehr als einer Arbeitslosigkeitsspanne gab, wurde Mehrfacharbeitslosigkeit nicht explizit berücksichtigt, d.h. alle Arbeitslosigkeitsspannen werden identisch behandelt.
8. Der kleine 'Ausläufer' bei einer Dauer von ca. 16 Monaten ist aufgrund der geringen Fallzahl nicht interpretierbar.

Tabelle 1: Aufsteiger und Absteiger in der Einkommensverteilung - Alle abhängig Beschäftigten -

Auf-/Abstieg	Quintil									
	1		2		3		4		5	
1989/90	25	-	28	20	23	24	23	30	-	20
1990/91	38	-	35	28	30	33	24	42	-	48
1991/92	37	-	43	25	33	44	19	46	-	39
1992/93	34	-	37	12	27	34	18	36	-	33

Quelle: SOEP-Ost, Wellen 1-4; eigene Berechnungen.

Tabelle 2: Aufsteiger und Absteiger in der Einkommensverteilung nach Erwerbsstatus, 1989-1993

Auf-/Abstieg	Quintil									
	1		2		3		4		5	
durchgängig Beschäftigte	35	-	38	22	29	38	20	42	-	
Alle Beschäftigte	34	-	36	21	28	34	21	39	-	
Arbeitslose	43	-	34	40	28	48	22	58	-	

Quelle: SOEP-Ost, Wellen 1-4; eigene Berechnungen.

Tabelle 3: Multinominales Logit-Modell mit unbeobachteter Populationsheterogenität zur Erklärung von Aufstiegen und Abstiegen in der Einkommensverteilung - Alle Beschäftigten

	Männer				Frauen			
	Aufstieg		Abstieg		Aufstieg		Abstieg	
Variable	Koeff.	|t|	Koeff.	|t|	Koeff.	|t|	Koeff.	|t|
Konstante	1,797	6,36	-1,504	5,67	-3,351	9,00	-3,726	8,44
# Kinder	0,106	2,34	-0,003	0,07	—	—	—	—
Alter (35 < Alter 55 Jahre)								
Alter < 25 Jahre	-0,443	2,52	-0,127	0,77	0,268	1,41	0,780	3,89
25 < Alter 35 Jahre	-0,154	1,23	0,017	0,14	-0,011	0,09	0,405	2,84
Alter > 55 Jahre	-0,630	2,47	-0,288	1,48	—	—	—	—
Schulbildung (10. Klasse)								
Schulabschluß 8. Klasse	-0,207	1,59	0,282	2,43	-0,265	1,94	0,092	0,60
Abitur	-0,059	0,23	-0,077	0,38	0,039	0,17	0,223	0,82
Berufsausbildung (Facharbeiter)								
keine Berufsausbildung	-0,995	3,48	-0,595	2,08	-1,012	3,85	-0,356	1,19
Meister, Ingenieur, Fachschulabschluß	-0,134	0,15	-0,800	6,13	0,649	4,57	-0,675	3,77
Universität, Hochschule	-0,239	0,76	-1,401	5,64	0,510	1,64	-1,522	4,33
Firmengröße								
20 - 200 Beschäftigte	-0,075	0,43	-0,055	0,35	0,349	2,10	-0,138	0,73
200 bis 2000 Beschäftigte	-0,027	1,16	-0,369	2,33	0,445	2,65	-0,473	2,44
mehr als 2000 Beschäftigte	-0,010	0,05	-0,565	3,37	0,496	2,78	-0,530	2,44
Sektor (Verarbeitendes Gew.)								
Primärer Sektor	0,010	0,07	0,076	0,57	0,101	0,48	-0,246	0,95
Bausektor	0,435	2,57	-0,642	4,04	0,611	2,03	-0,737	1,83
Tertiärer Sektor	0,329	2,57	0,005	0,05	0,416	3,14	-0,420	2,91
Bundesland (Sachsen)								
Mecklenburg - Vorpommern	0,108	0,60	-0,049	0,30	0,383	2,12	-0,434	1,92
Brandenburg	-0,088	0,54	-0,079	0,57	0,165	1,09	0,009	0,05
Sachsen - Anhalt	0,155	1,04	-0,154	1,16	-0,016	0,11	-0,021	0,13
Thüringen	0,304	1,96	0,139	1,02	-0,138	0,90	-0,159	0,89
Berlin - Ost	0,288	1,20	-0,442	2,07	-0,032	0,15	-0,274	1,10
Tatsächliche Arbeitszeit	—	—	—	—	0,059	7,77	0,012	1,34
Periode (1989/90)								
1990/91	0,745	6,09	0,805	7,38	0,389	2,99	0,916	6,70
1991/92	0,587	4,20	0,898	7,48	0,750	5,41	0,921	5,76
1992/93	0,061	0,42	0,586	4,74	0,110	0,78	-0,338	2,05
Ausgangs-Quintil	-0,930	17,56	0,309	6,62	-0,439	7,00	0,923	13.60
$_1$	-0,827	1,88			-1,974	2,11		
$_2$	0,476	1,23			0,312	1,94		
Pr($_1$)	0,366	1,55			0,137	1,60		
Pr($_2$)	0.635	2,69			0.864	10,11		

Quelle: SOEP-Ost, Wellen 1-4; eigene Berechnungen.

Tabelle 4: Geschätzte Wahrscheinlichkeiten des Aufstiegs und des Abstiegs aus dem dritten Quintil der Einkommensverteilung - Alle Beschäftigten

	Aufstieg				Abstieg			
Variable	1989/90	1990/91	1991/92	1992/93	1989/90	1990/91	1991/92	1992/93
				Männer				
Referenzgruppe	24,7	33,0	28,7	21,8	21,4	30,3	34,0	32,0
Alter > 55 Jahre	16,2	23,2	19,9	14,5	19,8	30,1	33,2	29,9
keine Berufsausbildung	19,9	30,5	27,0	19,3	8,7	14,3	16,2	14,4
Meister	32,3	44,6	40,2	30,8	10,4	15,2	17,7	16,8
Universität	25,6	38,1	34,3	25,1	6,9	11,0	12,7	11,5
Bausektor	36,8	49,1	44,6	34,9	10,9	15,4	18,0	17,4
Tertiärer Sektor	31,0	40,3	35,6	27,7	19,4	26,8	30,5	29,4
				Frauen				
Referenzgruppe	10,8	10,6	14,4	13,0	27,2	45,2	43,2	20.9
Alter < 25 Jahre	10,1	8,6	11,8	12,9	42,7	61,3	59,1	34,6
25 < Alter 35 Jahre	9,3	8,4	11,6	11,5	35,5	54,5	52,6	28,1
keine Berufsausbildung	4,7	4,9	6,9	5,6	22,8	40,7	39,9	17,4
Meister	21,4	23,4	30,2	24,4	14,4	26,7	24,1	10,5
Universität	21,2	25,5	32,6	23,6	7,0	14,3	12,8	5,0
Bausektor	21,0	23,2	29,9	23,9	13,8	25,8	23,3	10,0
Tertiärer Sektor	17,0	18,0	23,7	19,7	18,6	33,4	30,9	13,8

Anmerkung: Die Referenzgruppe ist wie folgt definiert: Verheiratet, zwei Kinder, beschäftigt in einer Firma mittlerer Größe (200-2000 Beschäftigte), tatsächliche Arbeitszeit = 40 Stunden; bei den sonstigen Dummy-Variablen wurden die jeweiligen Basiskategorien, bei den metrischen Variablen deren Mittelwert angesetzt.

Quelle: Eigene Berechnungen auf der Basis der Schätzergebnisse in Tabelle 6.

Tabelle 5: Einkommenseffekte von Arbeitslosigkeit - log-lineare Regression

Variablenname	Mittelwert	Koeffizient	t-Wert
Konstante		-1.2104	4.43
ln Relative Einkommensposition vor Arbeitslosigkeit	-0.3641	0.2294	4.66
ln Arbeitslosigkeitsdauer	1.2452	-0.0913	3.67
Keine Berufsausbildung	0.1381	-0.1751	2.53
Meister, Ingenieur, Fachschulabschluß	0.1832	0.1631	2.83
Universität, Hochschule	0.0721	0.2209	2.59
Gesundheitliche Einschränkungen	0.0150	-0.6395	3.71
ln Tatsächliche Arbeitszeit	3.7069	0.3728	5,37
Primärer Sektor	0.0390	-0.3191	2.82
Tertiärer Sektor	0.6907	-0.1925	3.96
Anfangsjahr der Arbeitslosigkeit (1991)	0.4384	-0.1237	2.42
Anfangsjahr der Arbeitslosigkeit (1992)	0.2883	-0.2338	4.70
# der Beobachtungen	333		

Quelle: SOEP-Ost, Wellen 1-4; eigene Berechnungen.

Tabelle 6: Effekte der Arbeitslosigkeitsdauer auf die relative Einkommensposition nach Arbeitslosigkeit

Zugangsjahr in Arbeitslosigkeit	1990			1991			1992		
Relative Einkommensposition vor Arbeitslosigkeit (in %)	80	100	120	80	100	120	80	100	120
Relative Einkommensposition nach ... Monaten Arbeitslosigkeit (in %)									
2	106	111	116	94	99	103	84	88	92
6	96	101	105	85	89	93	76	80	83
12	90	95	99	79	84	87	71	75	78

Quelle: Eigene Berechnungen auf der Basis der Wellen 1-4 des SOEP-Ost.

Tabelle 7: Mittelwerte der Variablen im multinominalen Logit-Modell

	Durchgängig Beschäftigten		Alle Beschäftigten	
Variablenname	Männer	Frauen	Männer	Frauen
# Kinder	-	1,28	1,20	-
Alter				
Alter < 25 Jahre	0,07	-	0,11	0,10
25 < Alter 35 Jahre	0,32	-	0,30	0,32
Alter > 55 Jahre	0,03	-	0,06	-
Schulbildung				
Schulabschluß 8. Klasse	0,25	-	0,31	0,31
Abitur	0,20	-	0,15	0,11
Berufsausbildung				
Keine Berufsausbildung	0,01	0,04	0,03	0,06
Meister, Ingenieur, Fachschul-abschluß	0,23	0,31	0,22	0,25
Universität, Hochschule	0,14	0,09	0,11	0,07
Firmengröße				
20 - 200 Beschäftigte	0,31	0,32	0,30	0,32
200 bis 2000 Beschäftigte	0,32	0,29	0,34	0,31
mehr als 2000 Beschäftigte	0,24	0,23	0,25	0,21
Bundesland				
Mecklenburg - Vorpommern	-	0,10	0,11	0,11
Brandenburg	-	0,15	0,17	0,15
Sachsen - Anhalt	-	0,23	0,20	0,20
Thüringen	-	0,17	0,17	0,17
Berlin - Ost	-	0,08	0,06	0,08
Tatsächliche Arbeitszeit	45,33	40,33	-	39,92
Sektor				
Primärer Sektor	0,15	0,07	0,19	0,09
Bausektor	0,12	0,03	0,12	0,03
Tertiärer Sektor	0,46	0,73	0,37	0,65
Periode (1989/90)				
1990/91	0,22	0,23	0,26	0,25
1991/92	0,27	0,25	0,19	0,19
1992/93	0,27	0,26	0,19	0,19
Quintil	3,45	2,39	3,58	2,

Quelle: Sozio-ökonomisches Panel, Wellen 1-4; eigene Berechnungen.

Abbildung 1: Lorenzkurven des Erwerbseinkommens abhängig Beschäftigter, 1989 und 1993

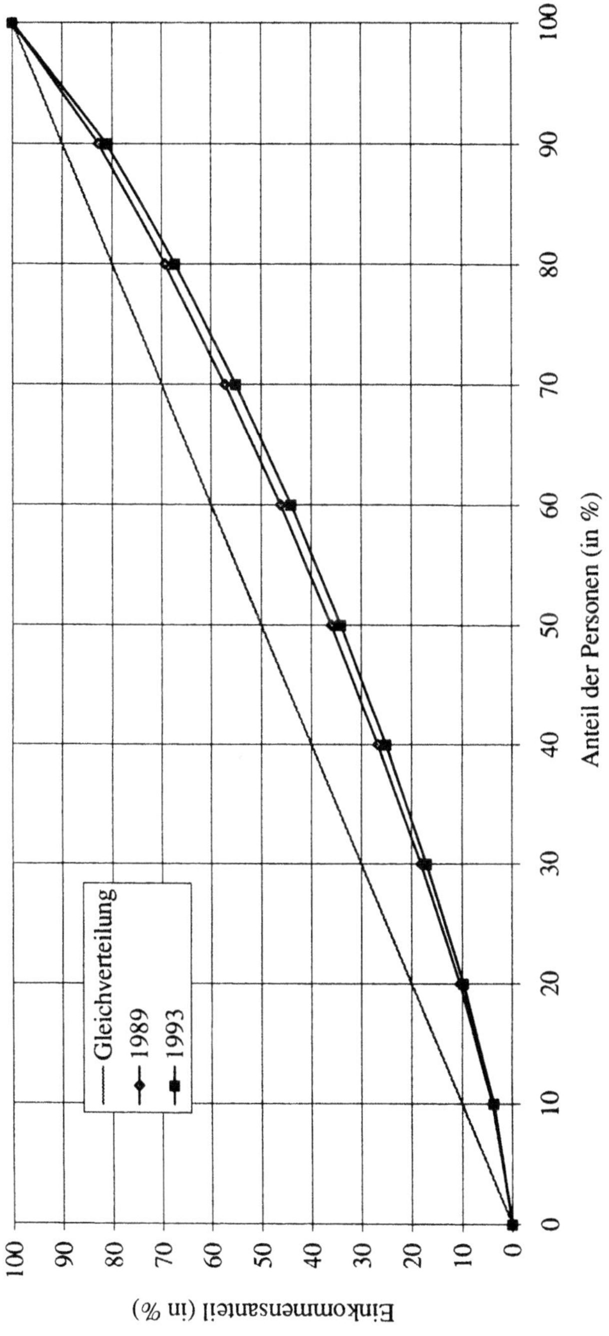

Quelle: SOEP-Ost, Wellen 1-4; eigene Berechnungen.

Abbildung 2: Gemeinsame Verteilung des relativen Erwerbseinkommens vor und nach Arbeitslosigkeit (Kerndichteschätzung)

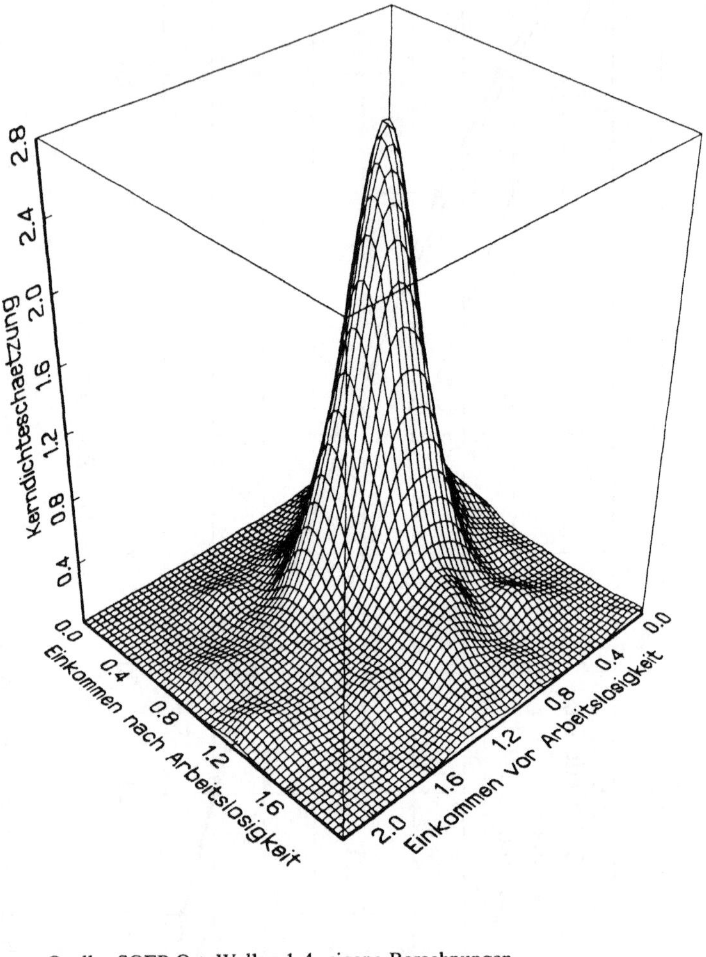

Quelle: SOEP-Ost, Wellen 1-4; eigene Berechnungen.

Abbildung 3: Gemeinsame Verteilung des Verhältnisses der relativen Erwerbseinkommen vor und nach Arbeitslosigkeit und der Dauer der Arbeitslosigkeit (Kerndichteschätzung)

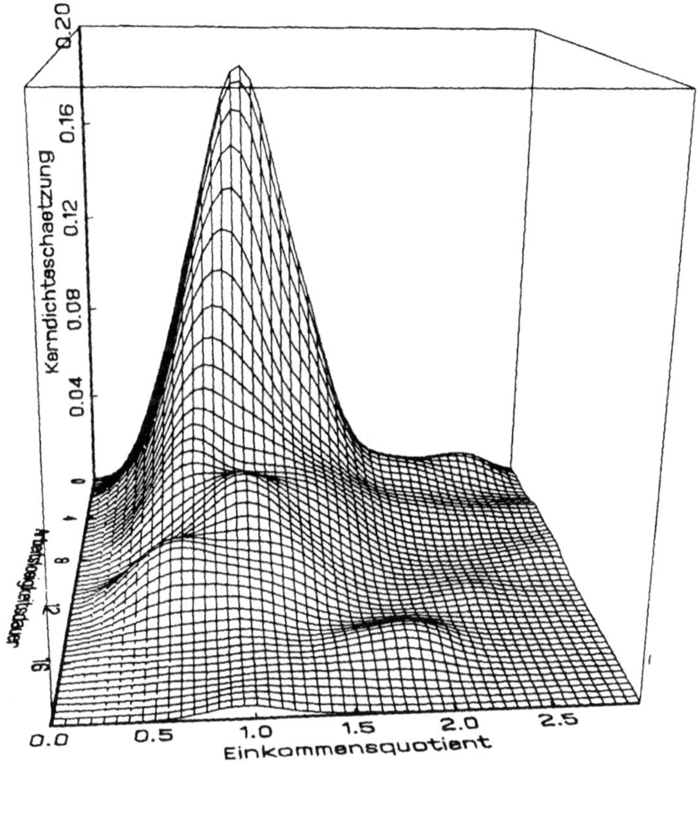

Quelle: SOEP-Ost, Wellen 1-4; eigene Berechnungen.

Literatur

Atkinson, A./Bourguignon, F./Morrisson, C. (1992): Empirical Studies of Earnings Mobility; Fundamentals of Pure and Applied Economics Series. Harwood Academic Publishers.

Bird, E.J./Schwarze, J./Wagner, G.G. (1994): Wage effects of the move toward free markets in East Germany. In: Industrial and Labor Relations Review 47, 3: 390-400.

Büchel, F./Rendtel, U./Schwarze, J. (1994): Einkommenseffekte von Arbeitslosigkeit und Kurzarbeit im ostdeutschen Transformationsprozeß. In: H. König/V. Steiner (Hrsg.), Arbeitsmarktdynamik und Unternehmensentwicklung in Ostdeutschland. Erfahrungen und Perspektiven des Transformationsprozesses. Baden-Baden: Nomos-Verlag.

Greene, William H. (1993): Econometric Analysis. (2nd ed.) New York: Macmillan.

Hauser, R./Müller, K./Frick, J./Wagner, G. (1993): Die Auswirkungen der hohen Unterbeschäftigung in Ostdeutschland auf die personelle Einkommensverteilung. WZB Diskussionspapier P93-103.

Härdle, W./Müller, M. (1993): Nichtparametrische Glättungsmethoden in der alltäglichen statistischen Praxis. In: Allgemeines Statistisches Archiv, 77, 9-31.

Krause, P./Headey, B./Habich, R. (1993): Einkommensentwicklung der privaten Haushalte in Ostdeutschland. DIW-Wochenbericht 59(4), 35-40.

Krueger, A. B./Pischke, J.-St. (1992): A comparative analysis of East and West German labor markets before and after unification. ZEW Discussion Paper No 92-11, Mannheim.

Schwarze, J. (1991): Ausbildung und Einkommen von Männern. Einkommensfunktionsschätzungen für die ehemalige DDR und die Bundesrepublik Deutschland. In: Mitteilungen aus der Arbeitsmarkt- und Berufsforschung 1991/1: 63-69.

Steiner, V. (1994): Langzeitarbeitslosigkeit während des Übergangs zur Marktwirtschaft - Ostdeutschland nach der Vereinigung. In: H. König/V. Steiner (Hrsg.), Arbeitsmarktdynamik und Unternehmensentwicklung in Ostdeutschland. Erfahrungen und Perspektiven des Transformationsprozesses. Baden-Baden: Nomos-Verlag.

Wagner, G. (1991): Die Erhebung von Einkommensdaten im Sozio-ökonomischen Panel (SOEP). In: U. Rendtel/G. Wagner (Hrsg.), Lebenslagen im Wandel: Zur Einkommensdynamik in Deutschland seit 1984. Frankfurt/New York: Campus.

Die subjektive Verarbeitung veränderter Lebensbedingungen

Alltag im Umbruch? Alltägliche Lebensführung und berufliche Veränderung in Ostdeutschland

Margit Weihrich

1. Einleitung

"Also gleichgeblieben ist eigentlich wenig, aber verändert hat sich eigentlich och nichts". Frau Kainz, leitende Angestellte in einem ostdeutschen Dienstleistungsunternehmen vor und nach der Wende, überrascht mit diesem Paradoxon, als wir sie bitten, ihren Alltag rückblickend zu charakterisieren. Wie sieht Alltag aus, wenn man ihn so empfindet?

Mein Projekt verfolgt eine subjektorientierte Perspektive. Mithilfe einer qualitativen Paneluntersuchung, die ich von Frühjahr 1991 bis Herbst 1993 in einer ostdeutschen Großstadt durchgeführt habe, will ich beschreiben und analysieren, ob, und wenn ja, auf welche Weise es dem Einzelnen gelingt, inmitten des aktuellen gesellschaftlichen Transformationsprozesses sein alltägliches Leben auf die Reihe zu kriegen und welche Folgen er dabei gewärtigen muß.

Ich stelle die Anlage meiner Untersuchung und das zugrundeliegende Konzept kurz vor und präzisiere die Fragestellung, der ich hier nachgehen will, die Frage nach dem Zusammenhang von alltäglicher Lebensführung und beruflicher Veränderung. Dieser Frage werde ich anhand von drei Fallbeispielen nachgehen, die ich so ausgewählt habe, daß sie jeweils für einen unterschiedlichen beruflichen Mobilitätsverlauf stehen, nämlich 1) für das Behalten des alten Arbeitsplatzes angesichts veränderter Strukturen, 2) für den Arbeitsplatzwechsel und 3) für den Verlust des Arbeitsplatzes. Für den ersten Mobilitätsverlauf steht die oben zitierte Frau Kainz, die ihre berufliche Position, die sie in der DDR innehatte, letztendlich halten konnte; für den zweiten Herr Flieger, der seinen Beruf gewechselt hat: der Politoffizier der Nationalen Volksarmee wurde Versicherungskaufmann. Für den dritten Mobilitätsverlauf schließlich steht Frau Barzel, Hilfskraft in einem Kombinat, die ihren Arbeitsplatz verloren hat.

2. Fragestellung und Konzept

Mein Untersuchungsgegenstand ist die "Alltägliche Lebensführung" der Person. Dazu verfolge ich ein Konzept weiter, das im Teilprojekt A1 des Sonderforschungsbereiches 333 der Universität München entwickelt worden ist, aus dessen Arbeitszusammenhang heraus mein Projekt entstand.[1]

Wir gehen davon aus, daß die Randbedingungen, unter denen jemand sein Leben führt, nicht direkt auf die Lebenssituation durchschlagen, sondern von den Personen aktiv verarbeitet werden. Die Randbedingungen stecken die Grenzen eines Optionsraums ab und erscheinen dem Einzelnen als Anforderungen oder Chancen, mit denen er sich auseinandersetzen muß; wie er jedoch damit verfährt, ist letztendlich kontingent. Die Menschen machen demnach ihre eigene Geschichte, aber sie machen sie nicht unter von ihnen selbst gewählten Umständen.

Gleichwohl stehen die Verfahrensweisen der Person in einem Zusammenhang untereinander: Es steckt ein System dahinter, das wir "Alltägliche Lebensführung" nennen[2]. Dieses System wird von der Person im Laufe ihres Lebens hergestellt, und zwar in Auseinandersetzung mit den Randbedingungen, also mit all den Anforderungen, denen sie tagtäglich und ihr Leben lang ausgesetzt ist. Die Person erarbeitet ein Arrangement ihrer einzelnen Tätigkeiten in den verschiedenen Bereichen des Alltags, das nicht allein dadurch gekennzeichnet ist, *was* eine Person tut, sondern vor allem dadurch, *wie* sie es tut. So plant die eine ihren Alltag methodisch durch, ein anderer entscheidet situativ oder nach Gefühl, was zu tun ist, ein dritter richtet sein Handeln an Traditionen aus.

Wie Lebensführung aussieht, hängt damit auch ab von den Arbeits- und Lebensbedingungen der Person. Das Sfb-Projekt arbeitete Lebensführungsmuster in Westdeutschland unter unterschiedlichen Lebens- und Arbeitsbedingungen heraus und stellte diese einander gegenüber. So ist innerhalb stabiler Rahmenbedingungen wie Sicherheit des Arbeitsplatzes, unhinterfragter Wertvorstellungen und klarer familialer Arbeitsteilung auch die alltägliche Lebensführung traditionell oder methodisch stabilisierbar, was kaum verblüffen wird. Innerhalb offener Rahmenbedingungen wie flexibler Arbeitszeiten und Aushandlungsbedarf der Arbeitsteilung der Geschlechter wird es schon schwieriger mit der Stabilisierung der alltäglichen Lebensführung. Ihre Herstellung wird selbst zur Arbeit und das Problem besteht darin, daß Lebensführung stabil sein muß, ohne statisch sein zu dürfen.[3]

Alltägliche Lebensführung kann demnach als ein im Lebensverlauf erarbeitetes Strategiebündel verstanden werden, mit Hilfe dessen man auf neue Anforderungen in den einzelnen Sphären des Alltags reagiert. So stellt sie einmal eine Ressource dar: der Aktor muß sich nicht in jeder Situation neu überlegen, was er jetzt zu tun oder zu lassen hat. Gleichwohl kann alltägliche Lebensführung auch zur Restriktion werden: Wenn alltägliche Lebensführung Systemcharakter hat, dann bedeutet das, daß sie ihrer eigenen Logik folgt und ihr strukturelle Trägheit innewohnt. Sie ist dann auch nicht ohne weiteres außer Kraft zu setzen, selbst wenn die Person das möchte.

Wir finden nun im Ostdeutschland nach der Wende eine Situation vor, in der sich anscheinend alle institutionellen Rahmenbedingungen plötzlich verändert haben und weiter verändern. Was passiert jetzt mit der alltäglichen

Lebensführung? Gibt es sie überhaupt noch, wenn die institutionellen Rahmenbedingungen verschwunden sind, an denen die Person ihre Lebensführung ausgerichtet hat? Und wenn ja, taugen die etablierten Lebensführungsstrategien auch unter veränderten Rahmenbedingungen dazu, das Leben auf die Reihe zu kriegen oder braucht die Person eine neue Lebensführung?

3. Die Studie

Das Sfb-Projekt hat im Januar 1991 begonnen, Ostdeutschland in seine Studien zur Alltäglichen Lebensführung einzubeziehen; wir führten - mit dem Ziel eines Ost-West-Vergleichs - ca. 100 erzählungsgenerierende Leitfadeninterviews von 2-3stündiger Dauer mit erwerbstätigen Frauen und Männern aus verschiedenen Berufsgruppen durch, die möglichst mit Partner und Kindern zusammenleben sollten. Diese Interviewphase traf die Zeit der Null-Stunden-Kurzarbeit und der Warteschleifen. Alle InterviewpartnerInnen waren daher zumindest formal erwerbstätig.[4]

Aus diesen Interviews habe ich 12 Personen ausgewählt, die ich zum Teil 1992, zum Teil 1993 ein zweites Mal interviewt habe, da ich mithilfe einer Paneluntersuchung dem Prozeßcharakter von Lebensführung genauer nachspüren kann als mittels biographischer Retrospektive: der Frage, wie ein und derselbe Aktor mit sich immer weiter verändernden Rahmenbedingungen verfährt und welche Folgen diese Verfahrensweisen wiederum haben, ob und wie sich Lebensführung verändern muß und kann.

Die Auswahl erfolgte nach maximaler Kontrastierung in bezug auf die Erwartbarkeit von Veränderung oder relativer Stabilität der Lebenssituation: sie sollte möglichst unterschiedliche Mobilitätskarrieren einschließen. Ich interviewte daher Industriearbeiter, die sich in Null-Stunden-Kurzarbeit befanden und wo erwartet werden konnte, daß sich berufliche Veränderungen einstellten[5]; ich interviewte Journalisten, die sich selbständig gemacht hatten, Altenpflegerinnen, deren Arbeitsplatz vergleichsweise sicher schien, Mitarbeiterinnen eines Dienstleistungsunternehmens, dessen Umstrukturierung anstand und Leute wie Herrn Flieger, die ihren Beruf gewechselt hatten.

4. Die Fallbeispiele

Anhand dreier Fallbeispiele werde ich nun versuchen, am besonderen Fall allgemeine Kennzeichen der Veränderung und Stabilität von Lebensführung und ihre Folgen herauszuarbeiten.

Ich beginne mit Frau Kainz, die ihre leitende Position in der Personalabteilung ihres Betriebs letztendlich halten konnte, berichte dann von Herrn

Flieger, der seinen Beruf gewechselt hat und ende mit Frau Barzel, die im Zuge des Transformationsprozesses arbeitslos geworden ist. Das erste Interview fand jeweils im Frühling 1991 statt, das zweite im Sommer 1993.

Sehen wir uns nun an, wie die alltägliche Lebensführung dieser Personen aussieht, ob bzw. wie sie sich verändert hat und was daraus folgt.

4.1 Frau Kainz

Frau Kainz ist Ende 30 und zum Zeitpunkt des ersten Interviews Assistentin des Leiters der Personalabteilung in dem Dienstleistungsunternehmen, wo sie bis vor kurzem selbst Kaderleiterin war. Seit 20 Jahren arbeitete sie schon hier, solange war sie auch in der Partei, in der sie sich in ihrer Freizeit sehr engagierte. Frau Kainz ist mit einem Ingenieur verheiratet, der zum Zeitpunkt des Interviews kurzarbeitete und hat ein Kind.

Wie sah die alltägliche Lebensführung von Frau Kainz bisher aus?

Frau Kainz war eine gute Staatsbürgerin[6]. Aus einer Funktionärsfamilie stammend, durchlief sie eine klassische Partei- und Kaderkarriere, identifizierte sich im Großen und Ganzen mit der sozialistischen Ideologie und besteht darauf, "nicht einen Vorteil" von ihrem Parteiengagement gehabt zu haben, sondern einen Haufen zusätzlicher Belastungen. Jeder Abend der Woche war über die Jahre hinweg ausgefüllt gewesen mit gesellschaftlicher Arbeit: Parteiversammlung, Eltern-Aktiv, FDGB, Deutsch-Sowjetische Freundschaft und vieles mehr.

Wegen ihrer politischen Vergangenheit war sie Ende 1990 zur Assistentin der Personalleitung degradiert worden, und zwar auf Betreiben der KollegInnen. Sie zeigt Verständnis für die Entscheidung, "daß sie sagen, na gut, ihr wart letztendlich verantwortlich", aber "seelisch war ich doch ganz schön am Boden". Gleichzeitig verändert sich das Betriebsklima: "Es wird mehr auf Distanz gegangen", meint Frau Kainz, das Du-Verhalten wird abgebaut; sie nimmt deshalb z.B. nicht mehr an den Aufführungen zum Betriebsfasching teil, der das jährliche Ereignis darstellte, weil "als Personalleiter gehört sich's vielleicht nicht mehr, wenn du hier so halbnakkend auf der Bühne vor deinen Kollegen rumhupfst". Frau Kainz sitzt ein bißchen zwischen den Stühlen: einerseits gehört sie zur neuen Personalleitung und übernimmt den entsprechenden Verhaltenskodex, andererseits leidet sie an der Degradierung.

Auch im außerberuflichen Alltag hängt sie ein bißchen in der Luft: durch den Wegfall der gesellschaftlichen Arbeit hat sie nun Zeit für sich selbst zur Verfügung und genießt das, allerdings nicht ohne Angst, sich "gehen zu lassen". Zum Schutze davor gibt es die familiären Rituale, die kein bißchen verändert worden sind: ihr Mann verbringt seine freie Zeit wie schon seit

Jahren mit Elektrobastelei, was Frau Kainz akzeptiert, denn das sei schließlich besser, als wenn er in die Kneipe gehen würde; das wichtigste Ritual, das gemeinsame Kaffeetrinken nach der Arbeit, bleibt nach wie vor die wichtigste Familienzeit. Frau Kainz ist alleine für Haus- und Familienarbeit zuständig und akzeptiert es, daß sie ihr Mann nicht entlastet, auch jetzt nicht, wo er mehr Zeit hat als sie. Auch der Konsumstil wird weitgehend beibehalten: Neuanschaffungen brauchen gute Begründungen, das Alte wird behalten, weil man endlos Zeit in seine Anschaffung investiert habe.

Zwei Jahre später, zum zweiten Interviewtermin, hat Frau Kainz ihre Leitungsfunktion wiedererlangt: im Zuge der Übernahme des Betriebs durch ein westdeutsches Unternehmen wurde sie selbst Leiterin der Personalabteilung. Aufreibende Monate mit vielen Überstunden liegen hinter ihr. Sie betont vor allem die Schattenseiten ihrer neuerlichen Karriere: So hat sie die Entlassung von Kollegen veranlassen müssen, "die eigentlich das Leben so mitbestimmt haben". Ihr Mitgefühl mit deren Situation nähme ihr "gar keener richtig ab", meint sie; "die liebe Kollegin von einst" gäbe es nicht mehr. Das gilt auch für sie selbst: "Ich bin vielleicht gegenüber meinen Mitarbeitern och nicht mehr ganz so gutmütig, ja, weil ja och n'gewisser Leistungsdruck jetzt mehr ansteht, muß och ab und zu mal versuchen, eene bestimmte private Atmosphäre abzubaun, was natürlich schwer ist."

Wir sehen: Frau Kainz hat ihren Arbeitsplatz und ihre Position behaupten können, aber es ist nicht mehr so wie früher. Das Orientierungsraster der Partei ist weggefallen; Frau Kainz befolgt nun die Vorgaben der neuen Unternehmensphilosophie. Damit kann sie allerdings nicht den Status der Kaderleiterin erhalten, die durch die bedingungslose Erfüllung der Vorgaben der Partei eine paternalistische Funktion innerhalb einer überschaubaren - und Frau Kainz' Ordnungsvorstellungen entsprechenden - Gesellschaft ausübte. Jetzt ist der Besitz ihres Arbeitsplatzes zum Distinktionskriterium gegenüber den KollegInnen geworden, und auch außerhalb des Betriebs findet sie neue soziale Unterschiede vor: sie ist irritiert von den "ganzen Asozialen jetzt, die ganzen Besoffenen und so, früher sind wir mit dem Auto zu demjenigen hingefahren und ham'n abgeholt" - jetzt gibt es diese alte gesellschaftliche Ordnung nicht mehr und Frau Kainz muß nun ihre eigene Lebensführung vor den verwirrenden Unübersichtlichkeiten schützen. Dazu dienen die Aufrechterhaltung der Ritualisierung des Privatlebens, die Beibehaltung der vertrauten Lebensstilattribute ihres DDR-Lebens und die räumliche Abschottung nach außen: sie hat - außer zur Fortbildung - die Grenzen der alten DDR auch räumlich noch nicht verlassen.

Frau Kainz hat vieles investiert in ihre Partei- und Berufskarriere: Freizeit, Begründungsarbeit gegenüber sich selbst und vor allem schlechtes Gewissen, sich nicht genug um ihre Familie gekümmert zu haben. Das Prinzip, nach dem ihre Lebensführung funktioniert, besteht, kurz gefaßt, darin, sich zu erhalten, wofür sie soviel investiert hat. So legt sie Durchhaltevermögen an den Tag und übersteht die Überprüfungen wegen des Verdachts auf Zusammenarbeit mit der Staatssicherheit, die Degradierung und die Anfeindungen der KollegInnen. Sie erfüllt die neuen beruflichen Vorgaben umstandslos und gewissenhaft wie früher die alten und verändert den rigiden Rahmen ihres Privatlebens so wenig wie nur möglich.

Die Logik der Lebensführung wurde beibehalten; doch diese Beibehaltung verhindert nicht, daß sich innerhalb veränderter Rahmenbedingungen auch die Position von Frau Kainz im Verhältnis zu anderen ändert. Den Status der Kaderleiterin halten kann sie nicht, so sehr sie es auch versucht. So sitzt sie jetzt, ein bißchen einsamer als früher, im selben selbstgezimmerten und gut abgedichteten Boot wie schon immer und versucht, unbeschadet durch die fremden Gewässer zu gelangen.

4.2 Herr Flieger

Herr Flieger, vormals Politoffizier bei der NVA, versuchte nicht, seine Position zu halten. Als wir im Frühjahr 1991 das erste Mal mit ihm sprachen, war er schon seit 5 Monaten bei einer Versicherung im Außendienst tätig. Auch er ist Ende 30, ist verheiratet mit einer Wissenschaftlerin, die sich in Warteschleife befand und hat zwei schulpflichtige Kinder.

Wie sah die alltägliche Lebensführung von Herrn Flieger aus?

Schon kurz nach der Wende sah er sich nach beruflichen Alternativen um, denn "wenn ma ne andere Gesellschaftsform annehmen, is das nisch denkbar, daß die Träger der alten Ideologie übernommen werden". Der Abschied von der NVA fiel ihm nicht schwer, denn er hat, wie er sagt, "schon in den letzten Jahren irgendwo bißchen darunter gelitten, ob das nu alles war, ausgebildeter Offizier, Dienstgrad Major, vielleicht irgendwann noch ein Dienstgrad, ne kleine Steigerung".

Flieger ist Stratege, das hat er bei der NVA gelernt: So suchte er sich eine seiner Ansicht nach solide Versicherung aus, der es "nicht um die schnelle Mark" geht, sondern die ihm eine Ausbildung bietet.

Was die spezifischen Qualifikationen für seinen neuen Beruf betrifft, kann er auf das Erlernte zurückgreifen: "Ich hab och deshalb keine Probleme in der Arbeit mit Menschen, weil ich jahrelang in dieser Funktion gearbeitet hab. Meine Handhabung war weniger die des Militärs als des Feldgeistlichen", und "isch mußte ideologische Zusammenhänge erklären, das kann man nicht auf Befehl, da mußt ich überzeugen". Drei Rollen führte er aus beim Militär, die des Feldgeistlichen, des Indoktrinateurs und des Vorgesetzten, und alle drei kann er aufs Versicherungsgeschäft übertragen: die Kunden werden indoktriniert und dabei beseelsorgt, denn ihre Probleme hört er sich an, um ein Vertrauensverhältnis aufzubauen, und die nebenberuflichen Mitarbeiter, die er bereits anleitet, werden "geführt". Flieger rechnet seinen Erfolg selbstbewußt seinem Handeln zu. Er habe schon immer versucht, "im Rahmen des Möglichen das Möglichste rauszuholen".

Nach zwei Jahren scheint ihm das wirklich geglückt zu sein. Herr Flieger hat sich als selbständiger Vertreter niedergelassen, das Einkommen ist rapide gestiegen. Auch seine Frau ist wieder voll berufstätig.

Fliegers Sekretärin empfängt uns zum 2. Interview in seinem eigenen Büro; das Geschäft geht so gut, daß er einen Teil seines Kundenstamms verkaufen will. "Ich selektiere da natürlich, damit stoß ich faktisch alle Kunden ab, die vom Territorium her nicht passen" - die generalstabsmäßige Planung trifft sich weiter gut mit den neuen beruflichen Anforderungen.

Er hat - im Gegensatz zu Frau Kainz - keine Kollegen von früher, denen er vorgesetzt ist, auch in seinem Bekanntenkreis "gibts solche Leute kaum, die am Existenzminimum rumknaubeln", und die Kunden, die in solchen Lagen sind, "sind och nicht die Kunden, wo ich mich stundenlang aufhalte". So hat er kaum Anlaß, sich - wie Frau Kainz - von einem unguten Gefühl beschleichen zu lassen, zumal es ohnehin sein erklärtes Ziel ist, "mich über den Durchschnitt zu erhäben".

Strategisch setzt er Lebensstilattribute im beruflichen Bereich ein: Das Auto, das er fährt, hat "innere Qualitäten. Der kostet soviel wie ein BMW, aber dem sieht man das nicht so an. Das ist wichtig, daß der Wert nicht sofort ins Auge sticht, zumindest für den Otto-Normalverbraucher nicht", der sein Kunde ist. Sein Kunde ist aber auch der Geschäftsmann, und der sollte den Wert des Autos schon kennen, "weil da drauf schon geschaut wird, wenn ich of'n Firmenhof fahr. Wenn der Chef n'Daimler hat, muß es wieder auf beiden Seiten passen". Das teure Auto, das hohen Fahrkomfort hat, ohne Überheblichkeit zu signalisieren, entspricht dabei so sehr seinen persönlichen Ansprüchen, daß Inszenierung und persönliche Präferenzen zusammenfallen.

Zeit für die Familie hat er jetzt kaum mehr; sie wird als "Hinterland" bezeichnet und als Organisationseinheit betrachtet, in die er keine Arbeit zu investieren braucht; auch die Beziehungsarbeit kommt eher den Kunden als der Familie zugute. Im Bekanntenkreis sieht man sich nur noch "zwei, dreimal im Jahr, relativ sittsam, betreibt Konversation, wobei natürlich insgesamt sich die Tendenz dahingehend entwickelt hat, Verhältnisse anzunehmen, wie sie wahrscheinlich bei Ihnen schon immer sind, daß die Leute viel mehr auf sich selbst sich konzentrieren".

Auch Flieger also ist in einsamer Höhe, kann aber - im Gegensatz zu Frau Kainz - diese Einsamkeit für sich akzeptabel machen: Denn die Logik seiner Lebensführung bestand schon immer darin, "im Rahmen des Möglichen das Möglichste rauszuholen", das Möglichste an Karriere und Lebensstandard. Sein strategisches Denken und Handeln läßt ihn den Rahmen des Möglichen gut einschätzen und seine Fähigkeiten optimal einsetzen, optimal für die Verfolgung dieser Präferenzen. Im Gegensatz zu Frau Kainz ist Flieger nicht in ein Dilemma geraten: er muß der Dynamik seines Lebens nicht entgegensteuern und kann es sich leisten, Segel zu setzen.

4.3 Frau Barzel

Frau Barzel nun, auch sie Ende 30, gehört nicht zu den Kunden, bei denen sich Herr Flieger lange aufhalten würde. Zum Zeitpunkt des ersten Interviews war sie in Null-Stunden-Kurzarbeit; das Kombinat, in dem sie als ungelernte Sachbearbeiterin gearbeitet hat, stand vor der Schließung. Ihr Mann, Arbeiter im selben Betrieb, arbeitete ebenfalls kurz, der älteste Sohn suchte nach einer Lehrstelle.

Sehen wir uns ihre alltägliche Lebensführung bis zu diesem Zeitpunkt an:

Obgleich gelernte Köchin, hat Frau Barzel ausschließlich in Zuarbeiterpositionen in meist fachfremden Bereichen gearbeitet. Sofort nach ihrer Lehre hat sie geheiratet und in dem Betrieb, in dem auch ihr Mann arbeitete, in der Produktion begonnen. Es war "ein wundervolles Arbeiten und ein wunderbares Kollektiv, wir ham zusammengehalten, es gab kein böses Wort". Ihre Arbeitsplätze hat sie jeweils nach den Pausen nach der Geburt der beiden Kinder gewechselt, auf den Arbeitsinhalt kam es ihr dabei nicht an, wohl aber auf die Zusammenarbeit. Vor der Wende arbeitete sie in dem Kombinat, in dem ihr Mann inzwischen tätig war, als Aushilfssachbearbeiterin, und wieder schwärmt sie: "Der Parteisekretär kam mal: Eva, schreib mir mal. Oder ein Technologe kam: Eva, schreib uns des mal, es war ein wundervolles Arbeiten". Der Sozialismus bestand für Frau Barzel im wunderbaren Kollektiv, dem Zusammenarbeiten, das Hand in Hand ging und bei dem es kein böses Wort gab. Ihr Unbehagen über für sie sichtbare Mißstände kompensierte sie mit grenzenlosem Vertrauen in die Partei ("die werden's schon wissen, was sie tun") und die Probleme, vor die sie das Leben in der DDR-Gesellschaft stellte, meisterte sie mit Selbstbewußtsein und großem Organisationstalent. Sie hatte die Alltagsorganisation in der Familie in der Hand, freilich auch die Arbeit. So wie ihr Chef zu ihr sagte, Eva mach mal, so beginnen viele Sätze im Interview, "da sag ich zu meinem Mann, weißte was...". Ihr Mann freilich beteiligt sich kaum an der Alltagsarbeit, stiftet eher Probleme als Initiativen zu deren Lösung, führt aber immerhin in entscheidenden Situationen die Vorgaben seiner Frau aus.

In der Zeit ihrer Null-Stunden-Kurzarbeit hat man ihr eine Umschulung zur Bürokauffrau "nahegelegt. Selbst interessiert hab ich mich dafür nicht. Ich wär lieber irgendwo als Hilfskraft gegangen". Die Umschulung hat noch nicht begonnen; sie liest viel und hat Zeit, ausführlich über ihre Ängste nachzudenken: vor Rechtsradikalismus, Krieg und Ausländerfeindlichkeit. Sie denkt über ihre Ehe nach, hat Angst davor, wie es ist, wenn man die Miete nicht mehr bezahlen kann und träumt sich "in ein ganz fremdes Land, am liebsten immer, wovon ich lese. Zu den Indianern oder in die Karibik. Wo wirklich mal Ruhe ist, Ruhe von allem. Vielleicht ist man jetzt wie betriebsblind. Daß man so manches gar nicht mehr sieht, was vielleicht doch da ist und du nimmst es gar nicht mehr wahr."

Zum Zeitpunkt des 2. Interviews, zwei Jahre später, ist die Umschulung zu Ende; Frau Barzel hat die Abschlußprüfung nicht bestanden und ist jetzt arbeitslos; für ihren Mann hat sie inzwischen einen neuen Arbeitsplatz bei einer Reinigungsfirma gesucht und gefunden, das Familieneinkommen reicht gerade für den Lebensunterhalt. Die Form von Frau Barzels Lebensführung hat sich grundlegend geändert, selbst Alltagsroutinen sind nur schwer aufrechtzuerhalten. Es fehlt das Geld; ihre Freunde haben mehr Geld als sie, und auf ein Glas Wein auszugehen, kann sie sich finanziell nicht mehr leisten. In ihrer Wohnung hat sie ein "Obdachlosenasyl mit allem drum und dran" etabliert, in dem die Freunde ihres älteren Sohnes, der eben seine Lehrstelle aufgegeben hat, ihre Tage und Nächte verbringen.

Nicht verändert hat sich jedoch das, was ich die Logik der Lebensführung nenne: Frau Barzel managt selbstbestimmt den Alltag, was allerdings zunehmend schwieriger wird, legt aber ihre berufliche Zukunft - und damit nun auch ihre Existenzsicherung - weiter in die Verfügungsgewalt anderer. In der Organisationsgesellschaft[7] DDR war diese Logik mit der sozialistischen Lebensweise synchronisiert, jetzt aber ist die Angewiesenheit ihrer Lebensführung auf Außenleitung disfunktional geworden. Mit alltagspraktischer Findigkeit ist es ihr gelungen, ihren Mann in den Arbeitsmarkt einzubinden; sie selbst aber richtet sich weiterhin nach den institutionellen Angeboten. Sie ließ sich die Umschulung nahelegen, überläßt sich nun dem Arbeitsamt und schätzt den weiteren institutionellen Zugriff auf ihr Leben illusionslos ab: sie sieht sich die verschiedenen Stufen der Arbeitslosenkarriere ablaufen, die sie ins "Heer von Sozialhilfeempfängern" führen werden.

Hier setzt ihre deprimierte Kritik am neuen System ein: sie versteht nicht, wie "die sich das vorstellen, wovon wir leben sollen", erkennt langsam, daß "die" sich davon gar keine Vorstellung zu machen brauchen, und ihre Verbitterung wächst. Ihre abwägende Beurteilung des neuen Systems ist starker Politikverdrossenheit gewichen; ihre Einschätzungen sind populistischer geworden. Sah sie vor zwei Jahren die Ausländerfeindlichkeit als großes Problem an, sind es nun die Ausländer selbst. "Die machen sich wirklich ihre Feinde selber."

Frau Barzels Lebensführung funktioniert nicht mehr, obwohl sie noch genauso funktioniert wie früher. So bleibt ihr nur die Möglichkeit, das Scheitern zu einem Arrangement zu binden, und das gelingt ihr zumindest sinnhaft in der Systemkritik: der Kapitalismus habe ihr Leben durcheinandergebracht, er habe vor allem das zerstört, was für sie die praktische Umsetzung des Sozialismus war: das Kollektiv. Sie versteht ihren Sohn, der seine Lehrstelle gekündigt hat, denn daß er unter den neuen Arbeitsbedingungen nicht arbeiten will, ist ihr verständlich. "Jeder ist jetzt dem andern sein Teufel und der beste Zustand ist, daß jeder für sich ist. Das kenn ich gar nicht, daß jeder seins macht".

5. Zusammenschau

Zwei Befunde will ich an diesen Fällen herausarbeiten und plausibilisieren:

1. ist die Logik der Lebensführung stabil geblieben, ihre Form aber hat sich geändert.
2. stellen die Elemente der etablierten Lebensführung, und nicht zuletzt ihre Logik selbst, Restriktionen und Ressourcen für die Verfahrensweise mit den neuen Anforderungen und Zumutungen dar.

5.1 Stabilität und Veränderung alltäglicher Lebensführung

Sehen wir uns Frau Kainz' Charakterisierung ihrer Lebenssituation noch mal an: "Also gleichgeblieben ist eigentlich wenig, aber verändert hat sich eigentlich och nichts", sagt sie im 2. Interview. Ich drücke denselben Sachverhalt so aus, daß sich die Form der Lebensführung verändert hat, ihre Logik aber gleichgeblieben ist. Das, *was* die Person zu organisieren hat, hat sich verändert; nicht aber, *wie* sie das tut.

Diese Logik, das generative Prinzip der Lebensführung, wird auch in Zeiten rapiden sozialen Wandels nicht außer Kraft gesetzt. Frau Kainz, bemüht, das Erreichte zu erhalten, erfüllt hierzu jetzt wie schon zu DDR-Zeiten gewissenhaft die an sie herangetragenen Anforderungen. Herr Flieger verfolgt, früher wie heute, strategisch seine berufliche Karriere, bemüht, "im Rahmen des Möglichen das Möglichste rauszuholen". Und Frau Barzel wartet darauf, daß man ihr den Platz zuweist, an dem sie gebraucht wird und managt derweil, wie schon immer, die alltäglichen Zumutungen.

Die Beibehaltung des generativen Prinzips der Lebensführung hat zuerst einmal eine wichtige Folge: sie gewährleistet die Stabilität der Person zumindest für die Zeitspanne des rasanten gesellschaftlichen Umbaus. Zum Zeitpunkt des 1. Interviews befanden sich die hier vorgestellten Personen - und im übrigen auch alle anderen Interviewpartner - in einer Situation, in der ihnen vieles offen erschien. Man kann diese Zeit als ein gesamtgesellschaftliches Moratorium bezeichnen, das auch institutionalisiert wurde: ABM-Stellen, Kurzarbeit und Warteschleifen befestigten einen Ausnahmezustand, es ist offen, was aus den jeweiligen Betrieben wird, ob man die Wohnung behalten, die Miete bezahlen kann. Hier fungiert die Beibehaltung der Logik der Lebensführung als Richtschnur für das Handeln der Person: Die etablierte Lebensführung wird zur Umwelt, an der der Aktor sein Handeln ausrichten kann, wenn um ihn herum nichts mehr sicher ist.[8] Diese Stabilität hat freilich auch Vorteile für die Implementierung des neuen Institutionensystems. Das Gerüst, an dem sich der Einzelne festhält, können sich auch die gesellschaftlichen Institutionen zunutze machen. Sie können anschließen an die Handlungszusammenhänge der Akteure.

5.2 Alltägliche Lebensführung als Restriktion und Ressource

Wo die neuen Institutionen anschließen können, hat freilich konkrete Auswirkungen für die Person. Wie die Wiederholungsinterviews zeigen, haben sich nach Ablauf des Moratoriums die Form der Lebensführung und die Positionen der Personen innerhalb des Sozialgefüges verändert. Geschuldet ist diese Veränderung auch der Aufrechterhaltung der Lebensführungslogik. Sie wird nämlich in bezug auf die Verfahrensweisen mit den neuen Anforderungen und Zumutungen zur Ressource oder zur Restriktion.

Frau Kainz hat ihre berufliche Position sichern können und konnte hierzu auf Ressourcen zurückgreifen: nicht nur auf die arbeitsinhaltlichen Qualifikationen, die sie als Kaderleiterin erworben hatte, sondern vor allem auf ihr Durchhaltevermögen: Worin Frau Kainz investiert hat, versucht sie zu erhalten. Beides verhalf ihr zwar zur beruflichen Konsolidierung, bescherte ihr aber auch ein Dilemma: Daß die Anerkennung - zumindest aber die symbolische Einbindung ins Kollektiv - jetzt fehlt, ist die Kehrseite ihres Erfolgs. In ihrer jetzigen Position kann und muß sie über die Arbeitsplätze anderer entscheiden; ihr Mitgefühl nimmt ihr keiner mehr ab, zumal sie gerade durch die bedingungslose Erfüllung der Vorgaben der neuen Unternehmensphilosophie, also dem Mittel zur Sicherung ihrer Position, an der Herstellung einer "distanzierten Atmosphäre" mitarbeitet. Aber Frau Kainz hat auch eine Fluchtburg vor der neuen Unübersichtlichkeit bereit: es ist ihre Wohnung als der Ort, an dem die Ritualisierung des Familienlebens aufrechterhalten wird, die Attribute des DDR-Lebensstils noch vorhanden sind und rigide Ordnungsstandards aufrechterhalten werden.

Herrn Fliegers etablierte Lebensführung erweist sich für seinen Start in die Versicherungskarriere gleich aus mehreren Gründen als Ressource: Sein Karrierestreben, durch die Organisationsgesellschaft eher behindert, findet nun ideale Rahmenbedingungen. Er hat eine spezifische Qualifikation für die Arbeit mit Menschen, er kann seine erworbenen strategischen Kompetenzen dazu verwenden, sowohl seine berufliche Laufbahn als auch die arbeitsinhaltlichen Vorgehensweisen zu planen, er hat, auch aufgrund seiner strategischen Fähigkeiten, eine florierende Branche und einen günstigen

Einstiegszeitpunkt erwischt, er versteht es, Lebensstilpolitik zu betreiben und er hat eine Frau, die das "Hinterland" bewirtschaftet. Und die neuen Rahmenbedingungen passen zu Herrn Fliegers Drang nach oben, dem generativen Prinzip seiner Lebensführung.

Frau Barzel unterstützt die Implementierung des Arbeitsmarkts, indem sie mitspielt, bezahlt aber letztlich dafür. Neben den objektiven - und für sie nachteiligen - Kennzeichen ihrer sozialen Lage (Qualifikation, Branche, Alter, Geschlecht, familiäre Situation) bewegt sie auch die Logik ihrer Lebensführung innerhalb einer nun vertikalen Hierarchie von sozialen Lagen bergab. Frau Barzel verläßt sich weiter darauf, daß ihr angeraten wird, was sie zu tun hat. Das fast unbedingte Vertrauen in den Paternalismus, verknüpft mir der Liebe zur Arbeit im Kollektiv, vorher eine Ressource für Frau Barzel im Sinne ihrer Präferenzen, wird nun zur Restriktion, und das weiß sie auch selbst: Sie erkennt, daß die sich ja gar nicht darum kümmern müssen, wovon sie leben soll. Die "individualistische Lebensweise"[9], daß "jeder seins macht", akzeptiert sie freilich deswegen noch lange nicht. Sie versucht weiterhin, ihre Interpretation der "sozialistischen Lebensweise", nämlich den Zusammenhalt untereinander, zu leben, jetzt reduziert auf die eigene Wohnung: sie erduldet das dort etablierte "Obdachlosenasyl" nicht nur, sondern ist stolz darauf, dadurch den Kontakt zu ihrem Sohn und seinen Freunden zu halten und ihre Kameradschaftlichkeit unter Beweis zu stellen. Die Folge davon ist, daß die Wohnung verslumt und ein geregelter Tagesablauf kaum mehr aufrechtzuerhalten ist.

Über die Beibehaltung dieser individuellen Lebensführungslogiken hinaus fällt die Persistenz eines geschlechtsspezifischen Lebensführungsmusters auf: die Selbstverständlichkeit weiblicher Erwerbstätigkeit in ihrer Koppelung mit der ebenso selbstverständlichen Zuständigkeit der Frau für die Organisation des Alltags. Man spricht über die Frauenberufstätigkeit in der DDR als Modernisierungskennzeichen[10]. Solche Modernisierung nutzt nun freilich wenig, wenn die traditionellen Rollenmuster nicht aufgelöst wurden. Diese Kombination erweist sich als Restriktion auf dem Arbeitsmarkt für die Frauen und als Ressource für die Männer. Ohne seine Frau wäre es für Herrn Flieger undenkbar, dermaßen ausschließlich seine berufliche Karriere zu verfolgen. Frau Flieger ist inzwischen wieder voll berufstätig, aber auf Herrn Flieger kommen deshalb noch lange keine familiären Verpflichtungen zu. Ihre Lebensführung stellt für Herrn Flieger eine wichtige Ressource dar, wogegen Herr Barzel für seine Frau eine Restriktion bedeutet. Er leistet nur auf ausdrückliche Anweisung hin einen Beitrag zur Hausarbeit, wo er Erziehungsarbeit leistet, muß Frau Barzel das wieder ausbügeln, sie hat seinen Arbeitsplatz gesucht und gefunden und sie arrangiert die Lebensführung der Familie.

6. Fazit und Ausblick

Mein Ansatz betont die Mikrofundierung von Sozialstruktur. Letztendlich ist es das Handeln der Akteure, das aller erhebbaren Sozialstruktur zugrundeliegt; die gesellschaftlichen Bedingungen schlagen nicht unvermittelt auf die Person durch: sie treffen auf Akteure, die mittels unterschiedlicher Systeme von Handlungsstrategien mit den Umständen verfahren und die unterschiedliche Präferenzen haben. Ob diese Handlungsstrategien und Präferenzen eher Ressourcen oder Restriktionen sind, liegt nicht an den Handlungsstrategien selbst - darüber entscheidet die jeweilige institutionelle Umwelt.

Denn die alltägliche Lebensführung wird dadurch nicht einfach außer Kraft gesetzt, daß die Anforderungen und Zumutungen nicht mehr dieselben sind, unter denen sie etabliert wurde. Ihre Logik wird beibehalten und sichert so der Person in einem gesellschaftlichen Umbruch wie dem in Ostdeutschland erst einmal Stabilität. Auch für die Implementierung des neuen Institutionengefüges bedeutet dies, daß keine anomischen Zustände reguliert werden müssen.

Lassen Sie mich zum Abschluß auf eine gesellschaftspolitische Implikation meiner Studie hinweisen, denn die Mikrofundierung der Sozialstrukturanalyse ist nicht nur von theoretischem Interesse. Der Transformationsprozeß kann nur dann gelingen, wenn die Akteure die gesellschaftlichen Strukturen in ihrem Handeln reproduzieren. Dazu müssen die Institutionen anschlußfähig sein an das Handeln der Akteure, müssen in ihre alltägliche Lebensführung integrierbar sein - denn daß die Akteure ihre Lebensführung umstandslos an das neue Institutionengefüge anpassen, erscheint aufgrund meiner Forschungsergebnisse unwahrscheinlich. Haben die Akteure ihre Lebensführungsmuster zu Beginn des Umbruchs - ihrer Logik entsprechend - noch variieren können, so haben die mittlerweile implementierten Institutionen die jeweiligen Lebensführungsmuster nach ihrer Anschlußfähigkeit selegiert. Frau Barzels Lebensführung ist im Augenblick nicht anschlußfähig an den Arbeitsmarkt, ironischerweise auch deshalb, weil sie das institutionelle Angebot des neuen Systems (die Umschulung) angenommen hat. Wir können uns nicht damit beruhigen, daß sich der Aufschwung Ost endlich abzuzeichnen beginnt. Bereits 1993 sind vollendete Tatsachen geschaffen, und Frau Barzel sieht letztendlich nur eine Institution, die an ihre alltägliche Lebensführung anschließen kann: die Sozialhilfe. Frau Barzel ist nicht schuld daran, daß sie eine Lebensführung etabliert hat, die, wenn sie den Spielregeln des Marktes unterworfen wird, nur hierüber ans neue System andocken kann. Über die Paßform der Lebensführung entscheidet die Umwelt, zumal dann, wenn der Optionsraum sehr schnell sehr klein geworden ist. Wie Frau Barzel ihr Leben auf die Reihe kriegt, ist damit auch eine gesellschaftspolitische Frage.

Anmerkungen

1. Der Titel des Forschungsprojekts lautet "Flexibilisierte Arbeitsverhältnisse und Organisation der individuellen Lebensführung (Veränderungen in der Arbeitsteilung von Personen"); Teilprojekt A1 des Sonderforschungsbereiches 333 "Entwicklungsperspektiven von Arbeit" der Universität München.
2. Zur ausführlichen Herleitung und Darstellung dieses Konzepts siehe *Voß, G. Günter* (1991).
3. Eine Zusammenstellung empirischer Ergebnisse des Projekts findet sich in *Jurczyk, Karin; Rerrich, Maria S.* (Hrsg.) (1993).
4. Zu den Handlungsstrategien der Akteure in dieser Phase siehe auch *Kudera, Werner* (1994), *Weihrich, Margit* (1993a) und *Dietzsch, Ina; Hofmann, Michael* (1993).
5. Siehe hierzu *Weihrich, Margit* (1993b).
6. Nach *Kurt Mühler* und *Reinhard Wippler* (1993, S. 693) eine der Handlungsalternativen bzw. Optionen der BürgerInnen der DDR: "ein guter Staatsbürger sein, der, überzeugt von der Richtigkeit der Politik der Elite, bedingungslos Gehorsam leistet".
7. Ich beziehe mich hier auf den Begriff der Organisationsgesellschaft, den *Detlef Pollack* (1990) verwendet.
8. Vgl. hierzu *Weihrich, Margit* (1993a).
9. Zur "individualistischen" und "sozialistischen" Lebensweise siehe *Müller, Hans-Peter; Weihrich, Margit* (1991).
10. So z.B. *Geißler, Rainer* (1992).

Literatur

Dietzsch, I./ Hofmann, M. (1993): Einfach so weiterleben ... oder? Ostdeutsche Lebensführung zwischen Stabilität und Wandel. In: Entwicklungsperspektiven von Arbeit. Mitteilungen 6 des SFB 333, München, S. 43-58.

Geißler, R. (1992): Die ostdeutsche Sozialstuktur unter Modernisierungsdruck. In: Aus Politik und Zeitgeschichte, B 29-30, 15-28.

Jurczyk, K./Rerrich, M. S. (Hrsg.) (1993): Die Arbeit des Alltags. Beiträge zu einer Soziologie der alltäglichen Lebensführung. Freiburg.

Kudera, W. (1994): Wenn Geschichte in den Alltag eindringt. In: Berliner Journal für Soziologie, Heft 1, 55-76.

Mühler, K./Wippler, R. (1993): Die Vorgeschichte der Wende in der DDR. Versuch einer Erklärung. In: Kölner Zeitschrift für Soziologie und Sozialpsychologie 45, 4: 691-711.

Müller, H.-P./Weihrich, M. (1991): Lebensweise und Lebensstile: zur Soziologie moderner Lebensführung. In: Vetter, H.-R. (Hrsg.): Muster moderner Lebensführung. München, S. 89-130.

Pollack, D. (1990): Das Ende der Organisationsgesellschaft. Systemtheoretische Überlegungen zum gesellschaftlichen Umbruch in der DDR. In: Zeitschrift für Soziologie 19, 4: 292-307.

Voß, G. G. (1991): Lebensführung als Arbeit. Über die Autonomie der Person im Alltag der Gesellschaft. Stuttgart.

Weihrich, M. (1993a): Lebensführung im Wartestand. Stabilität und Veränderung im ostdeutschen Alltag. In: Jurczyk, K./Rerrich, M.S. (Hrsg.): Die Arbeit des Alltags. Beiträge zu einer Soziologie der alltäglichen Lebensführung. Freiburg, S. 210-234.

Weihrich, M. (1993b): Wenn der Betrieb schließt. Über alltägliche Lebensführung von Industriearbeitern im ostdeutschen Transformationsprozeß. In: BIOS, 6, 2: 224-238.

Demokratieverständnis zwischen Euphorie und Ernüchterung: Eine Thüringer Fallstudie, 1992-95

Joachim Singelmann und Dieter Urban

A. Einleitung

Der Zusammenbruch der staatssozialistischen Herrschaftssysteme in Osteuropa brachte für die dortigen Länder das Ende der Zentralwirtschaft, die Einführung von Wirtschaftsmärkten und den Beginn einer Entwicklung von pluralistisch-politischen Demokratieformen. Dies bedeutet aber nicht, daß alle osteuropäischen Länder einen identischen Transformationsprozeß zu durchlaufen haben, sondern die jeweiligen Transformationsprozesse werden geformt und erfahren ihre Grenzen durch die spezifischen Bedingungen der einzelnen Länder. So war der bestimmende Faktor für die Transformation in Ostdeutschland die schon vorhandene marktwirtschaftlich orientierte, pluralistisch-demokratische Staatsform in Westdeutschland. Die Existenz der alten Bundesrepublik schloß plausible Alternativen zur Wiedervereinigung aus: für eine nicht-sozialistische DDR gab es kein *raison d'être*, denn diese Staatsform bestand bereits in der alten Bundesrepublik, und die Erfahrungen der ostdeutschen Bevölkerung mit dem real-existierenden Sozialismus machte eine Weiterführung einer sozialistischen DDR, selbst unter pluralistischer Prägung, politisch nicht möglich.

Die Wiedervereinigung, mit ihrer vorausgehenden Währungsunion, führte zu beträchtlichen Investitionen in die langjährig vernachlässigte Infrastruktur Ostdeutschlands. Sie beinhaltete auch einen für die ostdeutsche Bevölkerung äußerst günstigen Wechselkurs von DDR-Mark zu DM, der politisch notwendig war, obwohl er weit über das Niveau eines produktivitätsorientierten Kurses hinausging (*Lauk* 1994). Dieser günstige Wechselkurs erlaubte es vielen Ostdeutschen, zumindest einen Teil ihres Bedarfs an Konsumgütern zu decken, an denen es über viele Jahre hinweg mangelte. Die Wiedervereinigung machte es auch möglich (und notwendig), Löhne und Gehälter auf einen Stand zu setzen, der zumindest im verarbeitenden Gewerbe der Produktivität in den Betrieben voraus war.

Insofern steht Ostdeutschland ökonomisch weit besser da als andere osteuropäische Länder, aber es ist auch mit Problemen konfrontiert, die anderswo nicht auftreten. Das vielleicht gravierendste Problem ist die mit der Auflösung der DDR verbundene Identitätskrise als Folge einer "Vereinigung" von DDR und BRD, die eher als Beitritt der DDR zum Gebiet der alten Bundesrepublik und seiner bestehenden Staatsform zu werten ist. Keine andere Bevölkerung in Osteuropa erlebt eine vergleichbare Identitätsproblematik, die noch zusätzlich dadurch verschärft wird, daß die wirtschaftliche Lage in Ostdeutschland weniger mit den Bedingungen zu DDR-Zeiten denn zunehmend mit dem wirtschaftlichen Niveau Westdeutschlands verglichen wird. Und obwohl die Wiedervereinigung den Lebensstandard der meisten Ostdeutschen erhöhte, garantiert ein Vergleich mit dem Westen ein negatives Ergebnis, das aufgrund des Ost/West-Gefälles noch einige Zeit andauern wird.

Um den Transformationsprozeß in Ostdeutschland besser verstehen zu können, begannen wir 1990 eine fünfjährige Fallstudie, die den sozialen Wandel in einem ostdeutschen Landkreis analysiert; dieser Landkreis liegt in Thüringen und heißt Holzberg.[1] Hauptthemen des Projektes sind die Umstrukturierung der Landwirtschaft, die Reorganisierung industrieller Betriebe und die Entwicklung demokratiebezogener Einstellungen in der ostdeutschen Bevölkerung.[2] Letzteres steht auch im Mittelpunkt des vorliegenden Aufsatzes.

Von Tocqueville ausgehend hat sich die Demokratieforschung eingängig mit demokratischen Werten beschäftigt (siehe *Almond* und *Verba* 1963; 1980; *Pye* und *Verba* 1965) und insbesonders das Verhältnis zwischen demokratischer Sozialisation und Legitimation des demokratischen Systems thematisiert. Darüber hinaus wies *Weil* (1987) auf die Bedeutung des historischen Zeitpunktes für die Akzeptanz demokratischer Werte hin: je später im 20. Jahrhundert die demokratische Staatsform in einem westeuropäischen Land eingeführt wurde, desto höher war bereits zu Beginn die Akzeptanz demokratischer Werte.

In einem neueren Artikel untersuchte *Weil* (1993) verschiedene exogene und endogene Faktoren, die für die Akzeptanz eines demokratischen Systems relevant sind. Hierzu gehört u.a. die Einschätzung der allgemeinen und persönlichen wirtschaftlichen Lage; deren positive Einschätzung macht es nach seiner Analyse wahrscheinlicher, daß demokratie-bejahende Einstellungen in der Bevölkerung akzeptiert und beibehalten werden. Zu den von Weil untersuchten endogenen Faktoren für die Demokratieakzeptanz gehören denn auch: Unterstützung der Demokratie vs. alternativer Staatsformen; Bewertung des demokratischen Systems; Vertrauen in gesellschaftliche Institutionen; Einstellungen zu Opposition, gesellschaftlichen Konflikten und Bürgerrechten; sowie Toleranz. Ziel dieses Aufsatzes ist es, die Trends in der Entwicklung derjenigen genannten Faktoren in Ostdeutschland herauszuarbeiten, die für die Stabilisierung demokratische Wertorientierungen als besonders relevant angesehen werden können. Denn daß die noch jungen Demokratieformen in Ostdeutschland gefährdet seien, behaupteten nicht wenige, als eine drastische Zunahme von gewalttätigen Übergriffen auf Ausländer in den 90er Jahren zu beobachten war. Und auch die jüngsten Wahlerfolge der PDS wurden nicht selten als Zeichen für eine gespaltene Einstellung gegenüber der Demokratie interpretiert.

Bevor wir auf die Ergebnisse der vorliegenden Studie näher eingehen,geben wir eine kurze Beschreibung der Geographie, Wirtschaftsstruktur, und wichtigen jüngsten Entwicklungen im Landkreis.

B. Lage, Wirtschaft, und Bevölkerung von Holzberg

Holzberg liegt im Südosten Thüringens und hat eine Bevölkerungszahl von ca. 32.000 Einwohnern, von denen ungefähr 13.000 in der gleichnamigen Kreisstadt leben. Außer der Kreisstadt Holzberg gibt es noch drei weitere Orte mit einer Einwohnerzahl um die 3.-5.000. 1994 führte der Freistaat Thüringen eine Kreisgebietsreform durch, die als Ziel eine Konsolidierung der meist recht kleinen Landkreise zu größeren Gebietseinheiten hatte. Im Fall von Holzberg ergab sich eine Zusammenführung von drei Kreisen, wobei Holzberg die Kreisstadt des neuen Landkreises wurde. Alle folgenden Zahlen und Information beziehen sich jedoch auf das Gebiet des ursprünglichen Landkreises.

Wirtschaft. Die Wirtschaftsstruktur des Landkreises besteht aus einer Mischung von Landwirtschaft, mittelständischem verarbeitenden Gewerbe und Dienstleistungsbetrieben. Im letzten vollständigen Jahr der DDR - 1989 - waren 17% aller Erwerbstätigen in der Landwirtschaft tätig, 42% im verarbeitenden Gewerbe, und 16% im Schulwesen und anderen sozialen Dienstleistungen, einschließlich Öffentlicher Verwaltung (Staatliche Zentralverwaltung, 1990). Zu DDR-Zeiten produzierten im Landkreis zwei größere Betriebe: ein Metallguß-Betrieb mit ca. 2.400 Beschäftigten und ein Möbelkombinat, in dem viele kleinere Betriebe zusammengefaßt waren. Vor Gründung der DDR existierten in Holzberg - wie überhaupt im Thüringer Raum - vorwiegend kleine und mittelständische Betriebe, und die augenblickliche Entwicklung der wirtschaftlichen Struktur scheint in eine ähnliche Richtung zu verlaufen.

Vergleichbar mit dem ca. 70km südlich gelegenen Franken weist der Kreis Holzberg mit seiner hügeligen Landschaft relativ schlechte Bodenwerte auf. Die Landwirtschaft konzentriert sich daher auf Vieh- und Milchwirtschaft. So hatte der Bezirk, dem Holzberg zu DDR-Zeiten angehörte, im Jahre 1989 the zweithöchste Anzahl von Rindern und Milchkühen pro 100 ha landwirtschaftlich genutztem Boden (Staatliche Zentralverwaltung 1990). Zur Zeit der Wende gab es im Kreis Holzberg 13 Landwirtschaftliche Produktionsgenossenschaften (LPG) und zwei Volkseigene Güter (VEG) (*Singelmann* 1995).

Demographische Trends. Aus demographischer Sicht sind in Holzberg zwei wichtige Trends zu erkennen: (1) Die starke Netto-Abwanderung der ersten Jahren nach der Wende hat sich abgeschwächt. Es gibt sogar Anzeichen für eine Netto-Zuwanderung nach Holzberg[3]. (2) Wie in ganz Ostdeutschland trat auch in Holzberg ein starker Geburtenknick ein. Innerhalb der ersten drei Jahre nach der Wende ging die Zahl der Geburten um 70% zurück. Zwar hat sich dieser Rückgang inzwischen stabilisiert, aber bisher ist noch kein wesentlicher Anstieg der Geburten in Holzberg zu verzeichnen und die Geburtenzahl liegt weiterhin auf einem sehr niedrigen Niveau. Zur Erklärung des Geburtenrückgangs sei hier auf vier Argumentation (die sich auch gegenseitig ergänzen können) verwiesen: die nicht mehr existierende, pronatalistische DDR-Politik; eine Verschiebung in der Struktur des Lebensverlaufes auf das west-europäische Muster; und unsichere ökonomische Zukunftserwartungen in der Bevölkerung (allerdings lassen auch alle bislang genannten Faktoren einen Anstieg der Geburtenzahlen in den nächsten Jahren zu). Eine mögliche vierte Erklärung ergibt sich aus einer Materialismusthese. Diese behauptet, daß als nicht-intendierte Folge staatssozialistischer DDR-Politik in der ostdeutschen Bevölkerung eine materialistische Grundhaltung entstanden sei, die individuellen Interessen in hohem Maße auf den Erwerb von Konsumgütern gerichtet hätte. Demnach eröffnet die mittlerweile erfolgreich verlaufende Institutionalisierung einer Konsumgesellschaft in Ostdeutschland die Möglichkeit, alle bereits vor der Wende angelegten Konsumwünsche nunmehr im Prinzip zu erfüllen zu können, wobei zwangsläufig zwischen Konsumerwerb und Familiengründung entschieden werden müsse. Zwar muß diese Entscheidung auch in Westdeutschland getroffen werden, doch hält die Materialismusthese einen Ausgang der Entscheidung zugunsten des Erwerbs materieller Güter aufgrund der "ideologischen Vergangenheit" in Ostdeutschland eher für gegeben. Sollte dieser These tatsächlich eine beträchtliche Erklärungskraft hinsichtlich des Geburtenrückgangs zukommen, würde die dortige Geburtenrate allerdings für längere Zeit auf einem deutlich niedrigen Niveau als in Westdeutschland verbleiben, denn höchstwahrscheinlich ließen sich die konsum-orientierten Einstellungsunterschiede zwischen den beiden Landesteilen nicht in kurzer Zeit ausgleichen (cf. auch *Dorbritz* 1992; *Eberstadt* 1994; *Münz* und *Ulrich* 1994; *Zapf* 1994).

Arbeitslosigkeit. Bis Ende 1990 lag die Arbeitslosigkeit in Holzberg noch unter 5%, aber mit Beginn 1991 nahm sie stetig zu, wie überall in Ostdeutschland. In den vergangenen zwei Jahren pegelte sich die offizielle Arbeitslosenquote in Holzberg auf ca. 15% ein (Arbeitsamt Jena, 1991-95), und bei Hinzurechnung der in ABM-Stellen beschäftigten Erwerbstätigen steigt die Arbeitslosenquote sogar auf 35-40% an. Zudem betrifft die Arbeitslosigkeit in ganz Ostdeutschland zunehmend Frauen: Seit 1992 machen Frauen ca. zwei Drittel aller Arbeitslosen aus (cf. *Ferree* und *Young* 1993; *Schenck* und *Schlegel* 1993; *Hahn* 1995; *Frankfurter Allgemeine* 1995). Hierbei stehen Frauen oft vor einer *Catch-22* Situation: um Arbeit vermittelt zu bekommen, müssen sie als Mütter häufig belegen, daß die Versorgung ihrer Kinder geregelt ist, jedoch brauchen sie Arbeit, um die

Kinderversorgung finanzieren zu können. Arbeitslos gewordene Väter hingegen werden kaum vor diese Situation gestellt.

Kriminalität. Im Zeitraum 1991-93 hat sich die Zahl der Kriminalfälle in Holzberg mehr als verdoppelt. Da zur gleichen Zeit die Bevölkerung in Holzberg leicht zurück ging, ist dementsprechend die Kriminalitätsrate eher noch stärker angestiegen. Dabei machen Diebstähle etwa die Hälfte aller Straftatbestände aus, aber auch die Zahl der schwereren Delikte ist gestiegen: Vergewaltigungen von 9 auf 16, Körperverletzung von 109 auf 250. Die Kriminalitätsraten blieben 1994 in etwa auf dem Niveau von 1993. Auch diese Entwicklung ist typisch für die Mehrzahl der ostdeutschen Gemeinden (*Polizeidirektion Jena* 1993; 1994).

C. Sample Beschreibung

1991 erhielten wir die Genehmigung der zuständigen Behörden, in den Schulen von Holzberg eine Umfrage durchzuführen. Wir wählten damals alle 7. und 9. Klassen des Gymnasiums und einer der beiden Regelschulen (Haupt- und Realschule) aus und baten alle SchülerInnen dieser Klassen, einen Fragebogen innerhalb einer Klassenstunde schriftlich zu beantworten, wobei in den meisten Klassen die Lehrer während dieser Zeit abwesend waren. Die erste Erhebungswelle dieser Befragung fand im Januar 1992 statt. Außer ihren eigenen Fragebögen bekamen die Schüler auch zwei Fragebögen für ihre Eltern, welche diese in den folgenden Tagen beantworten und ihren Kindern in die Schule mitgeben sollten. Die Erhebung wiederholten wir mit den gleichen Personen zu Anfang der Jahre 1993, 1994 und 1995. Im Januar 1996 werden wir die fünfte und letzte Welle dieser Panelstudie durchführen. An der ersten Befragung im Jahre 1992 beteiligten sich 276 Schüler und 349 Eltern. Von diesen konnten insgesamt 240 Schüler und 207 Eltern auch 1995 in die Erhebung einbezogen werden. Zusätzlich nahmen wir 1994 erneut alle 7. Klassen der beiden Schulen als ergänzende Kohorte in die Studie auf, wodurch wir Informationen für eine Unterscheidung zwischen Alters- und Periodeneffekten in der späteren Analyse gewinnen konnten (aus gleichem Grund werden wir auch 1996 wiederum alle 7. Klassen neu in die Erhebung aufnehmen). Insgesamt konnten in 1995 422 Schüler- und 437 Eltern-Interviews realisiert werden.[4]

Jede Fallstudie muß überprüfen, inwieweit ihre Ergebnisse verallgemeinerungsfähig sind. Zu diesem Zweck haben wir die Holzberger Daten für die Befragten im Erwachsenenalter mit einem Subsample des ALLBUS 92 hinsichtlich ausgewählter sozialökonomischer Faktoren verglichen. Dabei bestand das ALLBUS 92 Subsample aus in Ostdeutschland lebenden Personen, die im Jahre 1992 24-62 Jahre alt waren und mindestens ein Kind (gleich welchen Alters) hatten (*Zentralarchiv* 1992). Der Vergleich ergab nur für drei Faktoren statistisch signifikante Unterschiede zwischen den Holzberg und ALLBUS Samples: Alter, Schulbildung, und Haushaltsgröße (*Singelmann* und *Urban* 1995).

Diese Unterschiede ergeben sich aufgrund der speziellen Auswahlkriterien des Holzberger *choice-based* Samples. Erwachsene Personen gelangten nur dann in das Sample, wenn sie 1992 ein Kind in der 7. oder 9. Klasse hatten. Hieraus erklärt sich die überdurchschnittliche Häufung der Befragten in der Altersgruppe 35-55 Jahre. Da das Gymnasium in Holzberg den gesamten Kreis versorgt, ist es größer als die ausgewählte Regelschule, von der es im Kreis noch zwei weitere gibt. Insofern enthält das Sample mehr Gymnasiasten als Regelschüler. Als Folge der engen Beziehung zwischen elterlicher Schulbildung und Gymnasiumsbesuch der Kinder weist das Holzberg Sample eine höhere durchschnittliche Schulbildung der Eltern auf, als dies für den ALLBUS 92 der Fall ist. Auch die im Vergleich zum ALLBUS 92 durchschnittlich größere Haushaltsgröße des Holzberg Samples beruht auf dem Auswahlverfahren der Holzberg-Studie. Es gibt im Holzberg Sample *per definitionem* keine Ein-Personen-Haushalte, denn Erwachsene gelangten nur dann in das Sample, wenn sie ein Kind hatten, das die 7. oder 9. Klasse der genannten Schulen besuchte (und Kinder in diesem Alter leben noch nicht allein). Dagegen konzentriert sich das Auswahlkriterium unseres ALLBUS Subsamples darauf, ob Befragte ein Kind (gleich welchen Alters) hatten. Und viele dieser Kinder waren zum Befragungszeitpunkt bereits erwachsen und lebten nicht mehr im Elternhaus.

Außer den drei genannten Merkmalen unterscheidet sich das Holzberg-Sample nicht vom ALLBUS 92 Subsample. Insofern können wir das Holzberg-Sample als ausreichend repräsentativ für in Ostdeutschland lebende Personen, die mindestens ein Kind haben, betrachten.

D. Demokratieverständnis 1992-95

Die von uns im Zeitraum von 1992 bis 1995 durchgeführten Umfragen sprechen verschiedene Thematiken an, die für das Demokratieverständnis in Ostdeutschland relevant sein können. Der dabei von uns unterlegte Demokratiebegriff bezieht sich auf ein Verständnis von *liberal democracy* als eine pluralistisch angelegte Form politischer Herrschaftsorganisation im Rahmen eines parlamentarischen oder präsidialen Regierungssystems. Darüber hinaus existieren natürlich noch andere demokratische Ausdrucksformen - wie z.B. Bürgerinitiativen oder verschiedene Institutionen von Wirtschaftsdemokratie -, die vom Erhebungsinstrument nicht berücksichtigt werden. Wir untersuchen in unserem Projekt also lediglich eine bestimmte Ausdrucksform von Demokratie. Allerdings gehen wir davon aus, daß Bürgerinitiativen und andere Demokratieformen ohne *liberal democracy* schwer zu verwirklichen sind; insofern unterstellen wir eine positive

Korrelation zwischen einer Bejahung von *liberal democracy* und anderen demokratiebezogenen Ausdrucksformen.

Die für das wie oben skizzierte Demokratieverständnis relevanten Themenbereiche sind: die Einschätzung der persönlichen und der allgemeinen (auf Ostdeutschland bezogenen) wirtschaftlichen Situation, die Bewertung der Wiedervereinigung, Bewertungen demokratischer Politikformen im Unterschied zu anderen Regierungssystemen, das Vertrauen in verschiedene gesellschaftliche Institutionen, Einstellungen zu Opposition und gesellschaftlichen Konflikten, subjektiv bewertete Toleranz-Indikatoren, sowie persönlich befürwortete, allgemeine Gesellschaftziele.

Bevor wir auf unsere Ergebnisse in den einzelnen Themenbereichen näher eingehen, sei auf eine generelle Tendenz der erzielten Resultate hingewiesen. Für die meisten Indikatoren liegen die Antworten im Zeitraum 1993 bis 1995 weiter vom Skalenpol "pro Demokratie" entfernt, als dies noch 1992 der Fall war. Allerdings ist dieser Trend nicht gradlinig, sondern nimmt die Form einer umgekehrten J-Kurve an. 1994 erreichten die meisten Indikatoren die Talsohle, und 1995 liegen die Antworten meist wieder näher am Pol "pro Demokratie." Oft sind die Ergebnisse für 1995 mit denen von 1993 vergleichbar, aber in kaum einem Fall wird das Niveau von 1992 erreicht.

1. Bewertung der wirtschaftlichen Situation

In allen vier Erhebungswellen bewerteten die Befragten die wirtschaftliche Lage Deutschlands. Die Ergebnisse zeigen, daß von 1992 bis 1994 immer weniger Personen die wirtschaftliche Situation Deutschlands als sehr gut oder gut einschätzten (siehe Tabelle 1). Betonten noch 1992 fast zwei Fünftel aller Befragten, daß die wirtschaftliche Lage Deutschlands gut oder sehr gut sei, fiel dieser Anteil auf 14% zwei Jahre später. Im Jahre 1995 lag der Anteil wieder auf dem Niveau von 1993, aber er blieb doch deutlich unter dem Prozentsatz für 1992.

Im Gegensatz zur Bewertung der wirtschaftlichen Lage Deutschlands schätzt ein Großteil der Befragten seine eigene Lage unverändert als gut und besser ein. Zwar fiel der Prozentsatz derjenigen, die antworteten, es gehe ihnen persönlich sehr gut oder gut, im Zeitraum 1992 bis 1995 von 45% auf 42% leicht ab, jedoch bleibt dieser Anteil deutlich über der entsprechenden Aussage für die wirtschaftliche Situation Deutschlands. Dieser Unterschied in den Antworten läßt sich nicht mit einer besseren Situation in Holzberg erklären, denn dieser Landkreis weist, wie oben ausgeführt, eine überdurchschnittlich hohe Arbeitslosigkeit auf. Anscheinend schließen sich viele Befragte dem Eindruck einer allgemeinen Misere in Ostdeutschland an, von der sie sich persönlich allerdings ausnehmen.

Bei den Fragen zu den Fragen, in denen die allgemeine Situation in Ostdeutschland speziell für 1989 und im Befragungsjahr eingeschätzt wurde, gab es zwischen 1992 und 1994 eine gegenläufige Entwicklung: je weiter sich die Befragung von den DDR-Zeiten entfernte, desto vorteilhafter wurde die Situation vor der Wende gesehen, während die augenblicke Situation immer weniger positiv eingeschätzt wurde (siehe Tabelle 1). Hätte sich dieser Trend bis ins Jahr 1995 fortgesetzt, so hätten die Befragten die allgemeine Situation zu DDR-Zeiten positiver eingeschätzt als die heutige Situation in Ostdeutschland. Aber wie bei den meisten Aussagen kam es auch hier zwischen 1994 und 1995 zu einer Trendwendung: die allgemeine Situation vor der Wiedervereinigung wurde negativer eingeschätzt als im Jahr zuvor, während die heutige Situation wieder positiver eingeschätzt wurde. Auch hier ähneln sich die Aussagen von 1993 und 1995.

2. Bewertung der Wiedervereinigung

Für die Mehrheit der Befragten ist die Wiedervereinigung eher ein Grund zur Freude als zur Sorge, aber dieser Anteil ging seit 1992 von fast 60% auf 50% zurück (siehe Tabelle 2). Eine noch größere Mehrheit der Befragten zieht die Wiedervereinigung einer selbständigen DDR vor, wobei allerdings auch dieser Anteil zugunsten derjenigen zurückging, die eine selbständige DDR vorgezogen hätten. Bei beiden Fragen zeigt sich, daß die Verschlechterung im wesentlichen vor der 1994er Erhebung stattfand. Ab 1994 nahm der Anteil derjenigen, für welche die Wiedervereinigung eher ein Grund zur Sorge ist, wieder leicht ab, und die Antworten auf die Frage nach "Wiedervereinigung vs. selbständige DDR" veränderten sich kaum. Mit den Aussagen über die Wiedervereinigung stimmt überein, daß drei von fünf Befragten aussagten, es ginge ihnen im Erhebungsjahr im Vergleich zur Zeit vor der Wiedervereinigung besser.

3. Demokratie-Bewertung

Eine Standard-Frage in Erhebungen zum Demokratieverständnis lautet: "Glauben Sie, die Demokratie, die wir in der Bundesrepublik haben, ist die beste Staatsform, oder gibt es eine andere Staatsform, die besser ist?". Die Antworten auf diese Frage zeigen, daß in 1992 weniger als ein Viertel der Befragten der Meinung waren, die in der Bundesrepublik bestehende Demokratie sei das beste politische System. Dieser Prozentsatz fiel 1994 auf 17% ab (siehe Tabelle 3). Gleichzeitig nahm der Anteil derjenigen zu, die eine andere Staatsform für besser halten. Zwar haben sich diese Ergebnisse 1995 nicht weiter verschlechtert, allerdings sind sie auch nicht besser geworden.

Außer der Demokratiefrage stellen wir auch regelmäßig die Frage, ob Kommunismus (seit 1993 auch Sozialismus) ein "gutes System" sei, das nur "schlecht ausgeführt" wurde. Eine Mehrheit der Befragten bejaht diese Fragen, wobei diese Mehrheit größenmäßig zwischen 1992 und 1994 zunahm und danach leicht zurückging. Immerhin meinten noch 1995 fast zwei Drittel aller Befragten, daß der Sozialismus eine gute Idee sei, die nur schlecht ausgeführt wurde.
Der niedrigere Prozentsatz derjenigen, welche die in der Bundesrepublik bestehende Demokratie für die beste Staatsform halten, sowie die relative hohe Akzeptanz von Sozialismus und Kommunismus als im Prinzip guter Idee, werfen die Frage auf, ob die Befragten in unserer Erhebung tatsächlich ein demokratisches System ablehnen. Mehrere Anzeichen deuten darauf hin, daß dies nicht der Fall ist. Eine Umfrage des Allensbacher Instituts für Demoskopie Anfang der 1990er Jahre ließ bei der Demokratiefrage den Untersatz "..., wie wir sie in der Bundesrepublik haben,..." versehentlich aus. Ohne diesen Untersatz betrachteten über drei Viertel aller ostdeutschen Befragten die Demokratie als die beste Staatsform (*Noelle-Neumann* 1991; *Weil* 1993). Dies weist u.E. darauf hin, daß die geringe Bejahung der Demokratie sich eher auf die Regierungspolitik innerhalb des demokratischen Systems bezieht als auf die Demokratie als Staatsform. Die Ergebnisse in Tabelle 3 zeigen auch, daß es eher eine Unentschiedenheit gegenüber der Demokratie gibt als eine Präferenz für ein anderes System. Zudem wählten die Befragten auf die Frage, welche Länder beispielhafte Staatsformen aufweisen, vor allem solche mit einer langen demokratischen Tradition, wie z.B. die Schweiz und Schweden, aber auch England, Frankreich und die USA. Wir vermuten, daß die relative Akzeptanz von Kommunismus und Sozialismus als gute Idee eher einen gewissen Stolz auf etwas in der ehemaligen DDR Geschaffenes ausdrückt, als daß dies eine Ablehnung der Demokratie selbst bedeutet. Denn wie wir oben darlegten, zieht die überwiegende Mehrheit der Befragten die Wiedervereinigung einer selbständigen DDR vor.

4. Vertrauen in Institutionen

Die Ergebnisse in Tabelle 4 zeigen, daß die Befragten nur wenig Vertrauen in gesellschaftliche Institutionen besitzen. 1992 waren das Rechtswesen und die gesetzliche Altersversorgung die einzigen Institutionen, in die eine Mehrheit der Befragten deutlich Vertrauen hatte. Auf der anderen Seite konkurrieren die Kirche und die Zeitungen um das niedrigste Vertrauen; sogar die öffentliche Verwaltung steht im Vergleich zu Kirche und Zeitungen besser da. Das Vertrauen in Institutionen ging im allgemeinen bis 1994 zurück und blieb 1995 relativ unverändert. Diese Ergebnisse machen deutlich, daß viele Personen in Holzberg den gesellschaftlichen Institutionen noch recht skeptisch gegenüberstehen, wobei allerdings auch für diesen Themenbereich die Talsohle durchschritten zu sein scheint.

5. Opposition und gesellschaftliche Konflikte

In vier Fragen spricht unsere Erhebung den individuellen Umgang der Befragten mit verschiedenen Formen politischer Opposition und politischer Konfliktbewältigung an. Auf allen vier Fragen indiziert eine Bejahung der vorgegebenen Statements eine Einstellungsabweichung vom demokratischen Prinzip ab, wie wir es oben skizziert haben. Über den ganzen Erhebungszeitraum hinweg stellt eine große Mehrheit der Befragten die öffentliche Ordnung über das Recht des Einzelnen zu Streiks und Demonstrationen (siehe Tabelle 5). Dagegen lehnt eine ebenso große Mehrheit die Aussage ab, daß es in jeder demokratischen Gesellschaft Konflikte gibt, die nur mit Gewalt gelöst werden können. Zustimmung und Ablehnung der Aussage, daß es Aufgabe der politischen Opposition sei, die Regierung zu unterstützen anstatt sie zu kritisieren, halten sich in etwa die Waage, wobei der Trend eher auf Ablehnung hinausläuft. Im Jahre 1992 glaubte etwa ein Viertel aller Befragten, die politische Situation in Ostdeutschland würde sich derart verschlechtern, daß die Regierung die Bürgerrechte einschränken muß, um der Lage Herr zu werden. Diese Ansicht verstärkte sich in den folgenden zwei Jahren, unter anderem auch unter dem Eindruck steigender Kriminalität in Holzberg (und generell in Ostdeutschland) sowie zunehmender Übergriffe auf Ausländer (vgl. unsere Erläuterungen in Abschnitt B). Jedoch sank der Anteil derjenigen, die diese Ansicht vertraten, 1995 wieder auf den Stand von 1992. Bei drei der vier Fragen (Frage zur Funktion der Opposition stellt eine Ausnahme dar) bestätigt sich somit der zuvor beschriebene, generelle Trend für den Zeitraum 1992 bis 1995: Bis 1994 verlassen die Antworten zunehmend den pro-demokratischen Pol unserer Meßinstrumente, aber 1995 nähern sich die Meßwerte wieder denen von 1992 an.

6. Toleranz

Sechs Fragen in unserer Erhebung behandeln Aspekte von politischer Toleranz: Zwei Fragen betreffen Einstellungen zu Ausländer, eine zu jüdischen Deutschen und drei zum Links/Rechts-Extremismus. Hinsichtlich der Einstellung zu Ausländern ergibt sich zwischen 1992 und 1994 eine deutliche Entspannung der diesbezüglichen Einschätzungen, d.h. zunehmend weniger Befragte meinen, daß es in Deutschland zu viele Ausländer gäbe (siehe Tabelle 6). Diese Meinungsverschiebung verläuft parallel zum tatsächlichen Rückgang von Asylbewerbern in Gesamt-Deutschland, denn nach der Änderung des Asylgesetzes im Herbst 1993 gab es deutlich weniger neue Asylbewerber, und zwischen 1993 und 1994 nahm der Anteil der Befragten, für die es in Deutschland zu viele Ausländer gibt, am stärksten ab. Obwohl die Zahl der Asylbewerber auch 1994 weiter abnahm, trat 1995 wieder eine leichte Verschiebung der Antworten in Richtung einer geringeren Toleranz gegenüber Ausländern in Deutschland auf. Nach unserer Vermutung wurde diese Entwicklung u.a. dadurch verursacht, daß der weitere Rückgang der Asylbewerberzahlen weniger bekannt war, während die Gesetzesänderung aus dem Jahre 1993 eine wesentlich größere Publizität in der Öffentlichkeit gefunden hatte. Außerdem erweckt die Intensivierung des Krieges auf dem Balkan mit seinen sichtbaren Flüchlingsströmen den Eindruck, daß damit die Zahl der ausländischen Flüchtlinge in Deutschland wieder zunähme. Ein ähnliches Antwortmuster ergibt sich aus den Antworten auf die Frage nach der Vergabe von Arbeitsplätzen für Deutsche und Ausländer. Von 1992 bis 1994 nahm der Anteil derjenigen Befragten ab, die bei Arbeitsplatzknappheit deutsche Arbeitnehmer Ausländern vorziehen würden, aber 1995 stieg er wieder leicht an.

Über den gesamten Befragungszeitraum gab es keine wesentliche Veränderung der Bewertung der politischen Loyalität von deutschen Juden. Nur ein kleiner Prozentsatz der Befragten glaubt, Juden "hielten mehr zu Israel als zu Deutschland".

1992 standen noch zwei Drittel aller Befragten *Links*-Extremisten das Recht auf Versammlungsfreiheit zu, aber dieser Prozentsatz nahm jedes Jahr ab und fiel 1995 auf 45%. Zugleich zeigen die Ergebnisse in Tabelle 6 eine deutlich niedrige Toleranz gegenüber *Rechts*-Extremisten; weniger als die Hälfte der Befragten akzeptierten 1992 das Versammlungsrecht für Rechts-Extremisten, und 1995 fiel dieser Prozentsatz auf weniger als ein Viertel. Ein ähnliches Bild ergibt sich aus den Antworten auf die Fragen nach unerwünschten Nachbarn. Obwohl sich die Mehrzahl der Befragten gegen *alle* Extremisten als Nachbarn aussprach, überwiegt die Antipathie gegenüber Rechts-Extremisten. Diese Antipathie hat seit 1992 ständig zugenommen, während sich die Einstellung zu Links-Extremisten im Zeitraum von 1992 bis 1995 nicht wesentlich veränderte. Diese Ergebnisse (wie auch das Wahlverhalten, Angaben der Polizeibehörden und unsere eigenen ethnographischen Beobachtungen im Landkreis) weisen auf eine eindeutige einstellungsmäßige Distanz einer großen Bevölkerungsmehrheit in Holzberg zu rechsradikalen Orientierungen hin.

7. Gesellschaftliche Ziele

Zwei Fragen unserer Erhebung betreffen mögliche Ziele einer zukünftigen gesellschaftlichen Entwicklung. Die Leitvorstellung "Recht und Ordnung" ist bei der Mehrzahl der Befragten das wichtigste Ziel, und dieser Anteil stieg von 47% im Jahre 1992 auf 66% zwei Jahre später, während sich 1995 allerdings ein leichter Rückgang konstatieren läßt (siehe Tabelle 7). Die Bewertung von "mehr Bürgereinfluß" als zweitwichtigstem Ziel blieb ziemlich konstant bei 20-22% erster Nennungen. Dagegen ist die "Erhaltung der Meinungsfreiheit" für weniger als 10% der Befragten das wichtigste Ziel. Auf die Frage, ob "Freiheit und Rechststaatlichkeit" oder "höherer Lebensstandard" für das Glück der Menschen wichtiger sei, antworteten 1992 63% der Befragten mit Freiheit und Rechtsstaatlichkeit; dieser Anteil ging 1995 nur unwesentlich auf 58% zurück. Es läßt sich vermuten, daß hierbei Rechtstaatlichkeit für die meisten Befragten wichtiger ist als Freiheit; dies traf jedenfalls in einer anderen Umfrage in Ostdeutschland zu (*Weil* 1993).

E. Diskussion

In den vorangehenden Abschnitten stellten wir Ergebnisse von Erhebungen aus den Jahren 1992 bis 1995 in einem ostdeutschen Landkreis vor, mit denen wir verschiedene Dimensionen des Demokratieverständnisses hinterfragten. Die erste Erhebung fand im Januar 1992 statt und wurde bislang dreimal repliziert. Die abschließende Erhebung werden wir im Januar 1996 durchführen. Die ermittelten Ergebnisse ergeben kein einheitliches Bild. Auf der einen Seite sind die meisten Befragten zufrieden mit ihrer eigenen wirtschaftlichen Lage, und sie schätzen die allgemeine Situation in Ostdeutschland nach der Wende positiver ein als die Situation zu DDR-Zeiten. Dementsprechend ist die Wiedervereinigung für die Mehrzahl der Befragten eher Grund zur Freude als zur Sorge. Noch deutlicher ist die Präferenz der Befragten für die Wiedervereinigung statt für eine auch weiterhin selbständige DDR. Mithin befürworten die von uns Befragten die Wiedervereinigung und leben unter besseren wirtschaftlichen Bedingungen als zu DDR-Zeiten. Zwar sind die Einschätzungen der Befragten von 1992 bis 1995 pessimistischer geworden, aber die 1995er Ergebnisse lassen keinen Zweifel daran aufkommen, daß die Mehrheit von ihnen die Wiedervereinigung weiterhin gutheißt.

Anders sieht es jedoch mit vielen Bewertungen des politischen Systems der Bundesrepublik aus. Im Jahre 1992 glaubten weniger als ein Viertel der Befragten, daß die Demokratie in Deutschland die beste Staatsform sei, und kaum mehr meinten, die Demokratie könne die in Deutschland bestehenden Probleme lösen. Dementsprechend hielten über die Hälfte aller Befragten sowohl Kommunismus als auch Sozialismus für eine "gute Idee, die nur schlecht ausgeführt wurde". Von 1992 bis 1994 wurden die Befragten noch skeptischer gegenüber dem demokratischen System der Bundesrepublik und bewerteten dagegen kommunistische und sozialistische Regierungsformen wieder positiver.

Bedeutet dies, daß die Demokratie in Ostdeutschland gefährdet ist? Mehrere Gründe sprechen dafür, daß dies nicht der Fall. Wie wir oben zeigten, können die Einstellungen der Befragten zu Opposition und Konflikt nicht als undemokratisch bezeichnet werden, auch wenn es zwischen 1992 und 1994 eine diesbezügliche Verschlechterung gegeben hat. Selbst der relativ hohe Prozentsatz derjenigen, für die es zu viele Ausländer in Deutschland gibt, sollte nicht überinterpretiert werden, denn er liegt im Schnitt der meisten westlichen Industrieländer (das Einwanderungsland USA eingeschlossen). Auch die Trendwende vieler Einstellungen von 1994 auf 1995 in Richtung Demokratieakzeptanz und -verständnis deutet darauf hin, daß die Ernüchterung in Ostdeutschland, die der Euphorie unmittelbar nach der Wiedervereinigung gefolgt ist, nicht in Frustration umschlägt, sondern einer realistischeren Einschätzung der politischen und wirtschaftlichen Entwicklung Platz macht, als es Anfangs der Fall war. Diese realistischere Einschätzung zeigt sich u.a. in den Antworten auf die Frage, wie lange es dauern wird, bis Ostdeutschland das wirtschaftliche Niveau Westdeutschlands erreicht hat. Im Jahre 1993 schätzten 43% aller Befragten, daß es mehr als 10 Jahre dauern würde; 1995 lag dieser Prozentsatz bereits bei 50%. Trotz wachsendem Realismus haben sich fast alle politischen Einstellungsindikatoren seit 1994 wieder in Richtung Demokratie-Akzeptanz verschoben. Und auch wenn wir unsere Analyse auf die Panelinformationen in den Daten beschränken und untersuchen, in welcher Weise sich der Prozentsatz derjenigen Befragten veränderte, deren wirtschaftliche Lage schlechter wurde, die Wiedervereinigung weniger positiv einschätzten, oder deren politische Einstellungen weniger demokratisch wurden, so zeigt sich bei all diesen Frageitems, daß die Verschlechterung in der subjektiven Bewertung zwischen 1992 und 1993 größer war als zwischen 1994 und 1995. Auch dies ist für uns ein Indiz dafür, daß sich die wirtschaftliche und politische Lage in Holzberg stabilisiert hat. Wir erwarten deshalb, daß die Ergebnisse für 1996 eher den Trend von 1994-95 fortsetzen, als daß sie auf das Niveau von 1994 zurückfallen.

Anmerkungen

1. Um die Befragten zu schützen, haben wir einen fiktiven Namen für den Landkreis gewählt. Bei Nennung des richtigen Namens wäre es aufgrund der relativ geringen Bevölkerungszahl möglich, einzelne Personen zu identifizieren.
2. Siehe *Singelmann et al.* (1993) für eine nähere Beschreibung des Projekts.
3. Die Analyse der demographischen Entwicklung beruht auf Information von der Stadt Holzberg und dem Landratsamt Holzberg.
4. Siehe *Singelmann* und *Urban* (1995) für eine genauere Beschreibung des Holzberg Samples.

Tabelle 1: Bewertung der wirtschaftlichen Situation, 1992-95

	1992	1993	1994	1995
1. Wirtschaftliche Lage in Deutschland sehr gut oder gut (%)	58	25	14	25
2. Eigene wirtschaftliche Lage sehr gut oder gut (%)	45	46	46	42
3. Allgemeine Lage in Deutschland vor der Wiedervereinigung (10=sehr gut, 0=sehr schlecht; Mittelwerte)	3.8	4.3	4.7	4.4
4. Allgemeine Lage in Deutschland jetzt (10=sehr gut, 0=sehr schlecht; Mittelwerte)	5.3	5.3	5.0	5.3

Tabelle 2: Bewertung der Wiedervereinigung, 1992-95

	1992	1993	1994	1995
1. Ist die Wiedervereinigung für Sie eher Anlaß zur Freude oder zur Sorge? (%)				
Freude	59	58	50	50
Sorge	25	25	31	28
2. Würden Sie heute die Wiedervereinigung oder eine selbständige DDR vorziehen? (%)				
Wiedervereinigung	77	72	64	62
DDR	9	11	15	16
3. Geht es Ihnen im Vergleich zu 1989 jetzt besser oder schlechter? (%)				
Besser	62	59	59	59
Schlechter	15	20	17	19

Tabelle 3: Bewertung von Demokratie, 1992-95

	1992	1993	1994	1995
1. Glauben Sie, die Demokratie, die wir in der Bundesrepublik haben, ist die beste Staatsform, oder gibt es eine andere Staatsform, die besser ist? (%)				
Beste	23	24	17	18
Andere besser	27	33	38	36
2. Können wir mit der Demokratie die Probleme lösen, die wir in Deutschland haben? (%)				
Ja	27	28	22	24
Nein	36	45	48	47
3. Halten Sie den Kommunismus für eine gute Idee, die schlecht ausgeführt wurde? (% ja)	58	66	65	62
4. Halten Sie den Sozialismus für eine gute Idee, die schlecht ausgeführt wurde? (% ja)		61	66	65

Tabelle 4: Vertrauen in gesellschaftliche Institutionen, 1992-95

Institutionen	1992	1993	1994	1995
Kirche	2.9	3.1	3.3	3.3
Bundeswehr	2.5	2.5	2.5	2.5
Schulwesen	2.5	2.7	2.6	2.6
Rechtswesen	2.4	2.6	2.6	2.7
Zeitungen	3.3	3.3	3.3	3.3
Gewerkschaften	2.8	2.8	2.9	2.8
Polizei	2.8	2.7	2.7	2.7
Bundestag	2.7	2.9	3.0	2.9
Verwaltung	3.1	3.0	3.1	3.0
Große Wirtschaftsunternehmen	2.6	2.6	2.7	2.8
Sozialversicherung	2.4	2.4	2.5	2.5
Europäische Gemeinschaft	2.6	2.9	2.8	2.8
NATO	2.8	2.7	2.7	2.6

(1= "sehr viel"; 4= "überhaupt keins"; Mittelwerte)

Tabelle 5: Einstellungen zu Opposition und Konflikt, 1992-95

	1992	1993	1994	1995
1. Der Bürger verliert das Recht zu Streiks und Demonstrationen, wenn er damit die öffentliche Ordnung gefährdet (Skala 1=Ablehnung, 8=Zustimmung; Mittelwerte)	5.3	5.9	5.7	5.5
2. In jeder demokratischen Gesellschaft gibt es bestimmte Konflikte, die mit Gewalt ausgetragen werden müssen (Skala 1=Ablehnung, 8=Zustimmung; Mittelwerte)	2.1	2.3	2.3	2.1
3. Aufgabe der politischen Opposition ist es nicht, die Regierung zu kritisieren, sondern sie in ihrer Arbeit zu unterstützen (Skala 1=Ablehnung, 8=Zustimmung; Mittelwerte)	4.8	4.7	4.7	4.4
4. Glauben Sie, daß bei uns die politischen Zustände einmal so schlecht werden können, daß die Regierung die Freiheitsrechte der Bürger einschränken und Gewalt anwenden muß, um die Lage in den Griff zu bekommen? (% Zustimmung)	23	35	38	24

Tabelle 6: Toleranzverhalten, 1992-95

	1992	1993	1994	1995
1. **Glauben Sie, daß es in der Bundesrepublik zu viele Ausländer gibt?** (% ja)	72	68	60	64
2. **Kürzlich sagte jemand: "Wenn es nur wenig Arbeitsplätze gibt, sollten Deutsche von den Arbeitgebern den Ausländern vorgezogen werden." Würden Sie dem zustimmen oder nicht zustimmen?** (% zustimmen)	61	62	55	57
3. **Kürzlich sagte jemand: "Die deutschen Juden halten mehr zu Israel als zu Deutschland." Würden Sie dem zustimmen oder nicht?** (% zustimmen)	18	23	17	18
4. **Es gibt einige Leute, deren Ansichten von den meisten anderen als *links-extrem* angesehen werden. Sollte diesen Leuten erlaubt sein, öffentliche Versammlungen abzuhalten, auf denen sie ihre Meinung äußern?** (% immer erlaubt/erlaubt)	66	52	49	45
5. **Es gibt einige Leute, deren Ansichten von den meisten anderen als *rechts-extrem* angesehen werden. Sollte diesen Leuten erlaubt sein, öffentliche Versammlungen abzuhalten, auf denen sie ihre Meinung äußern?** (% immer erlaubt/erlaubt)	47	31	28	22
6. **Wen hätten Sie *nicht* gern als Nachbarn?** (%)				
6.a Links-Extremisten	58	60	56	60
6.b Rechts-Extremisten	76	77	81	84

Tabelle 7: Gesellschaftliche Ziele, 1992-95

	1992	1993	1994	1995
1. Welche der folgenden Ziele halten Sie in unserer Gesellschaft für das Wichtigste?: (1) Recht und Ordnung aufrechterhalten; (2) mehr Mitbestimmung des Bürgers in wichtigen Entscheidungen der Regierung; (3) verhindern, daß die Preise steigen; (4) die Meinungsfreiheit erhalten (%)				
Recht und Ordnung aufrechterhalten	47	53	66	64
Mehr Mitbestimmung der Bürger	20	21	22	21
2. Was glauben Sie, wird für das Glück der Menschen bei uns in Zukunft wichtiger sein: Freiheit und Rechtstaatlichkeit oder höherer Lebensstandard? (%)				
Freiheit und Rechtsstaatlichkeit	63	63	62	58
Höherer Lebensstandard	22	21	21	20

Literatur

Almond, G.A./Verba, S. (1963). The Civic Culture. Princeton: Princeton University Press.

Almond, G.A./Verba, S. (Hrsg.) (1980). The Civic Culture Revisited. Boston: Little, Brown.

Arbeitsamt Jena. (1991-95). Der Arbeitsmarkt. Monatlicher Bericht.

Dorbritz, J. (1992). Nuptalität, Fertilität und familale Lebensformen in der sozialen Transformation: Übergang zu einer neuen Bevölkerungsweise in Ostdeutschland? In: Zeitschrift für Bevölkerungswissenschaft 18.

Eberstadt, N. (1994). Demographic Shocks in Eastern Germany, 1989-93. In: Europe-Asia Studies 46: 519-533.

Ferree, M.M./Young, B. (1993). Three Steps Back for Women: German Unification, Gender, and University 'Reform'. In: PS: Political Science and Politics 26: 199-205.

Frankfurter Allgemeine Zeitung (1995). DIW: Arbeit finden ostdeutsche Frauen vor allem beim Staat. 9. Juni.

Hahn, T. (1995). Frauen und Arbeitslosigkeit. In: Sydow, H./Schlegel, U./Helmke, A. (Hrsg.), Chancen und Risiken im Lebenslauf: Wandel in Ostdeutschland. Berlin: Akademie Verlag. S.171-186.

Lauk, K.J. (1994). Germany at the Crossroads: On the Efficiency of the German Economy. In: Daedalus 123 (Winter): 57-83.

Münz, R./Ulrich, R. (1994). Was wird aus den Neuen Bundesländern?: Demographische Prognosen für ausgewählte Regionen und für Ostdeutschland. In: Demographie aktuell. Berlin: Lehrstuhl für Bevölkerungswissenschaft, Humboldt-Universität zu Berlin.

Noelle-Neumann, E. (1991). Die Vorzüge der Freiheit stehen noch nicht im Mittelpunkt. Die neuen Bundesbürger und die Demokratie: Eine peinliche Überraschung im Westen. Frankfurter Allgemeine Zeitung, 30. September, S. 13.

Polizeidirektion Jena (1993). Polizeiliche Kriminalstatistik 1991-1993.

Polizeidirektion Jena (1994). Polizeiliche Kriminalstatistik 1994.

Pye, L./Verba, S. (1965). Political Culture and Political Development.

Schenk, S./Schlegel, U. (1993). Frauen in den neuen Bundesländern: zurück in eine andere Moderne? In: Berliner Journal für Soziologie 3: 369-384.

Singelmann, J. (1995). Agricultural Transformation and Social Change in an East German County. In: Kideckel, D.A. (ed.), East European Communities: The Struggle for Balance in Turbulent Times. Boulder, CO: Westview Press. S. 65-84.

Singelmann, J./Urban, D. (1995). Social Indicators in a Nonmetropolitan County: Testing the Representativeness of a Regional Nonrandon Survey in Eastern Germany. Nr. 5. SISS: Schriftenreihe des Instituts für Sozialforschung der Universität Stuttgart.

Singelmann, J./Weiss, J./Urban, D. (1993). From Central Planning to Markets: Social Change in an Eastern German County. Projektantrag an die Alexander von Humboldt Stiftung. Baton Rouge: Louisiana State University, Department of Sociology and Rural Sociology.

Staatliche Zentralverwaltung (1990). Statistisches Tashcenbuch der Deutschen Demokratischen Republik 1989. Berlin: Staatsverlag der DDR.

Weil, F.D. (1987). Cohorts, Regimes, and the Legitimation of Democracy: Germany since 1945. In: American Sociological Review 52: 308-324.

Weil, F.D. (1993). The Development of Democratic Attitudes in Eastern and Western Germany in a Comparative Perspective. In: Research on Democracy and Society 1: 195-225.

Zapf, W. (1994). Die Transformtion in der ehemaligen DDR und die soziologische Theorie der Modernisierung. In: Berliner Journal für Soziologie 3: 295-305.

Zentralarchiv (1992). Allgemeine Bevölkerungsumfrage der Sozialwissenschaften (Allbus) 1992. ZA-Nr. 2140. Köln: Zentralarchiv für Empirische Sozialforschung an der Universität zu Köln.

Wendeschicksale nach 1989 und ihr Zusammenhang mit Kontrollüberzeugungen, Kontrollstrategien und dem Selbstwertgefühl

Johannes Huinink, Martin Diewald und Jutta Heckhausen

1. Einleitung

Die "Wende" in Ostdeutschland stellt in fast idealtypischer Weise einen kollektiven radikalen Umbruch der Lebensverhältnisse in Ostdeutschland dar. Damit ändern sich auf dramatische Weise politische, institutionelle, wirtschaftliche und soziale Rahmenbedingungen des individuellen Verhaltens. In der Perspektive des Lebensverlaufs stellen sich neue Herausforderungen an die Lebensgestaltung und Lebensplanung. Die bisherigen gesellschaftlichen Voraussetzungen für die erfolgreiche Gestaltung von Lebensverläufen sind in größerem Umfang weggebrochen, und bisherige erfolgreiche Investitionen und Entscheidungen können nun entwertet und sogar hinderlich werden. Der individuelle Umgang mit dieser Herausforderung betrifft nicht nur die "objektive" Dimension der beruflichen, familialen und sonstigen Lebensmuster und deren Veränderungen, sondern auch die "subjektive" Seite von Einstellungen und Persönlichkeitsmerkmalen, die für den Umgang mit Handlungschancen wie -restriktionen in diesen Lebensbereichen bedeutsam sind.

Wir konzentrieren uns im folgenden auf die Rolle von Kontrollüberzeugungen und von Hartnäckigkeit und Flexibilität in der Verfolgung von Zielen sowie deren Auswirkungen auf das Selbstwertgefühl. Die Erhebung dieser Konstrukte war ein wesentlicher Bestandteil der im Frühjahr 1993 durchgeführten Nachbefragung der Studie "Lebensverläufe und historischer Wandel in der ehemaligen DDR" des Max-Planck-Instituts für Bildungsforschung. Diese Persönlichkeitsmerkmale werden in verschiedenen sozialpsychologisch orientierten Ansätzen in einem engen Zusammenhang mit der Lebensgestaltung und der Bewältigung von Problemsituationen gesehen. Wir konzentrieren uns in dieser Hinsicht für diesen Beitrag auf den Lebensbereich der Erwerbsarbeit.

Wenn wir deren Bedeutung im Rahmen eines lebenslauf- und kohortenbezogenen Ansatzes untersuchen, so fragen wir zunächst danach, in welchem Zusammenhang diese Persönlichkeitsmerkmale mit differentiellen Lebenserfahrungen vor und nach der Wende stehen, und zwar vor allem, wenn auch nicht ausschließlich, auf der Ebene der Erwerbsverläufe. Wir gehen davon aus, daß es erhebliche Unterschiede in den Perspektiven, Chancen und Risiken bei der Bewältigung dieser Umbruchsituation innerhalb der ostdeutschen Bevölkerung gibt, je nachdem welche bisherigen lebensgeschichtlichen Erfahrungen gemacht worden sind, welche akkumulierte berufsbezogene, soziale und kulturelle Kapitalien vorhanden sind, und ob in der DDR erworbene Kenntnisse und Investitionen nun auf- oder abgewertet werden. Ein besonderes Augenmerk legen wir auf den Vergleich verschiedener Geburtsjahrgänge, die in sehr unterschiedlichen Lebensphasen von der Wende betroffen worden sind und deswegen in unterschiedlicher Weise Veränderungen in ihren Zukunftsperspektiven zu vergegenwärtigen haben.

Wir erwarten von daher sozialstrukturell differenzierte Strategien der Lebenslaufregulierung, wobei sich die sozialstrukturellen Differenzierungen sowohl auf das Leben vor der Wende als auch seit der Wende beziehen. Dies betrifft nicht allein verschiedene Handlungsmuster vor dem Hintergrund stabiler Handlungsdispositionen. Zwar wird vielfach auch angesichts gesellschaftlichen Wandels eher von einer Stabilität von Mentalitäten und Persönlichkeitsdispositionen ausgegangen, die ja durch die Wirtschafts- und Herrschaftsverfassung einer Gesellschaft mitgeprägt sind (*Srubar* 1991: 415). Andererseits: Wenn auch die mit einem untergegangenen System verbundenen Dispositionen nicht einfach ausgetauscht werden können (*Trommsdorf* 1994: 4), so können sich Persönlichkeitsmerkmale wie die hier untersuchten durchaus ändern - gerade in besonderen Umbruchs- und Belastungssituationen, wenn bisherige Rahmenbedingungen der Ausbildung und Stützung dieser Persönlichkeitsmerkmale wegfallen und diese auf eine besondere Probe gestellt werden.

Wir werden zunächst einige theoretische Vorüberlegungen im Kontext eines spezifischen lebenslauftheoretischen Ansatzes vortragen, danach kurz die Operationalisierung darstellen und dann einige Ergebnisse zum Zusammenhang zwischen persönlichkeitspsychologischen Merkmalen, dem Lebensverlauf in der DDR und den Wendeerfahrungen verschiedener Geburtsjahrgangskohorten vorstellen.

2. Lebenslauf und Entwicklungskontrolle: Theoretische Vorüberlegungen

Die Bedeutung von Kontrollüberzeugungen bzw. -strategien und ihres Zusammenhangs mit der objektiven Dimension des Lebensverlaufs wird in verschiedenen theoretischen Konzepten aufgegriffen. Das streßtheoretische Bewältigungsparadigma (*Lazarus/Folkman* 1984) verweist grundsätzlich darauf, daß jede neue Lage zunächst bewertet und sodann geprüft wird, welche internen und externen Ressourcen zur Bewältigung der mehr oder weniger bedrohlich erscheinenden Situation zur Verfügung stehen. Danach wird über die Aussichten verschiedener Verhaltensstrategien entschieden. Diese kann entweder in dem Versuch einer Beeinflussung der Umwelt durch aktives Handeln oder einer Anpassung der eigenen Vorstellungen und Ziele an eine nicht zu ändernde Umwelt liegen, oder auch in einer Kombination aus beidem (*Diewald* 1991: 85ff). In ähnlicher Weise, doch stärker auf den Lebensverlauf und die darin stattfindende psychische Entwicklung verweisend ("life span development"; *Baltes/Baltes* 1990), werden in der Kontrolltheorie zwei Typen von Kontrollverhalten unterschieden (*Heckhausen/Schulz* 1995, *Rothbaum/Weisz/Snyder* 1982). Bei der primären Kontrolle handelt es sich um die Orientierung, nach der die Umwelt gemäß den eigenen Zielen geändert werden soll. Bei der sekundären Kontrolle geht es dagegen darum, die eigenen Ziele gemäß den Gegebenheiten der Umwelt anzupassen. Entscheidungen lassen sich dabei als optimierende Selektion aus subjektiv perzipierten und bewerteten Handlungsalternativen verstehen (*Heckhausen/Schulz* 1995).

Die Theorie der *selektiven Optimierung mit Kompensation* (*Baltes/Baltes* 1990) geht nun von der Vermutung aus, daß Menschen mit zunehmendem Alter versuchen, die bereits investierten Aufwendungen durch besondere kompensatorische Bemühungen in ihrem Gesamtnutzen zu erhalten. Sie investieren ihre Ressourcen selektiv, so daß einmal eingeschlagene Entwicklungs- und Lebenspfade optimiert werden. So wird es generell immer schwieriger, den einmal eingeschlagenen Lebensweg zugunsten eines anderen zu verlassen. Ceteris paribus sollten ältere Menschen, wegen ihrer langfristigen Festlegungen und Investitionen, also unter einem größeren Beharrungs- und Rechtfertigungsdruck stehen. Bei einem Zusammenbruch der bisherigen persönlichen Lebensumstände oder gar einem gesellschaftlichen Umbruch sollte deshalb bei ihnen die Passung zwischen der Orientierung an diesen alten Investitionen und Festlegungen einerseits und dem Zwang zur Neuorientierung andererseits besonders problematisch sein. Sie haben das größte Verlustrisiko bezüglich der bisherigen Lebenslaufinvestitionen und gleichzeitig geringere Chancen für eine Neuorientierung.

Eine derartige, hauptsächlich auf intrapersonale Entwicklungen abzielende Konzeption berücksichtigt zwar die *Selbstreferentialität des Lebensverlaufs* (*Huinink* 1993) und versteht den Lebensverlauf als "endogenen Kausalzusammenhang" (*Mayer* 1990). Wenn man den Lebensverlauf allgemein als Ergebnis von Lernprozessen und absichtsvollem individuellen Handeln innerhalb gegebener Chancenstrukturen versteht, bleibt jedoch dessen *Mehrebenenaspekt* weitgehend unberücksichtigt: Handeln im Lebenslauf wird auch durch die materiellen, politischen und sozio-kulturellen Rahmenbedingungen der je aktuellen gesellschaftlichen Kontexte mitbestimmt. Dieser Verweis mündet unmittelbar in eine Verwendung des Kohortenansatzes, der Nachzeichnung von Lebensverläufen von Geburtsjahrgängen also, die in ähnlicher und spezifischer Weise den Bedingungskontexten einer Abfolge historischer, gesellschaftlicher Settings ausgesetzt sind (*Huinink/Mayer* 1993).

Die Bedeutung des Entwicklungsalters mit seinen je spezifischen Chancen und Risiken im Zusammenhang mit der Zugehörigkeit zu einer Kohorte bei der Bewältigung von sozio-ökonomischen Umbrüchen haben *Glen Elder* und Kollegen (*Elder* 1974) am Beispiel der "Great Depression" in den USA aufgezeigt. In vergleichbarer Weise können nun auch in der ostdeutschen Bevölkerung durch die Transformationsprozesse die gesellschaftlichen Stützen für bisherige entwicklungsregulative Strategien zusammenbrechen. Dies erfordert u.U. unerwartete Anpassungsleistungen. Für die Bewohner Ostdeutschlands drohen vielfach selektive Entwicklungsinvestitionen in bestimmte Lebenswege verlorenzugehen; und das um so mehr, je besser bzw. je spezifischer diese an das bisherige, nun jedoch abgeschaffte, soziale und politische System angepaßt waren.

Wen belasten die Umbrüche und möglichen Diskrepanzerlebnisse im Hinblick auf eine positive Kontroll- und Zukunftsorientierung und die dadurch beeinflußte Frustrationsfähigkeit am stärksten? Die Theorie der selektiven Optimierung würde hier, wie gesagt, einen annähernd linearen Zusammenhang mit dem Alter nahelegen. Die Verweise auf den Mehrebenenaspekt des Lebensverlaufs sowie das Kohortenkonzept legen dagegen zumindest die hypothetische Frage nach spezifischen Periodeneffekten nahe, d.h. nach Auswirkungen auf den Lebenslauf, die daraus resultieren, daß dieser gesellschaftliche Umbruch bestimmte Bevölkerungsgruppen wegen der Zugehörigkeit zu einer bestimmten Kohorte in sehr verschiedenen Lebensphasen mit sehr unterschiedlichen Erfahrungspotentialen und Kompensationschancen tangiert.

Ansatzpunkte für derartige kohortenspezifische Differenzen liefern zum einen Untersuchungen zu den "Schicksalen" dieser Geburtsjahrgänge in der *DDR*, beispielsweise zu den deutlich unterschiedlichen Karrierechancen (*Huinink/Solga* 1994) oder zur Identifizierung gerade der "Aufbaugeneration" mit ihrem Staat (*Niethammer* et al. 1991). Zum anderen spielen auch Vermutungen zur Bedeutung des individuellen Alters bei der *Wende* für die verbleibenden Spielräume, sich unter den neuen Verhältnissen gut einzurichten, hier eine Rolle.

Auf der intraindividuellen Ebene können sich solche kohortenspezifischen Handlungschancen bzw. -restriktionen unter anderem auf folgende Art und Weise niederschlagen:

(1) *Kapitalentwertung und Kompetenzverlust* resultieren aus einer Umwertung oder gar Entwertung der bis zur Wende akkumulierten qualifikatorischen, sozialen und kulturellen Kapitalien.
(2) *Enttäuschung* ist vor allem bei den im alten Regime erfolgreichen Personen zu erwarten über den Verlust der Strukturen, die diesen Personen, zum großen Teil durch gezielte Förderung, beruflich und sozial zu erstrebenswerten Positionen verholfen haben. Der Bruch be-

deutet gleichzeitig eine Entwertung ihrer sich selbst subjektiv zugeschriebenen Verdienste um den Staat.

(3) *Perspektivenverlust* ist vor allem bei denjenigen zu erwarten, die besonders wenig Spielraum zu einer aktiven Anpassung ihrer Lebenswege an die veränderten Rahmenbedingungen haben. Umgekehrt könnte der Transformationsprozeß aber auch, für andere Teilgruppen der ostdeutschen Bevölkerung, in Umkehrung dieser drei Aspekte entsprechende positive Auswirkungen bedingen, also Kapital- und Kompetenzaufwertung, Bestätigungen und neue Perspektiven. Welche Richtung zutrifft, hängt - wie wir weiter unten sehen werden - eben sehr stark von der spezifischen Lagerung der jeweiligen Kohorten im historischen Prozeß ab.

3. Datenbasis und Operationalisierung

3.1 Die Datenbasis

Die Studie "Lebensverläufe und historischer Wandel in der ehemaligen DDR" wurde im Jahre 1990 am Max-Planck-Institut für Bildungsforschung begonnen (Leitung: *K.U. Mayer* und *J. Huinink*). Die Haupterhebung wurde von September 1991 bis Oktober 1992 durchgeführt, wobei die Hälfte der Interviews noch 1991 realisiert werden konnte. Insgesamt wurde eine Stichprobe von 2323 Personen befragt. Ihr liegt eine repräsentative Personenstichprobe der vier Geburtsjahrgangskohorten von 1929-31, 1939-41, 1951-53 und 1959-61 derjenigen Männer und Frauen, die im Oktober 1990 auf dem Gebiet der ehemaligen DDR lebten, zugrunde[1]. Diese 2323 befragten Personen wurden ca. 2 Jahre nach der Wende mündlich sehr ausführlich über ihren bisherigen Lebensverlauf befragt. An einer im Frühjahr 1993 durchgeführten postalischen Nachbefragung, in der die im folgenden beschriebenen Komponenten der Entwicklungsregulation erhoben wurden, nahmen noch 1254 Personen dieser Stichprobe teil. Die Stichprobe der Nachbefragung ist gegenüber der Ausgangsstichprobe lediglich im Hinblick auf eine geringe Unterrepräsentation der Männer der jüngsten Kohorte sowie der niedrigeren Bildungsabschlüsse leicht verzerrt (*Diewald/Sørensen* 1994).

3.2 Operationalisierung

Kontrollbezogene Überzeugungen wurden mit Hilfe des CAMAQ-SV erhoben, einer von *Heckhausen, Diewald* und *Huinink* entwickelten Kurzform des CAMAQ (Control Agency Means-ends in Adulthood Questionnaire, *Heckhausen* 1994). Er beinhaltet eine außerordentlich differenzierte Abfrage von (1) sowohl allgemeinem Kontrollbewußtsein (Ich kann Ergebnis X erreichen) als auch (2) Kausalitätsüberzeugungen (Das Mittel Y führt zum Ergebnis X) und (3) Selbstwirksamkeitsüberzeugungen (Ich habe Zugang zum potentiell ergebnisrelevanten Mittel Y). Kausalitäts- bzw. Selbstwirksamkeitsüberzeugungen beziehen sich auf die Bedeutung von bzw. den Zugang zu jeweils denselben fünf Bedingungsfaktoren: zwei internalen Faktoren, nämlich Anstrengung und Fähigkeit (*Skinner* et al. 1988), sowie drei externalen, nämlich Glück, persönliche Beziehungen und sozio-ökonomische Bedingungen (*Lachman* 1986, *Levenson* 1972). Alle diese Überzeugungen wurden zudem für zwei verschiedene Lebensbereiche abgefragt, nämlich Familie und Beruf (siehe Schaubild 1). Im folgenden wurden jedoch nur die berufsbezogenen Überzeugungen ausgewertet.

Primäres Kontrollstreben wurde durch die Hartnäckige Zielverfolgungs-Skala (*Brandtstädter/Renner* 1990) und *sekundäres Kontrollstreben* durch die Flexible Zielanpassungs-Skala (*Brandtstädter/Renner* 1990) gemessen. Diese beiden etablierten Skalen geben Aufschluß darüber, inwiefern eine Person eher an seinen Zielen festhält, auch wenn die Widerstände groß und die Wahrscheinlichkeit des Erfolgs eher niedrig sind, bzw. inwiefern sie dazu neigt, ihre Ziele gegebenenfalls den Umständen anzupassen.

Das *Selbstwertgefühl* schließlich kann als Maß des subjektiven Wohlbefindens bzw. als Maß für den Erfolg von Kontrollstrategien gelten. Es tendiert dazu, nur durch größere Erschütterungen von einem Gleichgewichtszustand abzuweichen. Der wahrgenommene Selbstwert wurde durch eine deutsche Übersetzung der Rosenberg Self Esteem Scale gemessen (*Rosenberg* 1965).

Den Zusammenhang dieser psychologischen Konstrukte mit dem individuellen Lebensverlauf untersuchen wir im folgenden in zwei Schritten. Eine erste Darstellung zeigt die Differenzen zwischen allen vier Kohorten ohne Einbeziehung weiterer Merkmale. Die zweite Darstellung basiert auf einem elaborierten Modell nur mit den drei jüngeren Kohorten (Multiple Klassifikationsanalysen), allerdings inklusive einer Reihe von Informationen zu den Lebens- und insbesondere den Berufsverläufen der Befragten in der DDR und der Zeit seit 1989. Dazu zählen

- die berufliche Stellung im Dezember 1989,
- der Erwerbsstatus im Juli 1993 inklusive die Angabe für die 1993 Erwerbstätigen, ob sie seit Dezember 1989 einen beruflichen Aufstieg oder Abstieg erfahren haben,
- ein Indikator für intergenerationale Mobilität bezogen auf die Zeit der DDR,
- bekundete Loyalität zum DDR-Staat durch Parteimitgliedschaft oder Funktionen in einer Massenorganisation im September 1989

- und schließlich mehrere Indikatoren zur Qualität informeller Netzwerke in der DDR und ihren Veränderungen seit 1989.

Die Beschränkung auf die drei jüngeren Kohorten war hier notwendig, um verfälschende Interkorrelationen zwischen Wendeerfahrungen und der ältesten Kohorte zu vermeiden, da die älteste Kohorte mittlerweile fast vollständig in den (Vor-)Ruhestand gegangen ist. Nur im ersten Modell war es möglich, die mit im Vordergrund unseres Interesses stehenden Kohorteneffekte angemessen abzubilden. Nur im zweiten Modell war es möglich, sozialstrukturell "bereinigte" Kohorteneffekte im Hinblick auf Interkorrelationen mit Wendeerfahrungen zu testen[2].

Auch wenn hier die Kontrollüberzeugungen und -strategien als abhängige Variable gesetzt wurden, verweist der Aspekt der *multidimensionalen Interdependenz* als Kennzeichen von Lebensverläufen auf die Annahme einer eher wechselseitigen Beeinflussung objektiver Veränderungen und subjektiver Dispositionen. Dies macht es schwer, hier einen einseitig gerichteten Kausalzusammenhang zu behaupten. Zumindest ist dies in Querschnittsdesigns, mit nur einem Meßzeitpunkt für die psychologischen Konstrukte, letztlich nicht möglich. In einem Fall sind wir dennoch geneigt, eine Einwirkung der Veränderung objektiver Lebensverhältnisse auf die beschriebenen Persönlichkeitsmerkmale zu unterstellen (wenn sie auch nicht zu belegen ist): Wenn wir für die Zugehörigkeit zu einer bestimmten Geburtskohorte auch bei Kontrolle zahlreicher sozialstruktureller Merkmale einen signifikanten Zusammenhang mit diesen psychologischen Konstrukten feststellen, liegt es sehr nahe anzunehmen, daß es sich um eine Auswirkung der spezifischen Lagerung der Kohorte in der derzeitigen historischen Situation handelt.

4. Ergebnisse

Wir wollen im folgenden insbesondere auf die Unterschiede zwischen den vier von uns untersuchten Geburtskohorten eingehen.

Unterschiede zwischen den vier Kohorten

In Schaubild 2 sind die kohortenspezifischen Unterschiede von arbeitsbezogenen Kontrollüberzeugungen, dem Selbstwertgefühl und der Hartnäckigkeit und Flexibilität in der Zielverfolgung in Form von Abweichungen vom Gesamtmittelwert M abgebildet. Alle Kontraste sind signifikant zum Niveau 0,05.

Abweichend von der Modellvorstellung der altersgradierten selektiven Optimierung finden wir in der ältesten Kohorte, deren Mitglieder fast vollständig aus dem Erwerbsleben ausscheiden und in den Ruhestand gehen mußten, kein niedrigeres Kontrollbewußtsein und kein verringertes Selbstwertgefühl. Genau das hätte man unter dem Gesichtspunkt der oben formulierten Enttäuschungshypothese vermuten können. Wie bereits im zweiten Abschnitt ausgeführt, weisen die Mitglieder dieser Kohorte mutmaßlich eine besonders hohe Identifikation mit dem alten DDR-System auf, repräsentierte es doch ihre eigene Aufbauleistung nach dem Zweiten Weltkrieg, und war es doch dieses System, das ihnen andererseits besonders gute Chancen für Aufwärtsmobilität geboten hatte, zumeist durch gezielte Förderung. Verstärkt wird dies durch die Tatsache, daß diejenigen in dieser Kohorte, die mit der DDR nichts zu tun haben wollten, noch vor 1961 relativ einfach diesen Staat verlassen konnten und dies auch getan haben.

Allerdings weisen die Befragten der Kohorte 1939-41 übereinstimmend bei allen Indikatoren negativ vom Gesamtmittelwert abweichende Werte auf. Sie unterscheiden sich damit fast immer deutlich von den anderen drei Kohorten[3]. Das gilt für die allgemeine internale Kontrollüberzeugung, für die Dimensionen "Anstrengung" und "Fähigkeit" des CAMAQ-SV sowie auch für das Selbstwertgefühl.

Bei der Hartnäckigkeit der Zielverfolgung weisen sowohl die Befragten der Kohorten 1929-31 als auch der Kohorten 1939-41 negative Mittelwertabweichungen auf (vgl. *Heckhausen/Diewald/Huinink* 1994 sowie *Diewald/Huinink/Heckhausen* 1994). Als besonders inflexibel in der Zielanpassung erweisen sich die Befragten der jüngsten Kohorte und wiederum der Kohorte 1939-41. Nur bei letzterer tritt damit die Kombination geringer Hartnäckigkeit *und* geringer Flexibilität in der Zielverfolgung auf: eine Konstellation, die als eindeutiger Ausweis unzureichender Möglichkeiten der Bewältigung für die Frauen und Männer dieses Jahrganges (bzw. dieser Altersgruppe) anzusehen ist und hochgradige Verunsicherung andeutet. Die Angehörigen speziell dieser Kohorte scheinen sowohl geringe Möglichkeiten einer aktiven Realisierung ihrer Ziele zu haben als auch in der Lage zu sein, sich von unrealistischen, derzeit nicht erreichbaren Zielen zu lösen.

Der hohe Wert in der flexiblen Zielanpassung in der ältesten Kohorte, der mit einer vergleichsweise geringen Hartnäckigkeit in der Zielverfolgung korrespondiert, läßt dagegen vermuten, daß die überwiegend schon in den Ruhestand übergewechselten Frauen und Männer in der psychischen Bewältigung ihrer drastisch veränderten Lage relativ erfolgreich sind.

Die Ergebnisse legen insgesamt die Vermutung nahe, daß eine spezifische Situation der Frühfünfziger im Umbruchprozeß in Ostdeutschland die im Sinne der formulierten Hypothesen theoretisch begründete Sonderstellung dieser Kohorte herbeigeführt hat. Das Ergebnis wiegt um so mehr, als nach den gängigen psychologischen Befunden ein

linearer Zusammenhang zwischen dem Ausmaß internaler Kontrolle, sinkender Hartnäckigkeit und zunehmender Flexibilität mit dem Alter zu erwarten gewesen wäre.
Es ist aber zunächst noch offen, ob die Sonderstellung der Kohorte 1939-41 nicht auf selektive Lebenslauferfahrungen und strukturelle Veränderungen der Frauen und Männer dieses Geburtsjahrganges während der Wende zurückzuführen ist. So wissen wir, daß die Mitglieder dieser Kohorte zum Beispiel überdurchschnittlich stark von Arbeitslosigkeit betroffen sind. Wir wollen daher Indikatoren zur beruflichen Situation vor der Wende und wendebedingte Veränderungen der Lebensumstände unserer Befragten in das Modell mit einbeziehen. Da die älteste Kohorte aufgrund des nahezu vollständigen Übergangs ihrer Mitglieder in den Ruhestand bzw. Vorruhestand nur schwer mit den anderen Kohorten im Rahmen eines Modells vergleichbar ist, in dem berufliche Mobilitätserfahrungen in der Wende berücksichtigt sind, beschränken wir den Vergleich im folgenden auf die Kohorten 1939-41, 1951-53 und 1959-61. Außerdem schließen wir die wenigen Ruheständler und sonstigen Nichterwerbstätigen in diesen drei jüngeren Kohorten explizit aus der Analyse aus.

Berufliche Mobilität und erreichte berufliche Position in der DDR

Wir haben in dem elaborierten Modell einen Indikator für die intergenerationale Mobilität berücksichtigt. Im Rahmen anderer Modelle, auf die wir nicht weiter eingehen, haben wir zusätzlich auch die Bedeutung intragenerationaler Mobilität in den einzelnen Kohorten untersucht. Dabei ließen sich keine bedeutsamen partiellen Zusammenhänge dieser Indikatoren mit unseren psychologischen Merkmalen nachweisen. Von großer Bedeutung ist dagegen das Ergebnis dieser Prozesse, d.h. der zum Ende 1989 erreichte berufliche Status in der ehemaligen DDR. Einige Schätzungen des elaborierten varianzanalytischen Modells für diese Variable sind in der Tabelle 1 dokumentiert.

In der Literatur werden Ergebnisse referiert, die eine positive Korrelation einer erreichten beruflichen Stellung mit dem Ausmaß internaler Kontrollüberzeugungen belegen (*Krampen* 1982: 137). Auf der Basis der von uns untersuchten mehrdimensional angelegten Messungen von Kontrollüberzeugungen ist eine differenziertere theoretische Argumentation zur Frage dieses Zusammenhangs möglich. Man kann erstens annehmen, daß mit der erreichten beruflichen Stellung ein unterschiedliches Ausmaß an akkumulierten nicht-materiellen Kapitalien verbunden ist. Sie ist, und das gilt für die DDR nach unseren Untersuchungen ganz besonders, damit auch der Ausweis einer erfolgreichen Bildungs- und Ausbildungskarriere: Die Passung zwischen beruflicher Position und erforderlichem Qualifikationsniveau war hoch (*Huinink/Solga* 1994). Personen, die eine höhere berufliche Stellung oder eine Leitungsposition erreicht haben, müßten daher zumindest in der "Fähigkeits"-Dimension der Kontrollüberzeugungen, aber auch beim Selbstwertgefühl deutlich höhere Werte aufweisen als Personen in niedrigeren beruflichen Positionen, also zum Beispiel Un- und Angelernte.

Der berufliche Erfolg kann ebenso das Ergebnis eines größeren Vertrauens in die eigenen Fähigkeiten sein. Auch das spricht für eine starke positive Korrelation. Bezogen auf die Anstrengung im Beruf ist unter diesem Gesichtspunkt ebenfalls eine relevante Differenzierung zu erwarten, auch wenn sie geringer ausgeprägt sein dürfte. Wie oben schon angedeutet, ist eine Einschätzung der Bedeutung individueller Anstrengung für den beruflichen Erfolg deutlich stärker von Bedingungen des individuellen Handelns abhängig, die nicht nur von der jeweilig erreichten beruflichen Position abhängen müssen[4].

Sowohl bezogen auf den Faktor "Anstrengung" als auch den Faktor "Fähigkeit", differenziert die letzte berufliche Stellung in der DDR signifkant. Der Kontrast ist zwischen den Leitungskadern und Professionen auf der einen und den Un- und Angelernten auf der anderen Seite besonders groß, wobei die Personen in höheren beruflichen Positionen die stärkeren Kontrollüberzeugungen haben.

Geht man davon aus, daß sowohl der Wille zur Umsetzung primärer Kontrollstrategien wie eine hinreichend hohe Flexibilität im Hinblick auf gegebene Chancenstrukturen einer beruflichen Karriere förderlich ist, sollten mit der Höhe der beruflichen Stellung auch höhere Werte auf der Dimension der hartnäckigen Zielverfolgung und der Flexibilität einhergehen[5]. Weitgehend erwartungsgemäße Befunde erhalten wir denn auch zum Zusammenhang der beruflichen Position mit dem Selbstwert und der Hartnäckigkeit in der Zielverfolgung bzw. der Flexibilität in der Zielanpassung.[6] Bei den hohen Leitungskadern finden wir gleichzeitig einen hohen Grad an Hartnäckigkeit, gepaart mit einer überdurchschnittlichen Bereitschaft zur Flexibilität in der Zielanpassung. Die Un- und Angelernten und sehr viel ausgeprägter die Selbständigen weisen dagegen die Kombination geringer Hartnäckigkeit und hoher Flexibilität auf. Das läßt sich als Ausdruck der stärkeren Bedeutung sekundärer Kontrollstrategien in diesen Bevölkerungsgruppen interpretieren.

Loyalität zum politischen System der DDR vor der Wende

Wir erwarten für die Personen, die sich in der Partei oder in den Massenorganisationen engagiert hatten, eine Bevorzugung von primärer Kontrolle und ein vergleichsweise hohes Niveau von internalen Kontrollüberzeugungen. Gestützt wird diese These auch dadurch, daß diese Personengruppen die Frage, ob "man in der ehemaligen DDR seine eigenen

Vorstellungen weitgehend verwirklichen" konnte, eher bejahten als andere Gruppen (*Diewald* 1994: 14). Für diese anderen Gruppen wäre dann, folgt man der De-Subjektivierungsthese (*Adler* 1991), wegen des hohen Anpassungsdrucks auf das Herrschaftssubjekt, eine verstärkte Ausrichtung auf sekundäre Kontrollstrategien und eher externale Kontrollüberzeugungen zu erwarten.

Für die Bürger, die ehemals offen ihre Loyalität dem System der DDR gegenüber bekundeten, finden sich zumindest bezogen auf den Berufsbereich keine besonders hohen internalen Kontrollüberzeugungen (vgl. Tabelle 1). Diese Frauen und Männer erweisen sich aber, immerhin nach der Wende, als diejenigen mit einem höheren Selbstwertgefühl und einer gleichzeitig stärkeren Tendenz zur Hartnäckigkeit wie zur Flexibilität in der Zielverfolgung.[7]

Diese Ergebnisse zur erreichten beruflichen Position und zur politischen Loyalität der Befragten unserer Studie deuten unseres Erachtens darauf hin, daß der berufliche Erfolg in der DDR kaum *allgemein* in eine Krise persönlicher Selbstüberzeugung in Folge einer Enttäuschung oder Entwertung erworbener Fähigkeiten und Qualifikationen umgeschlagen sein dürfte (vgl. *Diewald/Sørensen* 1994). Das ist ein, angesichts der häufig dargelegten Depressions-Sszenarien, vielleicht etwas überraschender Befund. Welche Wirkungen *spezifische* Wendeerfahrungen in dieser Hinsicht zeitigen, soll im folgenden dargestellt werden.

Berufsbezogene Wendeerfahrungen

Die berufsbezogenen Wendeerfahrungen, das heißt die Erfahrung des Verlusts des Arbeitsplatzes oder einer positiven bzw. negativen beruflichen Veränderung sind sowohl mit den berufsbezogenen Kontrollüberzeugungen als auch mit den Kontrollstrategien verbunden. Hier eine exakte, kausal differenzierte Analyse dieses Zusammenhangs zu versuchen, wäre angesichts der schon angesprochenen Datenlage wenig sinnvoll und empirisch nicht belegbar. Die Erwartung zur Ausrichtung der Korrelation ist aber eindeutig: Je negativer die beruflichen Veränderungen nach der Wende, desto schwächer die internalen Kontrollüberzeugungen, desto niedriger das Selbstwertgefühl, desto geringer die Hartnäckigkeit und desto höher die Flexibilität. Wir werden sehen, daß diese Annahmen in der Tat etwas zu simpel sind und einige auf den ersten Blick überraschende, wenn auch sehr plausible Abweichungen davon zu finden sind.

Die Tatsache, daß man nach der Wende einen Aufstieg erlebt hat bzw. nicht abgestiegen ist, stellt für fast alle der von uns untersuchten Merkmale einen der wichtigsten differenzierenden Faktoren dar (siehe Tabelle 2).

Bezogen auf die Ursachenfaktoren "Anstrengung" und "Fähigkeit" ergeben sich weitgehend die erwarteten Zusammenhänge. Doch ist überraschend, daß der stärkste Kontrast in bezug auf die Frage der Selbstzuschreibung bzw. Kausalität, was die eigene Anstrengung angeht, zwischen den Aufsteigern (positiv) und denjenigen besteht, die ihre Stelle gewechselt haben oder wechseln mußten und dabei auf einem gleichwertigen beruflichen Statusniveau geblieben sind (negativ). Eine Interpretation dieses Befundes ist ohne zusätzliche Informationen und Analyse kaum zufriedenstellend möglich. Wir wollen uns an dieser Stelle daher auch etwaiger Spekulationen enthalten.

Sehr klar und plausibel sind dagegen die Kontraste bezogen darauf, wie die Befragten die Relevanz von Glück beurteilen[8]. Die Aufsteiger stimmen im krassen Gegensatz zu denjenigen, die zum Befragungszeitpunkt arbeitslos waren, der Aussage zu, daß sie bei ihrem beruflichen Fortkommen Glück hatten. Allerdings ist hier weniger diese Diskrepanz an sich erstaunlich als vielmehr die Tatsache, daß die Aufsteiger der Wende ihren Erfolg so deutlich *auch* mit Glück in Zusammenhang bringen, also keineswegs nur auf internale Faktoren rekurrieren. Genau umgekehrt wie bei den Selbstwirksamkeitsüberzeugungen fällt der Befund bei den Kausalitätsüberzeugungen im Zusammenhang mit Glück aus: Hier sind es die Arbeitslosen, die häufiger darauf verweisen, daß man Glück für sein berufliches Fortkommen brauche, während die Aufsteiger sich dem nicht so stark anschließen können.

Mit diesem Ergebnis korrespondiert eine analoge Konstellation bezüglich der Rolle von persönlichen Beziehungen für das berufliche Fortkommen (Ergebnisse hier nicht dokumentiert). Die Aufsteiger meinen signifikant häufiger als alle anderen, daß sie von persönlichen Beziehungen profitiert hätten. Die Arbeitslosen dagegen sind es, die die große Rolle persönlicher Beziehungen für den beruflichen Erfolg betonen. Glück und Beziehungen, zwei externale Faktoren, werden hier also sehr ähnlich beurteilt. Daß die Aufsteiger ihren Erfolg nicht allein dem Glück zuschreiben, zeigt sich schließlich auch im vergleichsweise stärkeren, wenn auch insgesamt nur gering bewerteten Einfluß auf die sozio-ökonomischen Bedingungen. Sie verstehen sich also allgemein darauf, eine stärkere Instrumentalisierung externaler Faktoren für sich erreichen zu können.

Signifikante Unterschiede in der erwarteten Richtung haben wir schließlich auch bezogen auf den Selbstwert und die Hartnäckigkeit der Zielverfolgung gefunden. Diese Korrelation ist sicherlich zu einem großen, wenn auch nicht präzise abschätzbaren Teil dem Umstand zuzuschreiben, daß Personen, die mit einem starken Selbstwertgefühl ausgestattet sind beziehungweise versuchen, primäre Kontrollstrategien durchzusetzen, in den unsicheren Zeiten der ökonomischen Verwerfungen der Wende tendenziell erfolgreicher waren als andere. Andererseits ist ein großer Teil der Arbeitsmarktrisiken in Ostdeutschland nicht vergleichbar mit etwa konjunkturellen Schwankungen in Westdeutschland, sondern durch einen umfassenden Strukturwandel bedingt, der wenig Unterschiede zwischen verschiedenen individuellen Durchsetzungsfähigkeiten macht. Auswirkungen der "objektiven" Veränderungen auf Kontrollstrategien sind daher u.E. sogar plausibler, das heißt: Arbeitslos Gewordene werden entmutigt und beruflich Erfolgreiche werden in ihren Strategien und Überzeugungen sowie in ihrem Selbstwertgefühl bestärkt.

Veränderungen der Netzwerkstrukturen

Der zweite Aspekt beschäftigt sich mit den Veränderungen der persönlichen Netzwerke nach der Wende. Veränderungen im Ausmaß informeller Beziehungen nach der Wende kovariieren, so ist zu erwarten, deutlich mit Kontrollüberzeugungen, vor allem aber auch dem Selbstwertgefühl. Das folgt daraus, daß im allgemeinen und aufgrund des spezifischen Charakters der informellen Strukturen in der DDR sogar in besonderem Maße die persönlichen Beziehungen eine große Rolle für ein stabiles positives Selbstbild gespielt haben. Brechen diese sozialen Unterstützungfelder gerade in einer Zeit der Umorientierung und der Suche nach einer neuen Verortung der individuellen Möglichkeiten und Leistungsfähigkeit weg, ist der Erhalt des Selbstwerts gefährdet. Auch hier stellt sich allerdings die Frage der Kausalität. Würde man sie anders beantworten als in der oben skizzierten These, würde man behaupten, daß bei Personen mit einem geringen Selbstwertgefühl in gesellschaftlichen Umbruchphasen die sozialen Unterstützungsnetzwerke eher zerbrechen, als bei Personen, die einen starken Selbstwert aufweisen.

Die Kontrolldimensionen "Anstrengung" und "Fähigkeit" sowie das Selbstwertgefühl und die Hartnäckigkeit in der Zielverfolgung kovariieren in der Tat sehr stark mit Veränderungen der persönlichen Beziehungen im sozialen Netzwerk seit der Wende (Schaubild 3). Das betrifft vor allem das Wegbrechen von Beziehungen, die vor der Wende eng gewesen sind und persönliche Wertschätzung vermittelt haben. Die These, wonach der Verlust enger persönlicher Beziehungen Selbstwert-gefährdende Tendenzen verstärkt, ist mit den Ergebnissen vereinbar und auch angesichts der Befunde zur besonderen Bedeutung dieser Beziehungen in der DDR naheliegend (*Schlegelmilch* 1995, *Diewald* 1994). Das Versagen von stabilisierenden sekundären Kontrollstrategien wird da virulent, wo die zuvor vorhanden affirmierenden Beziehungen verloren gegangen sind oder sich in Konkurrenzbeziehungen (am Arbeitsplatz) verkehrt haben. Allerdings muß auch hier, wie bei den beruflichen Wendeerfahrungen, die Möglichkeit einer umgekehrten Kausalrichtung eingeräumt werden.

Noch einmal: Kohortendifferenzierungen

Nun erhebt sich die Frage, ob wir nach Kontrolle dieser erklärungskräftigen Einflußfaktoren immer noch die anfangs referierten kohortenspezifischen Unterschiede beobachten können. Man kann sagen, daß sich die Sonderstellung der 1939-41 Geborenen, nun allerdings in spezifischerer Weise als zuvor, im wesentlichen bestätigt (siehe Schaubild 4). Die Ergebnisse, so werden wir zeigen, sprechen vor allem für die Relevanz unserer Hypothese des Perspektivenverlusts.

Die Sonderstellung der Kohorte 1939-41 bezogen auf den Kausalfaktor "Anstrengung", in dem die CAMAQ-Dimensionen der Ursachenzuschreibung und die Selbstwirksamkeitsüberzeugung zusammengefaßt sind, bleibt im elaborierten Modell bestehen, also auch wenn man zusätzlich die beruflichen Veränderungen während der Wende und das frühere Ausmaß sozialer Netzwerkbeziehungen sowie die Veränderungen der Integration in soziale Netzwerke berücksichtigt. Die Mitglieder dieser Kohorte sehen damit in geringerem Ausmaß als die jüngeren Männer und Frauen einen Sinn darin, über individuellen Einsatz die beruflichen Chancen zu verbessern. Die Bedeutung persönlicher Anstrengungen für die berufliche Karriere relativiert sich für sie sogar generell. Dies gilt in ganz besonderem Maße für die Frauen dieser Kohorte, wie eine differenziertere Analyse zeigt. Analoge Ergebnisse erhält man auch für die allgemeine internale Kontrollüberzeugung zum beruflichen Fortkommen sowie die Kausalitätsüberzeugungen bezogen auf die gesellschaftlichen Verhältnisse (letzteres Ergebnis hier nicht dokumentiert).

Die drei Kohorten unterscheiden sich dagegen nicht signifikant hinsichtlich des Ursachenfaktors "Fähigkeit" (Kausalitäts- und Selbstwirksamkeitsüberzeugung) in dem elaborierten Modell, in dem die beruflichen Erfahrungen während der Wende berücksichtigt sind. Die 1939-41 Geborenen zweifeln also zwar vermehrt am Sinn und Erfolg eigener Anstrengungen im Beruf, sind aber keineswegs weniger von ihren Fähigkeiten und der Bedeutung von Fähigkeiten für das berufliche Fortkommen überzeugt.

Auch die Kohortendifferenzierung bezogen auf das Selbstwertgefühl ist in dem elaborierten Modell im Vergleich zum bivariaten Zusammenhang weniger bedeutsam und nicht mehr signifikant, auch wenn sich hier für die Kohorte 1939-41 wiederum die niedrigsten Werte ergeben[9].

Doch bezogen auf die Hartnäckigkeit in der Zielverfolgung (vgl. *Heckhausen/Diewald/Huinink* 1994) zeigen die ca. 53 Jahre alten Mitglieder der Kohorte 1939-41, bei Berücksichtigung der strukturellen Merkmale des elaborierten Modells, weiterhin signifikant niedrigere Werte als die jüngeren Kohorten. Die Flexibilität kontrastiert dagegen nicht mehr bedeutsam zwischen den Kohorten[10].

Wie sind diese Ergebnisse für die Kohorte 1939-41 zu erklären? Die besondere Situation dieser Kohorte Geborenen läßt sich vielleicht so zusammenfassen: zu jung zum Ausstieg aus dem Erwerbsleben (im Unterschied zu den um 1930 Geborenen), aber zu alt zum beruflichen Neuanfang (im Unterschied zu den jüngeren Kohorten). Die zum Zeitpunkt der Befragung etwa 53 Jahre alten Frauen und Männer befinden sich insofern in einer schwierigen Situation, als sie vergleichsweise hohe biographische Investitionen in ein zerfallenes System getätigt und gleichzeitig wegen der vergleichsweise begrenzten (erwerbs-)aktiven Lebenszeit eher geringe Möglichkeiten für einen Neuanfang bzw. eine Umgestaltung zur Verfügung haben. Auch sie gehören zudem zu den Jahrgängen, die in der DDR noch vergleichsweise gute Aufstiegsmöglichkeiten vorgefunden hatten. Von daher sind Auswirkungen sowohl von Kapitalentwertung und Kompetenzverlust als auch von Perspektivenverlust sowie Enttäuschung plausibel.

Die Ergebnisse deuten aber vor allem auf Konsequenzen des Perspektivenverlusts der Mitglieder dieser Kohorte hin: Anstrengung lohnt sich für sie offensichtlich nicht mehr, auch wenn die Fähigkeiten vorhanden sind. Die geringere Hartnäckigkeit korrespondiert mit dem Ergebnis zu den Kontrollüberzeugungen im Sinne der Hypothese des Perspektivenverlusts: Die unsicheren, in vielen Fällen angesichts der aussichtslosen Lage am Arbeitsmarkt desolaten Pespektiven bezüglich der Erwerbskarriere spiegeln sich darin wider; Hartnäckigkeit zahlt sich nicht mehr aus.

In den beiden jüngeren Kohorten sind aus denselben Gründen ein vergleichsweise geringerer Perspektivenverlust und gegenüber den um 1940 Geborenen weniger Auswirkungen von Kompetenzverlust und Kapitalentwertung zu vermuten. Die Frauen und Männer in diesen Kohorten haben zwar die Investitionen in Ausbildungsabschlüsse getätigt, aber die Bedeutung des angesammelten beruflichen Erfahrungswissens ist geringer. Bezogen auf die Wendeschicksale ist daher mehr Hartnäckigkeit in der Zielverfolgung und in der Betonung internaler Kontrollüberzeugungen zu erwarten. Angesichts von Aufstiegsblockaden und Entmutigung zu Zeiten der DDR eröffnen sich für diese Jahrgänge eher neue Chancen beruflicher Entwicklung verglichen mit der bisherigen Situation.
Insgesamt bestätigt sich also eindeutig - auch bei Kontrolle zahlreicher Merkmale des Lebensverlaufs in der DDR und der Wendeerfahrungen in unterschiedlichen Lebensbereichen - die besondere Lage der Geburtskohorte 1939-41. Über die sowieso schon durch Arbeitslosigkeit stärkere Betroffenheit dieser Jahrgänge hinausgehend, erleben sie, offensichtlich als Kohortenschicksal, einen nachhaltigen Verlust ihrer beruflichen Perspektiven mit entsprechenden Konsequenzen für die individuellen Kontrollüberzeugungen und Kontrollstrategien. Daß das gleichzeitig nicht unbedingt ein Verlust des Selbstwertgefühls bedeutet, läßt vermuten, daß sekundäre Kontrollstrategien bei den Frauen und Männern dieser Kohorte das Selbstwertgefühl wenigstens teilweise stabilisieren können (vgl. *Heckhausen/Diewald/Huinink* 1994).

5. Diskussion

Die Analysen zeigen, daß sich die Kontrollüberzeugungen und -strategien sowohl nach dem beruflichen Erfolg und der sozialen Mobilität zu DDR-Zeiten als auch nach den seit der Wende gemachten beruflichen Erfahrungen deutlich unterscheiden. Zusätzlich dazu zeigt sich, daß insbesondere die Alterskohorte der 1939-41 Geborenen Kontrollverluste erleidet. Über die Bewältigung von spezifischen Verlusterlebnissen in persönlichen Beziehungen und der Erwerbskarriere hinausgehend, ist diese Altersgruppe zu adaptiven sekundären Kontrollstrategien gezwungen, was auf deren kollektives Schicksal eines Perspektivenverlusts als "verlorene Generation" verweist, die zum spezifischen Zeitpunkt der Wende zu jung zum Rückzug, aber zu alt für eine umfassende Neuorientierung der Lebensgestaltung erscheint. Sie - und nicht etwa die älteste Kohorte - erweist sich damit als "verlorene Generation", die für sich *insgesamt*, d.h. zusätzlich zu den Folgen ihrer überdurchschnittlichen Betroffenheit von Arbeitsplatzverlusten und beruflichen Abstiegen, vergleichsweise geringe Chancen sieht, ihr Leben aktiv den gesellschaftlichen Veränderungen anzupassen. Dies schlägt sich zum Teil auch in einem vergleichsweise niedrigeren Selbstwertgefühl nieder, wobei in dieser Hinsicht sekundäre Kontrollstrategien, d.h. die Anpassung der eigenen Einstellungen und Erwartungen an als nicht veränderbar erscheinende Umweltbedingungen, jedoch teilweise erfolgreich sind.

Diese Ergebnisse bestätigen auch, wie wichtig es für die Untersuchung von als relativ stabil angenommenen Entwicklungsstrategien des bisherigen Lebenslaufs ist, die mehrebenenspezifische Einbettung von Lebensläufen und dadurch bedingte künftige Entwicklungsperspektiven zu berücksichtigen.

Anmerkungen

1. Die Erhebung wurde von infas in Zusammenarbeit mit dem MPI für Bildungsforschung durchgeführt. Die Bruttostichprobe entstammt dem infas-Mastersample, einer 300.000 Personen umfassenden Personenstichprobe aus dem Zentralen Einwohnermelderegister der ehemaligen DDR.
2. In beiden Modellen haben wir nicht berücksichtigt, ob jemand im Verlauf seiner beruflichen Laufbahn in der DDR vom ersten zum letzten Beruf vor 1990 aufgestiegen ist (intragenerationale Mobilität). In einem varianzanalytischen Design war das wegen starker logisch begründeter Interkorrelationen nicht möglich. Eine etwaige Bedeutung dieser Mobilität wurde ansatzweise in log-linearen Modellen überprüft, man muß sie danach als gering betrachten.
3. Auch die Angaben zu den anderen Items des CAMAQ-SV, mit Ausnahme der auf die Ursachendimension "Glück" bezogenen Items und der Selbstwirksamkeitsüberzeugung in der Nutzung persönlicher Beziehungen für den beruflichen Erfolg, konstrastieren signifikant zwischen den Kohorten.

4. Mit der erreichten beruflichen Stellung sind zweitens ein meist unterschiedliches Maß an persönlicher Verantwortung in der Tätigkeit und für andere Personen eine größere Entscheidungsautonomie sowie größere Entscheidungsgewißheiten verbunden. Daher ist im Prinzip zu erwarten, daß externale Faktoren im Sinne von Ursachen-Wirkungs-Vorstellungen in den höheren Positionen eine geringere Rolle spielen (*Hoff/Lempert* 1990). Für die DDR ist diese These aber kaum so eindeutig zu rechtfertigen. Das läßt sich relativ plastisch am Beispiel von Leitungspositionen in der Wirtschaft verdeutlichen. Man weiß, daß auch Verantwortliche in höheren Positionen relativ stark von den Weisungen der zentralen Planungsinstanzen abhingen (*Lang* 1992). Auf der anderen Seite, so wird argumentiert, waren in der Praxis der Leitung von Betrieben immer zahlreiche Verhandlungsspielräume in der Auseinandersetzung mit den staatlichen Instanzen gegeben, die es geschickt und strategisch auszunutzen galt (*Szydlik* 1992). Außerdem war die Aufgabe der Vermittlung der Vorgaben zentraler Planung mit den alltäglichen Problemen der betrieblichen Produktion und den Interessen der darin Arbeitenden eine große Herausforderung, die ebenfalls nur mit persönlichem Geschick erfolgreich zu bewältigen war (*Rottenburg* 1991).
5. Auch die Frage nach dem dominierenden Typ individueller Kontrollstrategien ist gerade für die DDR allerdings nicht unumstritten. Der Vergleich zweier Theorien zum DDR-System von *K.U. Mayer* (1993) läßt auf einer allgemeineren Argumentationsebene zwei Varianten der Begründung der Dominanz von Kontrollstrategien der DDR-Bürger zu - die Bevorzugung von sekundärer Kontrolle wegen des hohen staatlichen Anpassungsdrucks auf das Herrschaftssubjekt (De-Subjektivierungsthese), aber auch die Bevorzugung von primärer Kontrolle seitens der Eliten wegen der aktiven Nutzung informeller Strukturen mit vielfältigen Handlungsstategien (Neo-Traditionalismus).
6. Der Kontrast der Flexibilität ist dabei nur zum Niveau 0,1 signifikant.
7. Damit korrespondiert, sowohl bezogen auf die Selbstwirksamkeit als auch bezogen auf die Ursachenzuschreibung, eine (wenn auch nicht signifikante) Tendenz zur stärkeren Gewichtung gesellschaftlicher Faktoren im Zusammenhang mit der beruflichen Karriere, was wir nicht eigens in der Tabelle 1 ausgewiesen haben.
8. Die Leitungskader, die qualifizierten Angestellten und die Un- und Angelernten zum Zeitpunkt Dezember 1989 weisen höhere Zustimmungswerte in bezug auf die "means-ends-beliefs" zur Bedeutung des Glücks auf; in charakteristischer Weise ist das Gegenteil für die Facharbeiter der Fall.
9. Einen beträchtlichen Anteil daran hat die oben referierte Korrelation zwischen dem Selbstwertgefühl und der Veränderung der persönlichen Netzwerke in dieser Kohorte. Dieser Sachverhalt ist persönlichkeitspsychologisch sehr plausibel begründbar.
10. Es sind keine Kontraste bezüglich des Kausalfaktors persönliche Beziehungen nachzuweisen. Die Mitglieder der Kohorte 1939-41 weisen aber den sozio-ökonomischen Bedingungen eine signifikant überdurchschnittlich hohe Bedeutung für die beruflichen Chancen zu, gleichzeitig sehen sie sich selbst gerade diesen Bedingungen besonders hilflos gegenüber.

Tabelle 1: Partielle Mittelwertunterschiede[1] in verschiedenen psychologischen Merkmalen, differenziert nach der beruflichen Stellung im Jahre 1989 und öffentlich bekannter Loyalität zum DDR-Staat

		Abhängige Merkmale				
		Anstrengung Mittel = 3,45	Fähigkeit Mittel = 3,55	Selbstwert Mittel = 58,54	Hartnäckigkeit Mittel = 36,19	Flexibilität Mittel = 34,71
Berufliche Position 1989	Leitungskader	0,36*	0,51*	2,07*	3,39*	0,55
	Professionen	0,21	0,20	-0,81	-0,41	-1,17
	Semiprofessionen	3,06	0,19	0,23	0,21	-0,89
	Qualifizierte Angestellte	0,16	0,01	-1,40	-0,66	0,74
	Qualifizierte Arbeiter	-0,11	-0,03	0,96	0,01	-0,26
	Bauern	0,05	-0,78	-0,69	-2,64	0,44
	Selbständige	0,16	0,02	1,87	-0,53	2,80
	Un-/Angelernte	-0,49	-0,69	-1,60	-1,13	1,11
Loyalität	ja	0,08	0,08	1,47*	1,24*	-0,25
	nein	-0,03	-0,03	-0,51	-0,43	0,72

*signifikant zum Niveau 0,05

Gemäß dem für die drei jüngeren Kohorten beschriebenen Modell.

Tabelle 2: Partielle Mittelwertunterschiede[1] in verschiedenen psychologischen Merkmalen, differenziert nach beruflichen Wendeerfahrungen bis zum Jahre 1993

Berufliche Veränderungen nach der Wende	Abhängige Merkmale							
	Anstrengung	Fähigkeit	Glück ("Selbstwirksamkeit")	Glück ("Kausalität")	Sozio-ökon. Bedingungen ("Selsbtwirksamkeit")	Selbstwert	Hartnäckigkeit	Flexibilität
Mittel	3,45	3,55	2,29	2,85	1,33	58,54	36,19	34,71
arbeitslos	0,08*	-0,20*	-0,39*	0,58*	-0,16*	-3,57*	-1,22*	0,47
beruflicher Abstieg	-0,17	-0,4	0,06	-0,2	-0,08	-0,51	-1,82	-0,45
gleiche Stellung	-0,01	0,06	0,06	-0,07	0,01	0,67	0,39	-0,06
gleichwertige Position	-0,43	0,12	0,01	-0,55	-0,17	3,12	1,45	1,03
beruflicher Aufstieg	0,39	0,5	0,27	-0,06	0,52	1,51	1,93	-0,26

*signifikant zum Niveau 0,05

[1]Gemäß dem für die drei jüngeren Kohorten beschriebenen Modell.

Schaubild 1: Struktur des CAMAQ-SV

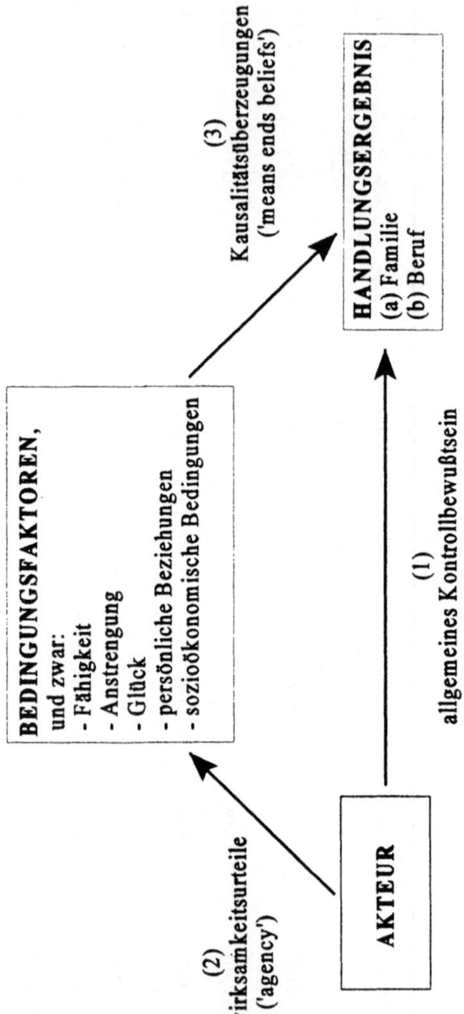

Item-Beispiele
allgemeines Kontrollbewußtsein:"Ob ich beruflich weiterkomme, hängt allein von mir ab."
Selbstwirksamkeit (Glück):"Im Hinblick auf mein berufliches Fortkommen habe ich Glück."
Kausalität (Glück):"Zum beruflichen Fortkommen braucht man Glück."

Schaubild 2: Kohortenspezifische Unterschiede in arbeitsbezogene Kontrollüberzeugungen, dem Selbstwert und der Hartnäckigkeit und Flexibilität in der Zielverfolgung

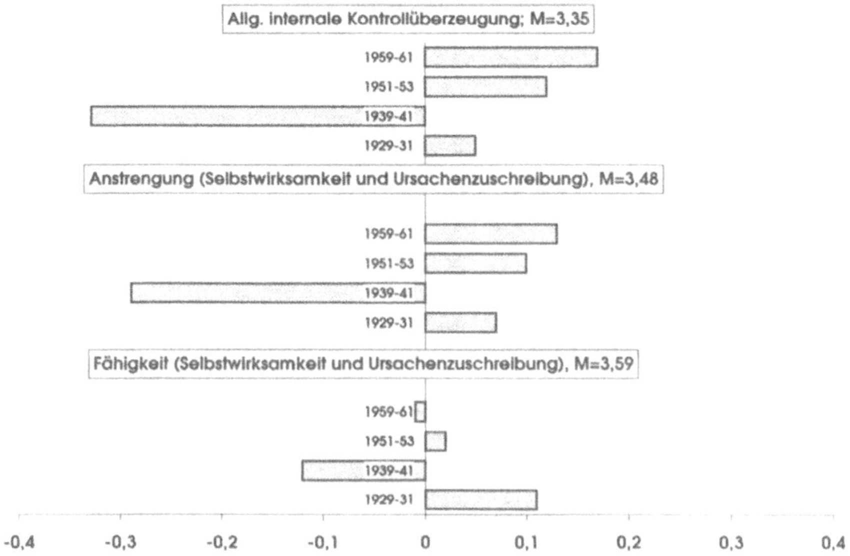

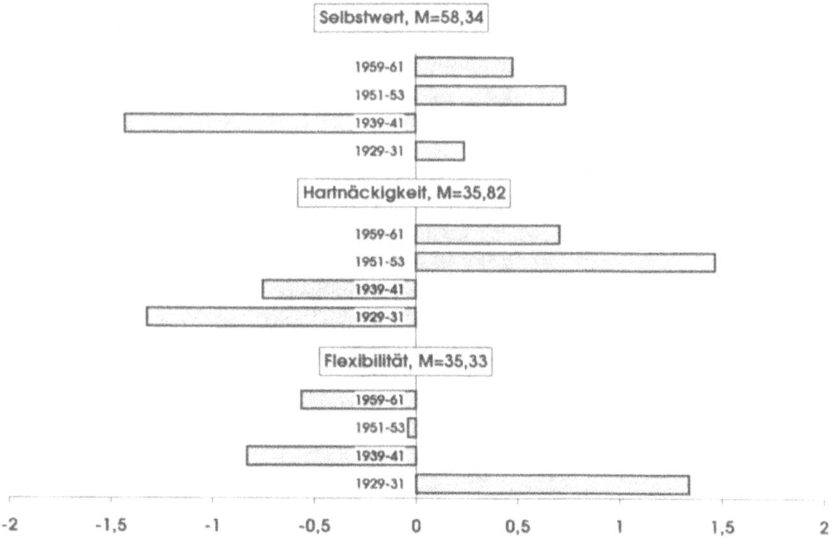

Schaubild 3: Standardisierte Effekte von Beziehungsqualität (Gewinne/Verluste) auf arbeitsbezogene Kontrollüberzeugungen, Selbstwert, Hartnäckigkeit und Flexibilität der Zielverfolgung Modell mit drei Kohorten

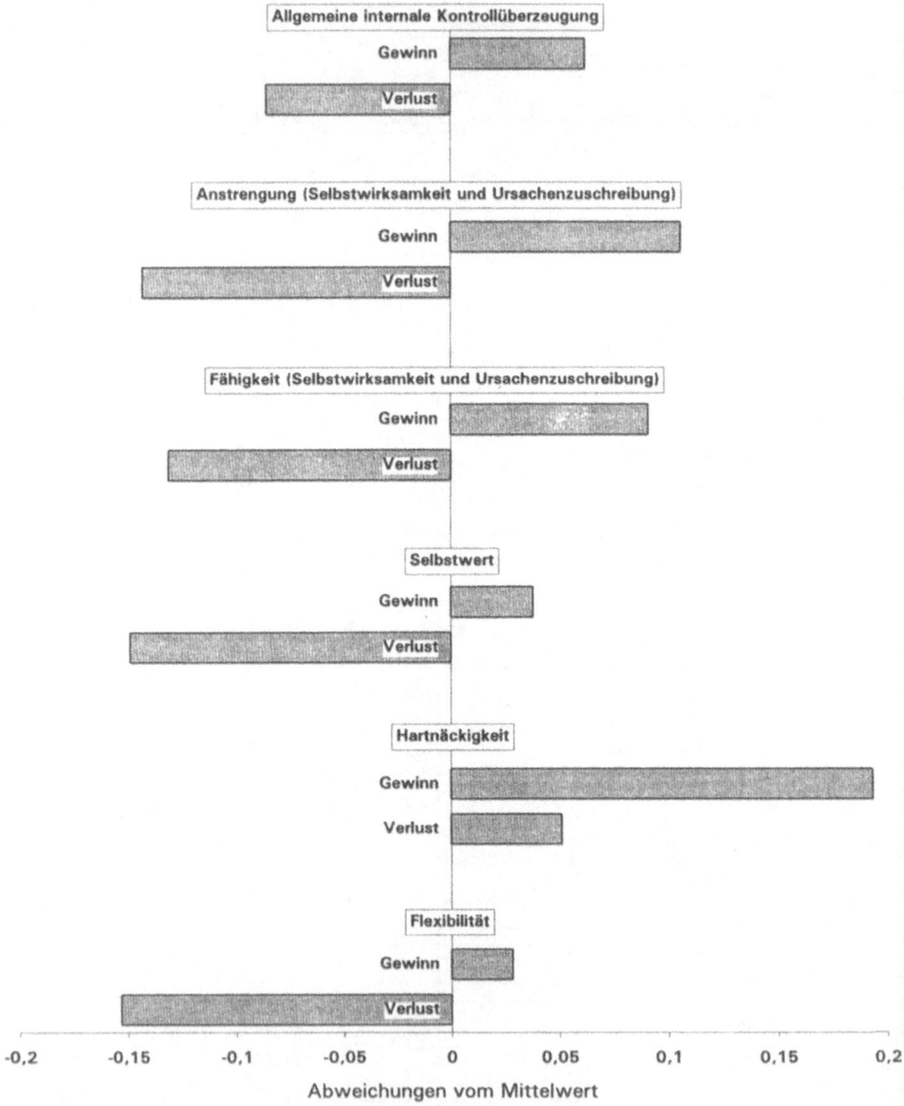

Schaubild 4: Kohortenspezifische Unterschiede in arbeitsbezogeneKontrollüberzeugungen, dem Selbstwert und der Hartnäckigkeit und Flexibilität in der Zielverfolgung, Modell mit drei Kohorten

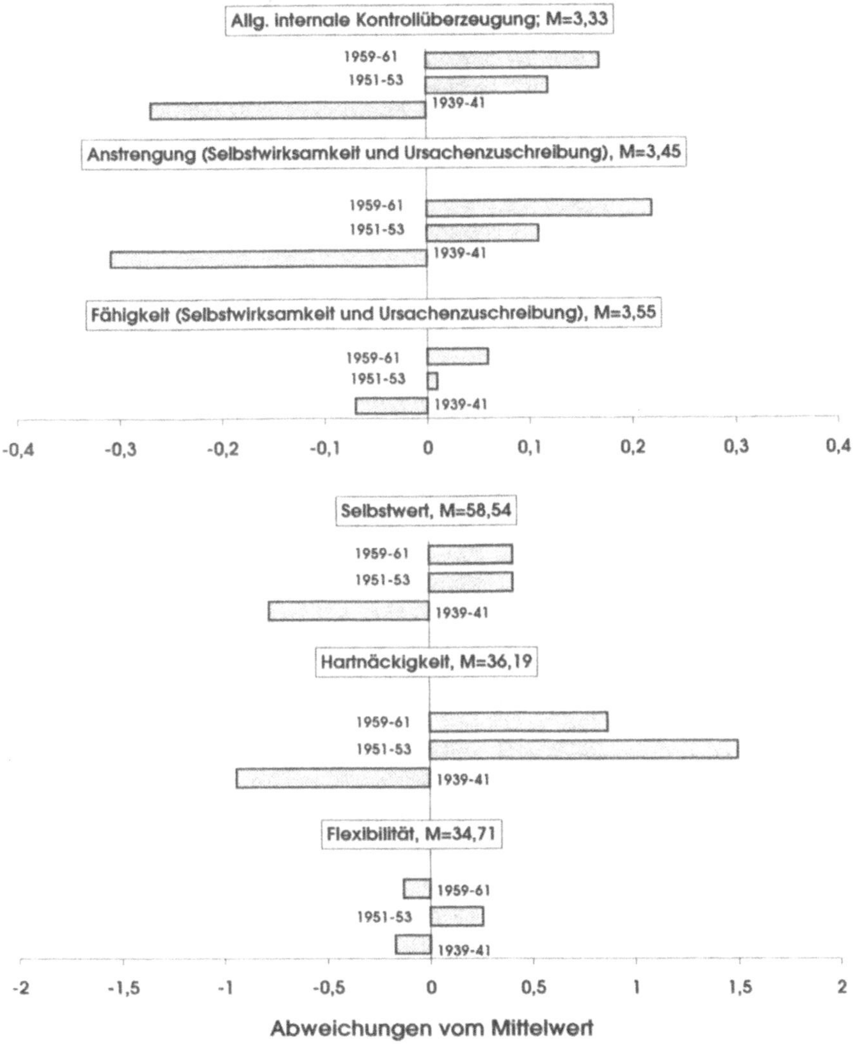

Literatur

Adler, F. (1991): Soziale Umbrüche. In: R. Reißig/G.-J. Glaeßner (Hrsg.), Das Ende eines Experiments. Umbruch in der DDR und deutsche Einheit. Berlin: Dietz , S. 174-218.

Baltes, P.B./M.M. Baltes (1990): Psychological Perspectives on Successful Aging: The Model of Selective Optimization with Compensation. In: P.B. Baltes/M.M. Baltes (Hrsg.), Successful Aging: Perspectives from the Behavioral Sciences. New York: University of Cambridge Pr., S. 1-34.

Brandtstädter, J./G. Renner (1990): Tenacious Goal Pursuit and Flexible Goal Adjustment: Explication and Age-Related Analysis of Assimilative and Accommodative Strategies of Coping. In: Psychology and Aging 5, S. 58-67.

Diewald, M. (1991): Soziale Beziehungen: Verlust oder Liberalisierung? Soziale Unterstützung in informellen Netzwerken. Berlin: Edition Sigma.

Diewald, M. (1994): Zwischen Rückzug und Engagement: das Leben in persönlichen Netzwerken. Arbeitsbericht 11, Projekt "Lebensverläufe und historischer Wandel in der ehemaligen DDR". Max-Planck-Institut für Bildungsforschung, Berlin.

Diewald, M./J. Huinink/J. Heckhausen (1994): Zusammenhang von Kontrollüberzeugungen und Kontrollstrategien ostdeutscher Erwachsener mit deren Lebensverläufen und Wendeerfahrungen. Posterpräsentation. 39. Kongreß der Deutschen Gesellschaft für Psychologie, Hamburg.

Diewald, M./A. Sørensen (1994): Entwertung und Umwertung von Laufbahnkapital? Erwerbsverläufe und soziale Mobilität von Frauen und Männern in Ostdeutschland. Vortrag. Sektionstagung "Mobilität im Transformationsprozeß. Einkommen, Erwerbschancen, Klassenlagen" der Sektion "Sozialstruktur und soziale Ungleichheit" der Deutschen Gesellschaft für Soziologie, Berlin.

Elder jr., G. H. (1974): The Children of the Great Depression. Social Change andLife Exper ience, Chicago: University of Chicago Press.

Heckhausen, J. (1994): Entwicklungsziele und Kontrollüberzeugungen Ost- und Westberliner Erwachsener. In: Gisela Trommsdorff (Hrsg.), Psychologische Aspekte des sozio-politischen Wandels in Ostdeutschland. Berlin/NewYork: de Gruyter, S. 124-133.

Heckhausen, J./M. Diewald/J. Huinink (1994): Kontrollstrategien, Entwicklungsziele und Selbstwert ostdeutscher Erwachsener. Posterpräsentation. 39. Kongreß der Deutschen Gesellschaft für Psychologie, Hamburg.

Heckhausen, J./R. Schulz (1995): A Life-Span Theory of Control, in: Psychological Review 102, 284-304.

Hoff, E.-H./W. Lempert (1990): Kontroll- und Moralbewußtsein im beruflichen und privaten Lebensstrang von Facharbeitern. In: E.-H. Hoff (Hrsg.), Die doppelte Sozialisation Erwachsener. Zum Verhältnis von beruflichem und privatem Lebensstrang. München: Verlag Deutsches Jugendinstitut, S. 125-154.

Huinink, J. (1993): Warum noch Familie? Zur Attraktivität von Partnerschaft und Elternschaft in unserer Gesellschaft. Habilitationsschrift, Freie Universität, Berlin.

Huinink, J./Mayer, K.U. (1993): Lebensverläufe im Wandel der DDR-Gesellschaft. In: J. Joas/M. Kohli (Hrsg.), Der Zusammenbruch der DDR. Frankfurt/Main: Suhrkamp, S. 151-171.

Huinink, J./H. Solga (1994): Occupational Opportunities in the GDR: A Privilege of the Older Generations? In: Zeitschrift für Soziologie 23, 237-253.

Krampen, G. (1982): Differentialpsychologie der Kontrollüberzeugungen ("Locus of Control"). Göttingen: Hogrefe.

Lachman, M. E. (1986): Locus of Control in Aging Research: A Case for Multidimensional and Domain-Specific Assessment. In: Psychology and Aging 1, 34-40.

Lang, R. (1992): Sozialisation und Wertorientierungen ostdeutscher Führungskräfte, in: M. Heidenreich (Hrsg.), Krisen, Kader, Kombinate. Kontinuität und Wandel in ostdeutschen Betrieben. Berlin: Ed. Sigma, S. 125-142.

Lazarus, R.S./S. Folkman (1984): Stress, Appraisal, and Coping. New York: Springer.

Levenson, H. (1972): Distinctions Within the Concept of Internal-External Control: Development of a New Scale. Proceedings of the 80th Annual Convention of the American Psychological Association 7, 261-262.

Mayer, K.U. (1990): Lebensverläufe und sozialer Wandel. Anmerkungen zu einem Forschungsprogramm. In: K.U. Mayer (Hrsg.), Lebensverläufe und sozialer Wandel (Sonderheft 31 der Kölner Zeitschrift für Soziologie und Sozialpsychologie), Opladen: Westdeutscher Verlag, S. 7-21.

Mayer, K.U. (1993): Wiedervereinigung, soziale Kontrolle und Generationen. Elemente einer Transformationstheorie, in: Fernuniversität (Gesamthochschule) Hagen (Hrsg.), Gesellschaft, Stadt und Lebensverläufe im Umbruch. Kurseinheit 1, Hagen, S. 37-54.

Niethammer, L./A. von Plato/D. Wierling (1991): Die volkseigene Erfahrung. Eine Archäologie des Lebens in der Industrieprovinz der DDR. Berlin: Rowohlt.

Rosenberg, M. (1965): Society and the Adolescent Self Image. Princeton: Princeton University Press.

Rothbaum, F./J.R. Weisz/S.S. Snyder (1982): Changing the World and Changing the Self: A Two-Process Model of Perceived Control. In: Journal of Personality and Social Psychology 42, 5-37.

Rottenburg, R. (1991): "Der Sozialismus braucht den ganzen Menschen". Zum Verhältnis vertraglicher und nichtvertraglicher Beziehungen in einem VEB. In: Zeitschrift für Soziologie 20, 305-322.

Schlegelmilch, C. (1995): Zwischen Kollektiv und Individualisierung - Gemeinschaftserfahrungen im Umbruch. In: S. Gensior (Hrsg.), Frauenarbeit im ost-westdeutschen Vergleich. Ein Beitrag zur Beschäftigungssoziologie. Berlin. (im Druck).

Skinner, E.A./M. Chapman/P.B. Baltes (1988): Control, Means-Ends, and Agency Beliefs: A New Conceptualization and Its Measurement During Childhood. In: Journal of Personality and Social Psychology 54, 117-133.

Srubar, I. (1991): War der reale Sozialismus modern? In: Kölner Zeitschrift für Soziologie und Sozialpsychologie 43, 415-432.

Szydlik, M. (1992): Arbeitseinkommen in der Deutschen Demokratischen Republik und der Bundesrepublik Deutschland. In: Kölner Zeitschrift für Soziologie und Sozialpsychologie 44, 292-314.

Trommsdorff, G. (1994): Psychologische Probleme bei den Transformationsprozessen in Ost deutschland. In: Gisela Trommsdorff (Hrsg.), Psychologische Aspekte des soziopolitischen Wandels in Ostdeutschland, Berlin/New York: de Gruyter, S. 19-42.

Geht es abwärts oder geht es aufwärts? Zum Ertrag von Empirie und Theorie

Sozio-ökonomische Transformation und Interessenvertretung

Helmut Wiesenthal

1. Einleitung

Der Ausnahmecharakter der DDR in der Gruppe der ostmitteleuropäischen Reformstaaten steht außer Frage. Der Beitritt zur Bundesrepublik darf als Selbstaufgabe einer eben erst ins Leben getretenen Zivilgesellschaft interpretiert werden. Dem frei gewählten "Anschluß" korrespondieren Handlungen der westdeutschen Partner, die gleichermaßen als solche der "Übernahme" wie als Hilfen erscheinen. Folgerichtig ist das in Ostdeutschland realisierte Transformationsprojekt mit den Stichworten Institutionen- und Finanztransfer zwar eindeutig, aber nicht vollständig bezeichnet. Wesentliche Merkmale verweisen auf seinen "exogenen" Charakter (*Lehmbruch* 1992), der nicht bloß in einem umfangreichen Personaltransfer, sondern auch im Geltungsgewinn externer Entscheidungskriterien und Transformationsinteressen zum Ausdruck kommt. Unter diesen Bedingungen wundert es nicht, wenn die markanten Spezifika der ostdeutschen Transformation auch jene Merkmale und Probleme des Übergangs überstrahlen, welche die neuen Bundesländer mit anderen Transformationsgesellschaften teilen. Es lohnt sich also, bei der Bestimmung des sozio-ökonomischen Transformationsmusters wie bei der Sondierung von Besonderheiten der Interessenrepräsentation die Befunde aus anderen Transformationsgesellschaften parat zu halten, statt alle Erscheinungen dem Sachverhalt der Vereinigung zuzuschreiben. Ich werde im folgenden zunächst einige sozio-ökonomische und politische Koordinaten der DDR-Transformation nachzeichnen, um dann einen Blick auf typische im Transformationsprozeß entstandene (Miß-)Deutungen zu werfen.

2. Das Muster der sozio-ökonomischen Transformation

Etlichen Beobachtern erscheint Ostdeutschland als ein Paradebeispiel oder gar als extremer Anwendungsfall der sog. *Schocktherapie* (*Bryson* 1992; *Pickel* 1992). Dieses Konzept einer umfassenden Wirtschaftsreform gilt als die radikalste Variante der sozio-ökonomischen Transformation. Schocktherapie bedeutet gemeinhin: ein von sozialen Rücksichten befreites Vorgehen, das unter Bedingungen einer vollentwickelten Demokratie keine Realisierungschance hätte und in zwei Fällen seiner Erprobung, nämlich 1990 in Polen und 1992 in Rußland, vor Erreichen des Ziels abgebrochen werden mußte, weil die Bevölkerung ihr anfänglich erklärtes Einverständnis aufgekündigt hatte. Lediglich im Falle der durch externe Akteure betriebenen Transformation Ostdeutschlands scheint die Radikalkur bis zum bitteren Ende befolgt worden zu sein. Wer in den neuen Ländern Wirkungen der Schocktherapie zu sehen meint, behauptet zwar nicht, daß es den Menschen in Görlitz und Gera schlechter ginge als in Danzig oder Bratislava. Der Analogieschluß gilt vielmehr dem *Typus* eines in mehreren Hinsichten als *radikal* konzipierten und *schlagartig* vollzogenen Übergangs, wie er tatsächlich auch in Ostdeutschland zu beobachten war. Das Konzept der Schocktherapie liefert somit eine Folie, die eine genauere Bestimmung des Musters der ostdeutschen Wirtschaftstransformation ermöglicht.

Vergleicht man die Parameter der Wirtschafts- und Währungsunion vom Juli 1990 mit den Maßnahmen, die zu Beginn der polnischen Wirtschaftsreformen ergriffen bzw. als Katalog unverzichtbarer Elemente der Schocktherapie empfohlen wurden, so ergibt sich folgendes. Kein nennenswerter Unterschied existiert hinsichtlich der für eine Marktwirtschaft erforderlich erachteten Rahmenbedingungen. Das betrifft zum einen die rechtsstaatliche Ordnung einschließlich Vertrags- und Unternehmensrecht und zum anderen das allgemeine Prinzip, die Wirtschaftsbetriebe aus dem Staatseigentum in private Hände zu überführen. Differenzen werden erst deutlich bei den Einzelmaßnahmen, die entsprechend den Empfehlungen der Schocktherapie zur Stabilisierung und Modernisierung der Wirtschaft unter den neuen Rahmenbedingungen zu realisieren sind.[1] Es handelt sich um (1) die Freigabe der Preise und die Liberalisierung des Außenhandels, (2) den Abbau staatlicher Subventionen, (3) die Herstellung von Währungskonvertibilität im Anschluß an eine Währungsabwertung, (4) die Dämpfung der Lohn- und Einkommensentwicklung sowie (5) die Stabilisierung des Staatshaushaltes, u.a. durch eine restriktive Kreditpolitik.

Bereits auf den ersten Blick ist zu erkennen, daß in der DDR lediglich *zwei* der fünf Maßnahmen zum Zuge kamen: die Preisfreigabe und ein weitgehender Subventionsabbau. Sie bildeten den liberalisierenden, d.h. marktwirtschaftlichen Part der Wirtschafts- und Währungsunion. Ihre Konsequenz war die übergangslose und in der Wirkung *ungedämpfte Öffnung* der ostdeutschen Wirtschaft für externe Anbieter. Als zwangsläufige Folge kam es zur Entwertung der vorhandenen Produktionskapazitäten.

Alle übrigen Maßnahmen liefen dem Rezeptkatalog der Schocktherapie diametral zuwider. Die DDR-Währung wurde bekanntlich nicht abgewertet, sondern ihre Konvertibilität ergab sich über die Gleichstellung mit der DM, d.h. durch eine Aufwertung um mehr als 300 %. Gleichzeitig wurde auf die anderenorts übliche Dämpfung der Einkommensentwicklung verzichtet, hatte man sich doch für die paritätische Umstellung von Löhnen und Sozialeinkommen entschieden und deren schrittweise Angleichung an das westdeutsche Niveau angekündigt. Damit wurde ein dritter Rezeptverstoß erforderlich, nämlich der Verzicht auf staatliche Schuldenbegrenzung. Seine Folgen waren allerdings dadurch gemildert, daß die DDR unter das Dach des ungleich größeren Staatsbudgets der Bundesrepublik gelangt war.

Die im Juli 1990 erfolgten Weichenstellungen der Wirtschaftsintegration sind alles andere als ein Anwendungsfall der Schocktherapie. Vor allem ermangeln sie der von Ökonomen reklamierten Konsistenz, handelt es sich doch um eine Mixtur aus Elementen marktorientierter Liberalisierung und dezidiert "politisch" statt ökonomisch begründeter Gratifikationen. Sie wurden der Bevölkerung, wie wir wissen, nicht als Startkapital für Existenzgründungen, sondern als Prämie für einen Vertrauenskredit in die amtierende Regierung offeriert. Lösten die Liberalisierungsmaßnahmen einen in dieser Stärke beispiellosen *"Öffnungsschock"* (*Hüther* (1993: 32) aus, so bewirkte der währungs- und einkommenspolitische Kurs eine nachhaltige Umverteilung der Existenzchancen von Unternehmen zugunsten der (mittelfristigen) Vermögens- und Einkommenssituation von Individuen. Für dieses politisch induzierte Handikap von Wirtschaftsunternehmen gibt es in der Geschichte kapitalistischer Ökonomien kein Pendant.

Ist somit das für die DDR-Wirtschaft gewählte Transformationskonzept um einige Grade "destruktiver" als der auf Stabilisierung und endogene Wachstumsbedingungen zielende Rezeptkatalog der Schocktherapie, so entspricht seine schlagartige Realisierung haargenau den Empfehlungen. Dieser Sachverhalt, nämlich daß alle Maßnahmen gleichzeitig in Kraft traten, erzeugt den Eindruck, die Schocktherapie sei in der DDR auf besonders strenge Weise - als "Therapie auf dem elektrischen Stuhl" (*Bryson* 1992: 138) - exekutiert worden. Tatsächlich sind jedoch im Unterschied zu Polen und der ČSFR keine der im Wortsinne therapeuthischen Maßnahmen zur Anwendung gekommen. Ein "ökonomischer" Sinn des radikalen Vorgehens ist selbst im nachhinein nicht auszumachen.

Sucht man eine Antwort auf die Frage, warum sich die Protagonisten der deutschen Einheit für die schlagartige Inkraftsetzung von, vorsichtig gesprochen hochriskanten, weil destruktiven, statt konstruktiven Maßnahmen entschieden haben, so findet man zwei Erklärungen. Eine bezieht sich auf die günstige außenpolitische Verhandlungssituation - das "window of opportunity", das mit der Kompromißbereitschaft der von akuter Schwäche ereilten Sowjetunion gegeben war. Daß die Wahrnehmung dieser Chance auch den Modus der Wirtschaftsintegration determinierte, ist jedoch zweifelhaft. Die plausiblere Antwort bezieht sich auf die erklärte Absicht der maßgebenden politischen Elite, das bundesdeutsche Institutionensystem vor etwaigen, im Zuge der Einheit aufkommenden Veränderungsimpulsen zu bewahren (*Lehmbruch* 1992; *Bryson* 1992). Die nachteiligen Folgen der schockartigen Integration in die Weltwirtschaft, die durch gleichzeitige Eliminierung potentieller Wettbewerbsvorteile (in *terms* von Währungsrelation und Lohnkosten) noch verstärkt wurden, haben die Entscheidungsträger durchaus vorhergesehen.[2]

Das ökonomische Desaster darf zu einem guten Teil der politischen Präferenz für institutionelle Kontinuität zugeschrieben werden. Die Einheit war in der Sicht ihrer maßgeblichen Befürworter mit einem hohen Risiko belastet: Da die Oppositionsparteien ebenso wie die Mehrheit der westdeutschen Bevölkerung ein graduelles Vorgehen befürwortete, war mit einer extensiven Debatte über angemessene Transformationsschritte und hoher Ergebnisunsicherheit zu rechnen. Mit großer Wahrscheinlichkeit hätten institutionelle Elemente der DDR-Wirtschaft und -Gesellschaft länger als technisch erforderlich überdauert. Im ungünstigeren, aber nicht unwahrscheinlichen Fall hätten sie Integrität und Kontinuität des westdeutschen Institutionensystems bedroht. Öffentliche Kontroversen über die "richtige" Transformationspolitik, ihre Zielwerte und ihre funktionalen Alternativen hätten sich über kurz oder lang verselbständigt, der Parteienwettbewerb und die Ressortkonkurrenz hätten schließlich für einen offenen Ausgang des Prozesses gesorgt. Damit wäre das in der Sicht der Regierung größte zu vermeidende Übel, nämlich die Modifikation des *westdeutschen* Institutionensystems, realistisch geworden. Mittels der Option, ein Maximum an Entscheidungsmaterie in Staatsverträgen, d.h. *im Medium der Außenpolitik*, abzuarbeiten, ließ sich das Risiko umschiffen. So kam es zur formalen Analogie einer Schocktherapie: Alle relevanten Weichenstellungen wurden gleichzeitig vorgenommen.

Zwei Konsequenzen des gewählten Vorgehens verdienen festgehalten zu werden. Zum einen ist das Transformationsprojekt in hohem Maße vom frühen und in der Regel unzulänglichen Wissen der Entscheidungsbeteiligten geprägt. Zum zweiten ist es - wiederum in ungewöhnlich hohem Maße - der politischen Diskussion und damit der Rückkoppelung von Transformationserfahrungen entzogen. Ohne in eine vorschnelle Kritik des ordnungspolitischen Konservatismus zu verfallen, bleibt doch zu resümieren, daß nicht nur der tiefe Fall der Wirtschaft, sondern auch ein *Mangel an späteren Korrekturmöglichkeiten* vorprogrammiert wurden. Was seit 1991 in Ostdeutschland passiert und unterbleibt, ist weniger den aktuellen als vielmehr den 1990 getroffenen Entscheidungen zuzurechnen. Das gilt nicht zuletzt auch für die Präjudizierung eines hohen Tempos der Privatisierungspolitik.

3. Defizite der Interessenvertretung?

Die Entscheidungen von 1990 haben eine Vielzahl von sektoralen Transformationsprozessen eingeleitet. Die exogene Transformation war durch die institutionellen Muster des Westens konditioniert und von westdeutschem Personal dirigiert. Das Projekt des Institutionentransfers gehorcht westdeutschen Kontinuitätsinteressen und selbst der Großteil der unvermeidlichen Regelungslücken wird durch westdeutsche Expertise geschlossen.[3] Mit dieser Feststellung ist die politische Dimension noch nicht ausgelotet. Nicht nur ist die weitgehende "Außensteuerung" des gesellschaftlichen Wandels zu registrieren, wobei sich das Prädikat "außen" mehr auf den Ursprung von Entscheidungskriterien als von handelnden Personen bezieht. Sondern es ist auch das außerordentliche Tempo des Wandels zu berücksichtigen, das für nachholende Organisierungs- und Lernprozesse der "internen" Akteure extrem wenig Zeit ließ. Schließlich ist noch an die Rückständigkeit und den schwachen Praxisbezug reformpolitischer Debatten in der DDR zu erinnern. Sie hielten keinem Vergleich mit der polnischen oder der ungarischen Reformdiskussion der achtziger Jahre Stand und hinterließen auch keine auf die realen Optionen vorbereiteten Akteure.

Diese Beobachtungen markieren eine *"Akteurlücke"*, welche schon bald Thema kritischer Erörterung wurde.[4] Im Mittelpunkt steht die These eines Repräsentationsdefizits ostdeutscher Interessen, an die sich der Verdacht knüpft, daß die früheren wie die aktuellen Entscheidungsresultate vor allem westdeutsche Interessen privilegieren. Unbestritten ist: Der umfangreiche Transfer von Leihpersonal an die Spitze von Administrationen, Parteien und Verbänden gewährleistete nicht nur den zügigen Import von Expertenwissen. Es war auch eine Art Siegeszug kontextfremder, zum Teil historisch obsoleter Politikerfahrungen, Situationsdeutungen und Interessendefinitionen. Motive und Taten der kollegialen Hilfe mischten sich mit paternalistischer Bevormundung und egoistischer Interessenverfolgung.

So unstrittig die Belege für eine Unterrepräsentation ostdeutscher Erfahrungen und Sichtweisen scheinen, so schwierig fällt eine korrekte Identifikation der materialen *Wirkungen*. Sichtbar ist die Diskriminierung bestimmter Gruppeninteressen, doch lassen sich die Phänomene nicht ohne weiteres mit dem transformationsspezifischen Repräsentationsdefizit erklären. Beispielsweise scheinen bei der Benachteiligung von Frauen und Jugendlichen am schrumpfenden Arbeitsmarkt weniger transformationsspezifische Ursachen im Spiel zu sein als ein asymmetrisches Verteilungsmuster sozialer Chancen, das den übertragenen Institutionen schon im westdeutschen Ursprungskontext inhärent war und nun im erweiterten Anwendungsfeld noch schwieriger korrigierbar zu sein scheint (*Benzler* 1995).

Versucht man die Folgen des ostdeutschen Repräsentationsdefizits vor dem Hintergrund der in anderen Reformstaaten entstandenen Repräsentationsverhältnisse zu spezifizieren, erhält man ein überraschendes Ergebnis. Entgegen der Erwartung einer "freien" Entfaltung assoziations- und partizipationsbereiter Interessen und ihrer umfassenden Beteiligung an den neuen demokratischen Institutionen, offenbart sich eine Palette von Hindernissen und Unzulänglichkeiten. Die dortigen *Parteiensysteme* bildeten zunächst keine das Transformationsprojekt tangierenden Interessenstrukturen und Politikpräferenzen ab, sondern waren in den ersten Jahren mit der "Erfindung" neuer politischer Konfliktlinien beschäftigt, was mangels sozialstruktureller *"cleavages"* und reformpolitischer Divergenzen zur Überbetonung der sog. kulturellen Themen, nicht selten auch zur Wiederbelebung nationalistischer und ethnischer Identitätsformeln führte.

Im *System der organisierten Arbeitsbeziehungen* besitzt nach wie vor der Staat das Entscheidungsprimat, da die fragmentierten und miteinander konkurrierenden Verbände auf Gewerkschafts- wie auf Arbeitgeberseite noch keine ausreichende Repräsentativität und Verpflichtungsfähigkeit entwickeln konnten. Freiwillige Organisationszusammenschlüsse sind nicht in Sicht und die inter-organisatorische Koordination fällt den Beteiligten sichtlich schwer. Staatliche Versuche, sich durch Verordnung von Pflichtmitgliedschaft, z.B. in den Industrie- und Handelskammern, repräsentative Verhandlungspartner zu schaffen, stoßen wegen der "sozialistischen" Erfahrung mit Zwangsverhältnissen auf heftige Ablehnung. So sind zwar in einigen Ländern (u.a. in Tschechien, der Slowakei und Ungarn) auf Initiative der Regierungen korporatistische Gremien der Interessenabstimmung ins Leben gerufen worden. Aufgrund ihrer Organisationsschwäche besitzen die außerstaatlichen Akteure jedoch weitaus weniger Einfluß in den sie interessierenden Politikbereichen als Gewerkschaften und Verbände in den neuen Bundesländern.

Überhaupt erscheint die *Ebene der "intermediären Institutionen"* in den ostmitteleuropäischen Reformstaaten im Vergleich mit Ostdeutschland eher unterentwickelt, da es unter den extremen Unsicherheits- und Streßbedingungen der Transformation um die Engagementbereitschaft und den Gemeinsinn der sog. Zivilgesellschaft schlecht bestellt ist. Gleichzeitig zögern Regierungen und Parlamente, den verbandlichen Interessenrepräsentanten jene Aufmerksamkeit zu schenken, die sie in den Demokratien des Westens als akzeptierte Vertreter funktionaler Interessen und Helfer bei der Implementation politischer Entscheidungen genießen. Von einer Übertragung öffentlicher Aufgaben und einer Ermächtigung zur Selbstregulation gesellschaftlicher Handlungssphären, wie sie z.B. die industriellen Beziehungen oder das Berufsbildungssystem der Bundesrepublik kennzeichnen, kann in den Reformstaaten keine Rede sein.[5]

Das Ergebnis des Vergleichs ist ambivalent. Während Transformationspolitik in Ungarn, Polen, Tschechien und der Slowakei nicht bloß unter knappen Ressourcen, sondern ebenso unter den etatistischen Neigungen, der Selbstbezüglichkeit und der forcierten Konkurrenz der neuen Eliten leidet, ist für Ostdeutschland eine gewisse *Kontextinsensibilität* von Helfern und Institutionen zu konstatieren. Westdeutsche Routinen haben typischerweise einen "historischen" und "lokalen" Bias. Das läßt sie selten als bestmögliche Antworten auf lokale Probleme der Transformation erscheinen. Auch nachdem Gewöhnung an den gleichermaßen Orientierung gebenden wie restringierenden Handlungsrahmen eingetreten ist, scheint ein Teil des Bedarfs an flexiblen und innovativen Lösungen dem westdeutschen Interesse an institutioneller Kontinuität geopfert. Institutionelle Trägheit und organisatorische Eigeninteressen dürften auch in Zukunft die Entwicklung situationsadäquater

Problemdeutungen und Politikansätze erschweren. Das zeigt sich u.a. an der geringen Flexibilität im Umgang mit den unzureichenden Voraussetzungen für eine nachholende Wirtschaftsentwicklung, wie sie nach Ansicht der institutionellen Ökonomie gegeben sind (*Brakman/Garretsen* 1993). Daß die übertragenen Institutionen innovative Reaktionen auf die Erscheinungsformen der Deindustrialisierung "vor Ort" weniger blockieren als fälschlicherweise entbehrlich scheinen lassen, zeigt sich an verschiedenen erfolgversprechenden Projekten auf kommunaler und regionaler Ebene (*Bluhm* 1995; *McGovern* 1995). Die einigermaßen differenzierte, aber begrifflich erst unzureichend erfaßte Wirklichkeit verweist auf den immer noch hohen Stellenwert generalisierender Interpretationen, die im Falle der ostdeutschen Transformation gelegentlich als politische Mythen in Erscheinung treten. Ihnen gelten die folgenden Bemerkungen.

4. Mythen der Transformation

Das Vorhaben, die DDR-Wirtschaft übergangslos einer weltoffenen Marktwirtschaft anzugliedern, überstieg jedes aus der Geschichte der Bundesrepublik vertraute Problemniveau. Die unerwartbar große Hilfs- und Zahlungsbereitschaft, die den ostdeutschen Sonderweg ermöglichte, verdankt sich zu einem beträchtlichen Teil einer Vorstellung der Alternativlosigkeit des Außergewöhnlichen. Diese wurzelte nicht allein in Nationalgefühlen, sondern wesentlich in kleinformatigen Bildern und Deutungen, die den zur Einheit führenden Entscheidungen Sinn verliehen, indem sie sie im Zweifelsfall als "selbstverständlich", die ausgeschlagenen Handlungsalternativen dagegen als unangemessen auswiesen. Dabei gewannen - natürlich nur unter anderem - auch soziale und politische *Mythen* eine gewisse Bedeutung.

Der 1990 und 1991 verbreitete *Wirtschaftsoptimismus* suggerierte niedrige und allseits zumutbare Kosten. Es waren zunächst Repräsentanten der Wirtschaft, welche den technischen und organisatorischen Produktivitätsrückstand in eine spezifische "Stärke" der Transformationswirtschaft umdeuteten und ihn als "Produktivitätspotential" etikettierten, das zum Stimulus eines stürmischen Wachstums werden würde. Politiker der Regierungskoalition untermauerten diese Sicht, indem sie in der DDR-Transformation eine Gestaltanalogie zur westdeutschen Nachkriegskonjunktur erblickten und ein zweites Wirtschaftswunder als jederzeit nach staatlichen Plänen durchführbare Veranstaltung darstellten. Tatsächlich erwiesen sich Produktivitätsdefizite als ebenso hinderlich wie im Westen und die Umstände der Wiederaufbauphase von 1950 bis 1965 als unwiederholbar. Damals profitierte die westdeutsche Wirtschaft von Einfuhrzöllen, Devisenbewirtschaftung, einer unterbewerteten Währung und einem Exportboom, ganz zu schweigen von der wachstumsförderlichen Sektoralstruktur (*Lutz* 1984).

Ein anderer Mythos malte schlimme Folgen für den Fall des Verzichts auf eine rasche Vereinigung aus: der Negativmythos einer riesigen unkontrollierbaren Wanderungsbewegung von Ost- nach Westdeutschland. Das Schreckgespenst unerwünschter Immigration hatte erste Konturen bereits bei dem über Drittländer einfließenden Wanderungsstrom angenommen. In den Begründungen für die Wirtschafts- und Währungsunion wuchs die *"Migrationsgefahr"* ins Überdimensionale und provozierte unter Westdeutschen Aussagen des Typs "Die Vereinigung der Deutschen soll sich nicht auf unserem Boden vollziehen".[6] In der Tarifpolitik half der Migrationsmythos den westdeutschen Tarifparteien, ein Eigeninteresse an hohen Löhnen und an der Ausklammerung der Beschäftigungswirkungen zu kaschieren. Sie behaupteten, die Wanderungsbereitschaft richte sich vor allem nach dem Ausmaß der Lohndifferenz. Empirische Untersuchungen belegen das Gegenteil: Dauerhaft zu erwartende Arbeitslosigkeit bildet einen wesentlich stärkeren Wanderungsanreiz als eine tendenziell abnehmende Lohndifferenz (*Akerlof et al.* 1991; *Burda* 1993).

Aber nicht nur bei den Veranstaltern, auch unter den Teilnehmern der Transformation sind politische Mythen verbreitet. Davon zeugt der unter negativ Betroffenen geführte *Kolonialisierungsdiskurs.*[7] Erfahrungen mit unsensiblen Funktionsträgern aus Westdeutschland, Unzufriedenheit aufgrund von Statuseinbußen und Einkommensungleichheit sowie die in Massenarbeitslosigkeit und Rückerstattungsansprüchen begründete Verunsicherung werden als *ein* Syndrom wahrgenommen und *einer* gemeinsamen Ursache angelastet. Diese Interpretation läßt sich wie folgt zusammenfassen:

> "Selbstinteressierte West-Akteure haben die DDR-Bevölkerung mit dem Angebot der raschen Einheit in eine Falle gelockt. Zwar wurden uns alle verfassungsgemäßen Rechte gewährt, aber wir sind durch die Vorherrschaft westdeutscher Interessen und Organisationen empfindlich benachteiligt. Weil letztere die aktuellen Entscheidungen dominieren, sind sie auch für alle im Gefolge der Einheit erfahrenen Nachteile verantwortlich."

Der Kolonialisierungsmythos suggeriert, daß die auch in Ostdeutschland spürbaren Kosten des tiefgreifenden Systemwechsels in erster Linie dem oben erwähnten Repräsentationsdefizit geschuldet seien. Paradoxerweise scheint der ostdeutsche Transformationspfad, der vergleichsweise komfortabel und zielsicher ist, prägnanten Empfindungen der Verletzung und Entfremdung Raum zu geben. Und der einzige Transformationsfall, bei dem alle entscheidenden Weichenstellungen beim Start vorgenommen wurden, fördert die Illusion, daß die unvermeidlichen Nachteile von den späteren Repräsentationsverhältnissen abhingen. Während anderenorts der Umbau von Wirtschaft und Politik mit erheblichen Problemen der Systemintegration konfrontiert ist, scheint das einzige Projekt einer externen Transformation trotz (oder vielleicht sogar wegen?) der anfangs großzügig gewährten Gratifikationen spürbar mit Problemen der *Sozialintegration* belastet.

Anmerkungen

1. Vgl. *Sachs* (1989, 1991), *Fischer/Gelb* (1991) und *Lösch* (1992).
2. Das ist durch Bekundungen der Verhandlungsbeauftragten *Schäuble* (1991: 99ff) und *Teltschik* (1991: 55, 125ff, 204) belegt.
3. Vgl. *Lehmbruch* (1993). Zur Rolle der externen Akteure vgl. *Wiesenthal* (1992) und *Offe* (1994: Kap. 9).
4. Vgl. *Wiesenthal et al.* (1992), *Abromeit* (1993) und *Brie* (1994).
5. Zur Repräsentation sozialer Interessen in den ostmitteleuropäischen Staaten vgl. u.a. *Ágh* (1994), *Ost* (1994), *Weßels* (1994) und *Wiesenthal/Stykow* (1994).
6. Das Zitat ist *Koch-Arzberger/Wörndl* (1993: 11) entnommen.
7. Vgl. *Minkenberg* (1993) und *Brie* (1994).

Literatur

Abromeit, H. (1993): Die "Vertretungslücke". Probleme im neuen deutschen Bundesstaat. In: Gegenwartskunde 42, 3: 281-292.

Ágh, A. (ed.) (1994): The First Steps. Budapest: Hungarian Centre of Democracy Studies.

Akerlof, G.A./Rose, A.K./Yellen, J.L./Hessenius, H. (1991): East Germany In From the Cold: The Economic Aftermath of Currency Union. In: Brooking Papers in Economic Activity 1, 1-87.

Benzler, S. (1995): Anfänge der lokalen Politik in den neuen Bundesländern. In: S. Benzler/U. Bullmann/D. Eisel (Hrsg.), Deutschland-Ost vor Ort. Opladen: Leske + Budrich.

Bluhm, K. (1995): Regionale Unterstützungsnetzwerke in der ostdeutschen Industrie: Der Interessenverband Chemnitzer Maschinenbau. In: H. Wiesenthal (Hrsg.), Einheit als Interessenpolitik. Frankfurt/ New York: Campus Verlag, S. 160-193.

Brakman, St./Garretsen, H. (1993): The Relevance of Initial Conditions for the German Unification. In: Kyklos 46, 2: 163-181.

Brie, M. (1994): Die Ostdeutschen auf dem Wege vom "armen Bruder" zur organisierten Minderheit? Arbeitspapiere AG TRAP 94/4. Berlin: Max-Planck-Gesellschaft, Arbeitsgruppe Transformationsprozesse.

Bryson, Ph.J. (1992): The Economics of German Reunification: A Review of the Literature. In: Journal of Comparative Economics 16, 1: 118-149.

Burda, M.C. (1993): The Determinants of East-West German Migration. In: European Economic Review 37, 452-461.

Fischer, St./Gelb, A. (1991): The Process of Socialist Economic Transformation. In: Journal of Economic Perspectives 5, 4: 91-105.

Hüther, M. (1993): Integration der Transformation. Überlegungen zur Wirtschaftspolitik für das vereinigte Deutschland. Jahrbuch für Sozialwissenschaft 44, 1: 31-52.

Koch-Arzberger, C./Wörndl, B. (1993): Deutsche zwischen zwei Welten. Wie DDR-Bürger den Westen erleben. In: Karl Otto Hondrich et al.: Arbeitgeber West, Arbeitnehmer Ost. Berlin: Aufbau Taschenbuch Verlag.

Lehmbruch, G. (1992): Die deutsche Vereinigung. Strukturen der Politikentwicklung und strategische Anpassungsprozesse. In: B. Kohler-Koch (Hrsg.), Staat und Demokratie in Europa. Opladen: Westdeutscher Verlag, S. 93-115.

Lehmbruch, G. (1993): Der Staat des vereinigten Deutschland und die Transformationsdynamik der Schnittstellen von Staat und Wirtschaft in der ehemaligen DDR. In: BISS Public 10, 21-41.

Lösch, D. (1992): Der Weg zur Marktwirtschaft. Eine anwendungsbezogene Theorie der Systemtransformation. Wirtschaftsdienst 72, 12: 656-663.

Lutz, B. (1984): Der kurze Traum immerwährender Prosperität. Frankfurt/New York: Campus Verlag.

McGovern, K. (1995): Innovation unter Streß: Kollektivakteure in der gewerbepolitischen Konzeptentwicklung Leipzigs. In: H. Wiesenthal (Hrsg.), Einheit als Interessenpolitik. Frankfurt/New York: Campus Verlag, S. 260-297.

Minkenberg, M. (1993): The Wall after the Wall: On Continuing Devision of Germany and the Remaking of Political Culture. In: Comparative Politics, 26, 1: 53-68.

Offe, C. (1994): Der Tunnel am Ende des Lichts. Erkundungen der politischen Transformation im Neuen Osten. Frankfurt/New York: Campus Verlag.

Ost, D. (1994): Class and Democracy: Organizing Antagonisms in Post-Communist Eastern Europe. Paper presented to the 16th IPSA World Congress, August 21-25, 1994 in Berlin.

Pickel, A. (1992): Jump-starting a Market Economy: A Critique of the Radical Strategy for Economic Reform in the Light of the East German Experiences. In: Studies in Comparative Communism 25, 2: 177-191.

Sachs, J.D. (1989): My Plan for Poland. In: International Economy, 3 (Dec.): 24-29.

Sachs, J.D. (1991): Crossing the Valley of Tears in East European Reform. In: Challenge 34, 5: 26-34.

Schäuble, W. (1991): Der Vertrag. Stuttgart: Deutsche Verlags-Anstalt.

Teltschik, H. (1991): 329 Tage: Innenansichten der Einigung. Berlin: Siedler Verlag.

Weßels, B. (1994): Von der staatlichen Überorganisation zu freiwilliger Organisierung? Gewerkschaften und assoziatives Verhalten in postkommunistischen Gesellschaften. In: W. Streeck (Hrsg.), Staat und Verbände. Opladen: Westdeutscher Verlag, S. 337-369.

Wiesenthal, H. (1992): Sturz in die Moderne. Der Sonderstatus der DDR in den Transformationsprozessen Osteuropas. In: M. Brie/D. Klein (Hrsg.), Zwischen den Zeiten. Hamburg: VSA, S. 162-188.

Wiesenthal, H./Ettl, W./Bialas, Ch. (1992): Interessenverbände im Transformationsprozeß. Zur Repräsentations- und Steuerungsfähigkeit des Verbändesystems der neuen Bundesländer. Arbeitspapiere AG TRAP 92/3. Berlin: Max-Planck-Gesellschaft. Arbeitsgruppe Transformationsprozesse.

Wiesenthal, H./Stykow, P. (1994): Unternehmerverbände im Systemwechsel: Entwicklung und Status organisierter Wirtschaftsinteressen in den Transformationsprozessen Ostmitteleuropas und Rußlands. In: W. Streeck (Hrsg.), Staat und Verbände. Opladen: Westdeutscher Verlag, S. 293-336.

Von der realsozialistischen zur sozialstaatlichen Struktur der sozialen Ungleichheit. Umbrüche im ostdeutschen Ungleichheitsgefüge

Rainer Geißler

1. Methodologische Vorbemerkung

Theodor Geiger (1954) unterscheidet in seinem Konzept zu einer "dynamischen Analyse sozialer Mobilität" zwei grundlegende Perspektiven beim Studium von Mobilitätsprozessen: einerseits die Analyse der Bewegungen von Individuen und Gruppen innerhalb eines statisch gedachten Schichtgefüges, andererseits die damit verknüpften Veränderungen des Schichtgefüges selbst, den Strukturwandels des Gesamtgefüges. *Geiger* bezeichnet den ersten Aspekt als "Fluktuation" und den zweiten als "Umschichtung". Mit diesen beiden Begriffen werden aus analytischen Gründen Phänomene voneinander getrennt, die in der Realität miteinander verknüpft sind. Eine dynamische Analyse sozialer Mobilität hat die beiden genannten Seiten der gesellschaftlichen Dynamik gleichzeitig im Blick. Sie erforscht gleichzeitig Fluktuationen und Umschichtungsprozesse, die "Bewegungen von Individuen zwischen sich wandelnden Schichten in einer Gesellschaft von sich wandelnder Struktur" (*Geiger* 1954, 113; vgl. auch *Geiger* 1955). Man kann den Ansatz *Geigers* auch etwas moderner formulieren und von seiner terminologischen Fixierung auf die Schichtstruktur, d.h. auf die vertikale Struktur der sozialen Ungleichheit lösen. Dann erforscht die dynamische Analyse sozialer Mobilität die *Bewegungen von Individuen oder Gruppen innerhalb sich verändernder Positionsgefüge in einer sich wandelnden Gesamtstruktur.*

Die Mobilitätsforschung ging in ihrer Forschungspraxis in der Regel nicht dynamisch im Sinne *Geigers* vor. Mobilitätsanalysen westlicher Provenienz untersuchten meist die Bewegungen von Individuen in statisch gedachten Positionsgefügen. In neueren Studien wird auch ab und zu nach Prozessen von "*Ent*strukturierung" (nicht *Um*strukturierung) gefragt, die mit sozialer Mobilität verbunden sein können (z.B. *Berger* 1986).[1] Für meinen Zugang zum Tagungsthema "Mobilität im Transformationsprozeß" habe ich dagegen im wesentlichen die zweite von *Geiger* erwähnte Perspektive gewählt: Im Zentrum steht der durch die friedliche Revolution ausgelöste Strukturwandel des Gesamtgefüges sozialer Ungleichheit in Ostdeutschland.

Diese Schwerpunktsetzung hat zwei wichtige methodisch-methodologische Konsequenzen. Wer nur einen kleinen Ausschnitt der Sozialstruktur betrachtet, kann in seiner Nahaufnahme mit der "empirischen Lupe" oder gar dem "empirischen Mikroskop" die Feinstrukturen von Mobilitätsprozessen sichtbar machen. Mein Versuch dagegen, einige wesentliche Veränderungen des Gesamtgefüges zu erfassen, macht einen "weiten Abstand" des Analytikers erforderlich. Er kann nicht mit der Lupe arbeiten, sondern muß eine "Vogelperspektive" einnehmen, bei der nur grobe Konturen wahrnehmbar sind. Wenn die Darstellung dann noch auf wenigen Seiten erfolgen soll, entstehen dabei Vergröberungen, die kaum noch zu verantworten sind.

Eine weitere Konsequenz betrifft die Datengrundlage: Nahaufnahmen der Feinstruktur basieren auf empirischen Analysen, häufig auf einer einzigen empirischen Studie. Ihr Gesichtsfeld ist entsprechend eingeschränkt. Fernaufnahmen aus der Vogelperspektive beziehen möglichst viele (im Idealfall alle) empirischen Analysen mit ein, aber sie enthalten auch einen "Überschuß an Theorie": Sie verknüpfen den empirischen Flickenteppich mit anderen allgemeinen Beobachtungen und Überlegungen, um dadurch den Gefahren "positivistischer Vereinzelung" zu entgehen.

2. Der Umbruch des sozialen Ungleichheitgefüges im Überblick

Mit sozialer Ungleichheit sind hier Unterschiede in den Ressourcen und Lebensbedingungen von Menschen gemeint, die nach bestimmten Kriterien - z.B. nach Schicht- bzw. Klassendeterminanten (wie Beruf, Qualifikation, Nationalität), nach Geschlecht, Alter, Generation, Region, Familienstand oder auch politischen Einstellungen - systematisch ungleich verteilt sind. Sie beeinflussen den Habitus (*Bourdieu*) der Menschen, ihre Mentalität (*Geiger*), ihr Verhalten sowie ihren Umgang miteinander und wirken sich vorteilhaft bzw. nachteilig auf die Lebenschancen (dazu *Geißler* 1994) des einzelnen aus.

Der radikale Umbruch in Ostdeutschland - dieser Begriff charakterisiert die derzeitigen Prozesse in der ostdeutschen Sozialstruktur m. E. besser als der Begriff "Transformation" - ist mit starken Veränderungen im Gefüge der sozialen Ungleichheit verbunden, deren groben Konturen sich als *Verwestlichung der ostdeutschen Ungleichheitsstruktur* bezeichnen lassen: Die Besonderheiten des realsozialistischen Arrangements sozialer Ungleichheit verschwinden, es entsteht nach und nach ein Muster nach dem wohlfahrtsstaatlichen Westmodell mit seinen Vor- und Nachteilen. *Die realsozialistische Struktur sozialer Ungleichheit bricht in die sozialstaatliche Struktur sozialer Ungleichheit um.* Nachteile und Privilegien werden teilweise systematisch neu und anders verteilt, die Karten der sozialen Ungleichheit werden z. T. neu gemischt.

Die große Linie dieses Strukturumbruchs ist, wie erwähnt, die Anpassung des ostdeutschen an das westdeutsche Gefüge sozialer Ungleichheit. Dies schließt jedoch nicht aus, daß sich auch *einige ostdeutsche Strukturbesonderheiten* entwickeln, die vom westdeutschen Muster abweichen. Dazu gehören die verlorene Generation des späten Mittelalters und eine spezifische

Bauernschaft in den neuen Ländern (Näheres dazu in den folgenden Abschnitten).

Im gesamtdeutschen Ungleichheitsgefüge ist durch die deutsche Vereinigung eine neue, zusätzliche regionale Dimension oder genauer: *West-Ost-Dimension* aufgetaucht. Diese ist von ihrer strukturellen Bedeutung her nicht mit den bereits existierenden regionalen Ungleichheiten - sowohl im Westen als auch im Osten existiert z. B. seit längerem ein "Nord-Süd-Gefälle" - vergleichbar, sondern sie ist von deutlich höherer Relevanz, Brisanz und Zentralität, weil sie - zumindest im Augenblick und auch noch auf absehbare Zeit - ein erhebliches sozialpsychologisches und politisches Konfliktpotential enthält, das in einigen Bereichen sogar die Züge eines gedämpften "Ost-West-Klassenkonflikts" annimmt. Auf diesen gesamtdeutschen Aspekt der Veränderung im Ungleichheitsgefüge weise ich hier nur im Vorübergehen hin, ich habe ihn an anderer Stelle genauer dargestellt (*Geißler* 1995).

Ich möchte im Folgenden drei Grundlinien dieses Strukturwandels im Zuge des Umbruchs sehr gerafft skizzieren. Sie beziehen sich auf drei verschiedene Aspekte des Ungleichheitsgefüges:

1. auf die *Determinanten* der Ungleichheitsstruktur, oder anders ausgedrückt: auf die Zuweisungskriterien, nach denen soziale Privilegien und Benachteiligungen (Ressourcen und Lebenschancen) verteilt werden (Kapitel 3);
2. auf die *allgemeine Verteilungsstruktur* von sozialen Ungleichheiten (Kapitel 4);
3. auf *Umschichtungsprozesse*, d. h. auf Veränderungen im schichttypisch gegliederten vertikalen Gefüge der sozialen Ungleichheit, wo sich einige neue Strukturelemente in der berufs- und qualifikationsspezifischen Verteilung der Ressourcen und Lebenschancen abzeichnen (Kapitel 5).

3. Veränderungen der Determinanten sozialer Ungleichheit

3.1 Entpolitisierung

Die politische Loyalität gehörte zu den wichtigen Determinaten im realsozialistischen Ungleichheitsgefüge. Politische Kriterien - oder genauer: SED-Loyalität - waren entscheidende Bestimmungsfaktoren für den beruflichen Aufstieg in der DDR. Bereits bei der Bildungskarriere galt die offen bekundete Verbundenheit mit dem realsozialistischen System von Eltern und Kindern bzw. Jugendlichen - z. B. durch Mitgliedschaft in der SED oder durch gesellschaftliches Engagement in den Massenorganisationen- als wichtiges Auslesekriterium. Die realsozialistische Ungleichheitsstruktur war hochgradig politisiert. Dies traf insbes. auf den höheren Bereich der beruflichen Hierarchie zu, aber auch in den mittleren Ebenen war berufliches Fortkommen u. a. von politischer Aktivität abhängig.[2]

Mit dem Systemwechsel wurde der Zuweisungsmechanismus deutlich entpolitisiert. Die Bedeutung politischer Loyalitäten wurde auf das westliche "Normalmaß" reduziert und die Restwirkung politischer Kriterien gleichzeitig "pluralisiert". Die Entpolitisierung der Ungleichheitsstruktur spiegelt sich auch im Bewußtsein der Bevölkerung wieder: Nach der Einschätzung der Ostdeutschen hing der Berufserfolg in der DDR in erster Linie von der politischen Aktivität ab; 86% hielten sie in in dieser Hinsicht für sehr wichtig oder wichtig. (Nur 65% betrachteten demgegenüber "Leistung" als sehr wichtig oder wichtig für den beruflichen Erfolg.) (*Thiele* 1991, 60). 1992 sind nur noch 18% der Ostdeutschen (Westdeutsche: 17%) der Meinung, daß politische Überzeugungen ein wichtiger Faktor für das persönliche Vorwärtskommen seien (*Braun/Kolosi* 1994, 47).

Die Politisierung aus realsozialistischen Zeiten wirkt allerdings heute noch nach, z. T. jedoch in umgekehrter Richtung: Hohe SED-Loyalität in der DDR wirkt sich - nicht bei allen Betroffenen, aber bei Teilen von ihnen - statusmindernd aus. Die Mehrheit der Menschen, die in der DDR die höheren Positionen der Berufshierarchie besetzt hatte, hat ihren hohen Status auch ins neue System hinüberretten können, aber die frühere Zugehörigkeit zur SED schmälert tendenziell die Chancen auf Statuserhalt.[3] Dies gilt insbes. für Inhaber von Führungspositionen in früher stark politisierten Sektoren wie Bildungswesen, Justiz, Massenmedien, Massenorganisationen oder Inneres; für Personen mit stark politisierten Bildungs- und Berufskarrieren ohne höhere sachlich-funktionale Qualifikationsabschlüsse (z. B. FDJ-Leiter) sowie für Personen, denen moralisch verwerfliches Verhalten, z.B. Schädigung anderer durch Stasi-Spitzeldienste, nachgewiesen werden konnte. Häufig handelt es sich beim sozialen Abstieg aus politischen Gründen um "sanfte Abstiege", um den Verlust der Leitungsposition bzw. den Rücktritt ins "zweite Glied". Statusmindernd wirkt sich hohe SED-Loyalität generell bei älteren höherrangigen Angehörigen der ehemaligen sozialistischen Dienstklasse aus: Das neue Rentenrecht kürzt die Rentenansprüche aller Personen, die in der DDR auf "staatsnahen" Positionen tätig waren.[4]

3.2 Vergeschlechtlichung

Zu den "emanzipatorischen Trends" der gesellschaftlichen Entwicklung gehört die Verringerung sozialer Ungleichheiten zwischen Frauen und Männern (*Elias* 1989, 36f.). In der DDR war dieser Prozeß auf der sozialstrukturellen Ebene - weniger auf der Bewußtseinsebene - etwas weiter fortgeschritten als in der Bundesrepublik. Die sozialistische Frauenpolitik hatte den ostdeutschen Frauen einen Gleichstellungsvorsprung im Vergleich zu ihren westdeutschen Geschlechtsgenossinnen eingebracht; geschlechtstypische Ungleichheiten in der Arbeitswelt, im Bildungssystem, in der Politik und auch in der familialen Arbeitsteilung - hier waren die Ost-West-Unterschiede allerdings nur minimal - waren in der DDR etwas weiter verringert worden als in Westdeutschland (vgl. *Geißler* 1991 und 1992, 237-263). Mit anderen Worten: Der Faktor Geschlecht als Determinante sozialer Ungleichheit war im sozialistischen System von etwas geringerem Gewicht als in der Bonner Republik.

Im Zuge des sozialen Umbruchs haben die ostdeutschen Frauen diesen Gleichstellungsvorsprung z. T. wieder eingebüßt. Eine Fülle von Einzelstudien belegt übereinstimmend, daß geschlechtstypische soziale Ungleichheiten nach der deutschen Vereinigung in Ostdeutschland wieder markanter hervortreten. Der Faktor Geschlecht hat - entgegen dem historischen Trend zur zunehmenden Gleichstellung - (vorübergehend?) wieder an Bedeutung für das Gefüge sozialer Ungleichheit gewonnen - ein Prozeß, den man mit dem unschönen Wort "Vergeschlechtlichung" benennen kann.

Am offensichtlichsten tritt die neue Ungleichheit zwischen den Geschlechtern in der Arbeitswelt in Erscheinung: Frauen sind von der Arbeitsmarktkrise deutlich härter betroffen als Männer, in der Konkurrenz um die knappen Arbeitsplätze ziehen sie häufig den kürzeren, obwohl ihr Wunsch nach Berufstätigkeit ungebrochen ist. Zudem werden sie insbesondere aus den höheren Berufspositionen verdrängt, die geschlechtstypische Hierarchisierung der Berufswelt hat wieder schärfere Konturen angenommen. Die besonderen Schwierigkeiten der Frauen in den Turbulenzen des Arbeitsmarktes wirken - in Kombination mit dem Abbau außerfamilialer Kinderbetreuungseinrichtungen - auf die häusliche Arbeitsteilung zurück: die geschlechtstypische Rollentrennung innerhalb der Familien differenziert sich wieder stärker aus, insbesondere in Familien mit arbeitslosen Partnerinnen oder Müttern. Auch im Bildungssystem und in der Politik sind die ostdeutschen Frauen in einigen Bereichen in die Defensive geraten: Ihre Beteiligung am Hochschulstudium und auf der politischen Ebene ist - im Vergleich zur Beteiligung der Männer - niedriger als zu DDR-Zeiten; Mädchen unterliegen auch häufig den Jungen beim Kampf um knappe und begehrte Lehrstellen.[5]

3.3 Die verlorene Generation des späten Mittelalters

Entpolitisierung und Vergeschlechtlichung sind Anpassungsprozesse an die westdeutsche Ungleichheitsstruktur, die verlorene Generation des späten Mittelalters dagegen stellt eine neue Besonderheit der ostdeutschen Sozialstruktur dar, die im Westen kein Pendant hat. Das neue ungleichheitskonstituierende Merkmal ist die Zugehörigkeit zu einer bestimmten

Generation im Sinne von *Karl Mannheim*, ich nenne sie hier die verlorene Generation des späten Mittelalters. Bestimmte Altersgruppen der ostdeutschen Bevölkerung werden durch das historisch einmalige Ereignis des Umbruchs in ihren Lebenschancen auf Dauer tendenziell beeinträchtigt. Konkreter: Ostdeutsche Erwerbstätige im fortgeschrittenen Alter, die zur Wende etwa 45 bis 55/60 Jahre alt waren, wurden in einer biographischen Phase vom Umbruch überrascht, in der sie im Vergleich sowohl zu jüngeren als auch zu älteren Menschen im Wettbewerb um materiellen und soziale Chancen, um Einkommen und Alterssicherung im Nachteil waren. Für die verlorene Generation des späten Mittelalters kam der Umbruch gleichzeitig zu früh und zu spät: zu früh, weil ihre Angehörigen noch zu jung waren, um, wie die Rentner, von der allmählichen Anhebung der Altersversorgung auf Westniveau zu profitieren; zu spät, weil sie bereits zu alt waren und sind, um gegen Jüngere im Kampf um das knappe Gut der bezahlten Arbeit zu bestehen. Angehörige der verlorenen Generation müssen überdurchschnittlich häufig sozialen Abstieg in Kauf nehmen und werden vielfach in den Vorruhestand gedrängt, der mit Einkommensverlusten und Einbußen in der Höhe der Alterssicherung verbunden ist.[6]

4. Vertikale Differenzierung und Polarisierung - häufig nach oben, manchmal nach unten

Zunehmende Differenzierung und Polarisierung im ostdeutschen Ungleichheitsgefüge ist gleichbedeutend mit einer *Zunahme sozialer Ungleichheit.* Sie vollzieht sich auf verschiedenen Dimensionen. Auf die zunehmende soziale Ungleichheit zwischen den Geschlechtern und Generationen sowie zwischen Ost und West habe ich bereits kurz hingewiesen. Es gibt auch einige Anhaltspunkte dafür, daß die regionalen Disparitäten zwischen den städtischen und ländlichen Gebieten der neuen Länder schärfere Konturen annehmen (*Geißler* 1993a, 25; *Wittich* 1994, 92ff.). Im Folgenden beschränke ich mich auf Differenzierungs- und Polarisierungsprozesse auf der vertikalen Dimension sozialer Ungleichheit.

Die egalitäre Gesellschaftspolitik der DDR-Führung hatte Unterschiede im Lebensstandard und in den Lebenschancen stark eingeebnet. Dies war nicht nur an der Einkommensstruktur und den daran gekoppelten Unterschieden in der materiellen Lage absehbar, sondern auch an einer ganzen Reihe anderer Indikatoren - z. B. an vielen Einschränkungen (Konsum, Dienstleistungen, Wohnen, Reisen, medizinische Versorgung u. a.), von denen fast alle in ähnlicher Form betroffen waren; an der reduzierten Tauschfunktion der Ressource Geld (wegen der vielen Versorgungsmängel, staatlichen Reglementierungen und Einschränkungen ließ sich die Verfügung über unterschiedliche Geldsummen weniger häufig in unterschiedliche Lebenschancen umsetzen); aber auch an den für alle gültigen Garantien sozialer Sicherheit. In der Regel waren es - abgesehen von den Sicherheitsgarantien - keine Nivellierungen in der Mitte, sondern Nivellierungen nach unten. Die DDR war keine nivellierte Mittelstandsgesellschaft, sondern eine nach *unten nivellierte Arbeiter- und Bauerngesellschaft* mit einem hohen Maß an sozialer Sicherheit auf diesem sonst niedrigen Niveau von Lebenschancen.[7]

Mit der Einführung marktwirtschaftlicher und sozialstaatlicher Verteilungsprinzipien geht ein (Wieder-)Aufbau sozialer Ungleichheiten einher. In Zusammenhang mit dem Wohlstandsschub und der damit verbundenen Verbesserung von Lebenschancen bedeutet dies *Differenzierung und Polarisierung nach oben*, d. h. die sozialen Abstände zwischen oben und unten werden - im Hinblick auf Einkommen, Besitz und damit verknüpfte Lebensbedingungen und Lebenschancen - auf einem insgesamt höheren Niveau größer.[8] Die Konturen sozialer Ungleichheit treten auch deshalb schärfer hervor, weil die nivellierenden Rahmenbedingungen des sozialistischen Alltags - z. B. Reiseeinschränkungen, staatliche Wohnungsbewirtschaftung oder Mängel im Waren- und Dienstleistungsangebot - verschwunden sind und weil die unterschiedliche Verfügung über Geld stärker als vorher Unterschiede in der Lebensgestaltung, in den Konsum- und Freizeitchancen ermöglicht.

Gegenläufig zu dieser Tendenz "nach oben" hat sich die Situation im Bereich der sozialen (Un-)Sicherheit entwickelt: auch hier tauchen neue Formen der Ungleichheit auf - wie offene und latente, kurz- und langfristige Arbeitslosigkeit, Obdachlosigkeit, Wohnungslosigkeit; diese bleiben jedoch auf einem "niedrigeren Niveau" (wenn man in diesem Bild bleiben will). Ein Höchstmaß an sozialer Sicherheit für alle im Realsozialismus hat sich quasi über Nacht schlagartig in ein Übermaß an sozialer Unsicherheit für größere Teile der Ostdeutschen verkehrt mit starken negativen Auswirkungen auf ihre allgemeine Befindlichkeit und Lebenszufriedenheit.[9]

5. Umschichtungen: von der Arbeiter- und Bauerngesellschaft zur tertiären Mittelschichtengesellschaft

Um diesen dritten Aspekt des Strukturumbruchs zu verdeutlichen, benutze ich das umstrittene Schicht- bzw. Klassenkonzept. Ich orientiere mich auch hier wieder an *Theodor Geiger* und ziehe den Schichtbegriff vor. *Geiger* konzipiert Schicht als einen allgemeinen Oberbegriff für sehr unterschiedliche Gliederungsmuster auf der vertikalen Dimension sozialer Ungleichheit; eine Klassenstruktur ist danach ein historisch besonderer Typus der Schichtstruktur (vgl. *Geißler* 1994, 9ff.). Mit dem daraus abgeleiteten Konzept der Umschichtungen lassen sich wichtige Umbrüche der ostdeutschen Ungleichheitsstruktur recht gut erfassen, denn die deutsche Gesellschaft hat sich von ihren Schichten und Klassen bisher nicht verabschiedet, wie manche fälschlicherweise behaupten.

Schichten und Klassen verändern im Umbruch ihre Größe, ihren Charakter und ihre relative Position im Ungleichheitsgefüge. Die ostdeutsche Schicht- und Klassenstruktur verliert durch eine Vielzahl quantitativer und qualitativer Prozesse ihre realsozialistischen Besonderheiten und nähert sich dem Muster des westdeutschen Schichtungsgefüges an. Die groben Linien des Strukturumbruchs deuteten sich bereits 1990 an (vgl. *Geißler* 1991a), vier Jahre später sind die Umschichtungen recht gut erkennbar, wie die folgende Skizze der wichtigsten Veränderungen deutlich macht.

Die alte monopolistische *Machtelite*, bei der Macht in hohem Maß konzentriert (aber auch gleichzeitig z. T. paralysiert) war und die durch homogenisierende Sozialisations-, Rekrutierungs- und Kontrollmechanismen eine vergleichsweise hohe ideologische Geschlossenheit aufwies, ist durch pluralistischer strukturierte und mit westdeutschem Personal durchmischte Machteliten mit einer größeren Teilung der Macht ersetzt worden.[10]

Im gleichen Atemzug hat sich die umfangreiche *sozialistische Dienstklasse* der Funktionäre aufgelöst. (Auf die sozialistische Funktionärsschicht paßt das Konzept der "Dienstklasse", wie *Karl Renner* (1953, 211ff.) die bürokratischen Helfer der Machtelite bei der Herrschaftsausübung nennt, recht gut; auf die sozial heterogenen westdeutschen Dienstleistungsschichten in sehr unterschiedlichen Funktionen, für die es in Anlehnung an das Klassenmodell von *John Goldthorpe* häufig verwendet wird, paßt es m. E. nicht.) Die großen Apparate der Parteien und Massenorganisationen sind weitgehend verschwunden, ebenso Teile des sozialistischen Staatsapparates (wie z. B. der aufgeblähte Staatssicherheitsdienst). Andere Segmente wurden oder werden auf "westdeutsche Normalgröße" zurechtgestutzt (z. B. im Bereich Bildung und Wissenschaft), z. T. aus der Staatsbürokratie ausgegliedert (Massenmedien, große Teile der Wirtschaft) und in den höheren Ebenen, so wie die Machteliten auch, partiell westdeutsch besetzt bzw. westdeutsch überschichtet (Justiz, Militär, Wissenschaft, Verwaltung). Die Reste der alten Dienstklasse werden zu Bestandteilen der stark expandierenden umfangreichen neuen Dienstleistungsmittelschichten. Diese haben sich wegen des abrupt nachgeholten Tertiärisierungsschubs der ostdeutschen Wirtschaft (vgl. *Geißler* 1993b, 587) quantitativ schnell ausgedehnt und weisen eine "plurale" Struktur auf: In verschiedenen Funktionsbereichen dienen sie - teils als private Angestellte, teils als öffentliche Angestellte, teils auch bereits als Beamte unterschiedlichen Herren. Im Hinblick auf ihre materiellen Lebensbedingungen setzen sich die neuen Dienstleistungsmittelschichten stärker als vorher von den Arbeiterschichten ab. Die privilegierte Statusgruppe der Beamten ist ein neues Element in der ostdeutschen Schichtstruktur; ihr bisher kleiner Anteil wird weiter wachsen.[11]

Der in der DDR fast vernichtete *"alte Mittelstand"* durchläuft - von den sozialistischen Fesseln befreit und vom neuen Staat finanziell gefördert -

eine Phase des Wieder- und Neuaufbaus. Die Anzahl der selbständigen Erwerbsexistenzen hat stark zugenommen; der neue ostdeutsche Mittelstand ist allerdings quantitativ und qualitativ noch erheblich von den westdeutschen Dimensionen entfernt. Mit ca. 6% der Erwerbstätigen wurde Ende 1993 erst die Hälfte des westdeutschen Umfangs etwas überschritten. Dies liegt u. a. daran, daß dem ostdeutschen Mittelstand bisher weitgehend das Element der bäuerlichen Familienbetriebe fehlt (vgl. unten), es hat sich bisher im wesentlichen ein *handwerklich-tertiärer* Mittelstand entwickelt mit einem deutlichen Schwerpunkt im Dienstleistungssektor. Nach erheblichen Anlaufschwierigkeiten, die mit relativen Einkommeneinbußen gegenüber DDR-Zeiten verbunden waren, steigen inzwischen - bei sehr hohen Arbeitszeiten - auch die Einkommen deutlich überdurchschnittlich an. Die Gruppe der Selbständigen ist - wie im Westen auch - sozial sehr heterogen. Viele neue Mittelständler und Freiberufler haben sich auch in den neuen Ländern inzwischen an die Spitze der "Besserverdienenden" gesetzt; die Durchschnittseinkommen der Selbständigen haben sich allerdings noch nicht so weit über den allgemeinen Einkommensdurchschnitt erhoben wie in den alten Ländern, u. a. deshalb, weil der Anteil von Klein- und Kleinstgewerben und -betrieben besonders groß ist. Erfolgreiche selbständige Tätigkeit schlägt sich in einer hohen Lebenszufriedenheit nieder.[12]

Die Arbeiter- und Bauernschichten, deren Umfang wegen des Tertiärisierungsrückstandes der realsozialistischen Produktionsstruktur überdimensioniert war, sind stark geschrumpft. Die *Arbeiter* verlieren gleichzeitig - trotz des Wohlstandsanstieges - ihre im Vergleich zu anderen Schichten der Mitte relativ günstige Position im Ungleichheitsgefüge. Insbesondere die *Un-* und *Angelernten*, die bereits von den DDR-Soziologen als eine besondere Problemgruppe mit "großem Beharrungsvermögen" erkannt worden waren, sind von den neuen Unsicherheiten und Orientierungsproblemen in hohem Maß betroffen. Aus dem krisengeschüttelten Arbeitsmarkt werden sie extrem häufig hinausgedrängt; Lähmungserscheinungen und Handlungsschwäche, Sorgen, Ängste und Orientierungslosigkeit, Unzufriedenheit und das Gefühl, ihre Lebensbedingungen hätten sich nach der Wende verschlechtert, sind unter ihnen besonders weit verbreitet.[13]

Der soziale Umbruch in der *Landwirtschaft* nahm besonders dramatische Ausmaße an. Dem Zusammenschrumpfen der enormen personellen Überkapazitäten des primären Sektors, wo betriebliche Überbesetzungen mit sektoralen Überhängen kumulierten, auf westdeutsche Größenverhältnisse sind mehr als 80% der Arbeitsplätze zum Opfer gefallen. Inzwischen zeichnet es sich ab, daß Besonderheiten der sozialistischen Sozialstruktur, die durch die Agrarrevolution entstanden waren (vgl. *Geißler* 1992, 112ff.), den Strukturwandel in veränderter Form überdauern werden. Nur ein kleiner Teil der ostdeutschen Landwirte hat sich selbständig gemacht und bewirtschaftet einen eigenen Familienbetrieb - häufig mit erheblich größerer Nutzfläche als in den alten Ländern. Viele Einzelunternehmer haben sich zu besonders gewinnträchtigen sog. "Personengesellschaften" zusammengeschlossen, und die überwiegende Mehrheit der landwirtschaftlich Tätigen arbeitet weiterhin auf den großen Gütern der LPG-Nachfolgegesellschaften. Ostdeutsche Landwirte - insbesondere die Personengesellschaften, gefolgt von den selbständigen Einzelhöfen - erwirtschaften seit einiger Zeit - meist als "moderne Großagrarier" - durchschnittlich höhere Gewinne pro Arbeitskraft als die westdeutschen Bauern. Dies trifft seit 1993/94 auch auf die LPG-Nachfolgegesellschaften zu. Der kleine Rest der bäuerlichen Bevölkerung Ostdeutschlands, der den Umbruch überlebt hat, kann also die vergleichsweise gute soziale Integration der Bauernschaft aus der sozialistischen Gesellschaft in die neuen Verhältnisse hinüberretten; er ist nicht in dem Ausmaß von sozialer Randständigkeit bedroht wie viele westdeutsche Landwirte (vgl. *Agrarbericht* 1995, 9, 14f., 23, 41, 61).

Die ostdeutschen *Randschichten* strukturieren sich allmählich nach dem westdeutschen Muster um. Der Rand der sozialistischen Gesellschaft hatte andere Konturen als der westdeutsche. Ein großer Teil der Rentnerinnen und Rentner, die von der produktionsorientierten realsozialistischen Sozialpolitik auf Dauer an den gesellschaftlichen Rand gedrückt worden waren, sind inzwischen aus dieser Lage befreit worden; dafür sind andere Gruppen, die es in der DDR gar nicht oder nicht als Armutsgruppen gab (Langzeitarbeitslose, Kinderreiche, Alleinerziehende), einem erhöhten Armutsrisiko ausgesetzt. Auch andere Formen westdeutscher Randständigkeit, wie manifeste Obdachlosigkeit und Wohnungslosigkeit, die in der realsozialistischen Gesellschaft fehlten, breiten sich aus. Der Versuch, den Umfang der Armut in Ost und West zu vergleichen, ist mit erheblichen begrifflichmethodischen Problemen verbunden. Bezieht man die Einkommensdefizite in Ost und West auf die jeweiligen Durchschnittseinkommen in den neuen bzw. alten Ländern, so ergibt sich folgendes Bild: der Anteil armer Familien und Haushalte hat sich in den neuen Ländern seit der Wende kontinuierlich den Verhältnissen in den alten Ländern angenähert, lag aber 1993 noch deutlich unter dem westdeutschen Niveau (*Habich/Krause* 1994; *Hanesch* u. a. 1994).

6. Resümee

Der Wandel der realsozialistischen zur sozialstaatlichen Ungleichheitsstruktur in den neuen Ländern läßt sich auf das folgende Resümee komprimieren: *Eine stark politisierte, nach unten nivellierte Arbeiter- und Bauerngesellschaft, die von einer monopolistischen Machtelite mit ihrer Dienstklasse beherrscht wurde und wo der Mittelstand fast vernichtet worden war, bricht um in eine weitgehend entpolitisierte, stärker vertikal und geschlechtstypisch differenzierte und polarisierte tertiäre Mittelschichtengesellschaft, in der pluralistischere, westdeutsch durchmischte Machteliten herrschen und ein neuer handwerklich-tertiärer Mittelstand entsteht.*

Anmerkungen

1. Die kaum entwickelte Mobilitätsanalyse in der DDR-Soziologie knüpfte konzeptionell von Anfang an an das dynamische Konzept *Geigers* an (*Steiner* 1965, 56; vgl. auch *Lötsch* 1977, 439), sollte sie doch in erster Linie das marxistisch-leninistische Dogma von der sozialen Annäherung aller Klassen und Schichten, also einen Wandel des Gesamtgefüges der sozialistischen Sozialstruktur, untermauern (vgl. dazu *Geißler/Hanf* 1995).
2. Zu den politischen Auslesekriterien im Bildungssystem vgl. *Bathke* 1985, 115f., 159 und *Geißler* 1990, 92f.; Beispiele für den Zusammenhang von SED-Loyalität und beruflichem Aufstieg bei *Geißler* 1992, 137f. und *Solga* 1994, 217ff.; zu den Karrieremechanismen vgl. *Adler/Kretzschmar* 1993; zur Bedeutung politischer Aktivität für das berufliche Fortkommen von Montagearbeitern vgl. *Voigt* 1973, 109.
3. Vgl. *Albrecht/Kretzschmar* 1995 sowie *Solga* und *Diewald/Sørensen* in diesem Band.
4. Diese politische Straffunktion des Rentenrechts ist auch unter westlichen Experten umstritten, u.a. deshalb, weil sie von Einzelfallprüfungen, d.h. vom konkreten individuellen Verhalten der Betroffenen absieht mit der Folge, daß nicht nur die wirklich SED-Loyalen von Statuseinbußen betroffen sind, sondern auch politisch Indifferente oder auch Oppositionelle, sofern sie "staatsnahe Positionen" (z.B. eine Professur) innehatten.
5. Genauere empirische Belege zur Vergeschlechtlichung z.B. bei *Bertram* 1993, *Geißler* 1993, 86f.; *Gysi/Meyer* 1993; *Drauschke/Stolzenburg* 1994, 294 f.; *Nickel/Schenk* 1994; *Schröter* 1994; *Nickel* 1995.
6. Zu den besonderen Problemen dieser Altersgruppe im Umbruch vgl. *Geißler* 1993, 22f.; *Winkler* 1993, 175ff.; *Adler/Kretzschmar* 1995, 17f.
7. Vgl. *Adler* 1991, 163ff.; *Geißler* 1992, 53ff.; *Geißler* 1993a, 13ff.; *Lötsch* 1993, 35ff.
8. Empirische Beispiele und Details z.B. bei *Wagner* u.a. 1992, 117; *Geißler* 1993, 82ff. und 1993b, 588f.; *Ebert* 1994, 173f.; *Hauser* in diesem Band.
9. Vgl. z.B. *Geißler* 1995, xff.; *Winkler* 1994, 17ff.; *Berger u.a.* 1994, 131ff.
10. Vgl. dazu allgemein *Gilldwald* 1992 und *Geißler* 1993b, 585 f. sowie die Spezialstudien zur politischen Elite (*Herzog* 1992), zur Kommunalelite (*Berking/Neckel* 1992) und Wirtschaftselite (*Myritz* 1992).
11. Einzelheiten zum Strukturwandel der sozialistischen Dienstklasse bei *Geißler* 1993, 78ff; zum zunehmenden sozialen Abstand von Angestellten und Arbeitern vgl. auch *Adler/Kretzschmar* 1995, 4ff.; zur Überschichtung der Landesverwaltung durch westdeutsche "Leihbeamte" vgl. *Grundmann* 1994.
12. Zur Situation des Mittelstandes in der DDR und kurz nach dem Umbruch vgl. *Geißler* 1992, 104ff. und 1993b, 587 f. Neuere Angaben zu Umfang, Einkommen und Zufriedenheit in *Kurz-Scherf/Winkler* 1994, 93, 95, 165, 173 und *Adler/Kretzschmar* 1995, 5. Vgl. auch *Lindig/Valerius* 1993 und *Dietrich* 1993.
13. Vgl. *Habich u.a.* 1991, 40; *Landua/Zapf* 1991, 12; *Hofmann/Rink* 1993, 173-175; *Landua u.a.* 1993, 119; *Berger* u.a. 1994, 94; *Habich* 1994, 584; *Priller* 1994, 445; *Albrecht/Kretzschmar* 1995, 5 und Tabelle 1.

Literatur

Adler, F. (1991). Einige Grundzüge der Sozialstruktur der DDR. In: Projektgruppe "Das Sozio-ökonomische Panel" (Hrsg.), Lebenslagen im Wandel. Frankfurt/New York: Campus, S. 152-177.

Adler, F./Kretzschmar, A. (1993). Ungleichheitsstrukturen in der ehemaligen DDR. In: Geißler, R. (Hrsg.), Sozialer Umbruch in Ostdeutschland. Opladen: Leske + Budrich, S. 93-118.

Adler, F./Kretzschmar, A. (1995). Tendenzen vertikaler Mobilität im ostdeutschen Transformationsprozeß. Manuskr. Berlin. Agrarbericht (1995). Agrarbericht der Bundesregierung. Bonn.

Bathke, G.-W. (1985). Sozialstrukturelle Herkunftsbedingungenund Persönlichkeitsentwicklung von Hochschulstudenten. Dissertation B. Leipzig.
Berger, H./Frister, S./Liljeberg, H./Winkler, G. (1994). Arbeitsmarktentwicklung. In: Kurz-Scherf, I./Winkler, G. (Hrsg.), Sozialreport 1994. Berlin: SFZ/GSFP, S. 88-150.
Berger, P. A. (1986). Entstrukturierte Klassengesellschaft? Opladen: Leske + Budrich.
Berking, H./Neckel, S. (1992). Die gestörte Gemeinschaft. Machtprozesse undKonfliktpotentiale in einer ostdeutschen Gemeinde. In: Hradil, S. (Hrsg.), Zwischen Bewußtsein und Sein. Opladen: Leske + Budrich, S. 151-172.
Bertram, B. (1993). "Nicht zurück an den Kochtopf" - Aus- und Weiterbildung in Ostdeutschland. In: Helwig, G./Nickel, H. M. (Hrsg.), Frauen in Deutschland 1945-1992. Berlin: Akademie Verlag, S. 191-214.
Braun, M./Kolosi, T. (1994). Wandel der Einstellungen zur sozialen Ungleichheit in Deutschland und Ungarn. In: Braun, M./Mohler, P. Ph. (Hrsg.), Blickpunkt Gesellschaft 3. Opladen: Westdeutscher Verlag, S. 41-70.
Dietrich, H. (1993). Selbständige in den neuen Bundesländern. In: Geißler, R. (Hrsg.), Sozialer Umbruch in Ostdeutschland. Opladen: Leske + Budrich, S. 197-220.
Drauschke, P./Stolzenburg, M. (1994). Familie. In: Kurz-Scherf, I./Winkler, G. (Hrsg.), Sozialreport 1994. Daten und Fakten zur sozialen Lage in den neuen Bundesländern. Berlin: SFZ/GSFP, S. 269-300.
Ebert, E. (1994). Einkommen und Konsum. In: Kurz-Scherf, I./Winkler, G. (Hrsg.), Sozialreport 1994. Berlin: SFZ/GSFP, S. 151-208.
Elias, N. (1989). Studien über die Deutschen. Frankfurt am Main: Suhrkamp.
Geiger, Th. (1954). A. Dynamic Analysis of Social Mobility. In: Acta Sociologica 1, S. 24-36 (zitiert nach der deutschen Übersetzung in: Geiger, Th., Arbeiten zur Soziologie hrsg. v. P. Trappe, Neuwied am Rhein: Luchterhand 1962, S. 100-113).
Geiger, Th. (1955). Typologie und Mechanik der gesellschaftlichen Fluktuation. In: Bernsdorf, W./Eisermann, G. (Hrsg.), Die Einheit der Sozialwissenschaften. Stuttgart:
Enke 1955, S. 84-116 (abgedruckt in Geiger, Th., Arbeiten zur Soziologie, hrsg. v. P. Trappe, Neuwied am Rhein: Luchterhand 1962,. S. 114-150).
Geißler, R. (1991). Soziale Ungleichheit zwischen Frauen und Männern im geteilten und vereinten Deutschland. In: Aus Politik und Zeitgeschichte B 14-15, S. 13-24.
Geißler, R. (1991a). Transofrmationsprozesse in der Sozialstruktur der neuen Bundesländer. In: Berliner Journal für Soziologie 1, S. 177-194.
Geißler, R. (1992). Die Sozialstruktur Deutschlands. Ein Studienbuch zur sozialstrukturellen Entwicklung im geteilten und vereinten Deutschland. Opladen: WestdeutscherVerlag.
Geißler, R. (1993). Soziale Umbruch als Modernisierung. In: Geißler, R. (Hrsg.), Sozialer Umbruch in Ostdeutschland. Opladen: Leske + Budrich, S. 63-91.
Geißler, R. (1993a). Sozialer Umbruch in Ostdeutschland. Einleitende Bemerkungen. In: Geißler, R. (Hrsg.), Sozialer Umbruch in Ostdeutschland. Opladen: Leske + Budrich,7-30.
Geißler, R. (1993b). Sozialer Wandel. In: Weidenfeld, W./Korte, K.-R. (Hrsg.), Handbuch zur deutschen Einheit. Frankfurt/New York: Campus, S. 581-593.
Geißler, R. (1994). Die pluralisierte Schichtstruktur der modernen Gesellschaft: zur aktuellen Bedeutung des Schichtbegriffs. In: Geißler, R. (Hrsg.), SozialeSchichtung und Lebenschancen in Deutschland. Stuttgart: Enke, S. 6-36.
Geißler, R. (1995). Neue Strukturen der sozialen Ungleichheitim vereinten Deutschland. In: Hettlage, R./Lenz, K.(Hrsg.), Deutschland nach der Wende. Eine Fünf-Jahres-Bilanz. München: C. H. Beck (im Druck).
Geißler, R./Hanf, T. (1995). Sozialstrukturforschung in der DDR. In: Friedrichs, J. (Hrsg.), Soziologische Forschung in der DDR. Berlin: de Gruyter (im Druck).
Gillwald, K. (1992). Hoffnungsträger Ost. Berlin: WZB PaperP 92-103.
Grundmann, S. (1994). Zur Akzeptanz und Integration von Beamten aus den alten in den neuen Bundesländer. In: Deutschland Archiv 27, S. 31-41.

Gysi, J./Meyer, D. (1993). Leitbild: berustätige Mutter - DDR-Frauen in Familie, Partnerschaft und Ehe. In: Helwig, G./Nickel, H. M. (Hrsg.), Frauen in Deutschland 1945-1992. Berlin: Akademie Verlag 1993, S. 139-165.

Habich, R. (1994). Problemgruppen. In: Statistisches Bundesamt (Hrsg.), Datenreport 1994. Bonn: Bundeszentrale für politische Bildung, S. 582-588.

Habich, R./Krause, E./Priller, E. (1991). Subjektives Wohlbefinden. In: Wagner, G. u. a. (Hrsg.), An der Schwelle zur Marktwirtschaft. Ergebnisse aus der Basiserhebung des Sozioökonomischen Panels in der DDR im Juni 1990. Bayreuth: IAB, S. 37-41.

Habich, R./Krause, P. (1994). Armut. In: Statistisches Bundesamt (Hrsg.), Datenreport 1994. Bonn: Bundeszentrale für politische Bildung, S. 598-607.

Hanesch, W. u. a. (1994). Armut in Deutschland. Der Armutsbericht des DGB und des Paritätischen Wohlfahrtsverbandes. Reinbek bei Hamburg: Rowohlt.

Herzog, D. (1992). Politische Elite. In: Andresen, U./Woyke, W. (Hrsg.), Handwörterbuch des politischen Systems der Bundesrepublik Deutschland. Opladen: Leske + Budrich, S. 442-445.

Hofmann, M./Rink, D. (1993). Die Kohlearbeiter von Espenhain. Eine Studie zur Enttraditionalisierung eines Arbeitermilieus in einer alten Industrieregion. In: Geißler, R. (Hrsg.), Sozialer Umbruch in Ostdeutschland. Opladen: Leske + Budrich, S. 163-178.

Kurz-Scherf, I./Winkler, G. (Hrsg.) (1994). Sozialreport 1994. Daten und Fakten zur sozialen Lage in den neuen Bundesländern. Berlin SFZ/GSFP.

Landua, D./Zapf, W. (1991). Deutschland nach der Wiedervereinigung: Zwei Gesellschaften, eine Nation. In: Informationsdienst Soziale Indikatoren, Nr. 6, S. 10-13.

Landua, D./Habich, R./Noll, H.-H./Zapf, W./Spellerberg, A. (1993). "... im Westen noch beständig, im Osten etwas freundlicher." Lebensbedigungen und subjektives Wohlbefinden drei Jahre nach der Wiedervereinigung. Berlin: WZB Paper P 93-108.

Lindig, D./Valerius, G. (1993). Neue Selbständige in Ostdeutschland. In: Geißler, R. (Hrsg.), Sozialer Umbruch in Ostdeutschland. Opladen: Leske + Budrich, S. 179-196.

Lötsch, M. (1977). Sozialstruktur. In: Aßmann, G. u. a., Wörterbuch der marxistisch-leninistischen Soziologie. Berlin: Dietz, S. 592-597.

Lötsch, M. (1993), Sozialstruktur und Systemtransformation. In: Geißler, R. (Hrsg.), Sozialer Umbruch in Ostdeutschland. Opladen: Leske + Budrich, S. 31-40.

Myritz, R. (1992). Manager in Ostdeutschland. Köln: Deutscher Instituts-Verlag.

Nickel, H. M. (1995). Mit dem Gleichstellungsvorsprung in eine Modernisierungsfalle? Frauenwirklichkeiten im fünften Jahr nach der Wiedervereinigung. In: Berliner Journal für Soziologie 5 (im Druck).

Nickel, H. M./Schenk, S. (1994). Prozesse geschlechtsspezifischer Differenzierung im Erwerbssystem. In: Nickel, H.M./Kühl, J./Schenk, S. (Hrsg.), Erwerbsarbeit und Beschäf-tigung im Umbruch. Berlin: Akademie-Verlag, S. 259-282.

Priller, E. (1994). Einkommensverteilung und Lebensstandard. In: Statistisches Bundesamt (Hrsg.), Datenreport 1994.Bonn: Bundeszentrale für politische Bildung, S. 450-463.

Renner, K. (1953). Wandlungen der modernen Gesellschaft. Wien: Verlag der Wiener Volksbuchhandlung.

Schröter, U. (1994). Zur sozialen Lage und Befindlichkeit der Frauen in Ostdeutschland. In:
Wittich, D. (Hrsg.), Momente des Umbruchs. Sozialstruktur und Lebensqualität in Ostdeutschland. Berlin: Ed. Sigma, S. 189-214.

Solga, H. (1994). Auf dem Weg in die klassenlose Gesellschaft? Klassenlagen und Mobilität zwischen Generationen in der DDR. Diss. Berlin.

Steiner, H. (1965). Aspekte der sozialen Mobilität in der Deutschen Demokratischen Republik. In: Bohring, G./Braunreuther, K. (Hrsg.), Soziologie und Praxis. Berlin: Dietz, S. 38-56.

Thiele, G. (1991). Vom Trab in den Galopp. In: Das Profil der Deutschen. Spiegel Spezial 1, S. 58-60.

Voigt, D. (1973). Montagearbeiter in der DDR. Darmstadt und Neuwied: Luchterhand.

Wagner, G./Hauser, R./Müller, K./Frick, J. (1992). Einkommensverteilung und Einkommenszufriedenheit in den neuen und alten Bundesländern. In: Glatzer, W./Noll, H.-H. (Hrsg.), Lebensverhältnisse in Deutschland: Ungleichheit und Angleichung. Frankfurt/New York: Campus, S. 91-138.

Winkler, G. (1993). Die "künftigen Alten". In: Schwitzer, K.-P./Winkler, G. (Hrsg.), Altenreport 1992. Berlin: Morgenbuchverlag, S. 175-184.

Winkler, G. (1994). Leben in Ostdeutschland. In: Kurz-Scherf,I./Winkler, G. (Hrsg.), Sozialreport 1994. Berlin: SFZ/GSFP, S. 11-46.

Wittich, D. (Hrsg.) (1994). Momente des Umbruchs. Sozialstruktur und Lebensqualität in Ostdeutschland. Berlin: Ed. Sigma.

Von der geschlossenen zur offenen Gesellschaft? Ostdeutsche Erwerbsverläufe im Spiegel von Umfrageergebnissen

Sabine Schenk

Mittlerweile sind Lebensverlaufsuntersuchungen auf der Basis großer Datensätze zu einem festen Bestandteil der Sozialstruktur- und hier insbesondere der Mobilitätsforschung geworden. Dies resultiert zum einen aus ihrer spezifischen Tragfähigkeit bzgl. der Verknüpfung mikro- und makrosoziologischer Problemzugänge (*Mayer* 1990, S.7) und zum anderen aus ihrer Erklärungskraft, die sie für die Strukturierungs- und Wandlungsprozesse moderner Industriegesellschaften erlangt hat. Auch die sozialstrukturell orientierte Arbeitsmarktforschung richtet ihr Interesse zunehmend auf die Analyse erwerbsbiographischer Prozesse im Sinne kontinuierlicher Ereignisgeschichten. Wichtiger Ansatzpunkt ist dabei, daß sich die erkennbare Struktur aktueller Erwerbspositionen, zukünftig zu erwartende Berufschancen und individuelle Handlungskalküle ohne die Berücksichtigung von Statuspassagen und lebensgeschichtlichen Zusammenhängen des Berufsverlaufs kaum adäquat abbilden bzw. antizipieren lassen. Diese ihrerseits werden wesentlich determiniert durch die jeweils vorfindlichen gesellschaftlichen Kontextbedingungen, d.h. ihre Verortung auf der historischen Zeitachse, die damit gleichermaßen in den Mittelpunkt der Betrachtung rückt.

In besonderem Maße gilt dies für die als historisch wohl einmalig zu bezeichnende Situation des Transformationsprozesses in den neuen Bundesländern. Hier hat innerhalb kurzer Zeit ein institutioneller Systemwechsel stattgefunden und die vormals gültigen Integrationsmechanismen, oder - um mit *Bourdieu* zu sprechen - die strukturierenden Strukturen (1988), sind sehr schnell und in mehrfacher Hinsicht obsolet geworden. Die damit verbundenen massiven Anpassungskonflikte im Beschäftigungssystem, die zunächst in den Daten der amtlichen Statistik als sektoraler Strukturumbruch und diverse Formen der Unterbeschäftigung erscheinen, manifestieren sich auf individueller und gruppenspezifischer Ebene als Verwerfungen von Erwerbsbiographien. Das betrifft sowohl Abbrüche und Unterbrechungen der Erwerbsverläufe selbst als auch berufsbezogene Umstiege und Neuorientierungen. Mit der institutionellen Ausdehnung der grundlegenden ordnungspolitischen Rahmenbedingungen der BRD auf die neuen Bundesländer erlangen auch die Struktur- und Allokationsprinzipien der Berufsarbeit, wie wir sie in den alten Bundesländern kennen eine dominante Prägekraft. Gleichwohl ist zu erwarten, daß aus dieser Sondersituation auch differenzierte und zum Teil gegenläufige Lebenslauf-, Kohorten- und Periodeneffekte resultieren werden, daß der enorme Veränderungsdruck, unter dem Ostdeutschland heute steht, mit spezifischen (Neu-)Plazierungsmustern im Erwerbssystem verbunden sein wird, über die wir bislang kaum etwas wissen.

Die empirisch-quantitative Erfassung individueller Erwerbs- und Berufsverläufe als kontinuierliche Ereignisgeschichten auf der historischen Zeitachse ist bekanntermaßen nicht unproblematisch. Sie setzt aufwendige Erhebungen und Dateneditionen voraus. Zudem hatte die DDR, aufgrund ihres marginalen Interesses an der Erforschung ihrer eigenen Probleme und ihrer ideologisch stark überformten Sozialstrukturforschung, kaum Untersuchungsergebnisse hinterlassen, an die sich 1990/91 sinnvoll anschließen ließ.[1] In den ersten Jahren nach der deutschen Vereinigung mußte daher zunächst eine erheblichen Materiallücke, gerade bezüglich der hier diskutierten Fragestellungen, geschlossen werden. Inzwischen steht mit der Panelerhebung des Arbeitsmarkt Monitors und dem sozioökonomischen Panel-Ost sowie mit den Daten des DDR-Lebensverlaufsprojekts des Max-Planck-Instituts für Bildungsforschung und der Mehr-Themen-Befragung der KSPW eine relativ gut abgesicherte empirische Basis für längsschnittbezogene Analysen zur Verfügung.

Auf ihrer Grundlage liegen jetzt detaillierte Analysen zu den Erwerbs- und Berufsverläufen im Transformationsprozeß[2] vor, auf die ich mich im folgenden beziehen werde, ohne dies in jedem Fall explizit zu kennzeichnen. Einige dieser Texte finden sich in diesem Band.

Betrachtet man die vorliegenden Arbeiten, so lassen sich gegenwärtig vor allem zwei dominante Perspektiven intragenerationaler Mobilitätsprozesse, die zum Teil miteinander verknüpft werden, ausmachen:

(a) Eine erste Perspektive, die sich mit den dynamischen Veränderungen des Erwerbssystems im Hinblick auf die Stabilität respektive Instabilität von Beschäftigungsverhältnissen befaßt. Im Mittelpunkt des Forschungsinteresses stehen dabei, neben der Abbildung unterschiedlicher Erwerbsbeteiligungsmuster und Verlaufsformen, die Determinanten gruppenspezifischer (Wieder-)Beschäftigungschancen und Selektionsmechanismen sowie Fragen nach der Aufnahmefähigkeit bzw. den Schließungstendenzen einzelner Arbeitsmarktsegmente.

(b) Eine zweite Perspektive richtet den Blick auf die Veränderungen des beruflichen Positionsgefüges und fragt hier nach Berufs- und Tätigkeitswechseln, Statusübergängen im Sinne von Auf- und Abstiegsprozessen, dem Stellenwert des DDR-spezifischen Laufbahnkapitals und zentralen Mobilitätsmechanismen in diesem Kontext.

Beiden Perspektiven ist gemeinsam, daß sie davon ausgehen, ein hohes Maß an Brüchen, Verwerfungen, Umorientierungen und Positionswechseln vorzufinden. So herrscht in den Sozialwissenschaften kaum ein Dissenz darüber, daß das "Modell DDR [...] weitgehend im Modell BRD aufgehen [wird]" (*Geißler* 1992: 310) und der mit dem Aufholen der Modernisierungsrückstände einhergehende radikale Strukturbruch den sozialstrukturellen Wandel in Ostdeutschland enorm beschleunigen, d.h. faktisch im Zeitraffertempo (ebenda) ablaufen lassen wird. Erwartet wurden erhebliche Mobilitätsströme, vor allem im Zuge nachholender Tertiarisierungsprozesse und durch den Wegfall der politischen Grundlagen sozialstruktureller Erstarrungstendenzen (vgl. *Geißler* 1993a). Hinzu kommen die für die letzten Jahre der DDR-Entwicklung konstatierbaren Aufstiegsblockaden, die die Karrierepfade der jüngeren Kohorten negativ beeinflußt haben und wohl als eine der Ursachen schwindender Systemakzeptanz anzusehen sind (*Mayer* & Solga 1994). Das alles spricht für einen nicht nur sukzessiven, sondern relativ schnellen Übergang der neuen Bundesländer von einer rigiden, geschlossenen Gesellschaft in eine moderne, pluralistische und eher offene Sozialstruktur.

Ein Beobachtungszeitraum von drei bis vier Jahren, auf den die vorliegenden Analysen abstellen, ist in stabilen Systemen - selbst für Prozesse intragenerationaler Mobilität - eine kaum hinreichende Zeitspanne. Unter den spezifischen Bedingungen der Systemtransformation in den neuen Bundesländern müssen nun allerdings andere Zeithorizonte in Ansatz gebracht werden. Die Befunde zur Arbeitsmarktentwicklung der letzten Jahre bestätigen die oben beschriebene Grundannahme beschleunigter Anpassungsprozesse. Die Dienstleistungsbereiche haben ihr Beschäftigungsvolumen von 1989 bis 1993 fast verdoppelt (*Wölfling* 1994: 9) und nur ca. ein Drittel der 1989 Erwerbstätigen ist in diesen Jahren ohne eine Veränderung ihrer Beschäftigungsverhältnisse geblieben (*Infratest* 1993).

Dies suggeriert dynamisierte Umschichtungen, die sich - um es gleich vorweg zu nehmen - in den Befunden der detaillierteren Verlaufsanalysen so nicht wiederfinden lassen. Unterhalb der insgesamt drastisch geschrumpften Erwerbsmöglichkeiten scheint die Restrukturierung des Beschäftigungssystems selbst keineswegs durch massive Verwerfungen, Diskontinuitäten und Turbulenzen gekennzeichnet. Vielmehr kann sich offenbar der Transformationsprozeß auf kontinuitätsstiftende Merkmale und Allokationsmechanismen stützen, die bislang eine durchgängige Destabilisierung und Entwertung von Laufbahnkapitalen verhindert haben.

Im folgenden soll nun differenzierter nachgefragt werden, welche Entwicklungen sich aus den vorliegenden empirischen Befunde zu den ostdeutschen Erwerbs- und Berufsverläufen im bisherigen Transformationsprozeß verdichten lassen. In Anlehnung an *Mayer* werde ich mich dabei auf vier grundlegende Prozesse der Transformation im engeren Sinne: "die Zuweisung von Personen in Positionen; die Zuweisung von Ressourcen an Positionen; die Abschaffung bzw. Neubildung von Positionen; die Veränderung der Allokationskriterien" (1994: 309) beziehen:

1. Die Zuweisung von Personen in Positionen

In den vorliegenden Analysen bleibt der Komplex intergenerationaler Mobilität weitgehend ausgeblendet[3]. Für die Umstrukturierungsprozesse auf dem ostdeutschen Arbeitsmarkt stellt sich zunächst die zentrale Frage nach den Wendeschicksalen der Erwerbspersonen des Jahres 1989/90, die ja mehrheitlich bereits eine berufliche Position innehatten. Intergenerationale Mobilität erscheint dabei implizit, als bereits geronnene soziale Realität in den unterschiedlichen Startpositionen, die die Individuen zu Beginn des Transformationsprozesses einnehmen[4]. Von vordergründigem Interesse sind Mobilitätsprozesse, die sich auf den Verlauf des Berufslebens von Erwerbspersonen, auf jeweils eigenständige Erwerbsbiographien in den letzten drei bis vier Jahren beziehen.

Je nachdem, welchen Blickwinkel man nun auf die zu konstatierenden Positionsveränderungen auf der Ebene individueller Erwerbsbiographien richtet, kommt man zu überraschend gegenläufigen - allerdings nur scheinbar paradoxen - Interpretationen der intragenerationalen Mobilitätsprozesse in den neuen Bundesländern. Versetzt man sich zurück in das gewählte Ausgangsjahr 1989 und fragt auf welchen Positionen sich die damals Erwerbstätigen vier Jahre später befinden, so muß man die Veränderungen als erhebliche Verwerfungen und Verschiebungstendenzen werten. In allen Datensätzen zeichnet sich, quantitativ relativ übereinstimmend, ein sehr dynamisches Bild ab. Für rund 50 Prozent der Erwerbstätigen fand in diesem Zeitraum zumindest eine Unterbrechung ihrer Berufstätigkeit statt und ca. ein Drittel ist 1993 auf Positionen außerhalb des Beschäftigungssystems, zumeist im vorgezogenen Altersruhestand oder als Arbeitslose anzutreffen. Eine ganz andere Perspektive eröffnet sich, wenn man als Betrachtungspunkt die Erwerbstätigen des Jahres 1993 wählt und nun danach fragt, auf welchen Positionen sich diese Personen in den vorangegangenen vier Jahren befunden haben. Hier deutet alles auf eine erstaunliche Kontinuität hin. Rund zwei Dritteln von ihnen ist ein durchgängiger Verbleib im Erwerbssystem ohne Arbeitsstellenwechsel gelungen. Daneben finden wir - jeweils etwa zur Hälfte - Personen, die entweder ohne oder mit Erwerbsunterbrechung einen Stellenwechsel aufweisen. Auch bei ihnen hält sich eine Veränderung ihrer beruflichen Tätigkeit in Grenzen. In der überwiegenden Anzahl der Fälle wird weiterhin der gleiche oder zumindest ein ähnlicher Beruf ausgeübt. Dies trifft prinzipiell auch für die hinzugekommenen Positionen im Dienstleistungsbereich zu. Hier spielt vor allem die "Deformation der ostdeutschen Dienstleistungsstruktur" (*Geißler* 1993b: 74) eine Rolle. Entstehende Vakanzen wurden relativ problemlos durch Personen aufgefüllt, die bereits über eine Dienstleistungsqualifikation verfügten, aber häufig in den Verwaltungsapparaten und Sozialeinrichtungen der volkseigenen Betriebe tätig waren. Auf diesem Hintergrund kommt es zu einer hohen Statusstabilität im hierarchischen Positionsgefüge. Mit Ausnahme der Personen, denen ein

Verbleib bzw. Wiedereinstieg im/ins Beschäftigungssystem nicht gelungen ist und deren heutige Position wohl mehrheitlich als prekär angesehen werden muß, fallen die Auf- und Abstiegsprozesse - so erfreulich oder schmerzlich sie auch in jedem Einzelfall sein mögen - eher marginal aus. Allerdings muß es auch als Ironie der Geschichte und als Spezifikum des deutsch-deutschen Vereinigungsprozesses gelten, daß den vormals von den Karriereblockaden der DDR ver- und behinderten Generationen infolge der Zurückführung politischer Statuszuweisungen und entstehender Vakanzen in den höheren Hierarchieebenen keine überproportionalen Aufstiegsprozesse gelingen. In der Konkurrenz mit dem extern, aus den alten Bundesländern, für diese Positionen zur Verfügung stehenden Rekrutierungspotential haben sie die ungünstigeren Ausgangsbedingungen (*Solga* in diesem Band).

Auf die in diesen Zusammenhängen wirkenden Allokationsprinzipien wird an anderer Stelle noch näher einzugehen sein. Hier sei zunächst nur auf die hohe Paßfähigkeit der jeweils zentral um Ausbildungsberufe organisierten Erwerbssysteme in beiden deutschen Staaten hingewiesen, die beispielsweise *Diewald* und *Solga* als ein wesentliches kontinuitätsstiftendes Merkmal bei der Um- und Verteilung von Beschäftigungschancen im Transformationsprozeß (1994) identifizieren.

2. Zuweisung von Ressourcen an Positionen

Eine weitere Dimension, bei der erhebliche Veränderungen im Transformationsprozeß zu erwarten waren, ist nun die Positionsstruktur selbst. So konnte, angesichts der unterschiedlichen sozialstrukturellen Verfaßtheit der beiden Ausgangsgesellschaften DDR und BRD[5], kaum begründet davon ausgegangen werden, daß der Stellenwert der einzelnen Positionen stabil und unberührt bleibt. Auf jeden Fall wurde eine vertikale Spreizung des Positionsspektrums vermutet, die in Kombination mit Positionsbildungsprozessen den Spielraum zwischen unteren und höheren Hierarchieebenen ausdehnt und neu strukturiert.

In besonderem Maße trifft dies für die Positionen am Rande und außerhalb des Beschäftigungssystems zu, die 1989/90 noch gar nicht vorfindlich waren: Arbeitslosigkeit, vorgezogener Ruhestand, Vollzeitmaßnahmen zur Fortbildung und Umschulung sowie Arbeitsbeschaffungsmaßnahmen. Die ihnen zugewiesenen Ressourcen hinsichtlich erzielbarer Einkommen und antizipierbarer Mobilitätschancen verorten sie auf dieunteren Hierarchieplätze. Damit erscheint das bisherige Positionsgefüge zunächst als nach unten erweitert.

Innerhalb des verbliebenen Beschäftigungssystems lassen sich ebenfalls Veränderungen in der Zuweisung von Ressourcen an Positionen ausmachen. So darf wohl unterstellt werden, daß die Qualität der Beschäftigungsverhältnisse heute eine grundsätzlich andere ist als 1989. Insbesondere in den mittleren und höheren Positionen zeichnen sich ein Zuwachs an Entscheidungsbefugnissen (*Diewald & Sørensen* 1995) und allgemein größere berufliche Kompetenzabforderungen (*Bender & Meyer* 1993: 133) ab. Das manifestiert sich nicht zuletzt in der nachhaltigen Verknüpfung der Einkommenshierarchie mit beruflichen Statuspositionen. Diese veränderten Ressourcenzuweisungen berühren allerdings weniger die hierarchische Rangfolge der einzelnen Positionsgruppen, sondern vielmehr die Abstände zwischen ihnen. Als ein Indiz dafür muß gelten, daß nur sehr wenige Positionsinhaber quasi ohne berufliche Veränderung Auf- oder Abstiegsprozesse realisieren konnten bzw. hinzunehmen hatten. Gleichwohl bedeuten diese relativen Verschiebungen sozialstrukturelle Ausdifferenzierungsprozesse, in deren Folge sich die sozialen Ungleichheiten zwischen den verschiedenen Statusgruppen vergrößert haben.

Insgesamt ist davon auszugehen, daß im Gegensatz zur "nivellierten Arbeiter- und Bauerngesellschaft" (*Geißler* in diesem Band) in den neuen Bundesländern berufliche Mobilität auf der einen Seite wieder besser belohnt, andererseits jedoch auch stärker bestraft wird. Wie sich diese größere Offenheit nun tatsächlich auch in eine Diversifizierung von Chancenstrukturen übersetzt, wird nicht zuletzt von den Positionsbildungsprozessen und Allokationsmechanismen abhängen.

3. Abschaffung bzw. Neubildung von Positionen

In den neuen Bundesländern sind zwei - miteinander verknüpfte - Ebenen der Positionenbildung zu unterscheiden.

Zum einen das Erwerbssystem in einem weiteren Sinne, in dem die massive Reduzierung der Beschäftigten einhergeht mit den jetzt neuen Positionen der arbeitslosen, in Fortbildung und Umschulung und im Vorruhestand befindlichen Erwerbspersonen. Hier ist schon heute eine bemerkenswerte Ähnlichkeit - unterhalb der quantitativ sehr unterschiedlichen Größenordnung - bei der Strukturierung der Arbeitslosigkeit in den alten und den neuen Bundesländern feststellbar (*Steiner* 1994). Allerdings sollen auch die erheblichen Aufwendungen der aktiven Arbeitsmarktpolitik nicht unerwähnt bleiben, die sich im Transformationsprozeß als wichtige Pufferfunktion und Mobilitätspfade erwiesen haben und die wir in diesem Umfang in den alten Bundesländern nicht kennen. Inwieweit sie jedoch auch als Brücke - und nicht vorrangig als Einbahnstraße - zwischen internen und externen Arbeitsmarktsegmenten fungieren werden, muß dagegen skeptisch beurteilt werden (*Grünert & Lutz* 1994).

Zum anderen das Beschäftigungssystem in einem engeren Sinne als Kombination von Berufen, Branchen und Tätigkeitsfeldern. Hier ist davon auszugehen, daß sowohl der Institutionenwandel als auch der wirtschaftliche

Strukturwandel in Ostdeutschland die Erwerbspositionen nachhaltig verändert haben. Obwohl gerade diese Prozesse zu den prominentesten Themen der gegenwärtigen Transformationsforschung gehören, wissen wir hinsichtlich sozialstruktureller Aspekte vergleichsweise wenig über die konkreten Ausformungen der beruflichen Ab- und Aufbauprozesse in den neuen Bundesländern.

Insbesondere betrifft das die Veränderungen des Institutionensystems, die zu einem Abbau der in der DDR vorfindlichen politischen Doppelstrukturierung in Administration und Unternehmen geführt haben. Im Gegenzug sind durch den Aufbau korporatistischer Strukturen und die Verwaltungs- und Gebietsreform in den neuen Bundesländern auch neue Positionen entstanden (*Naßmacher* u.a. 1994). Was dies allerdings für die Bestandsgrößen und binnenstrukturellen Implikationen des Beschäftigungssystem in Ostdeutschland nun tatsächlich bedeutet, ist gegenwärtig weitgehend unbekannt.

Am einfachsten lassen sich noch die quantitativen Dimensionen der sektoralen Verschiebungen nachzeichnen. Dabei deutet alles auf eine schnelle und ja auch so erwartete Modernisierung des Positionsgefüges. Die primären und sekundären Sektoren haben ihr Beschäftigungsvolumen zum Teil erheblich reduziert, während für den Dienstleistungsbereich bis 1993 rund eine halbe Million zusätzliche Beschäftigungsverhältnisse ausgewiesen werden (*Wölfling* 1994, S. 9).

Leitet man aus dieser zeitlich sehr gedrängten Umschichtung theoretisch erwartbare Mobilitätsmechanismen ab, so müßten die Restrukturierungsprozesse Vakanzketten erzeugen, die sich auf der Ebene individueller Berufsverläufe als nachhaltige Veränderungen von Berufen und Tätigkeitsfeldern auswirken. Wie in Punkt 1 gezeigt wurde, ist das in den ostdeutschen Berufsverläufen bislang kaum der Fall gewesen.

Hier tut sich nun ein eklatantes Forschungsdefizit auf. Bezüglich der qualitativen Merkmale sowohl der weggefallenen als auch der hinzugekommenen Positionen liegen zur Zeit lediglich Einzelbefunde, zumeist auf der Basis von Fallstudien, vor. Dies ist um so bedauerlicher, da wir somit nur sehr eingeschränkt in der Lage sind, Aussagen zur Gelegenheitsstruktur intragenerationaler Mobilitätsverläufe zu machen und auf die implizite Annahme verwiesen bleiben, daß die zu beobachtenden Veränderungen in den individuellen Berufsverläufen als Ausdruck vorhandener Möglichkeitsfelder zu betrachten sind. Dies erscheint einerseits relativ unproblematisch, da die angebotenen Stellen in den neuen Bundesländern kaum lange unbesetzt bleiben. Andererseits muß jedoch in Rechnung gestellt werden, daß die krisenhafte Situation auf dem Arbeitsmarkt die individuellen Mobilitätsambitionen, sowohl zwischen einzelnen Beschäftigungsverhältnissen als auch zwischen Erwerbs- und Nichterwerbspositionen eher absenken dürfte, da die hiermit verbundenen berufsbiographischen Chancen und Risiken nur schwer kalkulierbar sind. Hinzu kommt, daß aus den oben genannten Gründen für die Besetzung der neu entstandenen Positionen auf den oberen Hierarchieebenen sowie in den Verwaltungsbereichen nicht nur Personen aus den neuen, sondern auch aus den alten Bundesländern zur Verfügung stehen. In einer ausschließlichen Betrachtung von Erwerbsverläufen der Ostdeutschen lassen sich die Positionsbildungsprozesse in diesem Bereich daher kaum adäquat abbilden.

Dennoch ermöglichen die vorliegenden Befunde erste, vorsichtige Interpretationen. So muß bezweifelt werden, daß es sich bei den zugewachsenen Dienstleistungspositionen durchgängig um tatsächlich neue Tätigkeitsfelder handelt. Zumindest ein nicht unerheblicher Teil ist auf sektorale Neuzuordnungen zurückzuführen. Komplementär dazu ist anzunehmen, daß die weggefallenen Positionen in den primären und sekundären Wirtschaftsbereichen nicht ausschließlich in diesen Branchen angesiedelte Berufe betroffen haben, sondern auch Verwaltungs- und Dienstleistungsqualifikationen. Dafür spricht, daß der Strukturwandel relativ nahtlos, d.h. ohne massive berufliche Mobilitätsprozesse, sowie eine nahezu unmittelbare Absorbtion entstehender Vakanzen vollzogen werden konnte. Gleichzeitig hat die krisenhafte Gesamtsituation auf dem Arbeitsmarkt zu einer weitreichenden Verschiebung der Gelegenheitsstruktur geführt, die die Binnenmobilität stark reduziert und die eigentlich zu erwartende "Offenheit" des Beschäftigungssystems eingeschränkt hat.

4. Veränderung der Allokationskriterien

Bei der Betrachtung der im Transformationsprozeß zum Tragen kommenden Allokationsprinzipien für die (Neu-)Verteilung von Beschäftigungschancen wollen wir der Argumentation von *Kreckel* folgen, daß relativ schnell mit einer vollständigen Integration der formalen Arbeitsmarktbedingungen in Gesamtdeutschland gerechnet werden kann (1993: 53). Dies bedeutet, daß vormals gültige Karrieremechanismen, wie z.B. die stark politisierte Statuszuweisung, außer Kraft gesetzt werden und neue Selektionsmuster in Form von askriptiven und funktionalen Merkmalen an Prägekraft gewinnen. Wie weit dies die Wendeschicksale individueller Berufsverläufe tatsächlich berührt, wird auf der einen Seite davon abhängen, wie anschlußfähig resp. wie "unpassend" die bislang erworbenen Laufbahnkapitalien sind. Andererseits spricht vieles dafür, daß die Individuen durchaus in der Lage sind, erhebliche Potentiale zur Begrenzung extern induzierter Veränderungsprozesse zu aktivieren und sich zumindest partiell einem strukturellen Handlungsdruck zu entziehen, beispielsweise durch den Rückgriff auf vorhandene und die Neubildung sozialer Netzwerkarrangements.

Für die Veränderung der beruflichen Allokationsmuster in den neuen Bundesländern lassen sich auf der Basis der vorliegenden Befunde Indizien für die Relevanz beider Prozesse ausmachen. So finden wir einerseits eine erstaunliche Persistenz beruflicher Statuspositionen und andererseits eine Neuschneidung von Erwerbschancen und Risikolagen nach dem Muster der alten Bundesländer. Der Ausstieg aus dem Beschäftigungssystem vollzieht sich für die Mehrzahl der Fälle entlang struktureller Umbauprozesse, für die individuelle Merkmale zunächst nur eine marginale Rolle spielen. Die massiven Schrumpfungsprozesse führen sowohl Personen mit niedriger wie hoher Qualifikation, mit geringer und großer Berufserfahrung, Männer wie Frauen, politisch vormals Engagierte und Kontroverse aus der Erwerbsarbeit heraus. Systematische Unterschiede zwischen kontinuierlichen und diskontinuierlichen Erwerbsverläufen können auf dieser Ebene nicht ausgemacht werden. Eine - vermeintliche - Ausnahme bilden dabei die Übergänge in den vorgezogenen Ruhestand. Allerdings ist das Alter hier wohl kaum als individuelles Merkmal, sondern eher als Generationenschicksal im Sinne *Mannheims* zu fassen. Anders sieht es beim Wiedereinstieg in eine Beschäftigung aus. Qualifikationspotentiale, Ausbildungsabschlüsse und spezifische askriptive Merkmale, vor allem das Alter und die Geschlechtszugehörigkeit, haben eine hohe Relevanz für die differenzierten Chancenstrukturen in der Konkurrenz um die knappen Vakanzen erlangt. Ein relativ problemloser Wiedereinstieg in eine reguläre Beschäftigung gelingt insbesondere den Erwerbspersonen, die über eine solide Ausbildung, ein hohes Qualifikationsniveau und berufliche Erfahrungen verfügen, möglichst unter 40 Jahren und nicht weiblich sowie ggf. bereit und in der Lage sind, Abstiege im Status und beim erzielbaren Einkommen hinzunehmen. Außerhalb des sogenannten "ersten" Arbeitsmarktes können wir bereits heute soziale Abdrängungs- und Schließungsprozesse beobachten, die im wesentlichen den aus den alten Bundesländern bekannten Allokationsprinzipien folgen. Dazu gehört auch die unterschiedliche Bedeutung, die den Selektionsmechanismen für die Strukturierung von positionalen Ausstiegs- respektive Einstiegsmobilitäten im Erwerbssystem zukommt.

Grundsätzlich neu ist dies nun für Ostdeutschland keineswegs. Wie wir inzwischen wissen, war selbst die politische Statuszuweisung in den höheren Hierarchieebenen über Qualifikationspotentiale legitimiert (*Solga* 1994), die Verwertungschancen beruflicher Ausbildungsabschlüsse und Erfahrungen haben sich für Männer und Frauen sehr unterschiedlich gestaltet (*Schenk* 1993) und einkommensstimulierte Mobilitäten, die im Zuge des Transformationsprozesses zum Teil zurückgenommen werden und nun in eine andere Richtung weisen, waren durchaus vorfindlich (*Trappe* 1994: 199, FN 23). Neu ist allerdings die mit diesen Allokationsprinzipien verbundene Reichweite und Nachhaltigkeit für die Berufsverläufe und Lebenschancen der Erwerbspersonen. Zum einen in einer quantitativen Hinsicht, denn betroffen sind zunächst alle Berufstätigen des Jahres 1989, die durch die Transformationsprozesse in der einen oder anderen Form aus ihrer Erwerbslaufbahn geworfen wurden. Zum anderen in qualitativer Hinsicht, da die strukturellen Disparitäten nicht vordergründig auf berufliche Aufstiegsprozesse und erzielbare Einkommensvorsprünge wirken, sondern - auf dem Hintergrund der in den letzten drei Jahren drastisch verengten Beschäftigungsmöglichkeiten - vor allem die Erwerbsbeteiligungschancen selbst polarisieren. So hat sich zwar die "gemeinsame Tradition der Verberuflichung in Ost und in West" (*Diewald & Solga* 1994: 19) als ein wesentliches kontinuitätsstiftendes Merkmal im Transformationsprozeß erwiesen und auch eine grundsätzliche Entwertung von in der DDR erworbenem Laufbahnkapital kann nicht bestätigt werden (*Diewald & Sørensen* 1994). Allerdings ist diese hohe Paßfähigkeit wohl kaum als ein punktuelles Phänomen sondern eher als Prozeß zu fassen und greift genau für die Personengruppen in Ostdeutschland nicht, die keine Gelegenheit hatten, die Verwertbarkeit ihrer Qualifikationspotentiale im Transformationsprozeß unter Beweis zu stellen.

Zusammenfassend kann man festhalten, daß die vorliegenden Befunde sowohl dazu beigetragen haben, ein realistischeres Bild von den Transformationsprozessen im Erwerbssystem und den sozialstrukturellen Veränderungen in den neuen Bundesländern zu gewinnen als auch vorhandene Forschungslücken und -schwerpunkte deutlicher zu identifizieren. Abschließend sollen nun einige auf dieser Grundlage antizipierbare Entwicklungstendenzen thesenartig zur Diskussion gestellt werden.

1. *Die Berufsverläufe der letzten Jahre werden sowohl auf die zukünftigen Mobilitätschancen der Erwerbspersonen als auch auf ihre sozialstrukturelle Verortung wesentlich nachhaltiger wirken als die vor 1989/90 zurückgelegten Erwerbsbiographien.*

Auf dem Hintergrund der zu konstatierenden hohen beruflichen Statusstabilität erscheint diese These zunächst etwas irritierend. Doch wenngleich vorausgesetzt werden kann, daß die in der DDR erworbenen beruflichen Kompetenzen und Ausbildungsabschlüsse prinzipiell anschlußfähig sind, so ist dies nur eine notwendige und keineswegs hinreichende Bedingung für die *individuellen Mobilitätschancen*. Denn erstens mußten sich die akkumulierten Laufbahnkapitalien im Transformationsprozeß in eine Erwerbsposition ummünzen lassen und zweitens unter veränderten Arbeitsanforderungen bewähren. Hinzu kommt, daß sich trotz erheblicher Turbulenzen auf dem Arbeitsmarkt ein - abgeschmolzener - Sockel von Beschäftigungsverhältnissen im wesentlichen erhalten hat. Dies hat die Positionen der heute Erwerbstätigen mehrheitlich stabilisiert und perspektivisch aufgewertet. Gleichzeitig jedoch ein separiertes - und inzwischen weitgehend konsolidiertes - Gefüge von Erwerbs- und Nichterwerbspositionen erzeugt und zu einem deutlich geringeren *Mobilitätsniveau* des Beschäftigungssystems in

Ostdeutschland geführt als ursprünglich erwartet. Auf diesem Hintergrund sehen sich nun die in den letzten Jahren ausgegrenzten Personengruppen mit verminderten Verwertungschancen ihrer individuellen Ressourcen konfrontiert. Doch auch die sich abzeichnenden Karrierewege der heute Beschäftigten werden eher "lange" sein. Zum einen hat die Altersgrenzpolitik im Transformationsprozeß die "natürlichen" Ausstiege aus dem Erwerbssystem und daraus resultierende Vakanzketten um - mindestens - fünf Jahre vorgezogen. Zum anderen lassen die überdurchschnittlichen Chancen der Höherqualifizierten im Beschäftigungssystem relativ hohe (Neu-)Plazierungen und damit begrenzte Aufstiegsmöglichkeiten vermuten. Insgesamt spricht vieles dafür, daß sich in den neuen Bundesländern nicht die intragenerationale Berufsmobilität als zentraler *Mobilitätsmechanismus* erweisen wird, sondern die von der vacancy-competition-Theorie in Ansatz gebrachte Schaffung freier Stellen (*Blossfeld* 1990: 131). Die beachtlichen Abschottungstendenzen zwischen internen und externen Arbeitsmarktsegmenten, die wir gegenwärtig in Ostdeutschland beobachten können, haben weniger damit zu tun, daß der Arbeitsmarkt hier noch nicht funktioniert. Sie resultieren eher daraus, daß das Erwerbssystem nach wie vor in hohem Maße Merkmale geschlossener Positionssysteme kombiniert mit einer erheblichen Beschäftigungslücke aufweist, die durch eine Veränderung individueller Ressourcen kaum zu kompensieren sind.

2. *Der wirtschaftliche Strukturwandel der neuen Bundesländer in Richtung moderner Industriegesellschaften steht noch weitgehend aus. Als dominanter Mobilitätsmechanismus wird dabei die berufliche Erstplazierung und die Generationenablösung zum Tragen kommen.*

Der Branchenumbau in Ostdeutschland beruht bislang vor allem auf den massiven Abbauprozessen in den primären und sekundären Sektoren, ergänzt um eine Neuordnung und Erweiterung von Dienstleistungs- und Verwaltungsfunktionen. Der beachtliche Bedeutungsgewinn, den die tertiären Bereiche relativ schnell erlangt haben, resultiert somit nicht - wie in Westdeutschland - aus Modernisierungsprozessen auf der Basis einer effizienten industriellen Wertschöpfung. Die nach wie vor große Wettbewerbsschwäche und der hohe Alimentierungsbedarf Ostdeutschlands sind Indizien dafür, daß der Aufbau einer konsolidierten und funktionsfähigen Wirtschaftsstruktur noch kaum als bewältigt gelten kann. Der bisherige Transformationsprozeß hat dafür die Grundlagen geschaffen - nicht weniger, aber auch nicht mehr. Die rasche nachholende Tertiarisierung ist dabei möglicherweise eine vorweggenommene, die sich durch eine Erweiterung des gegenwärtig sehr schmalen industriellen Unterbaus erst noch als tatsächlich tragfähig erweisen muß. Darüber hinaus sind die Dienstleistungsunternehmen inzwischen in eine Konsolidierungsphase eingetreten, in der strategische Feinstrukturierungen dominieren und kaum noch Personalbedarfe bestehen

(*Struck-Möbbeck* 1995). Auf jeden Fall muß davon ausgegangen werden, daß die sektoralen und binnenstrukturellen Veränderungen, die nun anstehen, sich wesentlich moderater und über einen längeren Zeitraum vollziehen werden als die strukturellen Ab- und Aufbauprozesse seit 1989/90. Damit kommt perspektivisch dem Generationenwechsel, der Ausbildung und Erstplazierung als Mobilitätsmechanismus beruflicher Umstrukturierung eine hohe Relevanz und eine neue Rolle im Transformationsprozeß zu.

3. *Noch auf absehbare Zeit werden ostdeutsche Spezifika bei der Angleichung der sozialstrukturellen Ungleichheitssysteme in Gesamtdeutschland eine erhebliche Rolle spielen.*

In den neuen Bundesländern hat der *Periodeneffekt* drastisch eingeschränkter aktueller Erwerbsmöglichkeiten eine spezifische Gelegenheitsstruktur beruflicher Mobilität generiert. Die neueröffneten Beschäftigungschancen in den Bereichen der mittleren und höheren Dienstleistungs- und Verwaltungspositionen haben durch die gleichzeitige Miniaturisierung der ostdeutschen Industrieunternehmen nur sehr begrenzt professionelle Umorientierungen begünstigt und sind im wesentlichen durch laterale Mobilitätsprozesse und externe Rekrutierungspotentiale absorbiert worden. Im bisherigen Transformationsprozeß sind strukturelle Verwerfungen und Ungleichzeitigkeiten hinsichtlich der *Lebenslaufeffekte* entstanden, die zu einer Polarisierung von Verwertungsbedingungen akkumulierter Laufbahnkapitalien und nachhaltigen Disparitäten in den individuellen Lebenslagen führen werden. Den Statusstabilitäten und Aufstiegsprozessen stehen Ausgrenzungen und sozialstrukturelle Abstiege gegenüber, die in den neuen Bundesländern in erheblichem Maße auch Erwerbspersonen betreffen, für die in meritokratischen Ungleichheitssystemen nicht a priori erhöhte Arbeitsmarktrisiken vorausgesetzt werden können. Die Sozialstruktur in Ostdeutschland ist damit zwar breiter und ausdifferenzierter, quasi "westlicher" (*Geißler* in diesem Band), jedoch nicht unbedingt offener im Sinne erhöhter Mobilitätschancen geworden. Dies zeichnet sich erst langsam mit den zu erwartenden *Kohorteneffekten* für die nachwachsenden Generationen ab. In diesem Zusammenhang wird es sich für die weitere Forschung sehr lohnen, darüber zu reflektieren, wie weit die Referenzgröße Westdeutschland für die Abbildung des Strukturwandels in den neuen Bundesländern überhaupt trägt und wie sich die zu beobachtenden Transformationsphänomene der letzten Jahre mit den allgemeinen strukturellen Veränderungen von Erwerbsarbeit und Beschäftigung in modernen Industriegesellschaften verknüpfen. Auf jeden Fall sind eine ganze Reihe von Gewißheiten ins Wanken geraten, die für die sozialstrukturelle Mobilitäts- und Arbeitsmarktforschung auch neue, spannende Perspektiven erwarten lassen.

Anmerkungen

1. Dies trifft für die Betrachtung inter- und intragenerationaler Mobilitätsprozesse uneingeschränkt zu, was Ausnahmen in anderen Bereichen der DDR Soziologie, z.B. die Jugendforschung nicht ausschließt.
2. - *Bender, St. & Meyer, W.* (1993)
   - *Infratest Sozialforschung* (1993)
   - *Diewald, M. & Sørensen, A.* (1994)
   - *Diewald, M. & Solga, H.* (1994)
   - *Schenk, S.* (1994)
   - *Steiner, V.* (1994)
   - *Berger, H.; Bulmahn, T.; Hinrichs, W.* (in diesem Band)
   - *Solga, H.* (in diesem Band)
3. Zum Teil ist das auf die verfügbare Datenstruktur zurückzuführen. So sind z.B. die Probanden der jüngsten in der Lebensverlaufsstudie-Ost des Max-Planck-Instituts erfaßten Kohorte zum Befragungszeitpunkt (1991/92) 30-32 Jahre alt. Andere Erhebungen wiederum erfassen die sozialstrukturelle Herkunft entweder nicht oder nur verkürzt.
4. Diese Forschungsperspektive wird sich dann verändern, wenn auf der Basis relativ stabilisierter Positionsstrukturen die aus dem Transformationsprozeß resultierenden Übergänge in den Klassenlagen tragfähiger abgebildet werden können.
5. Vergleiche dazu insbesondere *Geißler* (1992, 1993), *Zapf* (1992), *Kreckel* (1993), *Lötsch* (1993), *Mayer* (1993).

Literatur

Bender, S.; Meyer, W. (1993): Individuelle Arbeitsmarktchancen und berufliche Anforderungen im Transformationsprozeß. Analysen mit Daten des Sozio-ökonomischen Panels (Ost). In: Geißler, R. (Hrsg.), Sozialer Umbruch in Ostdeutschland. Opladen: Leske + Budrich, S. 119-136.

Blossfeld, H.-P. (1990): Berufsverläufe und Arbeitsmarktprozesse. Ergebnisse sozialstruktureller Längsschnittuntersuchungen. In: Lebensverläufe und sozialer Wandel. Kölner Zeitschrift für Soziologie und Sozialpsychologie, Sonderheft 31, 118-145.

Bourdieu, P. (1988): Die feinen Unterschiede. Frankfurt/M.: Suhrkamp Verlag.

Brinkmann, Chr./Müller, K./Wiedemann, E. (1993): Problemgruppen am ostdeutschen Arbeitsmarkt. In: Nienbäumer, R. (Hrsg.), Arbeitsmarktpolitik kontrovers. Darmstadt: Wissenschaftliche Buchgesellschaft, S. 176-203.

Diewald, M./Solga, H. (1994): Ordnung im Umbruch? Strukturwandel und deutsch-deutsche Tradition bei der Kanalisierung beruflicher Mobilität im Transformationsprozeß. MPI, Arbeitsbericht 14, Projektgruppe Lebensverläufe und historischer Wandel in der ehemaligen DDR, Max-Planck-Institut für Bildungsforschung, Berlin.

Diewald,M./Sørensen, A. (1994): Entwertung und Umbewertung von Laufbahnkapital? Erwerbsverläufe und soziale Mobilität von Frauen und Männern in Ostdeutschland. MPI, Arbeitsbericht 13, Projektgruppe Lebensverläufe und historischer Wandel in der ehemaligen DDR, Max-Planck-Institut für Bildungsforschung, Berlin.

Diewald, M./Sørensen, A. (1995): Umbrüche und Kontinuitäten. Lebensverläufe und die Veränderung von Lebensbedingungen seit 1989. In: Huinink, J./Mayer, K.U. (Hrsg.), Kollektiv und Eigensinn. Lebensverläufe in der DDR und danach. Berlin: Akademie Verlag (im Erscheinen).

Geißler, R. (1992): Die Sozialstruktur Deutschlands. Ein Studienbuch zur Entwicklung im geteilten Deutschland. Opladen: Leske + Budrich.

Geißler, R. (Hrsg.) (1993a): Sozialer Umbruch in Ostdeutschland. Opladen: Leske + Budrich.

Geißler, R. (1993b). Sozialer Umbruch als Modernisierung. In: Geißler, R. (Hrsg.), Sozialer Umbruch in Ostdeutschland. Opladen: Leske + Budrich, S. 63-92.

Grünert, H./Lutz, B. (1994): Transformationsprozeß und Arbeitsmarktsegmentation. In: Nickel, H.-M./Kühl, J./Schenk, S. (Hrsg.), Erwerbsarbeit und Beschäftigung im Umbruch. Berlin: Akademie Verlag, S. 3-28.

Infratest Sozialforschung (1993): Erwerbsverläufe seit der "Wende". Vertiefende Längsschnittauswertungen von November 1989 bis November 1992 aus dem Arbeitsmarkt Monitor für die neuen Bundesländer. München.

Kreckel, R. (1993): Geteilte Ungleichheit im vereinten Deutschland. In: Geißler, R. (Hrsg.), Sozialer Umbruch in Ostdeutschland. Opladen: Leske + Budrich, S. 41-62.

Lötsch, M. (1993): Sozialstruktur und Systemtransformation. In: Geißler, R. (Hrsg.), Sozialer Umbruch in Ostdeutschland. Opladen: Leske + Budrich, S. 31-39.

Mayer, K. U. (Hrsg.) (1990): Lebensverläufe und sozialer Wandel. Anmerkungen zu einem Forschungsprogramm. In: Mayer, K.U. (Hrsg.), Sonderheft 31, Kölner Zeitschrift für Soziologie und Sozialpsychologie, 7-21.

Mayer, K. U. (1993): Die soziale Ordnung der DDR und einige Folgen für die Inkorporation in die BRD. In: BISS public 11, 39-55.

Mayer, K. U. (1994): Vereinigung soziologisch: Die soziale Ordnung der DDR und ihre Folgen. In: Berliner Journal für Soziologie 3, 307-321.

Mayer, K. U./Solga, H. (1993): Mobilität und Legitimität. Zum Vergleich der Chancenstrukturen in der DDR und der alten BRD oder: Haben Mobilitätschancen zu Stabilität und Zusammenbruch der DDR beigetragen? In: Kölner Zeitschrift für Soziologie und Sozialpsychologie 46, 2: 193-208.

Naßmacher, H./Niedermayer, O./Wollmann, H. (Hrsg.) (1994): Politische Strukturen im Umbruch. Berlin: Akademie-Verlag.

Schenk, S. (1992): Qualifikationsstruktur und Qualifikationsbedarf erwerbstätiger Frauen in den neuen Bundesländern. In: Engelbrech, G./Schenk, S./Wagner, P. (Hrsg), Bedingungen der Frauenerwerbsarbeit im deutsch-deutschen Eingungsprozeß. Nürnberg: Beiträge zur Arbeitsmarkt- und Berufsforschung, S. 33-48.

Schenk, S. (1995): Erwerbsverläufe im Transformationsprozeß. In: Bertram, H. (Hrsg.), Ostdeutschland im Wandel: Lebensverhältnisse - politische Einstellungen. Opladen: Leske + Budrich, S. 69-98.

Solga, H. (1994): "Systemloyalität" als Bedingung sozialer Mobilität im Staatssozialismus, am Beispiel der DDR. In: Berliner Journal für Soziologie 4, 523-542.

Steiner, V. (1994): Langzeitarbeitslosigkeit während des Übergangs zur Marktwirtschaft - Ostdeutschland nach der Vereinigung. In: König, H./Steiner, V. (Hrsg.), Arbeitsmarktdynamik und Unternehmensentwicklung in Ostdeutschland. Erfahrungen und Perspektiven des Transformationsprozesses. Baden-Baden: Nomus Verlagsgesellschaft, S. 253-276.

Struck-Möbbeck. O. (1995): "Intern vor extern" - Personalentwicklung und Beschäftigungsbedarf im Finanzdienstleistungssektor in Sachsen-Anhalt. In: Hüning, H./Nickel, H.-M. u.a. (Hrsg.), Gestaltungschancen und Handlungsgrenzen - Zur Transformation des Finanzdienstleistungssektors in Ostdeutschland. Berlin: GSFP (im Erscheinen).

Trappe, H. (1994): Selbständigkeit - Pragmatismus - Unterordnung. Frauen in der DDR zwischen Beruf, Familie und staatlicher Sozialpolitik. Dissertation. Freie Universität Berlin.

Wölfling, M. (1994): Ostdeutsche Wirtschaftsstruktur im Wandel. Vom Systemschock zur Wettbewerbsfähigkeit. Institut für Wirtschaftsforschung Halle: Diskussionspapier Nr. 18.

Zapf, W. (1992): Die Transformation in der ehemaligen DDR und die soziologische Theorie der Modernisierung. In: Wissenschaftszentrum Berlin für Sozialforschung 1992, Discussion Paper P, S. 92-104.

Zwei Geschwindigkeiten in Ost- und Westdeutschland[1]

Wolfgang Zapf

I

Prozesse des sozialen Wandels kann man nach Tempo, Tiefgang, Richtung und Steuerbarkeit untersuchen. Wir sprechen von Revolutionen, wenn es sich um einschneidende gesamtgesellschaftliche Veränderungen mit großer Geschwindigkeit handelt. Die Richtung ist insoweit bestimmt, als das ançien régime zerschlagen werden soll; der weitere historische Verlauf ist jedoch offen und in den meisten historischen Fällen nicht gesteuert.

Die Transformationsprozesse in den sozialistischen Gesellschaften hatten praktisch alle eine revolutionäre Phase. In den meisten Fällen war auch die Richtung klar: von der Diktatur zur Demokratie, von der Kommandowirtschaft zur Marktwirtschaft, aus dem Mangel zum Wohlstand. Inzwischen haben wir gelernt, daß der gesellschaftliche Konsens über diese Richtung in einer Reihe von post-kommunistischen Ländern in Frage gestellt ist bzw. daß sich andere Ziele, insbesondere der nationalistischen Dominanz oder Separation, vor diese Transformationsziele geschoben haben (*K. Müller* 1992). Wir haben gelernt, daß es breakdowns of transformation in der gleichen Art geben kann, wie es immer wieder breakdowns of modernization (*Eisenstadt*) gegeben hat.

Die Transformation in Ostdeutschland hatte nun die Besonderheit, daß sie nach ihrer revolutionären Phase, seit den ersten freien Volkskammerwahlen am 18. März 1990, nicht nur eine eindeutige Richtung zu haben schien, sondern, wie man glaubte, auch gut gesteuert werden könnte: durch die Vertragswerke der Währungs- und Sozialunion, durch den Beitritt der neuen ostdeutschen Länder zur Bundesrepublik, durch die Übertragung der bundesrepublikanischen Institutionen in fast allen Lebensbereichen. Der westdeutsche Wiederaufbau und das westdeutsche Wirtschaftswunder sollten sich wiederholen, aber schneller als in der Zeit von 1945 bis 1965, viel schneller, viermal so schnell. Nicht wenige dachten, in fünf Jahren zu schaffen, was in der Bundesrepublik 20 Jahre gebraucht hatte.

Fünf Jahre nach dem Fall der Mauer können wir eine Zwischenbilanz über Tempo, Tiefgang, Richtung und Steuerbarkeit der deutschen Transformation ziehen, und zwar nicht nur der ostdeutschen, sondern auch der westdeutschen und der gesamtdeutschen Transformation im internationalen Vergleich. *Rainer Lepsius* hat dies im Herbst 1990 für die Sozialwissenschaften die Aufgabe der "Selbstreflexion der deutschen Entwicklung" genannt, und er hat damals vorausgesagt, daß es zu erheblichen Spannungen und Verzögerungen zwischen "Institutionenbildung" einerseits und "der politischen Kulturformierung" andererseits kommen wird, wie schon nach 1945 in Westdeutschland. "Für die Legitimation der neuen Institutionen gibt es zwar einen Vertrauensvorschuß, der über die Zeit durch die Anerkennung ihrer Effizienz und Wertbezogenheit noch eingelöst werden muß. Das Funktionieren der Institutionen prägt auf Dauer auch die politische Kultur. Zunächst aber bestehen diese Institutionen in relativer Abkoppelung von der individuellen Lebenserfahrung und biographischen Identitätsformung der Menschen ..." (*Lepsius* 1991 a, S. 73, 76). *Lepsius* war sich aber sicher, daß mindestens im Wissenschaftsbereich eine rasche Übernahme der westdeutschen Institutionen, und zu Teilen westdeutschen Leitungspersonals, der vernünftige und gebotene Weg der Transformation sei. Er hat das für das Fach Soziologie beispielgebend in zäher Arbeit umgesetzt. Er sagte 1991, es könne "ein historisch begründetes regionales 'Sonderbewußtsein' der Soziologie in den neuen Bundesländern kein Zukunftsziel sein. Das, was heute als 'Durchmischung' für den Osten gilt, wird dann gar nicht mehr feststellbar sein" (*Lepsius* 1991 b, S. 144). Ich weiß, daß er auch für andere Lebens- und Politikbereiche diese Konzeption der Transformation vertreten hat, und zwar mit größerer Härte und Entschiedenheit als die meisten anderen Beobachter. In der Wissenschaft waren die Steuerungsmöglichkeiten immerhin ausreichend gegeben, aber auch hier war die Zeit sehr knapp. In anderen Bereichen gab es zwar realistische Vorstellungen über den notwendigen Tiefgang und die Richtung des Wandels, aber die Probleme der Geschwindigkeit und der Steuerbarkeit wurden wohl sehr unterschätzt. Nochmals Lepsius: "Jedes soziale System erfordert große Leistungen der Individuen zur Sinnstiftung angesichts der Irrationalitäten der eigenen Lebenserfahrungen innerhalb der Systembindung" (*Lepsius* 1991a, S. 73).

II

Die deutsche Transformation läßt sich nicht zuletzt durch ganz unterschiedliche Geschwindigkeiten in Ost und West, durch mehrere rapide Umbruchssequenzen im Osten und durch eine sehr langsame Reaktion auf die neue Lage im Westen charakterisieren.

Zu den Voraussetzungen des Zusammenbruchs der DDR gehörten der "Stau" und die "Blockade" (*Kohli* 1994) der gesellschaftlichen Differenzierung und der individuellen Wohlfahrtsentwicklung, besonders in den 1980er Jahren. Die DDR trug von Anfang an den Makel der wirtschaftlichen Unterlegenheit. Der Wohlstand der DDR (gemessen am Bruttoinlandsprodukt pro Kopf) betrug 1950 50% und 1970 nurmehr 36% der Bundesrepublik - gemäß Berechnungen nach der Wende, die die bis dahin gehandelten Werte weit nach unten korrigierten (*Merkel/Wahl* 1991). Danach kam die DDR ganz gut über die 1970er Jahre und verringerte ihren Abstand zur Bundesrepublik geringfügig. Die 1980er Jahre waren jedoch ein Jahrzehnt der krisenhaften Stagnation, während die Bundesrepublik seit 1983 einen weiteren Aufschwung erlebte, der aufgrund der politisch ausgehandelten Reiseerleichterung schließlich pro Jahr (1987) auf 3.9 Mill Rentnerreisen und 1.2 Mill Reisen jüngerer Personen aus der DDR besichtigt werden konnte (*Zapf/Habich* 1994).

DDR-Stagnation, Wachstumsschub im Westen und Reiseerleichterungen waren der Hintergrund für die im Sommer 1989 einsetzende Flucht- und Ausreisewelle, in der 1989 in wenigen Monaten 388 Tsd. und im Jahr 1990 395 Tsd. Übersiedlungen von Ost nach West den Druck produzierten, der den raschen Beitritt zur bevorzugten Alternative werden ließ. Man muß sich nur einmal vergegenwärtigen, daß im November 1989 im 10-Punkte-Plan von Bundeskanzler Kohl noch von "konföderativen Strukturen" und von einer Föderation ohne zeitliche Festlegung die Rede war und daß der Umschwung in 329 Tagen, so der Buchtitel von Horst Teltschik (*Teltschik* 1991), erfolgte, wobei die DDR-Bürger in zwei Wahlen ins Geschehen eingreifen konnten. Der Zusammenbruch der DDR war jedoch - ermöglicht vom sowjetischen Verzicht auf gewaltsame Repression - das Resultat einer einmaligen Kombination von Exit und Voice (*Hirschman*), von rapider Massenabwanderung und Massenprotest. Es gibt von *Karl-Dieter Opp* (1991) die interessante Theorie, daß es sich bei den über Wochen steigernden Demonstrationen, genauso wie bei der Massenabwanderung, um einen sich selbst organisierenden Beschleunigungsprozeß handelte, der nicht auf Führung, sondern auf "Ansteckung" (Diffusion) beruhte, im Sinne der sich rasch verbreitenden Erfahrung, daß Protest jetzt gewaltlos möglich war. Bekanntlich haben die Massenproteste nach Festlegung der Volkskammerwahlen rasch abgenommen, während die Abwanderung sich auf niedrigerem Niveau stabilisiert hat und seit 1991 von einer West-Ost-Wanderung begleitet wird, die z.T. eine Rückwanderung ist. 1993 betrug die Ost-West-Wanderung noch 172 Tsd., die West-Ost-Wanderung bereits 119 Tsd.

Die beiden nächsten Beschleunigungsprozesse waren die demographischen Einbrüche und die Einbrüche auf dem ostdeutschen Arbeitsmarkt. Der Rückgang von Eheschließungen, Geburten und Scheidungen sowie der Verlust von Arbeitsplätzen erreichen fast zeitgleich (bei einem geringen Vorlauf der demographischen Prozesse) ihren Höhepunkt im Jahre 1991, setzen sich 1992 fort und werden dann 1993 abgebremst. Es liegt nahe, einen einfachen Kausalzusammenhang dergestalt anzunehmen, daß die Beschäftigungskrise die demographischen Einbrüche ausgelöst hat. Ich möchte demgegenüber von einem komplexeren Zusammenhang ausgehen. Der Geburtenrückgang betrug von 1990 auf 1991 40%, 91/92 19%, 92/93 8% und ist noch immer nicht beendet - auf einem Geburtenniveau von inzwischen 47% des westdeutschen Niveaus, das praktisch stabil geblieben ist. Der Rückgang der Eheschließungen betrug von 1990 auf 1991 gar 50%, 91/92 noch 5%, und kehrt sich 92/93 in einen leichten Wiederanstieg um - auf einem Heiratsniveau von 52% des westdeutschen. (Noch drastischer sind

90/91 die Scheidungen zurückgegangen, aber 92/93 wieder kräftig angestiegen.)

Wir haben die Veränderungen von Eheschließungen und Geburten bis 1910 zurückverfolgt (*Zapf/Mau* 1993) und weder während der beiden Weltkriege noch während der Wirtschaftskrisen auch nur annähernd ähnliche Rückgänge beobachtet. Kann man daraus folgern, die deutsche Vereinigung sei für die Ostdeutschen die größte Erschütterung der jüngeren deutschen Geschichte gewesen? Dies kann man, aber nicht im Sinne der größten Not, sondern im Sinne des größten Individualisierungsschubs und Systemumbruchs per Zeiteinheit, die sowohl Belastungen und Angst mit sich gebracht haben wie auch bisher ungekannte Optionen und Alternativen. Nach meiner Einschätzung erklärt sich die demographische Revolution in Ostdeutschland aus drei Komponenten: Die erste ist tatsächlich die Reaktion auf eine unsichere Zukunft, in der man in Verhaltensbereichen, die man selbst kontrollieren kann, Belastungen vermeidet. (Heiraten und Geburten kann man bestimmen, den Arbeitsmarkt kann man nicht bestimmen!). Zweitens handelt es sich um den Ausbruch aus dem festgelegten und prämierten DDR-System der frühen Ehen und der frühen Geburten und um die Annäherung an westliche, zeitlich späterliegende Muster. Drittens handelt es sich um die Nutzung neuer Möglichkeiten wie Reisen und Konsum, aber auch Partnerschaft ohne Ehe und Kinder. Die Prognose ist, daß ein Teil der ausgefallenen Ehen, Geburten und auch Scheidungen nachgeholt wird. Dies kann man für Scheidungen bereits deutlich sehen, für Ehen ebenfalls, für die Geburten jedoch noch nicht. Die Stabilisierung der demographischen Werte und die Distanz Ost-West wird ein sensibler Indikator der deutschen Vereinigung bleiben.

Der Zusammenbruch der DDR-Wirtschaft und der Stukturwandel des ostdeutschen Arbeitsmarktes hat ein ähnlich dramatisches Ausmaß. Der Rückgang der Beschäftigten beträgt 89/90 10% (von 9.7 Mill auf 8.8 Mill), 90/91 17% (auf 7.3 Mill) und 91/92 nochmals 11% und scheint sich bei 6.5 Mill einzupendeln. Die Erwerbsquote der Männer ist damit unter die in Westdeutschland gesunken, die Frauenerwerbsquote liegt trotz der überproportionalen Arbeitslosigkeit (wegen des hohen Ausgangsniveaus) noch knapp über der westdeutschen. Insgesamt also ein Arbeitsplatzverlust von 3.2 Mill Stellen. Ein Wachstum hat es nur in den Branchen Dienstleistungen, freie Berufe (449 Tsd.), Bau (241 Tsd.) und Banken, Versicherungen (39 Tsd.) sowie Organisationen (39 Tsd.) gegeben. Keine andere Entwicklung in Deutschland löst so viele Besorgnisse und politische Kontroversen aus und koppelt eine Ost-West-Spaltung mit einer Links-Rechts-Spaltung. Die sozialistischen Anhänger eines Grundrechts auf Arbeit errechnen für 1994 ein Arbeitsplatzdefizit von 32% (2.8 Mill.) und sprechen von Verhältnissen, die schlimmer sind als während der Weltwirtschaftskrise. Die Anhänger der sozialen Marktwirtschaft bestehen auf der Notwendigkeit des Abbaus unproduktiver Arbeitsplätze und der Umstrukturierung der ostdeutschen

Wirtschaft. Sie verweisen auf die umfangreichen sozialstaatlichen Absicherungsmaßnahmen für die 1.1 Mill. Arbeitslosen, 600 Tsd. ABM-Maßnahmen, Umschulungen und Kurzarbeiter und 630 Tsd. Vorruheständler, die aufgrund dieser Maßnahmen heute häufig einen höheren Lebensstandard haben als 1989. In dieser Kontroverse gelten die 420 Tsd. Pendler den einen als Vertriebene, den anderen als besonders initiative Gewinner der Wende.

Ganz unbestreitbar ist in dieser Kontroverse, daß die ostdeutschen Frauen in besonderem Maße vom Arbeitsplatzabbau betroffen sind und daß sie nicht bereit sind, das weitgehend schon einmal erreichte Ziel der Vereinbarkeit von Familie und Beruf aufzugeben. In der Mikrobetrachtung ergibt sich im übrigen der Befund, daß sich parallel zu dem rapiden Abbau und sektoralen Wandel der Beschäftigung eine unerwartete Berufs- und Statusstabilität der zwei Drittel weiterhin Beschäftigten erhalten hat. Untersuchungen aus dem Berliner Max-Planck-Institut (*Mayer* 1994; *Diewald/Solga* 1994) zeigen, daß die zwischen 1989 und 1993 durchgängig Erwerbstätigen überwiegend auf derselben, einer ähnlichen oder einer zumindest statusgleichen Stelle beschäftigt sind; daß die Inhaber früherer Leitungspositionen zwar Abstiege hinnehmen mußten, aber nur eine niedrige Arbeitslosigkeit aufweisen; und daß sich in bestimmten statushohen Berufsgruppen (Professionen, privater und öffentlicher Dienstleistungsbereich) Frauen genauso gut behaupten können wie Männer. Die Forscher führen diese Stabilität im Umbruch auf die hohe "Verberuflichung" in Ostdeutschland zurück, die der westdeutschen entspricht und ein verbindendes Strukturmerkmal im vereinten Deutschland ist.

Neben den demographischen Einbrüchen und den Einbrüchen auf dem Arbeitsmarkt lassen sich, umgekehrt, auch Wachstums- und Nachholprozesse des gleichen Tempos beobachten, und zwar in den Bereichen Wohlfahrtsstaat, Infrastruktur und Massenkonsum. Die rasche Übernahme der Einrichtungen und Leistungen des westdeutschen Sozialstaats erfolgt über erhebliche Transfers von West nach Ost und bedeutet eine innerdeutsche Umverteilung. Kritiker beklagen allerdings, daß sie zu sehr durch Staatsverschuldung und zu wenig durch westdeutschen Konsumverzicht finanziert wird. Durch diese Transfers konnten nicht nur die finanziellen Folgen des Arbeitsplatzabbaus sozial abgefedert, sondern gleichzeitig auch die Lage der ostdeutschen Rentner rasch und ganz erheblich verbessert werden. Funktioniert hat sodann die Modernisierung der Versorgungs-, Verkehrs- und Kommunikationsinfrastruktur. Dies ist Modernisierung im direktesten, technischen Sinn: die Übernahme der fortgeschrittensten Technik. Hierzu sind Verwaltungen offenbar besser in der Lage als etwa zur Regelung von Eigentumsfragen, weil Infrastukturmaßnahmen integral geplant und kampagnenartig durchgeführt werden können, zumal wenn es noch keine feindlichen Bürgerinitiativen gibt. Und was die Kapitalisten können, haben sie in den Konsumwellen der letzten Jahre gezeigt: Sie können nicht oder nur langsam neue Arbeitsplätze schaffen, aber sie können sehr schnell liefern und verkaufen. Für Infrastruktur und Massenkonsum will ich nur zwei Beispiele von vielen geben. Die Ausstattung mit Telefonanschlüssen hat sich im Osten zwischen 1989 und 1994 verdreifacht und in fünf Jahren die Entwicklung durchlaufen, die in Westdeutschland ca. von 1960 bis 1975 gedauert hat. Die Ausstattung mit Autos hat sich fast verdoppelt und in fünf Jahren die westdeutsche Entwicklung von ca. 1970 bis 1983 nachgeholt.

Hingegen hat sich ein wesentlicher Prozeß der sozialen Marktwirtschaft als nicht beschleunigungsfähig erwiesen: der Aufbau neuer und die Sanierung vorhandener Produktionen. An die Stelle der Marktentwicklung ist zunächst der "Marktschock" getreten (*Kregel* et al. 1992), der Zusammenbruch von Märkten, Netzwerken und Produktionsstandorten. Es war die Illusion vieler Ökonomen, daß allein der Abbau der Kommandowirtschaft und die Privatisierung der Unternehmen eine wirtschaftliche Expansion auslösen würden. Wir haben inzwischen gelernt, daß Märkte nicht spontan entstehen, sondern mühsam "gemacht" werden müssen und daß die Engpässe hierbei Kapital und Zeit sind: viel Kapital und lange Bemühungen. Im Rahmen unseres Themas - der verschiedenen Geschwindigkeiten der Tansformation - blickt man nun auf andere Gruppen von Transformationsprozessen, z.B. denjenigen in Südostasien, und findet im Vergleich mit den Erwartungen an die post-kommunistischen Transformationsprozesse drei gewichtige Unterschiede: die Entwicklung hat zwei Jahrzehnte und länger gedauert; die Bevölkerung ist lange und zum Teil bis heute arm geblieben; und die politische Planung und Steuerung hat auf Kosten der demokratischen Beteiligung eine große Rolle gespielt.

III

Wie sind die Reaktionen der Ostdeutschen und der Westdeutschen auf die rapiden Veränderungen im Osten? Gibt es überhaupt nennenswerte Veränderungen in Westdeutschland? Und was ist der Zustand der deutschen Vereinigung nach vier Jahren?

Westdeutschland, die alte Bundesrepublik, hat in den 1980er Jahren und nach 1989 keine dramatischen Beschleunigungen der gesellschaftlichen Entwicklung erfahren. Der auffälligste sozialstrukturelle Trend war die steigende Frauenerwerbstätigkeit, die aber weit unter dem DDR-Niveau oder dem skandinavischen Niveau blieb. Kurzfristige Belastungen ergaben sich aus dem Zustrom von Aussiedlern und Asylbewerbern. Politisch haben sich die Grünen und ökologische Themen etabliert. Ökonomisch hat der Vereinigungsboom die weltwirtschaftliche Rezession für ein, zwei Jahre überdeckt. An der DDR hatten die Westdeutschen wenig Interesse. Noch im Dezember 1989 war nur eine Minderheit von 37% für die Bildung "eines Staates", aber 50% waren für eine "Konföderation" oder für "zwei getrennte Staaten". Diese Spaltung in der öffentlichen Meinung erklärt sich unter anderem aus den unterschiedlichen persönlichen Bindungen der Westdeutschen, von denen ein Drittel Verwandte oder Bekannte in der DDR hatte, zwei Drittel aber nicht; 20% hatten in den letzten Jahren die DDR besucht oder von dort Besuch gehabt, 80% aber nicht (*Zapf/Habich* 1994). Und nach der Zuwendung und Zustimmung zur Vereinigung im Jahr 1990 sagen Ende 1993 70% der Westdeutschen, sie würden die Vereinigung in der Form von 1990 nicht wiederholen. Für mehr als 50% ging die Wiedervereinigung zu schnell, rund 20% hielten ein Festhalten an der Zweistaatlichkeit, im Nachhinein betrachtet, für die bessere Lösung (*Marplan* 1993).

Wir haben 1993, im Rahmen von repräsentativen Umfragen, zwei Tests zur Bewertung der deutschen Vereinigung gemacht. Der erste ist die einfache Frage im Rahmen einer umfänglichen Erhebung über objektive Lebensbedingungen und subjektives Wohlbefinden (Wohlfahrtssurvey 1993, vgl. *Zapf/Habich* 1994): "Haben sich Ihre Lebensbedingungen seit 1990 eher verbessert, eher verschlechtert oder ist da kein großer Unterschied?" Die Ergebnisse in Ost und West unterscheiden sich frappierend (Angaben in %):

	West	Ost
eher verbessert	10	48
eher verschlechtert	31	23
kein großer Unterschied	59	29

Kein großer Unterschied für die Mehrheit der Westdeutschen: das entspricht dem Eindruck der westdeutschen Gleichgültigkeit. Aber 31% verschlechtert: das ist deutlich mehr als in Ostdeutschland und indiziert vor allem Unbehagen über die unübersichtliche allgemeine Lage, denn die persönlichen Verhältnisse werden überwiegend als gut bezeichnet, und die persönliche Zukunft wird optimistisch eingeschätzt. Dieses Unbehagen ist bei Frauen größer als bei Männern, steigt mit dem Alter und ist am höchsten in den unteren Status-, Einkommens- und Bildungsgruppen. Es korreliert deutlich mit Ängsten, Sorgen und Anomiesymptomen.

Hingegen ist die Bilanz für die Ostdeutschen überwiegend positiv, und zwar überdurchschnittlich für Männer, mehr für die jüngeren Altersgruppen, mehr für die Beschäftigten im tertiären Sektor, mehr für die besser Ausgebildeten. Auffällige Nennungen von Verschlechterungen finden wir bei Arbeitslosen und in ihrer Beschäftigung gefährdeten Personen, bei den 50-60jährigen, bei den Geschiedenen - und ganz massiv bei den PDS-Anhängern. Diese Ergebnisse werden von mehreren anderen Studien bestätigt. So kommt eine ostdeutsche Befragung zu 43%, die vier Jahre deutsche Einheit vor allem als Gewinn bzw. mehr als Gewinn denn als Verlust bewerten; bei nur 18%, die vor allem Verlust oder mehr Verlust als Gewinn sehen (*Sozialreport* 1994, S. 34). Dabei ist die sozialstrukturelle Verteilung von Gewinnern und Verlierern der von uns festgestellten sehr ähnlich.

Wie kommt es zu dieser eher positiven Gesamtbewertung im Osten angesichts der beschriebenen Einbrüche und Abbrüche? Sie ist die Folge einer für die meisten Menschen deutlichen Wohlfahrtssteigerung, sowohl was die objektiven Lebensbedingungen wie das subjektive Wohlbefinden angeht. Die andere Seite ist, daß die Minderheit der objektiven und subjektiven Verlierer stärker ins Abseits gerät. Von zentraler Bedeutung sind in einer Gesellschaft, die viele Jahre Mangel erlebt hat, natürlich die realen Einkommenssteigerungen und die Konsummöglichkeiten. Aber auch die Umwelt- und die Wohnverhältnisse verbessern sich sichtbar. Und in den Dimensionen des subjektiven Wohlbefindens verringern sich Angst, Unsicherheit und Anomie (die übrigens auch in Westdeutschland nicht unerheblich sind!), d.h. die Verhaltenssicherheit wächst wieder, die Menschen "lernen" die neuen Institutionen (*Zapf/Habich* 1994).

Eine interessante zusätzliche Einsicht, aber in die gleiche Richtung, ergibt ein zweiter Test. Wir haben Ostdeutsche und Westdeutsche nach ihrer Bewertung des wirtschaftlichen und des politischen Systems gefragt: "vor der Vereinigung", "heute" (April/Mai 1993) und "in 5 Jahren" (*Seifert* et al. 1993). Die Westdeutschen geben sowohl der Wirtschaft wie der Politik der alten Bundesrepublik hohe positive Bewertungen und sehen heute eine massive Verschlechterung, die in fünf Jahren kaum korrigiert wird (keine V-Kurve, sondern beinahe ein L). Die Ostdeutschen beurteilen das wirtschaftliche und das politische System der DDR deutlich negativ, das heutige System besser, und sie erwarten weitere Verbesserungen in der Zukunft (also eine aufsteigende Linie). Zwischen der Beurteilung von Wirtschaft und Politik zeigt sich jedoch ein großer Unterschied. Während die ostdeutschen Beurteilungen des wirtschaftlichen Systems schon heute deutlich über den westdeutschen Werten liegen, wird bezüglich des politischen Systems nur eine geringe Verbesserung konstatiert und für die Zukunft erwartet: die nur schwach ansteigende Kurve schneidet heute gerade die Nullinie auf einer Skala von -10 bis +10. Die Westdeutschen sehen also erhebliche Gefährdungen ihrer vertrauten Systeme; die Ostdeutschen schätzen die Marktwirtschaft und können sich für die Bonner Demokratie nicht recht erwärmen. Dies ist paradox, denn die Aufbauleistung aufgrund staatlicher Transfers und Verwaltung ist viel größer als die Aufbauleistung privatwirtschaftlicher Investitionen. Die Erklärung liegt wiederum in Faktoren der politischen Kultur. "Der Staat ist für die Existenzsicherung verantwortlich": dies meinen 32% der Westdeutschen, aber 61% der Ostdeutschen. "Die einzelnen sind selbst verantwortlich" meinen 68% der Westdeutschen, aber nur 39% der Ostdeutschen. Kollektive Einstellungen einerseits, die Befürchtung wirtschaftlicher Schwierigkeiten andererseits gehen eindeutig mit einer schlechten Bewertung des politischen Systems (der neuen Bundesrepublik) zusammen. Bei der Frage nach einer "ausreichenden sozialen Sicherung" gibt es immer Kritik; aber während 47% der Westdeutschen die soziale Sicherung für ausreichend halten, sind es bei den Ostdeutschen nur 24% -

und 97% sagen retrospektiv, daß die soziale Sicherung in der DDR gegeben war. "Es herrscht Ordnung" konzedieren 42% der Westdeutschen, aber nur 13% der Ostdeutschen - für 80% herrschte in der DDR Ordnung.
So sehen wir also, daß sich die ostdeutschen Bürger rascher auf die Institutionen und Werte der Marktwirtschaft als auf die der Demokratie zubewegen. Die Westdeutschen haben beide seit langem akzeptiert, aber sie sehen in der Praxis deutliche Verschlechterungen (Performanzeinbußen) seit der Vereinigung.

IV

1989 hatte die Geschwindigkeit des Zusammenbruchs der DDR alle überrascht. 1990 wurde das Tempo durch Exit und Voice von unten hochgehalten, von Regierungsseite aber ebenfalls forciert, wie man z.B. über das Zustandekommen des Einigungsvertrags im Buch von *Wolfgang Schäuble* (1991) nachlesen kann. Seitdem ist die Kritik an der Art und Weise der ostdeutschen Transformation und der deutschen Vereinigung vor allem auch Kritik an der gewählten Geschwindigkeit. Ein langsameres Vorgehen mit dadurch verbesserten Steuerungsmöglichkeiten wird rückblickend eingeklagt und vorausblickend gefordert.

Diese Forderungen liegen in einer apokalyptischen Variante und in einer pragmatischen Variante vor. Die apokalyptische Variante wird von sozialistischen Literaten und Wissenschaftlern formuliert, besonders massiv von dem Dramatiker *Heiner Müller*. 1990 hatte er zum Widerstand gegen die schnelle Anpassung aufgefordert und die Beschleunigung durch die Massenmedien beklagt. "Die Mauer war ja auch so ein Regulativ zwischen zwei Geschwindigkeiten. Verlangsamung im Osten, man versucht die Geschichte anzuhalten und alles einzufrieren, und diese totale Beschleunigung im Westen..." (*Müller* 1994, S. 109). Nach dem Zusammenbruch des Ostens werden die Bremsen des Kapitalismus ausfallen. Im Sinne von *Walter Benjamins* Revolutionsbegriff war der Sozialismus eine Notbremse. "Die totale Beschleunigung führt zum Nullpunkt, in die Vernichtung" (ebd., S. 154).

Akademischer sind Thesen wie z.B. die von *Dieter Klein* zu "Rückwirkungen - Über westliche Folgen von östlichem Wandel", aber sie haben das gleiche Motiv: daß nämlich der Staatssozialismus dämpfend "auf die inneren Widersprüche der OECD-Welt und eher fördernd auf Problembewältigungen wirkte" (*Klein* 1994, S. 2). Dieses disziplinierende Feindbild wie auch die Sicherheitsordnung des Kalten Krieges seien nun weggefallen, und die neue Unordnung des Ostens und des Südens werde jetzt beschleunigt über den Westen hereinbrechen.

Die eher pragmatische Kritik erklärt die Ziele einer raschen "Angleichung der Lebensverhältnisse" als unrealistisch und damit kontraproduktiv: sie verschütten in einem vergeblichen Wettlauf endogene Entwicklungspotentiale; sie verbauen insbesondere auch Alternativen zu westlichen Praktiken, d.h. die Reform des westlichen Modells selber. *Thomas Koch* (1992) sieht die Akzeptanz für Modelle getrennter Entwicklungen und zweier Geschwindigkeiten in Deutschland steigen und nennt als Indiz hierfür die schärfere Artikulation von ostdeutschen Sonderinteressen. Bekanntlich hat sich *Kurt Biedenkopf* besonders deutlich für das Programm "Eigener Weg statt 'Aufholjagd'" ausgesprochen: "Die Modellrechnungen zeigen, daß eine baldige Angleichung der ökonomisch definierten Lebensverhältnisse in Ost- und Westdeutschland objektiv nicht erreichbar ist. Der Versuch wäre aber auch nicht sinnvoll. Es ist völlig unbekannt, wie eine Bevölkerung reagiert, die innerhalb von knapp einer Dekade eine wirtschaftliche Entwicklung durchlaufen soll, für die der westliche Teil Deutschlands 30 bis 40 Jahre Zeit hatte" (*Biedenkopf* 1992, S. 64). *Biedenkopf* plädiert deshalb für eine stärkere Regionalisierung des Einheitsprozesses und für einen anderen "Mix" ökonomischer und nicht-ökonomischer Faktoren der Lebensqualität, und er sieht in einem Wettbewerb der Regionalisierung auch die besten Chancen dafür, daß in Westdeutschland "Verkrustungen und Stagnationen" überwunden werden.

Nach meiner Einschätzung sind wir vier Jahre nach der deutschen Vereinigung ohnehin an einem Punkt angekommen, an dem sich das hohe Veränderungstempo im Osten abschwächt und sich der Wandlungsdruck im Westen spürbar erhöht. Die demographischen Einbrüche und der Umbruch des Arbeitsmarktes sind zu einem gewissen Abschluß gekommen, die Wanderungen gehen inzwischen in beide Richtungen. Das Parteiengefüge hat sich in der zweiten gesamtdeutschen Wahl in einer Weise etabliert, vielleicht sogar stabilisiert, die vor dem 18. März 1990 kaum jemand für möglich gehalten hätte: im Osten nicht unter der Führung der SPD, sondern mit der CDU vor der SPD wie im Westen; in beiden Teilen die beiden großen Parteien zusammen über 70% und zunehmend auf große Koalitionen angewiesen; im Osten ein knappes Fünftel PDS als Ausdruck ostdeutscher Sonderinteressen und ostdeutscher Verlierer; insgesamt ein Verlust des bürgerlichen Lagers als Ausdruck steigenden Reformdrucks auch im Westen. Diese Konstellation ist im übrigen auch Ergebnis einer deutlichen Stimmungsverbesserung und Stabilisierung zwischen 1993 und 1994 (vgl. *Infratest* 1994).

Im internationalen Vergleich liegt Ostdeutschland in der Zustimmung zu Marktwirtschaft und Demokratie im Vorderfeld, aber nicht an der Spitze der post-kommunistischen Gesellschaften. Nimmt man die Zufriedenheit mit der eigenen wirtschaftlichen Situation als Komponente eines "index of transformation" hinzu, so rückt Ostdeutschland an die zweite Stelle hinter der Tschechischen Republik (*Seifert* 1994, S. 44-47). Die Richtung scheint also eindeutig zu sein. Ebenso eindeutig aber scheint mir, daß der deutsche Ost-West-Gegensatz als "regionales 'Sonderbewußtsein'" nicht so rasch verschwinden wird, wie das *Rainer Lepsius* für das Fach Soziologie richtig vorausgesagt und gestaltet hat. Die Frage ist, ob dies wirklich eine ganze Generation lang dauern muß, bis neben den schon jetzt greifbaren Gewinnen der Wende auch die Verluste überwunden sind, die sie wegen ihres Tempos unvermeidlich mit sich gebracht hat.

Anmerkungen

1. Vortrag zum Tag der Sozialwissenschaften an der Universität Halle und zur Ehrenpromotion von Prof. Dr. M. *Rainer Lepsius* am 26.10.1994. Ich danke *Gasala Mathwig* und *Wolfgang Seifert* für hilfreiche Beiträge. Daten, die nicht gesondert ausgewiesen sind, wurden Statistischen Jahrbüchern sowie GLOBUS-Schaubildern entnommen.
   Dieser Beitrag erscheint gleichzeitig in einer Publikation der Universität Halle unter dem Titel 'Aufhebung der Bipolarität' im Verlag Leske + Budrich, Opladen.

Literatur

Biedenkopf, K.(1992): Die neuen Bundesländer: Eigener Weg statt 'Aufholjagd'. Nachgedruckt in: W. Dettling (Hrsg.), Perspektiven für Deutschland. München: Droemersche Verl.-Anst. Knaur, 1994, S. 62-78.

Diewald, M./H. Solga (1994): Ordnung im Umbruch? Strukturwandel und deutsch-deutsche Tradition. Max-Planck-Institut für Bildungsforschung Berlin, Manuskript.

Geißler, R. (1992): Die Sozialstruktur Deutschlands. Opladen.

Infratest (1994): Die Stimmung stimmt für Kohl. Eine ZEIT-Umfrage von Infratest Burke Berlin. In: Die ZEIT, 30.9.1994, 13-15.

Klein, D. (1994): Rückwirkungen - Über westliche Folgen von östlichem Wandel. Humboldt-Universität zu Berlin, Manuskript.

Koch, Th. (1992): Chancen und Risiken von Modellen einer "getrennten" Entwicklung der beiden Gesellschaften in Deutschland. In: BISS PUBLIC, Heft 9, 5-22.

Kohli, M. (1994): Die DDR als Arbeitsgesellschaft? Arbeit, Lebenslauf und soziale Differenzierung. In: H. Kaelble/J. Kocka/H. Zwahr (Hrsg.), Sozialgeschichte der DDR. Stuttgart: Klett-Cotta.

Kregel, J./E. Matzner/G. Grabher (1992): The Market Shock. Wien/Ann Arbor.

Lepsius, R. M. (1991a): Ein unbekanntes Land. Plädoyer für soziologische Neugierde. In: B. Giesen/C. Leggewie (Hrsg.), Experiment Vereinigung. Berlin: Rotbuch, S. 71-76.

Lepsius, R. M. (1991b): Zur Entwicklung der Soziologie in den neuen Bundesländern. In: Kölner Zeitschrift für Soziologie und Sozialpsychologie, 43, 1: 138-145.

Marplan (1993): Mehrheit beklagt zu schnelle Einheit. In: Neues Deutschland, 10.12.1993, 4.

Mayer, K. U. (1994): Vereinigung soziologisch: Die soziale Ordnung der DDR und ihre Folgen. In: H. Peisert/W. Zapf (Hrsg.), Gesellschaft, Demokratie und Lebenschancen. Festschrift für Ralf Dahrendorf. Stuttgart: Deutsche Verlagsanstalt, S. 267-290.

Merkel, W./St. Wahl (1991): Das geplünderte Deutschland. Die wirtschaftliche Entwicklung im östlichen Teil Deutschlands von 1949 bis 1989. Schriften des Instituts für Wirtschaft und Gesellschaft, Bonn.

Müller, H. (1994): Gesammelte Irrtümer 3. Texte und Gespräche. Frankfurt/ M.: Verlag der Autoren.

Müller, K. (1992): 'Modernizing' Eastern Europe: Theoretical Problems and Political Dilemmas. In: European Journal of Sociology, 33, 109-150.

Opp, K.-D. (1991): DDR '89: Zu den Ursachen einer spontanen Revolution. In: Kölner Zeitschrift für Soziologie und Sozialpsychologie, 43, 2: 302-321.

Schäuble, Wolfgang (1991): Der Vertrag. Stuttgart.

Seifert, Wolfgang (1994): East Germany and Eastern Europe Compared. Studies in Public Policy No. 233, University of Strathclyde.

Seifert, W./R. Rose/W. Zapf (1993): Ökonomische Verhaltensweisen und politische Einstellungen im vereinten Deutschland, Arbeitspapier P 93 - 109, Wissenschaftszentrum Berlin für Sozialforschung.

Sozialreport 1994: Daten und Fakten zur sozialen Lage in den neuen Bundesländern. I. Kurz-Scherf/G. Winkler (Hrsg.), Sozialwissenschaftliches Forschungszentrum Berlin-Brandenburg e.V.

Teltschik, H. (1991): 329 Tage. Innenansichten der Einigung. Berlin: Goldmann.

Zapf, W. (1991): Der Untergang der DDR und die soziologische Theorie der Modernisierung. In: B. Giesen/C. Leggewie (Hg.), Experiment Vereinigung. Berlin: Rotbuch, S. 38-51.

Zapf, W. (1994): Einige Materialien zu Gesellschaft und Demokratie im vereinten Deutschland. In: H. Peisert/W. Zapf (Hrsg.), Gesellschaft, Demokratie und Lebenschancen. Festschrift für Ralf Dahrendorf. Stuttgart: Deutsche Verlagsanstalt, S. 291-312.

Zapf, W./St. Mau (1993): Eine demographische Revolution in Ostdeutschland?, Informationsdienst Soziale Indikatoren. Zentrum für Umfragen, Methoden und Analysen, Nr. 10, S. 1-5. Mannheim.

Zapf, W./R. Habich (1994): Die Wohlfahrtsentwicklung im vereinten Deutschland. In: W. Dettling (Hrsg.), Perspektiven für Deutschland. München: Droemersche Verl.-Anst. Knaur, S. 175-204.

Lebensverläufe und Transformation in Ostdeutschland - eine Zwischenbilanz

Karl Ulrich Mayer

1. Der Vereinigungsdiskurs: Altlasten vs. Transformationskatastrophe

Wie schon in der Vergangenheit, sind die gegenwärtigen sozialwissenschaftlichen Interpretationen und Analysen zum Wandel in Ostdeutschland in einem hohen Maße überlagert und verdeckt von einem zwiespältigen politisch-öffentlichen Diskurs, in dem jeweils eine bestimmte Sicht der gegenwärtigen Veränderungen verknüpft wird mit je bestimmten Modellen der vergangenen Herrschafts-, Sozial- und Wirtschaftsstruktur der DDR (vgl. *Jarausch* 1994 a,b). Der dominante deutsche Einheits-Diskurs schließt die Altlastthese ein und rechnet die Probleme der Vereinigung dem repressiven Herrschaftssystem der DDR, der verfehlten Wirtschaftsordnung und deren Folgen für individuelle Qualifikationen und Mentalitäten zu und verweist im übrigen auf westdeutsche Opfer und allseits sichtbare Fortschritte: Alle in Ostdeutschland gelten als Gewinner der Vereinigung, die Verlierer - oder besser widerwillig Opferbereiten - werden eher im Westen geortet. Der bisherige Vereinigungsprozeß gilt nicht nur als zwangsläufig - es habe dazu, unter anderem wegen des Zeitdruckes, keine anderen Optionen gegeben - sondern auch als wünschenswert, so z.B. im Hinblick auf die rasche Privatisierung. Nach der Auskunft eines Mitglieds des Treuhand-Vorstandes hätte etwa eine weitere mittelfristige Subventionierung der Treuhandbetriebe unweigerlich zu einem Staatsbankrott der Bundesrepublik führen müssen.

Der alternative Katastrophendiskurs lastet die aktuellen und als dramatisch charakterisierten Transformationsprobleme, insbesondere die Arbeitslosigkeit, einer verfehlten und überstürzten Vereinigung und Privatisierung an, die als Anschluß und Kolonisierung diskreditiert werden: Alle im Osten sind Verlierer, die Wiedervereinigungsgewinnler sitzen im Westen. Wird diese Kritik von Ostdeutschen vorgetragen, so werden einerseits Vorzüge der früheren DDR, insbesondere im Hinblick auf die Arbeitsplatzsicherheit und soziale Leistungen, hervorgehoben, andererseits erscheinen die Transformationsprobleme als nicht überraschende Folge einer kapitalistischen Landnahme. Wird die Kritik von Westdeutschen vorgetragen, so erscheint sie häufig als eine Fortsetzung der Kritik an der Gesellschaft der alten Bundesrepublik mit anderen Mitteln.

Politisch werden diese beiden Positionen am prononciertesten von der Regierungskoalition auf dem einen Pol und der PDS auf dem andern Pol vertreten. Auf die Frage, ob die DDR-Bürger nicht demokratische Rechte gewonnen hätten, antwortet *Sahra Wagenknecht*: "Was sie vor allem gewonnen haben, sind Arbeitsämter, Mieterhöhungen, Lehrstellenmangel, Zwei-Klassen-Medizin, Rentenstrafrecht, organisierte Neonazis, mögliche Bundeswehreinsätze im Ausland und ähnliches." (*Der Tagesspiegel* vom 21.1.1995) Die schwierige Lage der SPD zeigt sich auch hier, da sie eine teils kompromißlerische, teils widersprüchliche Haltung einnimmt und Klientele mit entgegengesetzten Auffassungen abzudecken versucht.

Ost- und westdeutsche Sozialwissenschaftler finden sich entweder auf einem der beiden Pole - häufiger dem letzteren (wenn auch nicht bei *Sahra Wagenknecht*) - oder in einem subjektiven Wechselbad. Man ertappt sich leicht dabei, legitimatorisch die eine oder andere Position zu vertreten. Jedenfalls scheint mir die bewußtseinsformende Kraft dieses Diskurses so stark zu sein, daß Positionen jenseits dieser doppelten Dichotomie von Verlierern und Gewinnern kaum zu vernehmen sind. Obgleich sozialwissenschaftlich sehr viel zur Transformation geforscht und geschrieben wird, scheint dies die Kategorien und Sichtweisen der öffentlichen Debatte kaum berührt zu haben. Eher scheint das Gegenteil der Fall zu sein. Wie schon in der Vergangenheit der DDR-Forschung, leitet eher der politische Diskurs die wissenschaftliche Diskussion an als umgekehrt (*Schröder/Staadt* 1994).

Es ist ferner bemerkenswert, daß die aktuelle Bewertung der Transformationsprozesse unmittelbar aus unterschiedlichen Interpretationen der Vergangenheit der DDR-Gesellschaft und unterschiedlichen Konstruktionen der westdeutschen Gesellschaft ableitbar zu sein scheint.

2. Transformation als Prozeß der Institutionenübertragung

Man kann die Vereinigungsprozesse und deren sozialwissenschaftliche Behandlung unter drei Oberbegriffe fassen: die Institutionenbildung, die strukturellen Transformationsprozesse und den Wandel von Verhaltensweisen und Mentalitäten (*Mayer* 1994).

Die Institutionenbildung ist durch die Wahlen vom März 1990, die Währungsunion und den Einigungsvertrag politisch im Sinne einer Inkorporation Ostdeutschlands, also einer völligen Übertragung der westdeutschen Institutionen, entschieden worden. Dieser Prozeß war rasch, ist weitestgehend abgeschlossen und muß wohl - zumindest als technische Operation - als ein außerordentlicher Erfolg gewertet werden. Neben der raschen Verbreitung von Banken, Versicherungen und Kfz-Händlern hat sich der Aufbau der staatlichen Behörden durch die Entsendung von Beamten aus Westdeutschland, durch Elitenoktroi- und Durchmischungsstrategien überraschend wirkungsvoll vollzogen. Im Rückblick wird ziemlich deutlich, daß den westdeutschen Eliten die Konservierung des eigenen Institutionensystems zum Teil auch einen hohen Preis wert war. Eine Übernahme von institutionellen Regelungen erfolgte nämlich auch dort, wo es in Westdeutschland bereits Debatten über deren Zweckmäßigkeit gab, wie z.B. bei den Rundfunkländeranstalten, bei den medizinischen Einzelpraxen, bei den Massenhochschulen ohne Studienorganisation, bei der Trennung von allgemeiner und beruflicher Bildung oder zwischen Schule und Jugendarbeit, oder wo die Frage der Passung für ostdeutsche Verhältnisse durchaus fraglich ist, wie z.B. in der Alterssicherung oder bei den Maßnahmen nach dem Arbeitsförderungsgesetz. Ich habe gewisse Zweifel, ob sich diese Prozesse einer einfachen Zurechnung zu den Kategorien von endogenem interessenorientiertem vs. exogenem ordnungspolitisch orientiertem Handeln fügen, als ob es sich dabei für die Akteure um eine Handlungswahl gehandelt hätte. Hätte man sich aber zwischen diesen beiden Kategorien zu entscheiden, so scheint mir die ordnungspolitische Dominanz eindeutig. Hier liegt im übrigen eine wichtige Quelle des Mißverständnisses zwischen Ost- und Westdeutschen. Was aus dem Westen ordnungspolitisch gedacht ist oder so vorgebracht wird, wird im Osten als Durchsetzung von Interessen wahrgenommen und interpretiert (*Lehmbruch* 1993:28).

Die Inkorporationsthese besagt also, daß sich weder in Ostdeutschland spezifische Institutionen entwickeln werden, noch daß das alte westdeutsche Institutionengefüge infolge der Vereinigung zu Veränderungen gezwungen wird.

Das sozialwissenschaftliche Diktum zum Prozeß des Institutionentransfers ist von *Lepsius* formuliert worden, der diesen Prozeß für Ostdeutschland als abgeschlossen ansieht und für Westdeutschland oder die neue Gesamtbundesrepublik keine institutionellen Veränderungs- oder Anpassungszwänge erkennt (vgl. dazu *Kollmorgen* 1994:433/434). Alternative Auffassungen sieht *Lepsius* (im Gegensatz etwa zu *Wiesenthal, Offe, Reißig* und *Klein*) eher als Ausdruck realitätsferner und wenig wünschenswerter Hoffungen auf einen dritten Weg (*Lepsius* 1991:144, siehe auch *Zapf, Habich* 1995 und *Bude* 1995). "Das Problem sei nicht, daß das Institutionensystem nicht funktioniere, sondern daß die Outputerbringung des Systems so ungleichmäßig ist, daß der eine Teil übermäßig an den anderen Teil abgibt. Sobald diese Verteilungsprobleme grundsätzlich geklärt sind, gibt es keine entscheidenden Probleme mehr, die Transformation ist beendet." (*Lepsius*, zitiert nach *Kollmorgen* 1994).

Diese These der umgreifenden und abgeschlossenen Systemintegration ist eine wichtige Nullhypothese. Auch *Renate Mayntz* hat in ihrem jüngsten Buch zur Wissenschaftsintegration (*Mayntz* 1994) konstatiert, daß wesentliche institutionelle Neuerungen dabei nicht enstanden seien.

Ich teile die These der Institutionentransfers im großen und ganzen. Dieser Prozeß ist übrigens nicht zuletzt ein wichtiger Indikator für die Macht und das Selbstbewußtsein der Institutionsträger der alten Bundesrepublik. Und dies gilt eben nicht nur für die staatlichen Institutionen, von denen man das erwarten könnte, sondern ebenso auch für die nicht-staatlichen und halbstaatlichen Organisationen, von den Wohlfahrtsverbänden bis zu den Ärztekammern.

Ob sich diese Nullhypothese letzten Endes uneingeschränkt bestätigen wird, scheint mir aber durchaus noch offen zu sein. So hat *Lehmbruch* (1993) z.B. auf die vom Westen nach Betriebsgröße und Betriebsform unterschiedliche Agrarorganisation in Ostdeutschland hingewiesen. Die Abwicklung der Akademieinstitute hat für die Blaue Liste, d.h. der nach 91a GG gemeinsam von Bund und Ländern geförderten außeruniversitären Forschungsinstitute, möglicherweise eine ganz neue Dynamik der Selbstorganisation ausgelöst, und auch die Geisteswissenschaftlichen Zentren könnten doch noch zu einer institutionellen Innovation werden. Letztere sind allerdings auch ein gutes Beispiel dafür, wie alle Beteiligten - Bund, Max-Planck-Gesellschaft, DFG, Hochschulrektorenkonferenz - hartnäckig für die Bewahrung des status quo kämpften. Es scheint mir beispielsweise auch noch offen zu sein, ob sich das Parteiensystem durch eine dauerhafte regionale PDS nicht doch grundlegend ändert oder ob das System der Alterssicherung, durch das ostdeutsche Frauen wegen ihrer langen und stetigen Erwerbszeiten besonders begünstigt werden, ohne Modifikationen erhalten bleibt. Hinzuweisen ist im Bereich möglicher überlebender institutioneller Sonderwege auch auf das Abitur nach 12 Schuljahren, das zweigliedrige Schulsystem in einigen neuen Bundesländern oder den Religion-Ethik Unterricht in Brandenburg. *Biedenkopf* (1994) fügt dieser Liste noch die Privatfinanzierung des Krankenhausbaus, den prononcierteren Ausbau der Fachhochschulen, abweichende Tarifvereinbarungen zu Arbeitszeiten und die Wohnungsversorgung hinzu. Ein völlig neues Phänomen für Deutschland ist auch die im Vergleich zur allgemeinen Quote doppelt so hohe Jugendarbeitslosigkeit in der DDR, unter anderem aufgrund der außerbetrieblichen Ausbildungsstätten.

Dennoch gilt m.E., daß die Phase der Institutionenbildung als Institutionentransfer weitgehend abgeschlossen ist, obgleich natürlich ein Restproblem einer noch mangelhaften Passung zwischen oktroyierten bzw. gewählten Institutionen und dafür notwendigen oder förderlichen Einstellungen bleibt. Geht man von einer Kontrollhierarchie zwischen institutionellen Vorgaben einerseits und Einstellungen andererseits aus, so dürfte es sich dabei um ein Übergangsproblem handeln, das kaum zu Sonderentwicklungen führen wird.

Von einer ganz kurzen Übergangszeit abgesehen, mußten im übrigen Untersuchungen der Institutionenübertragung von der Eigenart der alten DDR-Gesellschaft kaum Kenntnis nehmen: Sie sind nicht Bedingung der Übertragung, denn sie werden ja ersetzt. Dennoch kann man festhalten, daß diese Phase der sozialwissenschaftlichen Beschäftigung mit der Einigung im wesentlichen auf der Grundlage eines komparativ statischen Systemvergleichs erfolgte: Diktatur vs. Demokratie, soziale Marktwirtschaft vs. sozialistische Kommandowirtschaft, moderne vs. vormoderne Gesellschaft. Schon aus diesem formalen Grund ergibt sich eine Affinität zur dichotomischen und kontradiktorischen Struktur des politischen Diskurses.

3. Transformation als Strukturwandel, Umschichtung und Mobilität

Betrachtet man die Transformation der DDR als Prozesse der Veränderung der Sozialstruktur, so geht es um die Frage, wie die Bevölkerung der DDR aus einem Positionsgefüge im Jahre 1989 in einem oder mehreren Schritten in ein Positionsgefüge gelangt, das am "Ende" des Vereinigungsprozesses steht. Dieses Positionsgefüge läßt sich an beiden Enden näherungsweise konstruieren als eine Kombination von Berufen, Sektoren und nichterwerbstätigen Versorgungsklassen kombiniert mit Ab- und Zuwanderungen, ergänzt um eine Schattenwirtschaftskomponente im informellen Arbeitsmarkt.

Im Anschluß an eine Typologie von *Smelser* und *Lipset* (1966: 1-8) kann man dabei vier unterschiedliche Prozesse unterscheiden: 1) die Abschaffung bzw. Neubildung von Positionen, 2) Veränderungen in der Zuweisung von Ressourcen an Positionen, 3) die Veränderung der Allokationskriterien und 4) Zuweisung von Personen in Positionen.

Der erste Prozeß wird konventionell - je nach Radikalität - als Strukturwandel oder Revolution bezeichnet, der zweite Prozeß als Umverteilung oder Neubestimmung des Ungleichheitssystems, der dritte Prozeß als Wandel der Stratifizierungsmechanismen und der vierte Prozeß als intra- bzw. intergenerationale Mobilität.

Betrachtet man die Transformation der DDR in einem solchen Bezugsrahmen, so stellen sich unter anderem folgende Fragen:

- Muß man den Abbau, Neubau und Wandel des Positionsgefüges als eine rein exogen gesetzte Ursache sehen, die den Mobilitätsprozessen vorausgeht, oder gibt es auch Raum für die Vermutung endogen, nämlich auf dem Wege individueller Mobilitätsanstregungen, verursachter Strukturbildungen?
- Hat das, was mit Personen in diesen Prozessen geschieht, etwas zu tun mit dem, was sie mitbringen und einbringen - als Ausgangsposition und aus ihrer Lebensgeschichte -, oder ist es eine wenig nach askriptiven oder nicht-askriptiven individuellen Merkmalen selegierende Folge von Strukturbrüchen, wie z.B. dem Verschwinden lokaler Arbeitsmärkte.
- Ist auf mittlere Sicht das Zielpositionsgefüge eine Angleichung an die westdeutsche Sozialstruktur oder eine ostdeutsche Sonderstruktur?

In der bisherigen Debatte sind dazu unter anderem folgende Thesen vorgebracht worden:

- Die These von der Zunahme sozio-ökonomischer Ungleichheiten bzw. einer Polarisierung von Verteilungsungleichheiten. Diese These wird zum einen abgeleitet aus der Erwartung einer Angleichung Ostdeutschlands an die größeren sozio-ökonomischen Differenzierungen Westdeutschlands, insbesondere im Hinblick auf Einkommen, Eigentum und Vermögen. Zum anderen wird sie als Polarisierungsthese ableitbar aus Szenarien über Gewinner und Verlierer innerhalb Ostdeutschlands. Hier würde unterstellt, daß der Transformationsprozeß selbst Ungleichheiten verschärft. Dies folgt der von *Glen Elder* und *Avsholm Caspi* (1990) herausgearbeiteten Logik der Akzentuierung. In Systemen unter Stress verschärfen sich Ungleichheiten, weil Ressourcenreiche Risiken auffangen und kompensieren können, während Ressourcenarme leicht in einen circulus vitiosus geraten. Die Polarisierungsthese wird auch plausibel durch die Annahme von "windfall"-Profiten, die sich aus den außerordentlichen Rendite- und Karrierechancen einer solchen Umbruchzeit ergeben sollten (Modell Altwarenhändler der Nachkriegszeit).

- Die "Korken"- oder Statuserhalt-Hypothese: Was auch immer passiert, der Korken schwimmt immer oben. Danach wird erwartet, daß auch in einem veränderten Ungleichheitssystem - wie z.B. nach 1945 in der Bundesrepublik - die relativen Positionen von Personen, und evtl. Haushalten, erhalten bleiben. Hier wird angenommen, daß auch für die Erhaltung oder den Wechsel von Positionen die ursprüngliche Verteilung von Ressourcen, Qualifikationen und Fähigkeiten maßgeblich bleibt. Diese Annahme leitet sich daraus ab, daß auch die Gesellschaft der DDR eine nach unterschiedlichen beruflichen Funktionen differenzierte Gesellschaft war, die im wesentlichen nach meritokratischen Kriterien besetzt wurden und daß sich diese Qualifikationen zumindest relativ in dem Reallokationsprozeß durchsetzen. Qualifikationsunterschiede würden demnach eher generalisierte Fähigkeiten indizieren und weniger hochspezifische Fertigkeiten. Selbst oder gerade dort, wo in der DDR Positionen eher nach politischer Loyalität als nach beruflicher Qualifikation besetzt wurden, verfügen die Menschen über mobilisierbare Ressourcen an Informationen, Netzwerken und möglicherweise sogar Kapital, die sie im Zugang zu vorteilhaften Positionen umsetzen können (Das letztere - die Übernahme von Betriebskapital durch die Parteielite - war die Vermutung für Ungarn und Polen, vgl. dazu kritisch *Mach* in diesem Band). Umgekehrt wird angenommen, daß Personen, die schon in DDR-Zeiten in mittleren und unteren Positionen waren, wiederum in solche plaziert werden, daß sich also an den Allokationskriterien wenig verändert hat. Gerade unter Bedingungen eines freien Arbeitsmarktes sollten individuelle Merkmale wie z.B. frühere Systemloyalitäten keine negative stigmatisierende Auswirkung haben.
- Die Qualifikationsentwertungshypothese. Hier wird angenommen, daß in der sozialistischen Staatswirtschaft der DDR im verarbeitenden Gewerbe, in Verwaltung und Dienstleistungen spezifische Qualifikationen erworben wurden und erforderlich waren, die unter den veränderten Arbeitsmarktbedingungen nicht mehr verwertbar sind. Insbesondere *Grünert* und *Lutz* (1994) haben im Anschluß an Theorien des segmentierten Arbeitsmarktes

die These vertreten, daß ein großer Anteil von DDR-Qualifikationen nicht berufsspezifischer, sondern firmenspezifischer Art gewesen seien, die nach erzwungenen Firmenwechseln auf externen Arbeitsmärkten nicht mehr verwertbar sind. Dies müßte zu einem altersunspezifischen Deskilling-Prozess oder relativ altersunspezifischer Arbeitslosigkeit führen, soweit Umschulungsmaßnahmen dies nicht kompensieren können. Umgekehrt wäre zu erwarten, daß in der DDR unterdrückte und diskriminierte Qualifikationen und Erwerbschancen nunmehr besondere Entfaltungschancen haben sollten, so z.B. bei den Selbständigen im Handwerk und Dienstleistungen, Professionen und den Pseudo-Selbständigen der früheren Genossenschaften. Es gibt noch einen weiteren Aspekt der Qualifikationsentwertungs- bzw. Qualifikationsdefizithypothese. Es wird oft unterstellt, daß die berufliche Mobilität in dem hochregulierten Arbeitsmarkt der DDR relativ gering war und daher Ostdeutsche vergleichsweise weniger dynamisch, aktiv und mobilitätserfahren wären als Westdeutsche. Die Erwartungen, daß der Staat sich um Arbeitsplätze zu kümmern habe, ist mit Sicherheit in Ostdeutschland höher als in Westdeutschland (*Roller* 1994). Auch dieses müßte den Prozeß von Arbeitsplatzwechsel eher behindern als fördern, da mit eher zuwartenden als aktiven Akteuren zu rechnen wäre.

- Die Kaderdiskriminierungshypothese. Die Positionen des Partei- und Staatsapparates sind am raschesten ersatzlos verschwunden, und staatsnahe Bereiche und Positionen sind abgewickelt worden. Man könnte daher annehmen, daß die Kombination aus raschem Arbeitsplatzverlust und politischem Stigma Personen aus dem sogenannten X-Bereich der DDR-Beschäftigtenstatistik aus relativ vorteilhaften in relativ schlechte Zielpositionen brachte.
- Die Geschlechtsdiskriminierungsthese. Daß die Frauen in Ostdeutschland die Verlierer der Vereinigung sind, ist bereits ein weithin akzeptierter Topos. Dies wird abgeleitet aus Analogien zur Theorie von Frauen als industrieller Reservearmee, wonach Frauen in allen Arbeitsmarktkrisen als erste herausgedrängt werden, aus Vorstellungen über Angleichungen an die westdeutsche Frauenerwerbsquote und aus dem Wegfall der DDR-spezifischen sozialstaatlichen Unterstützungleistungen für berufstätige Frauen, beispielsweise im Bereich der Kinderbetreuung. Ferner wird unterstellt, daß Frauen bei Neueinstellungen generell "statistischen Diskriminierungen" unterworfen sind, infolge derer ihnen, ungeachtet ihrer persönlichen Qualifikationen und Erwerbsgeschichte, ein geringeres Maß an Verfügbarkeit und Arbeitsengagement zugerechnet wird.
- Die Kohorten- und Altershypothese. Freisetzungen, Arbeitsplatzverluste und Arbeitsplatzwechsel, Entscheidungen über berufliche Umorientierungen werden aber nicht durch Qualifikationsreserven, Sektor- und -Berufszugehörigkeiten, Geschlecht und lokale Arbeitsmarktbedingungen beeinflußt, sondern vermutlich auch durch das Lebens- und Karrierealter.

Arbeitgeber treffen Entscheidungen über Arbeitsvertragsverlängerungen oder Einstellungen teilweise aufgrund von Annahmen über Einsetzbarkeit und Lernfähigkeit, von Annahmen über Renditen von Investitionen in Qualifizierungen, also über "training", "trainability" und Humankapitalerträge, für die das Alter als proxy-Variable eine besonders hohe Bedeutung haben dürfte. Dies sollte sich in einer Situation besonders stark auswirken, in der solche Merkmale wie Firmenbindung, Erwerbsdauer und Berufserfahrung und die daraus resultierenden Rechtsansprüche, informellen Verpflichtungen und Zuschreibungen keine positiven "assets" darstellen. Für Arbeitnehmer bilden die verbleibende Arbeitslebenszeit und konkurrierende Anreize von Transfereinkommen zentrale Parameter für ihre eigenen Arbeitsmarktentscheidungen, sofern solche überhaupt möglich sind. Darüber hinaus ist aber auch davon auszugehen, daß die Bewahrung von beruflicher Identität und Selbstwertgefühlen im Hinblick auf akzeptable Tätigkeiten mit den Investitionen in Lebensjahren, die in angestammten Tätigkeiten verbracht wurden, korreliert. Daraus würde man ableiten, daß die Arbeitsmarktchancen für Jüngere monoton besser sein sollten als die für Ältere. Ich habe in einem früheren Artikel, zusammen mit *Heike Solga*, die These vertreten, daß sich die für jüngere im Vergleich mit älteren DDR-Kohorten in den 80er Jahren blockierten Aufstiegschancen (per Ausschluß und Systemdistanz) im Verlauf der Transformation in ihr Gegenteil umkehren sollte: Die Älteren sollten ihre Vorteile verlieren, und den Jüngeren sollten sich besondere Chancen eröffnen, da sie zum einen unbelastet, zum andern besonders motiviert sein sollten. Es müßte also ein Effekt zu beobachten sein, der die generelle Altersabhängigkeit beruflicher Mobilität noch erhöhen sollte. *Johannes Huinink* und *Heike Solga* (1994) und später auch *Burkart Lutz* (mündl. Kommunikation) haben die Vermutung ausgesprochen, daß die kohortenspezifisch verteilten Mobilitäts- und Weiterbildungserfahrungen sich als differentielle "assets" oder Belastungen auswirken sollten.

Es gibt allerdings auch Überlegungen auf der Grundlage der Kohorten- und Lebensverlaufstheorie, die radikalere Brüche vermuten lassen. Insoweit nämlich Kohortenprägungen in diesem Sinne auch in Ostdeutschland bestünden, daß die Ausgangskonstellationen beim Berufseintritt entscheidend sind und im späteren Arbeitsleben kaum mehr kompensiert werden können (vgl. *Blossfeld* 1991), müßten alle bereits im Arbeitsleben stehenden Kohorten in gleicher Weise massive Beeinträchtigungen ihrer Arbeitsmarktchancen gewärtigen. Die Gegenhypothese könnte dadurch begründet werden, daß eine solche Kohortenprägung nur in einem relativen stabilen System wie in der Bundesrepublik funktionieren könne, da der erforderliche strukturelle Wandel durch Neuzugänge und Abgänge aus der Erwerbspopulation am verträglichsten und effizientesten bewerkstelligt würde. Bei einem so massiven

Strukturumbruch wie in Ostdeutschland sei dies schon aufgrund der Mengenrelationen undenkbar.

4. Das Projekt "Lebensverläufe und historischer Wandel in der ehemaligen DDR" des Max-Planck-Instituts für Bildungsforschung

Im Projekt über "Lebensverläufe und historischen Wandel in der ehemaligen DDR" durchgeführt im Forschungsbereich "Bildung, Arbeit und gesellschaftliche Entwicklung" des Berliner Max-Planck-Instituts für Bildungsforschung haben wir zwischen September 1991 und Oktober 1992 2323 Frauen und Männer der Geburtsjahrgänge 1929-31, 1939-41, 1951-53 und 1959-61 ausführlich zu ihrem bisherigen Lebensverlauf befragt. Grundgesamtheit war die deutsche Wohnbevölkerung dieser Kohorten, die Anfang Oktober 1990 in Ostdeutschland lebte. Die Stichprobe wurde aus dem Zentralen Einwohnermeldeamt der ehemaligen DDR gezogen. Die Studie wurde von *Johannes Huinink* und mir konzipiert und von *INFAS* durchgeführt. Später stießen *Heike Trappe, Heike Solga, Annemette Sørensen* und *Martin Diewald* zur Projektgruppe. Um psychologische Variablen nachzuerheben, wurde 1993 eine schriftliche Nachbefragung durchgeführt, an der sich 1254 Personen beteiligten. Das sind 62% Prozent derjenigen, an die ein Fragebogen verschickt werden konnte. Wir sind gerade dabei, eine Panelbefragung vorzubereiten, die im Herbst 1995 ins Feld gehen soll. Ich stütze mich im folgenden im wesentlichen auf die Daten der Teilnehmer der 1993er Nachbefragung. Sie weist nach wichtigen Merkmalen keine Verzerrungen auf - mit der überraschenden Ausnahme, daß SED-Mitglieder in der Nachbefragung eher überrepräsentiert sind. Ich werde mich im folgenden auf Analysen stützen, die von *Johannes Huinink, Martin Diewald, Heike Solga* und *Annemette Sørensen* gerechnet wurden (*Huinink/Diewald/Heckhausen* in diesem Band; *Diewald/Sørensen* in diesem Band; *Diewald/Solga* 1994).

4.1 Erwerbsverläufe und die Verdrängung aus dem Arbeitsmarkt

Der gravierendste Prozeß in der Transformation ist die Verdrängung aus dem Arbeitsmarkt. Die Anzahl der Erwerbstätigen ist seit 1990 um mehr als 40% geschrumpft. Alle Frauen und fast alle Männer aus unserer ältesten Kohorte waren 1993 ganz aus dem Arbeitsmarkt ausgeschieden, entweder über normale Verrentung oder über Vorruhestandsmaßnahmen. Dieser Prozeß war bereits 1991 weitgehend abgeschlossen. Bei den jüngeren Kohorten sind von dieser Verdrängung Frauen etwa doppelt so stark betroffen wie Männer. Das Risiko der Arbeitslosigkeit steigt mit dem Alter an. Eine Sondersituation findet sich bei den etwa 35jährigen Frauen unserer jüngsten Kohorte, die in stärkerem Maße - zu 11% - ganz aus dem Arbeitsmarkt ausgeschieden sind und sich daher zwar in der Arbeitslosigkeit, aber nicht in der Erwerbstätigkeit von den mittleren Kohorten unterscheiden. Es gibt Hinweise darauf, daß Frauen mit jüngeren Kindern stärker aus dem Arbeitsmarkt ausscheiden.

Das größte Arbeitslosigkeitsrisiko tragen die Un- und Angelernten, das geringste die Hochschulabsolventen, wobei allerdings auch der Anteil unter den Facharbeiterinnen mit einem Fünftel relativ hoch liegt. Facharbeiter und Männer in der Industrie halten sich relativ gut. Bei einer sektoralen Abgrenzung erweisen sich staatsnahe Erwerbstätigkeiten eher als arbeitslosigkeitsmindernde Faktoren. Auch Systemloyalität - definiert durch Mitgliedschaft in der SED oder den Blockparteien oder Funktionärstätigkeit in den Massenorganisationen - mindert das Arbeitslosigkeitsrisiko.

Während der Arbeitsmarkt in etwa auf die Erwerbsquote in Westdeutschland geschrumpft wurde, ist die Wohnbevölkerung in den neuen Bundesländern sehr viel weniger zurückgegangen als befürchtet. Dies ist zum Teil eine Folge der Rezession und der damit verbundenen rückläufigen Nachfrage nach Arbeitskräften, z.T. eine Folge der ca. einer halben Million Pendler, die sich aber mittelfristig in Abwanderer verwandeln könnten. Teilweise werden Abwanderungen auch durch Zuwanderungen aus dem Westen kompensiert. Diese Feststellungen auf dem Aggregatniveau können freilich die Berichte über weitgehend entvölkerte und überalterte mecklenburg-vorpommersche Dörfer nicht entkräften (*Münz/Ulrich* 1994).

4.2 Berufliche Mobilität und Arbeitsplatzwechsel

Betrachtet man die berufliche Mobilität für die drei jüngeren Kohorten, also die 1993 um 53-, 41- und 33-jährigen Frauen und Männer, so zeigen sich für diejenigen, die im Erwerbssystem verblieben sind, überraschende Stabilitäten. Um drei Viertel der 1993 Erwerbstätigen sind in den gleichen beruflichen Stellungen wie 1989. Eine Ausnahme zu diesem Muster bilden die alten Inhaber von Leitungspositionen, die zu zwei Dritteln solche Positionen verloren haben und etwa zur Hälfte Abstiege hinnehmen mußten.

Eine zweite Ausnahme sind die - in der Stichprobe aber schlecht repräsentierten - Genossenschaftsbauern, die - sofern sie arbeiten - in abhängige Positionen gerutscht sind, zu einem Drittel in nicht-qualifizierte Tätigkeiten. 4 von 15 Personen in dieser Kategorie sind noch im Agrarsektor tätig. (Diese Aussagen zu den Bauern sollten aber wegen der kleinen Stichprobe und wegen ungleicher Messungen zu den beiden Zeitpunkten nicht überbewertet werden.)

Überraschend für mich ist auch der Befund, daß sich die Selbständigen, trotz der Expansion dieser Kategorie, nicht besser halten konnten als Personen in anderen Kategorien. Immerhin ein Drittel der Un- und Angelernten konnten ihre berufliche Stellung verbessern. Daß die relativ hohe Kontinuität der beruflichen Stellungen tatsächlich etwas mit der

Dimension "Beruf" zu tun hat, kann man prüfen, indem die Berufe auf der Ebene einer vierstelligen Klassifikation verglichen werden. Danach scheint berufliche Kontinuität im engeren Sinne - und nicht bloß Qualifikations- oder Statuserhalt - zu einem erheblichen Ausmaß den Mechanismus der Stabilität zu bilden. Über 60% derjenigen, die 1989 und 1993 erwerbstätig waren, blieben in genau demselben Beruf.

Vergleicht man Frauen und Männer miteinander, so zeigt sich ein Befund, der nicht in das Interpretationsmuster der Frauen als Verliererinnnen des Einigungsprozesses paßt: In den Professionen, in den Semiprofessionen und bei den qualifizierten Angestellten konnten sich Frauen besser halten als Männer, bei den Semiprofessionen - im wesentlichen Lehrerinnen und Gesundheitsberufe - sogar sehr viel besser als die Männer. Hier scheint sich abzuzeichnen, daß Frauen wegen ihrer stärkeren Plazierung im öffentlichen Sektor ihre Chancen wahren, z.T. sogar verbessern konnten im Vergleich zu Männern, die in der Industrie größeren Risiken ausgesetzt waren. Unter Einbeziehung der Verdrängung aus dem Arbeitsmarkt bleibt die Bilanz allerdings für die Frauen negativ.

Hinter diesen Stabilitäten verbergen sich aber zum Teil erhebliche Mobilitätsprozesse auf dem Arbeitsmarkt. Zwei Drittel der Männer und Frauen mußten ihre Positionen irgendwann einmal aufgeben, ein Drittel der Frauen und ein Fünftel der Männer verloren zeitweilig oder dauerhaft eine Arbeit. Andererseits halten sich Abstiege und De-Qualifizierungen mit c. 8% in engen Grenzen. Neben Facharbeiterinnen waren davon vor allem Männer in Leitungspositionen betroffen, die z.T. auf Positionen "zurückfielen", die ihrem ursprünglichen Qualifikationsniveau entsprechen.

4.3 Individuelle Mobilitätsdeterminaten

Für die Gesamtinterpretation der Mobilitätsprozesse kann ich mich wiederum auf Modelle stützen, die *Martin Diewald, Heike Solga* und *Annemette Sørensen* entwickelt haben. Danach steigt das Risiko der Verdrängung aus dem Arbeitsmarkt deutlich mit dem Alter an. In bezug auf den Statuserhalt unterscheiden sich die um 1940 Geborenen von den beiden jüngeren Kohorten, in bezug auf Abstiegsrisiken gilt das gleiche für die Frauen, während wir bei den um 33-jährigen Männern (nicht-signifikante) Indizien für ein höheres Abstiegsrisiko finden. Dies bedeutet, daß für diese Gruppe nicht behauptet werden kann, sie hätten ihre vergleichsweise schlechteren Chancen in den 80er Jahren kompensieren können, eher scheint das Gegenteil der Fall zu sein - also ein Hinweis auf eine andauernde negative Kohortenprägung. Es gibt aber auch Hinweise auf stärkere Aufstiege in dieser Kohorte, also möglicherweise Polarisierungstendenzen.

Aufstiege und Systemloyalität in Zeiten der DDR verringern die Chance des Statuserhalts und erhöhen die Abstiegsrisiken, wobei Systemloyalität für Männer ein größeres Risiko für Abstiege mit sich bringt als für Frauen.

5. Die (unerwartet geringe) Zunahme des Grades an Ungleichheit

Zu der Frage der Veränderung des Grades sozio-ökonomischer Ungleichheiten haben wir aus unserer Studie nur ein interessantes Indiz, das sich auf einen Vergleich 1989-1991 stützt. Fragt man nach der Änderung von Arbeitsbedingungen, so berichten fast alle Berufskategorien (außer den Professionen und Semiprofessionen) über eine Zunahme von Kontrolle, und alle Managerkategorien bis zu den Meistern berichten über eine Zunahme von Verantwortung, Weisungsbefugnissen und Kontrollmöglichkeiten. Dies könnte bedeuten, daß in der DDR bestehende Autonomiespielräume, insbesondere der Arbeiter, verlorengingen und sich nun eher dem westlichen Normalfall industriell-bürokratischer Organisation angleichen. Es könnte aber auch bedeuten, daß der Spielraum von Managern unter den Bedingungen drohender Arbeitsplatzverluste, verstärkter Konkurrenz und geschwächter Kollektivvertretungen besonders hoch war und ist.

Ein zweites Indiz zu den Veränderungen der Verteilungsungleichheit in Ostdeutschland kann man den auf dem SOEP beruhenden Querschnittsvergleichen von *Hauser, Krause* und *Wagner* entnehmen (*Hauser/Wagner* 1994, *Krause* 1994, *Hauser* in diesem Band). Danach hat sich nicht nur die reale Einkommenssituation fast aller ostdeutschen Haushalte erheblich verbessert (nominal von 46 auf 69% der westdeutschen Äquivalenzeinkommen, adjustiert nach Kaufkraftunterschieden von 66 auf 78% - d.h. um über 70%, Nettolöhne von 43 auf 71%). Es hat sich auch die Ungleichheit der Haushaltseinkommen erhöht (Gini-Index von 0,185 1990 auf 0,216 1993), aber sehr viel weniger als erwartet. Sie liegt nach wie vor deutlich unter dem Ungleichheitsgrad in Westdeutschland (0,274). Dies liegt an dem hohen Gewicht von Transfereinkommen und an der Tatsache, daß ein Teil der Unternehmensgewinne nicht in Ostdeutschland anfällt. Hauser und Wagner berichten auch über hohe Stabilitäten zwischen relativen Einkommenspositionen über die Zeit (1990-1993:0,50; Westen:0,57) (*Krause* 1994). Mündlich vermittelt, gibt es einen weiteren interessanten Befund zu Einkommenszugewinnen. Die Besitzer von Telephonen - eine in der DDR nach beruflich funktionaler Bedeutung und Staatsnähe selektive Gruppe - konnte ihre relative Einkommensposition halten und teilweise sogar verbessern.

Daten zur Entwicklung der Realeinkommen und der Einkommensverteilung lassen allerdings noch keine ausreichenden Schlußfolgerungen über Akzentuierungs- und Polarisierungstendenzen zu, weil Einkommensdaten und Daten zu Gruppenzugehörigkeiten noch ungenügend integriert worden sind.

So haben *Hauser, Wagner* und *Krause* zwar gezeigt, daß die höchsten Armutsrisiken eher bei den alleinerziehenden Müttern als bei alten und sehr alten Menschen zu finden sind, aber weder regionale, noch sektorale Zugehörigkeiten werden hinreichend sichtbar.

6. Zwischenbilanz der strukturellen Transformationsprozesse

Ich will nun ein Resümee zu der Frage versuchen, mit welcher vorläufigen Zwischenbilanz sich die strukturellen Transformationsprozesse entwickelt haben. Gemessen an den oben formulierten Hypothesen ergibt sich folgendes vorläufiges Bild:

- Bei einer allgemeinen Steigerung des Wohlstandsniveaus haben sich die Ungleichheiten verstärkt, bleiben aber sowohl aufgrund ökonomischer Entwicklungsdefizite als auch aufgrund der nivellierenden und kompensierenden Wirkungen von Sozialeinkommen unter dem Niveau Westdeutschlands.
- Die Rekonstruktion der Sozialstruktur Ostdeutschlands zeichnet sich dadurch aus, daß mit Ausnahme und mit Hilfe der Verdrängung der über 55-Jährigen aus dem Arbeitsmarkt sich die hergebrachten Differenzierungen nach Qualifikation und beruflicher Stellung in hohem Maße erhalten und keine massenhaften Dequalifizierungen stattgefunden haben.
- Obgleich eine systematische Diskriminierung von früheren Kadern und Systemloyalen - von der rechtlich noch umstrittenen Streichung der Zusatzrenten abgesehen - nicht feststellbar ist, z.B. im Sinne erhöhter Arbeitslosigkeit, führt dieses Merkmal bei Männern zu erhöhten Risiken einer Statusminderung. Es ist aber keine Frage, daß die Vorruhestandsregelungen, die die älteren Kohorten en bloc betrafen, und die globale Abwicklung von Institutionen zu einer weitgehenden Ablösung der Kader führten, ohne daß dieses latent sicher vorhandene Ziel politisch selektive Entlassungen erforderlich machte (mit partiellen Ausnahmen wie z.B. im Militär und in den Hochschulen). Man muß ferner auch in Rechnung stellen, daß durch die Verrentung der Kader oder generell von Personen in hochqualifizierten Positionen jedenfalls nach unseren Daten für die jüngeren Kohorten offensichtlich keine zusätzlichen Aufstiegschancen erwuchsen: "...selbst die drei jüngeren Kohorten.. (waren) kaum in der Lage, ihre Anteile in der oberen Dienstklasse 1993 aufrechtzuerhalten. Unter denjenigen, die sich 1993 nicht mehr in einer Dienstklasse-Position befanden, waren vor allem jene, die 1989 eine Leitungsposition ausübten und/oder die 1989 systemloyal waren."(*Solga* in diesem Band)
- Negative Alterseffekte lassen sich vor allem für die über 45-50-Jährigen feststellen. Für unsere jüngste Kohorte der um 35-Jährigen zeichnen sich Polarisierungstendenzen ab, die sich unter anderem in der stärkeren

Verdrängung jüngerer Frauen aus dem Arbeitsmarkt sowie in höheren Abstiegsrisiken und z.T. Aufstiegschancen jüngerer Männer zeigen.
- Frauen sind in der Gesamtbilanz die Verlierer des Einigungsprozesses. Es gibt aber vor allem im öffentlichen Dienst, bei den Professionen und Semiprofessionen auch gegenläufige Tendenzen.

7. Befindlichkeiten und Mentalitätswandel

Sind Einstellungen und Befindlichkeiten wirklich von Bedeutung für den Einigungsprozeß, oder sind sie gar das Einigungskriterium schlechthin? Wie die Nachkriegsentwicklung zeigt (*Weill* 1992), können z.B. politische Institutionen für eine gewisse Zeit auch ohne die entsprechenden Orientierungsmuster in der Bevölkerung (im Gegensatz zu den Eliten) funktionieren. Aber spätestens bei Wahlen schlagen Befindlichkeiten in Strukturbildung um.

Es geht in diesem Zusammenhang um verschiedene Probleme und Prozesse:

- Wie unterschiedlich waren/sind die Einstellungen und Wertorientierungen der Ostdeutschen im Vergleich zu denen der Westdeutschen?
- Haben sich die Einstellungsmuster angenähert oder sind sie erst nach der Wende auseinandergeklafft?
- Was sind die psychologischen Bedingungen und psychologischen Folgen der Vereinigung und spezifischer individueller Transformationsverläufe und Transformationserfahrungen?

Folgt man den Darstellungen von *Zapf* (in diesem Band) und *Infratest/Burke (1994)*, so sehen die Westdeutschen die Vereinigungsfolgen negativer als die Ostdeutschen, und Unzufriedenheiten in Ostdeutschland sind oft eher eine Folge von Statusverlusten und Systemdistanz als von sich verschlechternden oder relativ schlechteren Lebensbedingungen. Eine hohe Akzeptanz der Wirtschaftsordnung geht einher mit einer kritischeren Einstellung zum politischen System, an das im Osten sehr viel mehr Anforderungen gestellt werden als im Westen (*Roller* 1994).

Zu den Befindlichkeiten hat unsere Studie einige überraschende Befunde gezeitigt. Nicht die älteste in den Vorruhestand abgewickelte Kohorte hat den größten Kontrollverlust, die größte Einbuße an Selbstwertgefühl und an Zielgerichtetheit erfahren, sondern die um 53-Jährigen. Der nicht als Einzelschicksal, sondern als Kollektivschicksal erfahrene Vorruhestand konnte die Selbsteinschätzung bei kritischer Systemwahrnehmung in Takt lassen, während die um 53-Jährigen zu alt sind, um neue Wege einzuschlagen und zu alt, um schon aus dem Arbeitsmarkt ohne innere Blessuren auszuscheiden. Wie erwartet, erfahren die Arbeitslosen die größten Einbußen in ihren psychologischen Dispositionen, während - eher überraschend - die früheren Leitungskader die Wende mit einem ungebrochenen Selbstbild überlebt haben. (*Huinink/Diewald/Heckhausen* in diesem Band)

8. Abschließende Bemerkungen

Wenn man eine solche Zwischenbilanz zur sozialwissenschaftlichen Erforschung der Vereinigungsprozesse aufmacht, so kann man leicht erkennen, was bereits gut dokumentiert ist und wo es noch wichtige Erkenntnislücken gibt. Gut dokumentiert sind Querschnitte der Erwerbsstatistik und Wanderungsstatistik, der Einstellungsmuster und der Einkommensverteilung. Es gibt - zum Teil trotz verfügbarer Daten, wie denen des Sozio-Ökonomischen-Panels, - erstaunlich wenig Forschungsergebnisse zu tatsächlichen Verläufen und deren Differentialdiagnose. Dabei gibt es mehr Verlaufsdaten zu faktischen Veränderungen als zu Einstellungen und mehr über Individuen als über Haushalte. Auf der Seite der Forschung ist auch zu festzuhalten, daß im Gegensatz zu manchen Polemiken (*Beck* 1991) und Befürchtungen (*Giesen/Leggewie* 1991) sich gut etablierte methodische Verfahrensweisen besser bewährt haben als für die Transformationssituation neu zu entwickelnde, daß wahrscheinlich Forschungsgruppen, die aus Ostdeutschen und Westdeutschen gemeinsam gebildet wurden, die besten Erträge produzierten, jedenfalls trotz erheblicher Förderung nicht die "natives". Ausgeblieben sind bisher sicher spektakuläre theoretische Erträge des sozialwissenschaftlichen Experiments Wiedervereinigung.

Bei dieser "methodischen" Zwischenbilanz bleiben die inhaltlichen Fragen noch nicht eindeutig entschieden:

- Wurden die Transformationsprozesse exogen (aus dem Westen) oder endogen gesteuert und bestimmt?
- Wurden die Transformationsprozesse von "oben" - interventionistisch - durchgesetzt und individuell nur passiv erlitten, oder wurden sie auch von "unten" aktiv entworfen und bestimmt?
- Nach welchen Schemata und Mechanismen erfolgte die Transformation?
- Was bleibt von der DDR als Bedingung der Transformation und der Transformationsergebnisse?
- Gibt es für Ostdeutschland einen Sonderweg und ein Sonderziel zwischen Dauermalaise und vollständiger Angleichung der Lebensverhältnisse? (*Biedenkopf* 1994)

Meine vorläufige Antwort dazu lautet: exogen, weitgehend von oben und passiv erfahren als aktiv gestaltet, nach Schema West und weder Sonderweg noch Sonderziel.

Zumindest für den Arbeitsmarkt zeichnet sich mehr als deutlich ab, daß die Probleme des Arbeitskräfteüberangebotes genau wie im Westen behandelt werden: durch Aufschub des Erwerbszugangs für Jüngere, durch Verdrängung der Älteren und z.T. der Frauen, durch Kompensation aus dem sozialen Sicherungssystem, durch geschützte Löhne der Arbeitsplatzbesitzer, d.h. nicht durch mehr, sondern durch weniger Markt.

Literatur

Beck, U. (1991): Der Konflikt der zwei Modernen. In: W. Zapf (Hrsg.), Modernisierung moderner Gesellschaften. Verhandlungen des 25. Deutschen Soziologentages in Frankfurt am Main 1990. Frankfurt/M.: Campus, S. 40-53.

Biedenkopf, K. (1994): Die neuen Bundesländer: Eigener Weg statt "Aufholjagd". In: W. Dettling (Hrsg.), Perspektiven für Deutschland. München: Knaur, S. 62-78.

Blossfeld, H.-P. (1991): Karriereprozesse und Kohortendifferenzierung. Frankfurt am Main: Campus.

Bude, H. (1995): Eine Kolumne. Die Differenz nach der Einheit: Deutsch-deutsche Transformationsprozesse. In: Merkur, 1: 61-66.

Der Tagesspiegel vom 21.1.1995.

Diewald, M./Solga, H. (1994): Ordnung im Umbruch? Strukturwandel und deutsch-deutsche Tradition bei der Kanalisierung beruflicher Mobilität im Transformationsprozeß. Arbeitsbericht Nr. 14/1994. Berlin: Max-Planck-Institut für Bildungsforschung.

Elder, G./Caspi, A. (1990): Persönliche Entwicklung und sozialer Wandel. Die Entstehung der Lebensverlaufsforschung. In: K.U. Mayer (Hrsg.), Lebensverläufe und sozialer Wandel. Sonderheft 31, Kölner Zeitschrift für Soziologie und Sozialpsychologie. Opladen: Westdeutscher Verlag, S. 22-57.

Giesen, B./Leggewie, C. (Hrsg.) (1991): Experiment Vereinigung. Berlin: Rotbuch Verlag.

Grünert, H./Lutz, B. (1994): Transformationsprozesse und Arbeitsmarktsegmentation. In: H. Nickel, J. Kühl, S. Schenk (Hrsg.), Erwerbsarbeit und Beschäftigung im Umbruch. Berlin: Akademie Verlag, S. 3-23.

Hauser, R./Wagner, G. (1994): Die Einkommensverteilung in Ostdeutschland - Darstellung, Vergleich und Determinanten für die Jahre 1990 bis 1993. Beitrag für den Ausschuß Sozialpolitik, Herbst 1994.

Huinink, J./Solga, H. (1994): Occupational Opportunities in the GDR: A Privilege of the Older Generations? In: Zeitschrift für Soziologie 23, 3: 237-253.

Infratest (1994): Die Stimmung stimmt für Kohl. Eine ZEIT-Umfrage von Infratest Burke Berlin. In: DIE ZEIT, 30. 9. 1994, S. 13-15.

Jarausch, K. (1994a): The Rush to German Unity. New York, N.Y.: Oxford University Press.

Jarausch, K. (1994b): Der Sturz in die Einheit. Die Wiedervereinigung als Herausforderung an die Zeitgeschichte. In: Wirtschaft & Wissenschaft 3, 20-27.

Kollmorgen, R. (1994): Zwischen Institutionentransfer und kulturellem Eigensinn: Theoretische Ansätze der Transformationsforschung in der Diskussion. Bericht über eine Tagung der KSPW am 7. und 8. Mai 1993. In: Berliner Journal für Soziologie, 4, 3: 433-434.

Krause, P. (1994): Einkommensmobilität und Folgen unterschiedlicher Erwerbsverläufe'. Diskussionspapier anläßlich der Tagung der Sektion 'Soziale Ungleichheit und Sozialstrukturanalyse': "Mobilität im Transformationsprozeß. Einkommen, Erwerbschancen, Klassenlagen". Berlin: Max-Planck-Institut für Bildungsforschung.

Lehmbruch, G. (1993): Die Transformationsdynamik der Schnittstellen von Staat und Wirtschaft in der ehemaligen DDR. In: BISS-Publik, 3, 11: 21-41.

Lepsius, M. R. (1991): Zur Entwicklung der Soziologie in den neuen Bundesländern. In: Kölner Zeitschrift für Soziologie und Sozialpsychologie, 43, 1: 138-145.

Mayer, K.U. (1994): Vereinigung soziologisch: Die soziale Ordnung der DDR und ihre Folgen. In: Berliner Journal, 4, 3: 307-321.
Mayntz, R. (1994): Die Erneuerung der ostdeutschen Universitäten zwischen Selbstreform und externer Intervention. In: R. Mayntz (Hrsg.), Aufbruch und Reform von o ben. Frankfurt am Main: Campus.
Münz, R./Ulrich, R. (1994): Was wird aus den Neuen Bundesländern? Demographische Prognosen für ausgewählte Regionen und für Ostdeutschland. Berlin: Humboldt-Universität.
Roller, E. (1994): Ideological Basis of Market Economy: Attitudes Toward Distribution Principles. In: European Sociological Review, 10, 2: 105-117.
Schröder, K./Staadt, J. (1993): Der diskrete Charme des Status quo: DDR-Forschung in der Ära der Entspannungspolitik. In: Leviathan, 1993, 1: 24-63.
Smelser, N./Lipset, S.M. (1966): Social Structure, Mobility and Development. In: N. Smelser, S.M. Lipset (Hrsg.), Social Structure and Mobility in Development. Chicago: Aldine.
Weill, F. (1992): Attitudes Towards Democracy: A Cross-National and Longitudinal Analysis of Regime Changes. Beitrag zum Jahrestag der American Sociological Association, Pittsburgh.
Zapf. W./Habich, R. (1995): Die sich stabilisierende Transformation - ein deutscher Sonderweg? Wissensschaftszentrum Berlin für Sozialforschung (unveröff. Manuskr.)

Autorenverzeichnis

Horst Berger, Prof. Dr., 1934, Wissenschaftlicher Mitarbeiter in der Abteilung Sozialstruktur und Sozialberichterstattung am Wissenschaftszentrum Berlin für Sozialforschung.

Korrespondenzadresse: Wissenschaftszentrum Berlin für Sozialforschung, Reichpietschufer 50, 10785 Berlin.
Veröffentlichungen u.a.: Veränderung der Erwerbssituation in ostdeutschen Privathaushalten und Befindlichkeit der Menschen. In: Beilage Das Parlament, B 16/94, Heft 2 (mit A. Schulz), 3-15; Haushalten und Sicherung der Existenz - als elementare Aufgabe der Haushalte in Osteuropa. In: Richarz, I. (Hrsg.), Haushalten in Geschichte und Gegenwart. Göttingen 1994; S. 189-195; Ökonomische Probleme und Perspektiven der Haushalte in den neuen Bundesländern. In: Deutsche Gesellschaft für Hauswirtschaft (Hrsg.): Familien und Haushalte in sozio-ökonomischen Konfliktfeldern. Aachen/Münster 1995, S. 10-34.

Thomas Bulmahn, Student, 1965, Wissenschaftliche Hilfskraft in der Abteilung Sozialstruktur und Sozialberichterstattung am Wissenschaftszentrum Berlin für Sozialforschung.

Korrespondenzadresse: Wissenschaftszentrum Berlin für Sozialforschung, Reichpietschufer 50, 10785 Berlin.

Martin Diewald, Dr. phil., 1958, Wissenschaftlicher Mitarbeiter am Max-Planck-Institut für Bildungsforschung, Berlin, Forschungsbereich Bildung, Arbeit und gesellschaftliche Entwicklung.

Korrespondenzadresse: Max-Planck-Institut für Bildungsforschung, Lentzeallee 94, 14195 Berlin.
Veröffentlichungen u.a.: Soziale Beziehungen: Verlust oder Liberalisierung?, Berlin 1991; Netzwerkorientierungen und Exklusivität der Paarbeziehung. In: Zeitschrift für Soziologie 22 (1993), 279-295; Soziale Differenzierung im Alter und die Polarisierung von Hilfebeziehungen. In: Kölner Zeitschrift für Soziologie und Sozialpsychologie 45 (1993), 731-754; Strukturierung sozialer Ungleichheiten und Lebensstil-Forschung. In: R. Richter (Hrsg.), Sinnbasteln. Beiträge zur Soziologie der Lebensstile. Wien 1994, S. 12-35.

Rainer Geißler, Dr. phil., 1939, Professor für Soziologie an der Universität-Gesamthochschule Siegen.
Korrespondenzadresse: Universität-Gesamthochschule Siegen, 57068 Siegen.
Veröffentlichungen u.a.: Soziale Schichtung und Lebenschancen in der Bundesrepublik Deutschland. Stuttgart 1987; Die Sozialstruktur Deutschlands. Ein Studienbuch zur sozialstrukturellen Entwicklung im geteilten und vereinten Deutschland. Opladen 1992.

Richard Hauser, Dr. oec. publ., 1936, Professor für Sozialpolitik am Fachbereich Wirtschaftswissenschaften der Universität Frankfurt a.M.

Korrespondenzadresse: J.-W. Goethe-Universität, Senckenberganlage 31, 60054 Frankfurt.
Veröffentllichungen u.a.: Soziale Sicherheit in Gefahr. Frankfurt 1995 (Hrsg. mit D. Döring); Arme unter uns: Ergebnisse und Konsequenzen der Caritas-Armutsuntersuchung. Freiburg 1993 (mit W. Hübinger); Armut, Niedrigeinkommen und Unterversorgung in der Bundesrepublik Deutschland. Frankfurt 1981 (mit H. Cremer-Schäfer, U. Nouvertné).

Jutta Heckhausen, Ph.D., 1957, Wissenschaftliche Mitarbeiterin am Max-Planck-Institut für Bildungsforschung, Berlin, Forschungsbereich Psychologie und Humanentwicklung.

Korrespondenzadresse: Max-Planck-Institut für Bildungsforschung, Lentzeallee 94, 14195 Berlin.
Veröffentlichungen u.a.: Erwerb und Funktion normativer Vorstellungen über den Lebenslauf: Ein entwicklungspsychologischer Beitrag zur soziopsychischen Konstruktion von Biographien. In: Kölner Zeitschrift für Soziologie und Sozialpsychologie 31 (1990), 351-373; Optimisation by Selection and Compensation: Balancing Primary and Secondary Control in Life-Span Development. In: International Journal of Behavioral Development 16, (1993), 287-303 (mit R. Schulz); A Life-Span Theory of Control. In: Psychological Review 102 (1995), 284-304 (mit R. Schulz).

Martin Heidenreich, Dr. habil., 1956, Wissenschaftlicher Angestellter an der Akademie für Technikfolgenabschätzung in Baden-Württemberg.

Korrespondenzadresse: Akademie für Technikfolgenabschätzung in Baden-Württemberg, Industriestr. 5, 70565 Stuttgart.
Veröffentlichungen u.a.: Nationale Muster betrieblichen Strukturwandels (1990); International vergleichende Organisationsforschung (Mitherausgeber, 1991); Neue Technologie in der Industrieverwaltung (Mitautor, 1991); Krisen, Kader, Kombinate (Hrsg., 1992); Computers and Culture in Organizations (Hrsg., 1993); Von der Betriebs- und Zweckgemeinschaft (Mitautor, 1994); Informatisierung und Kultur (1995).

Wilhelm Hinrichs, Dr. oec., 1940, Wissenschaftlicher Mitarbeiter in der Abteilung Sozialstruktur und Sozialberichterstattung am Wissenschaftszentrum Berlin für Sozialforschung.

Korrespondenzadresse: Wissenschaftszentrum Berlin für Sozialforschung, Reichpietschufer 50, 10785 Berlin.
Veröffentlichungen u.a.: Lebensbedingungen in osteuropäischen Ländern. In: Glatzer, W. (Hrsg.), Einstellungen und Lebensbedingungen in Europa. Frankfurt a.M./New York 1993, S. 99-126 (mit H. Berger und E. Priller); Wohnen. In: Kurz-Scherf, I./Winkler, G. (Hrsg.), Sozialreport 1994. Daten und Fakten zur sozialen Lage in den neuen Bundesländern. Berlin 1994, S. 209-235; Ostdeutsche Haushalte und ihre Aktivitäten im Transformationsprozeß. In: Glatzer, W./Noll, H.-H. (Hrsg.), Getrennt vereint. Lebensverhältnisse in Deutschland seit der Wiedervereinigung, Frankfurt a.M./New York 1995, S. 205-228 (mit H. Berger, E. Priller und A. Schultz).

Thomas Hinz, Dipl.Soz., 1962, Wissenschaftlicher Mitarbeiter an der Ludwig-Maximilians-Universität München.

Korrespondenzadresse: Institut für Soziologie, LMU München, Konradstr. 6, 80801 München.
Veröffentlichungen u.a.: Ost-West-Netzwerke: Neugründungen in Ostdeutschland und ihre Beziehungen in die alten Bundesländer. In: Schmude, J. (Hrsg.), Neue Unternehmen. Interdisziplinäre Beiträge zur Gründungsforschung. Heidelberg 1994, S. 180-194; Die Rolle von Kleinbetrieben bei der Schaffung von Arbeitsplätzen in den neuen Bundesländern. In: Andreß, H.J. (Hrsg.), Fünf Jahre danach. Zur Entwicklung von Arbeitsmarkt und Sozialstruktur im vereinten Deutschland, Berlin 1995, S. 265-290.

Johannes Huinink, Dr. rer. soz., 1952, Professor am Institut für Soziologie der Universität Leipzig.

Korrespondenzadresse: Institut für Soziologie, Universität Leipzig, Augustaplatz 9, 01409 Leipzig.
Veröffentlichungen u.a.: Occupational Opportunities in the GDR: A Privilege of the Older Generations? In: Zeitschrift für Soziologie 23 (1994), 237-253 (mit H. Solga); Warum noch Familie?, Frankfurt a.M. 1995; Kollektiv und Eigensinn. Lebensverläufe in der DDR und danach. Berlin 1995 (Hrsg. mit K.U. Mayer).

Florian Kraus, Dipl. Stat., 1966, Wissenschaftlicher Mitarbeiter am Fachbereich Arbeitsmärkte, Personalmanagement und soziale Sicherung am Zentrum für Europäische Wirtschaftsforschung (ZEW), Mannheim, Schwerpunkt Arbeitsmärkte.

Korrespondenzadresse: ZEW, Kaiserring 14-16, Postfach 103443, 68034 Mannheim.

Bogdan W. Mach, Dr. (Soziologie), 1952, Wissenschaftlicher Mitarbeiter am Institut für Politische Studien der Polnischen Akademie der Wissenschaften, Warschau, Polen.

Korrespondenzadresse: Institut für Politische Studien der Polnischen Akademie der Wissenschaften, Polna 18/20, 00-625 Warszawa, Polen.
Veröffentlichungen u.a.: Job Changes in the Federal Republic of Germany and Poland: A Longitudinal Assessment of the Impact of Welfare-Capitalist and State-Socialist Labor Market Segmentation. In: European Sociological Review 10 (1994), 1-28 (mit K.U. Mayer und M. Pohoski); Self-Direction and Authoritarianism under Conditions of Radical Systemic Change: Intergenerational Transmission of Values and Orientations in Poland. In: Polish Sociological Review 4 (1994), 323-334; Egalitarismus und Antiegalitarismus als gesellschaftliche Interessen und kulturelle Konstrukte: Ergebnisse eines internationalen Vergleichs. In: H.-P. Mueller/B. Wegener (Hrsg.), Soziale Ungleichheit und soziale Gerechtigkeit. Opladen 1995, S. 53-96 (mit M. Haller und R. Zwicky).

Karl Ulrich Mayer, Prof. Dr., 1945, Direktor am Max-Planck-Institut für Bildungsforschung (Leiter des Forschungsbereichs "Bildung, Arbeit und gesellshafltiche Entwicklung").

Korrespondenzadresse: Max-Planck-Institut für Bildungsforschung, Lentzeallee 94, 14195 Berlin.
Veröffentlichungen u.a.: Ungleichheit und Mobilität im sozialen Bewußtsein. Opladen 1975; Klassenlagen und Sozialstruktur. Frankfurt a.M./New York 1977 (mit J. Handl und W. Müller); Allgemeine Bevölkerungsumfrage der Sozialwissenschaften. Frankfurt a.M. 1984 (mit P. Schmidt); Event History in Life Course Research. Madison, Wisc. 1990 (Hrsg. mit N.B. Tuma); Lebensverläufe und sozialer Wandel. Opladen 1990 (Hrsg.); Vom Regen in die Traufe: Frauen zwischen Beruf und Familie. Frankfurt a.M./New York (Hrsg. mit J. Allmendinger und J. Huinink); Generationsdynamik in der Forschung. Frankfurt a.M./New York 1992 (Hrsg.); Kollektiv und Eigensinn. Lebensverläufe in der DDR und danach. Berlin 1995 (Hrsg. mit J. Huinink).

Reinhold Sackmann, Dr. rer., 1959, Wissenschaftlicher Assistent im Sonderforschungsbereich 186 an der Universität Bremen.

Korrespondenzadresse: Sfb 186 an der Universität Bremen, Postfach 330440, 28334 Bremen.
Veröffentlichungen u.a.: Herrschaft, Rationalisierung und Individualisierung (1990); Analyse sozialer Deutungsmuster (1991, mit M. Meuser), Die Technisierung des Alltags (1994, mit A. Weymann). Diverse Aufsätze zur Bildungs- und Arbeitsmarktsoziologie, Generationsforschung und Techniksoziologie.

Sabine Schenk, Dr., 1957, Wissenschaftliche Angestellte der Kommission für die Erforschung des sozialen und politischen Wandels in den neuen Bundesländern

Korrespondenzadresse: KSPW, Neuwerk 11, 06108 Halle/Saale.
Veröffentlichungen u.a.: Frauen in den neuen Bundesländern. Zurück in eine andere Moderne? In: Berliner Journal für Soziologie 3 (1993), 369-384 (mit Uta Schlegel); Prozesse geschlechtsspezifischer Differenzierung im Erwerbssystem. In: H.-M. Nickel, J. Kühl, S. Schenk (Hrsg.), Erwerbsarbeit und Beschäftigung im Umbruch, Berlin 1994, S. 259-282 (mit H.-M. Nickel); Erwerbsverläufe im Transformationsprozeß. In: H. Bertram (Hrsg.), Ostdeutschland im Wandel: Lebensverhältnisse - politische Einstellungen, Opladen 1995, S. 69-98.

Joachmim Singelmann, Ph.D., Professor und Chair des Department of Sociology an der Louisiana State University.

Korrespondenzadresse: Department of Sociology, Louisiana State University, Baton Rouge, LA, 70703, USA.
Veröffentlichungen u.a.: Global Restructuring: Insights from Rural Sociological Research. In: Rural Sociology 61 (1996), 1 (im Druck); The Domestic Division of Labor in Six Industrial Countries. In: Acta Demographica 4 (1995) (mit Y. Kamo, A. Acock und M. Grimes) (im Druck); Agricultural Transformation and Social Change in an East German County. In: D.A. Kideckel (Hrsg.), East European Communities: The Struggle for Balance in Turbulent Times. Boulder, CO: Westview Press 1995; Levels and Trends of Female Internal Migration in Developing Countries, 1960-1980. In: United Nations (Hrsg.), Internal Migration of Women in Developing Countries, New York: United Nations 1993; Inequalities in Labor Market Areas. Boulder, CO: Westview Press 1993 (Hrsg. mit F. Deseran).

Kazimierz M. Slomczynski, Prof. Dr., 1943, Professor für Soziologie an der Ohio State University, Columbus, Ohio, USA.

Korrespondenzadresse: Department of Sociology, Ohio State University, 300 Bricker Hall, Columbus, OH 43210, USA.
Veröffentlichungen u.a.: Social Structure and Self-Direction: A Comparative Analysis of United States and Poland. Cambridge, MA 1993 (mit M.L. Kohn); Class. In: W. Outhweite, W./T. Bottomore (Hrsg.), The Blackwell Dictionary of Twentieth-Century Social Thought. Cambridge, MA 1993 (mit W. Wesolowski); Occupational Structure and Mobility in the Transition from Communism to Post-Communism Capitalism. In: E. Wnuk-Lipinski (Hrsg.), After Communism: A Multidisziplinary Approach to Radical Social Change, Warszawa 1995, S. 135-151 (mit B.W. Mach).

Heike Solga, Dr. phil., 1964, Wissenschaftliche Mitarbeiterin am Max-Planck-Institut für Bildungsforschung, Berlin, Forschungsbereich Bildung, Arbeit und gesellschaftliche Entwicklung.

Korrespondenzadresse: Max-Planck-Institut für Bildungsforschung, Lentzeallee 94, 14195 Berlin.
Veröffentlichungen u.a.: "Systemloyalität" als Bedingung sozialer Mobilität im Staatssozialismus, am Beispiel der DDR. In: Berliner Journal für Soziologie 4 (1994) 4: 523-542; Occupational Opportunities in the GDR: A Privilege of the Older Generations. In: Zeitschrift für Soziologie 23 (1994) 3: 237-253 (mit J. Huinink); Mobilität und Legitimität. Zum Vergleich der Chancenstrukturen in der alten DDR und der alten BRD oder: Haben Mobilitätschancen zu Stabilität und Zusammenbruch der DDR beigetragen: In: Kölner Zeitschrift für Soziologie und Sozialpsychologie 46 (1994) 2: 193-208 (mit K.U. Mayer); Geschlechtsspezifische Personalstrategien von Treuhandunternehmen - Ergebnisse einer linearen Regression. In: P. Beckmann, G. Engelbrecht (Hrsg.), Arbeitsmarkt für Frauen 2000. Ein Schritt vor oder ein Schritt zurück? Kompendium zur Erwerbstätigkeit von Frauen, Nürnberg: Institut für Arbeitsmarkt- und Berufsforschung der Bundesanstalt für Arbeit 1994, S. 446-494 (mit S. Schenk).

Annemette Sørensen, Ph.D., 1942, Professor of Sociology at Boston University.

Korrespondenzadresse: Department of Sociology, Boston University, Boston MA 02215, USA.
Veröffentlichungen u.a.: Married Women's Economic Dependency, 1940-1980. In: American Journal of Sociology 93 (1987), 659-687 (mit Sara McLanahan); Unterschiede im Lebenslauf von Frauen und Männern (1990); The Restructuring of Gender Relations in an Aging Society. In: Acta Sociologica 34 (1991), 45-55; Zur geschlechtsspezifischen Struktur von Armut. In: F. Neidhardt et al. (Hrsg.), Armut im modernen Wohlfahrtsstaat, Kölner Zeitschrift für Soziologie und Sozialpsychologie, Sonderheft 32/1992; Estimating the Economic Consequences of Separation and Divorce: A Cautionary Tale from the United States. In: L.J. Weizman, M. MacLean (Hrsg.), Economic Consequences of Divorce: The Distribution of Risk Between Women and Men, London 1992; Women, Family and Class. In: Annual Review of Sociology 20 (1994); Women's Economic Risk and the Economic Position of Single Mothers. In: European Sociological Review 1994.

Viktor Steiner, Dr., 1957, Leiter des Forschungsbereichs Arbeitsmärkte, Personalmanagement und soziale Sicherung am Zentrum für Europäische Wirtschaftsforschung (ZEW), Mannheim.

Korrespondenzadresse: ZEW, Kaiserring 14-16, Postfach 10 34 43, 68034 Mannheim.
Veröffentlichungen u.a.: Arbeitsmarkt, insbesondere zur Arbeitslosigkeit, Lohnstruktur und Einkommensverteilung, soziale Sicherung.

Dieter Urban, Prof. Dr., Professor für Soziologie am Institut für Sozialforschung, Abteilung Soziologie der Universität Stuttgart.

Korrespondenzadresse: Institut für Sozialforschung, Abteilung Soziologie, Universität Stuttgart, Keplerstr. 17, K II, 70174 Stuttgart
Veröffentlichungen u.a.: Zeitschriftenaufsätze und Forschungsberichte zur Umwelt-, Regional- und Techniksoziologie; Technikentwicklung. Zur Soziologie technischen Wissens. Stuttgart: Enke 1986; Logit-Analyse. Statistische Verfahren zur Analyse von Modellen mit qualitativen Response-Variablen. Stuttgart: G. Fischer 1993.

Margit Weihrich, Dipl. Soz., 1958, Wissenschaftliche Mitarbeiterin am Institut für Soziologie und Gesellschaftspolitik der Universität der Bundeswehr München.

Korrespondenzadresse: Universität der Bundeswehr München, Fakultät für Pädagogik, Institut für Soziologie und Gesellschaftspolitik, Werner-Heisenberg-Weg 39, 85579 Neubiberg.
Veröffentlichungen u.a.: Lebensführung im Wartestand. Stabilität und Veränderung im ostdeutschen Alltag. In: K. Jurczyk; M.S. Rerrich, Die Arbeit des Alltags. Beiträge zu einer Soziologie der alltäglichen Lebensführung, Freiburg 1993, S. 210-234; Wenn der Betrieb schließt. Über alltägliche Lebensführung von Industriearbeitern im ostdeutschen Transformationsprozeß. In: BIOS (1993) 2: 224-238; Lebensweise - Lebensführung - Lebensstile. Eine kommentierte Bibliographie. Forschungsberichte der Fakultät für Pädagogik der Universität der Bundeswehr München. Neubiberg 1990 (mit H.-P. Müller).

Helmut Wiesenthal, Prof. Dr., 1938, Leiter der Max-Planck-Arbeitsgruppe Transformationsprozesse in den neuen Bundesländern an der Humboldt-Universität Berlin.

Korrespondenzadresse: MPG-AG Transformationsprozesse, Jägerstr. 10-11, 10117 Berlin.
Veröffentlichungen u.a.: Einheit als Interessenpolitik. Studien zur sektoralen Transformation Ostdeutschlands. Frankfurt/New York 1995 (Hrsg.); Konventionelles und unkonventionelles Organisationslernen. In: Zeitschrift für Soziologie 24 (1995), 137-155; Tarifautonomie in deindustrialisiertem Gelände: Analyse eines Institutionentransfers im Prozeß der deutschen Einheit. In: Kölner Zeitschrift für Soziologie und Sozialpsychologie 46 (1994), 425-452 (mit W. Ettl).

Matthias Wingens, Dr. phil., 1956, Wissenshaftlicher Assistent im Sonderforschungsbereich 186 an der Universität Bremen.
Korrespondenzadresse: Sfb 186 an der Universität Bremen, Postfach 330440, 28334 Bremen.
Veröffentlichungen u.a.: Weiterbildung und gesellschaftliche Ordnung (1985); Soziologisches Wissen und politische Praxis (1988); diverse Aufsätze zur Bildungs- und Arbeitsmarktsoziologie, Lebenslaufforschung, Wissens- und Wissenschaftssoziologie.

Wolfgang Zapf, Prof. Dr., 1937, Direktor der Abteilung Sozialstruktur und Sozialberichterstattung am Wissenschaftszentrum Berlin.

Korrespondenzadresse: Wissenschaftszentrum Berlin für Sozialforschung, Reichpietschufer 50, 10785 Berlin.
Veröffentlichungen u.a.: Individualisierung und Sicherheit. München 1987 (mit anderen); (Hrsg.), Die Modernisierung moderner Gesellschaften. Frankfurt 1991; Modernisierung, Wohlfahrtsentwicklung und Transformation. Berlin 1995.

GPSR Compliance

The European Union's (EU) General Product Safety Regulation (GPSR) is a set of rules that requires consumer products to be safe and our obligations to ensure this.

If you have any concerns about our products, you can contact us on ProductSafety@springernature.com

In case Publisher is established outside the EU, the EU authorized representative is:

Springer Nature Customer Service Center GmbH
Europaplatz 3
69115 Heidelberg, Germany

Batch number: 10809466

Printed by Printforce, the Netherlands